刘泽生教授纪念文集

王景峰　沈慧勇　主编

中山大学出版社
·广州·

版权所有　翻印必究

图书在版编目（CIP）数据

刘泽生教授纪念文集/王景峰，沈慧勇主编.—广州：中山大学出版社，2014.10

ISBN 978-7-306-05047-2

Ⅰ.①刘…　Ⅱ.①王…②沈…　Ⅲ.①刘泽生（1940—2010）—纪念文集②心脏病学—文集　Ⅳ.①K826.2-53②R541-53

中国版本图书馆 CIP 数据核字（2014）第 226751 号

出 版 人：	徐　劲
策划编辑：	高惠贞
责任编辑：	曹丽云
封面设计：	林绵华
责任校对：	周　玢
责任技编：	何雅涛
出版发行：	中山大学出版社
电　　话：	编辑部 020-84115892，84110283
	发行部 020-84111998，84111981，84111160
地　　址：	广州市新港西路135号
邮　　编：	510275　传　真：020-84036565
网　　址：	http://www.zsup.com.cn　E-mail: zdcbs@mail.sysu.edu.cn
印 刷 者：	广州家联印刷有限公司
规　　格：	787mm×1092mm　1/16　23.75 印张　450 千字
版次印次：	2014年10月第1版　2014年10月第1次印刷
定　　价：	88.00元

如发现本书因印装质量影响阅读，请与出版社发行部联系调换

本书编委会

主　　编：王景峰　沈慧勇
副 主 编：宋尔卫　赵婉文　刘东红　朱素颖
责任编辑：肖曼群　王海芳　王　薇　陈伟雄
　　　　　林伟吟　王鑫睿　吴财聪

少年刘泽生

青年刘泽生

中年刘泽生

老年刘泽生

青年刘泽生

刘泽生教授在美国

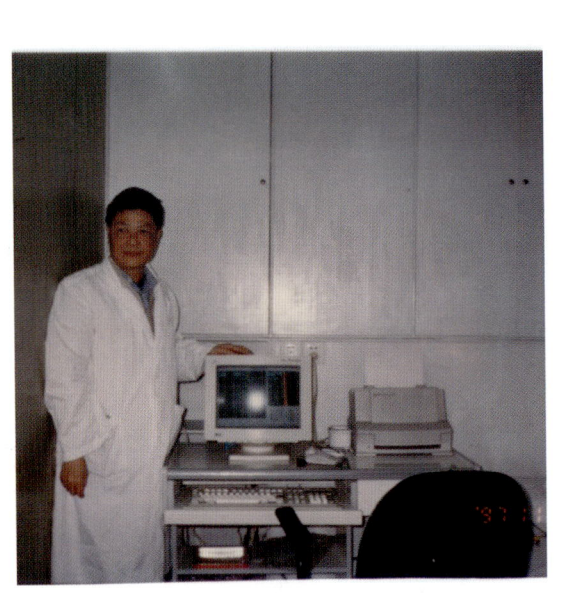

刘泽生教授（摄于1997年11月18日）

右为刘泽生教授

刘泽生教授过春节

刘泽生教授在美国

刘泽生教授在美国

刘泽生教授过圣诞节

右为刘泽生教授

左六为刘泽生教授

右三为刘泽生教授

前排从左至右依次为：刘品明教授、刘世明教授、伍卫教授、刘泽生教授、谭桂明教授、王景峰教授；后排为心血管内科硕士生和博士生（摄于2002年5月31日）

右二为刘泽生教授

右一为刘泽生教授

右一为刘泽生教授

前排右二为刘泽生教授

从左至右依次为：钟桃娟、刘泽生教授、伍卫教授（摄于2002年5月31日）

右一为刘泽生教授

从左至右依次为：刘泽生教授、哈飞、伍卫教授（摄于2004年6月4日）

左四为刘泽生教授，右二为阳跃宗

后排右一为刘泽生教授

左三为刘泽生教授

前排右一为刘泽生教授

右二为刘泽生教授

刘泽生教授（左）与阳跃宗合影

左二为刘泽生教授

伍卫教授与刘泽生教授（右）

右四为刘泽生教授

老照片——湘雅的同学（第三排右二为刘泽生教授）

老照片——湘雅的同学（第三排左一为刘泽生教授）

右二为刘泽生教授

前排左二为刘泽生教授

序

第一次见到刘泽生教授是在 1987 年的春天。由于第二天我要参加研究生复试，担心会弄错地方耽误时间，头一天便先去认门。我从中山医学院出发，坐 1 路公交车来到广州长堤大马路，找到中山大学孙逸仙纪念医院博济楼 2 楼的心血管内科办公室，在门口便看到一位气质沉稳的中年医生，埋头写着病历。我按下心里的紧张，鼓起勇气敲门向她询问面试地点。那位中年医生抬起头来，得知我是来面试的学生后，礼貌亲切地指明房间，并祝我好运。热情的笑容让我马上安了心，似乎得到了什么保证似的。第二天面试时我在导师席上看到她，才知道这个和善的医生就是刘泽生教授——我在孙逸仙纪念医院第一个接触到的人。

我顺利通过了面试。学习的第二年我进入了临床轮转。当时刘泽生教授是心电图室的负责人，对学生们非常认真，耐心地指导我们论文和病历如何才写得完整、清晰、有条理，如何分析心电图波形的特点和意义。她在心电图方面的造诣非常深，我们遇到拿不准的疑难病例都会去请教她，她总是不厌其烦地解答。她对我们春风化雨、润物无声的教导，我至今记忆犹新。

我当了中山大学孙逸仙纪念医院心内科主任后，便返聘刘泽生教授到心电图室，她欣然答允。一直到我做了副院长、党委书记，她都是心电图室里的"镇山之宝"，从未停止过工作。她临终前两天，我去看她，她还非常清醒，强撑着对我表示感激。其实，该我感激她才是。她的谆谆教导对我影响至大，时时刻刻提醒我要在暴风雨中勇敢前行。

刘泽生教授去世之后，她的母亲按其遗嘱，将其毕生藏书捐献给中山大学孙逸仙纪念医院。那 600 多本图书涉及内科学、诊断学、文史、哲学、经济等领域，语种以中文、英文为主，还有部分日文原著，其中不少是珍贵的藏本，极大地丰富了我院图书馆的馆藏。感动之余，我萌生了要将她的毕生作品集结成册的想法。

刘泽生教授著作等身，我在读研究生期间就开始阅读她的专业论文。她曾多次赴美留学和进修，对电生理学与心电图学有相当深的见解，形成了自己鲜明的学术风格，并一直保持着用国际学术视野来探讨学术前沿问题的习惯，论文质量很高。除此之外，她还对我院院史和医学史做过系统而深入的研究，阐幽发微，探赜索隐，大量高水平的论文发表在我国的一流医史杂志上，填补了我院在院史研究上的空白。后来，我又读到了她在报纸上发表的小品文，她极其高产，隔三差五我们就能在各种报纸上看到她的"豆腐块"文章，逻辑严谨清晰，感情浓烈深沉，文笔洒脱质朴，读起来让人回味无穷，很是享受。毫无疑问，刘泽生教授的学术成就和贡献已经成为我院的珍贵财富，不仅启迪今人，也将泽被后学。

刘泽生教授其实是中国诸多优秀知识分子的缩影，一生淡泊名利、坚持真理、倾心向学、引领后辈，忘我地把她的生命、才华和感情都奉献给了中国的医学事业，奉献给了劳作一生的中山大学孙逸仙纪念医院。她出生于书香世家，族祖刘世安是清光绪十五年的探花，祖父刘绍鑑是中国海关高级职员，父亲刘世强毕业于上海圣约翰大学医学院，是我国著名的消化内科专家，亦是中山大学孙逸仙纪念医院消化内科的奠基人之一，叔父刘世奇毕业于复旦大学数学系。家学渊源涵养了她的知识胸怀，引导了她的立身处世。当医生，她德术双馨、待病人如待亲人；当学者，她博古通今、不懈探索；当教师，她身教言传、诲人不倦；当员工，她兢兢业业、乐业敬业。每一个角色，她都保持着老一辈知识分子高贵的品格风范。

在她离开我们4周年之际，我们编撰了这本《刘泽生教授纪念文集》。以这样的方式来怀念刘泽生教授，是我们对这样一位把毕生精力献给学术、把所有藏书献给医院的真正学者的敬重与感恩，也是一笔留给后人的精神财富。这无疑是一件很有意义的事。她勤奋刻苦、执着追求的学习精神，和爱院如家、甘于奉献的无私情怀，是中国知识分子优秀品质的光辉体现，永远值得我们学习。

谨以此文为《刘泽生教授纪念文集》一书作序，并借此表达我对刘泽生教授的崇高敬意和深切缅怀。

王景峰
2014年夏于广州
（作者为中山大学孙逸仙纪念医院党委书记、副院长）

刘泽生教授生平

刘泽生（1940—2010），女，广东省广州市人，1940年5月30日出生于广东省广州市，其父为我国著名消化内科专家刘世强教授。刘泽生于1957年至1962年就读于湖南医学院医疗系本科，1963年至1973年在湖南省郴州地区人民医院普通内科工作，1973年后调任中山医学院附属第二医院（现为中山大学孙逸仙纪念医院）心内科住院医师，1980年升为主治医师，1986年晋升为副主任医师，1993年晋升为主任医师。

1981年，刘泽生作为全国5所重点医学院交换教师到上海第一医学院内科从事"心血管疾病"教学3个月，包括讲课及执教医疗系、公共卫生系的课程；其后到上海市心血管研究所学习心电图2个月，后至心血管病房任代理主治医生工作6个月。1985年通过卫生部世界卫生组织的出国进修生的考试，同年，通过美国密执安大学英语学院考试被录取为赴美进修生。1985年2月至1986年5月，在美国宾夕法尼亚大学医院从事"心律失常"的学习与研究，被授予该大学心电生理学FELLOW（博士后研究证书）。1989年至1990年，以访问学者身份赴美国宾夕法尼亚大学临床心脏电生理及心律失常中心进修。1992年至1993年，于广东省社会科学院近现代史函授研究生班学习。1994年至1995年，于美国哈佛大学医学院临床心电生理研究所学习。1996年加入农工民主党。2010年8月，刘泽生教授因病医治无效，在广州病逝。

刘泽生教授一直以工作认真负责、服务态度良好著称，擅长疑难心电图的分析、阅读，电生理检查，动脉硬化、冠心病、心肌梗死、心律失常、高血压病、心肌病、心力衰竭、心血管病等复杂、疑难病和内科常见急性危重病的诊断和治疗。

刘泽生教授爱好广泛，除多篇有关心血管及医学史论文在相关报刊上发表外，还曾以刘山河等笔名在《羊城晚报》、《广州日报》等报刊上发表大量散文。分别于1987年、1988年被评为《羊城晚报》优秀通讯员，1990年、1991年被评为《广州日报》优秀通讯员，1990年获《广州日报》征文一等奖。1990年，

"留学生征文"被《人民日报（海外版）》登载。一生发表著作字数约50万。

刘泽生教授将一生都奉献给了中国的医学事业，任职50年，从无任何医疗事故；对医学史的研究填补了中山大学孙逸仙纪念医院院史的空白。她去世后，其家人按其遗嘱将其毕生藏书600余本捐赠给了中山大学孙逸仙纪念医院。她的一生，是卓然独立的一生，是高风亮节的一生，令人铭感深长。

刘泽生教授年谱

1940 年 5 月 30 日　出生于广东省广州市
1946—1947 年　广州培英小学附属小学就读
1947—1950 年　香港培英小学附属小学就读
1950—1951 年　广州市培英中学西关分校附属小学毕业
1951—1954 年　广州培英中学（后改为荔湾中学）初中部就读
1954—1957 年　广州市第一中学高中部就读
1957—1962 年　湖南医学院医疗系本科就读
1962—1963 年　参加湖南省医疗队下放除害灭病 1 个月
1963—1973 年　湖南省郴州专区人民医院内科工作
1973 年 3 月　中山医学院附属第二医院任内科住院医师
1979 年　任中华医学会内科分会会员、中华医学会医史学分会会员
1980 年　在中山医学院附属第二医院晋升为主治医生
1981 年　在中山医学院附属第二医院晋升为内科学讲师
1981—1982 年　作为全国 5 所重点医学院交换教师至上海第一医学院内科从事心血管疾病教学 3 个月；并至上海市心血管研究所学习心电图及心血量图学 2 个月，至病房作代理主治医生工作 6 个月
1984 年　通过卫生部世界卫生组织（WHO）1985 年出国进修生考试，同年通过美国密执安大学英语学院考试被录取为赴美进修生
1985 年　广州市外国语学院留学预备部（英语）就读
1986 年　在中山医科大学孙逸仙纪念医院晋升为副主任医师
1985—1986 年　在美国宾夕法尼亚大学留学，被授予心电生理学大学研究员
1989—1990 年　为美国宾夕法尼亚大学医院临床心脏电生理及心律失常中心访问学者
1992—1993 年　广东省社会科学院近现代史函授研究生班结业

1993 年　在中山医科大学孙逸仙纪念医院晋升为主任医师
1994—1995 年　为美国哈佛大学医学院桑代客临床心电生理研究所访问学者
1998—1999 年　在广州市文明外语夜校日语培训班培训
1999 年　在中山医科大学电脑培训班（统计软件）培训
2000 年　退休
2009 年 3 月起　任中山大学孙逸仙纪念医院院史馆建设筹备小组顾问
2010 年 8 月 29 日　在中山大学孙逸仙纪念医院病逝

获奖情况：1986、1987 年获《羊城晚报》年度优秀作者奖，1987、1988 年获《羊城晚报》优秀通讯员（时事部），1990 年获《广州日报》征文一等奖，1990、1991 年获《广州日报》优秀通讯员（理论部），1991、1995、1997 年获《广州日报》年度优秀作者奖。

目　录

散文篇

大洋彼岸多良师 …………………………………… 刘泽生（3）
与美国朋友谈吃 …………………………………… 刘泽生（5）
美国学生喜争论 …………………………………… 刘泽生（6）
美国的大学图书馆 ………………………………… 刘泽生（7）
美国人好打官司 …………………………………… 刘泽生（8）
远路不须愁日落 …………………………………… 刘泽生（10）
我在美国过圣诞节 ………………………………… 刘泽生（12）
激情弥足珍
　　——读《人生的哲学欢愉》 …………………… 刘泽生（14）
六月蝉鸣荔枝红
　　——读《历代荔枝诗词选》 …………………… 刘泽生（16）
迎接新生命的时候 ………………………………… 刘泽生（18）
节日与花市 ………………………………………… 刘泽生（20）
餐桌上的鸡肉 ……………………………………… 刘泽生（22）
需要零钱 …………………………………………… 刘泽生（24）
"六国同堂" ………………………………………… 刘泽生（25）
哈佛燕京图书馆掠影 ……………………………… 刘泽生（27）
"有头有尾"度年节 ………………………………… 刘泽生（29）
冬天来了 …………………………………………… 刘泽生（31）
孰轻孰重话抓阄 …………………………………… 刘泽生（33）
好书勿错过 ………………………………………… 刘泽生（35）
午餐等外卖 ………………………………………… 刘泽生（37）
简易复苏术：赤手空拳救活一条命 ……………… 刘泽生（39）

惊"心"动"魄"恐怖片	刘泽生 (41)
百年老药地高辛	刘泽生 (43)
广州同文馆和我的家族	刘泽生 (45)
广州人京城打响"谭家菜"	刘泽生 (47)
降压：终身服药，终身注意	刘泽生 (49)
话说大三元酒家	刘泽生 (51)
"小毛病"差点要了老汉的命	方向韶文 刘泽生点评 (53)

历 史 篇

位卑未敢忘忧国
　　——纪念康广仁殉难100周年 ………… 刘泽生 (57)
早期医史学者——尹端模 ………… 刘泽生 (61)
合信的《全体新论》与广东士林 ………… 刘泽生 (65)
英国东印度公司在澳穗医生与近代医学交流 ………… 刘泽生 (68)
晚清广州博济医院的杰出学生（1855—1900） ………… 刘泽生 (72)
陈垣在广州
　　——从医学向史学过渡 ………… 刘泽生 (79)
中国近代第一位西医生——关韬 ………… 刘泽生 (85)
一本旧书　两代学人
　　——梁嘉彬与蒋廷黻 ………… 刘泽生 (91)
中国第一位基督教牧师何福堂 ………… 刘泽生 (95)
俞樾废止中医思想根源探索 ………… 刘泽生 (98)
唐廷枢与早期中国实用英语教学 ………… 刘泽生 (105)
哈巴在广州 ………… 刘泽生 (111)
徐定超与京师大学堂医学馆 ………… 刘泽生 (115)
嘉惠霖和博济医院 ………… 刘泽生　刘泽恩 (122)
抗战中的广州博济医院 ………… 刘泽生 (131)
将军父子一武一文 ………… 刘泽生 (136)
首位留学美英的医生黄宽 ………… 刘泽生 (140)
清末广州博济医院的裂变 ………… 刘泽生 (147)
广州南华医学堂 ………… 刘泽生 (151)
照人眉宇尚峥嵘
　　——记革命志士伍汉持医生 ………… 刘泽生 (156)

抗日战争时期德国医生柯岛在广州 …………………………………… 刘泽生（161）
美国医生达保罗在广州 ………………………………………………… 刘泽生（164）
头颅肯乞黄金买　肝胆惟余宝剑知
　　——徐宗汉与战友们在1911年 ……………………………… 刘泽生（168）

医学篇

β受体阻滞剂、苄氟噻嗪及哌唑嗪对严重高血压疗效的评价
　　………………………………… A. J. Marshall 等著　刘泽生摘（175）
心得安治疗二尖瓣脱垂 ………………… R. A. Winkle 等著　刘泽生摘（176）
治疗高血压病的新方案 ………………………… J. H. Laragh 著　刘泽生摘（177）
心血管疾病研究进展 ………………………… 张旭明　谷小鸣　刘泽生综述（178）
预激综合征伴心房扑动 ………………… 刘泽生　Nicholas J. Stamato M. D.（188）
预激综合征并室上性心动过速3例 …………………………………… 刘泽生（190）
高血钾与室性心动过速 ………………………………………………… 刘泽生（193）
甲亢性心脏病应用心脏起搏2例 ……………………………… 刘泽生　廖宪江（196）
心室起搏与室性心动过速室房传导3例报告 …………… 刘泽生　Bruce Hook（198）
正常人活动平板运动试验诱发室速 …………………… 刘泽生　Bruce Hook（202）
DDD起搏的文氏现象 ………………………………………………… 刘泽生（203）
运动试验诱发交替预激综合征1例 …………………………………… 刘泽生（204）
高血钾症30例心电图回顾性分析 ………………… 刘泽生　廖宪江　张丽媛（205）
用多种非创伤性方法检测糖尿病患者心脏功能
　　……………………………… 严　励　陈玉驹　严　棠　李润南　刘泽生（209）
VVI起搏器图形从LBBB型转为RBBB型 …………………………… 刘泽生（218）
房扑伴交界区双层阻滞及交替3相左束支阻滞 ……………………… 刘泽生（220）
预激综合征伴房室折返性心动过速的重建现象1例 …… 刘泽生　梁权新（222）
主动脉夹层动脉瘤类急性胰腺炎1例 ………………………… 林斌元　刘泽生（225）
室性心动过速伴2度Ⅰ型传出阻滞 …………………………………… 刘泽生（227）
1例易误诊为室上性心动过速伴束支阻滞的室性心动过速 ………… 刘泽生（230）
右房射频消融术治疗心房扑动 ………………… 刘泽生　Panos Papageorgiou（233）
DDI起搏的判断与2∶1室房逆传 ……………………………………… 刘泽生（238）
腺苷在心律失常中的应用 ……………………… 刘泽生　Panos Papageorgiou（240）
室上性心动过速伴室上性快速性心律失常7例 ……………………… 刘泽生（244）
异搏定诱发心室颤动2例 ……………………………………………… 刘泽生（246）

随心房率变化的希氏束内阻滞 ·············· 刘泽生　Panos Papageorgiou（248）
起源于希氏束的交接区性早搏 ·············· 刘泽生　Kevin Monahan（251）
射频消融治疗房性心动过速（附6例分析）
　　　　　　　　　　　　　　　　　　　 刘泽生　Panos Papageorgiou（254）
聚合酶链反应诊断结核性胸腔积液的价值 ······ 姚和瑞　李锦梅　刘泽生（260）
关于DDD起搏器的几个特殊心电图与临床问题 ················ 刘泽生（264）
心电图QRS记分法对AMI近期预后的估计 ···················· 刘泽生（267）
改善希蒲系传导的室性早搏 ················ 刘泽生　Panos Papageorgiou（270）
肥厚型心肌病26例误诊分析 ······························· 刘泽生（273）
冠心病室性心动过速射频消融1例 ············ 刘泽生　Kevin Monahan（276）
束支传导障碍的特殊表现 ·················· 刘泽生　Kevin Monahan（280）
RR间期不等的阵发性室上性心动过速30例分析 ················ 刘泽生（283）
多型性室性心动过速16例 ································· 刘泽生（285）
阵发性心房颤动P波离散度的研究 ···················· 刘泽生　李　健（288）
DDD起搏器心电图60例分析 ······························· 刘泽生（293）
20年间慢性心力衰竭药物治疗的变迁
　　　　　　　　　　　　　　　　　 钟桃娟　伍　卫　刘泽生　周淑娴（296）
Clinical Analysis of 42 Patients with Hypertrophic Cardiomyopathy
　　　　　　　　　　　　　　　　Kebbati Abdelhafid　Wu Wei　Liu Zesheng（298）
非ST段抬高心肌梗死216例临床回顾性分析
　　　　　　　　　　　　　　　　　 马尼什　周淑娴　雷　娟　刘泽生（315）

缅怀篇

给我的泽生 ····································· 黄宠瑶口述　朱素颖整理（327）
我所认识的刘泽生教授 ······································· 伍　卫（329）
洗尽铅华始见真
　　——回忆刘泽生教授 ····································· 刘品明（331）
缅怀农工党优秀党员刘泽生教授 ······························· 周力学（336）
怀念刘泽生教授 ··· 刘尚礼（339）
怀念我的导师刘泽生教授 ····································· 阳跃宗（340）
忆刘泽生教授 ··· 李　健（342）
忆刘泽生教授 ··· 钟桃娟（344）
忆刘教授 ··· 哈　飞（345）

怀念我的同学刘泽生 ………………………… 齐涤光口述　朱素颖整理（346）
我的好同事刘泽生 …………………………………………… 曾道明（348）
附：刘泽生教授给友人曾道明教授的一封信 ………………… 刘泽生（349）
追忆刘泽生同学 ……………………………………………… 陈文秀（351）
读《刘泽生教授纪念文集》 …………………………………… 朱素颖（353）

后记 ………………………………………………………………（355）

散文篇

● 留学札记

大洋彼岸多良师[*]

刘泽生

去年2月,我从北京起程赴美进修。当我踏进"泛美"航班机舱时,举目都是外国人,一种远离故土的感觉油然而生。我能否不负此行,在不长的时间里,学习到必要的专业知识以及认识一些美国朋友,当时,这还是个未知数。

我进修的地方是美国费城宾夕法尼亚大学医院心血管科。这所大学是由著名的政治家与科学家本杰明·富兰克林创建的,至今已有200多年的历史。

我的导师约瑟夫森教授虽说已步入中年,但他身上依然洋溢着青春的气息。他是一位颇有名望的心脏科医生,写过不少有价值的专著与文章,还设计了心导管。他还有多种爱好,既有出众的舞姿,又是一名长跑好手。

当我刚到时,他唯恐我学不到东西,便嘱咐其他医生多帮助我,每隔一段时间,他还来了解我是否有所长进,还有什么问题。每当我有了一点成绩时,他都感到由衷的喜悦。真想不到在异国他乡遇到了这样好的老师。

实验室的其他医生对我也十分关心。凯瑟琳是一位身材修长的金发女郎。考虑到我是初来乍到,她便不厌其烦地拿着一大卷心电记录图,逐页地教我进行测量和分析,有时甚至忘记了下班的时间。每当我为此表示歉意时,她只是宽厚地报以一笑。她认为共同研讨学问是一种乐趣。

玛克是一个精明能干而又十分直爽的人。他为人热情,几次邀我到他家里去见他的妻子,吃她做的拿手好菜——美国带血牛排。他说他和妻子都非常希望能到中国一游。为了实现这个目标,他要更努力地工作,多积蓄一些钱,以备旅行之需。我十分理解他们,希望他们早日实现这一桩心愿。

另一位名叫尼古拉的医生则是一个长着美式小胡子和黑发的意大利裔人。他性格沉稳,和蔼可亲。在我归国前一个月,他多次鼓动我随旅游团到美国佛罗里达州的"迪士尼世界"旅行3天。但当他知道我已购票单独到南方旅行时,似

---

[*] 本文原载于《羊城晚报》1986年7月6日第4版。

乎又有点不放心，他立即在他的记事本中记下我的机号、预定旅馆的名称和电话号码。那天清早，他驾车把我送到机场。临别时，交给我一张纸，上面写了他当天工作地方的电话号码、他家的电话号码和他的妻子的姓名，以备不时之需。并反复叮咛，如遇上困难无法解决时，立即打电话给他。第二天清晨，我在旅馆起床不久，电话铃声响了。抓住话筒一听，原来是尼古拉的声音，他怕我旅途出问题，所以特意打电话来询问。这使我非常感动。

今年 5 月 22 日我结束进修，离费城经旧金山回国。要离开一年来朝夕相处的师长和同事，难舍之情油然而生，唯有互相祝福、互道珍重！

● 留学札记

与美国朋友谈吃[*]

刘泽生

美国不少人喜吃中国菜。我的美国朋友也不例外。我认识一对年轻夫妇，他们住在费城的郊区，周末常驾车到位于闹市区的中国餐馆进餐，他们还特别欣赏湖南菜的辣味。

但不要以为中国人视为美味的食物，美国人都喜欢。我的朋友风闻中国人吃狗肉，于是争着问我是否吃过狗肉。我直言不讳地答道："吃过一次。"他们听后双手抱头大叫："我的上帝啊！"这也难怪，美国人是很喜爱狗的，并不限于有钱人或有闲阶级。一位医生告诉我说，他本来有志于从事动物实验，但不忍杀狗，所以无法做狗的实验。

美国人又向我提出另一个他们感兴趣的问题："你吃过蛇吗？"我想这没有什么出奇的，法国人不是喜吃蜗牛，德国人不是喜吃青蛙吗？何况蛇羹是十分可口的美味。我笑着承认了。然而，蛇在他们眼中是险恶之物，听说我竟敢吃蛇，他们都瞪大了眼睛，不胜惊讶地说："真不敢相信！真不敢相信！"

在费城的大学周围，我常见一种出售中国菜的铝制小车。小车设计很简单：车上有一个出售食物的大窗口，内有炉灶，可以煮食物。每天上午10时许，一部小汽车便拖着这小车来到常设地点，把运来的一箱箱冰镇饮料置于小车旁。小车出售的中国食物有云吞面、春卷、炒饭、炒面和一些简单的中国菜，价钱从8角到2.5美元不等。每天，尤其是午餐时间，不少大学教师和学生来此光顾，买一份食物，便自个儿找地方吃了。他们吃得颇为津津有味。待到傍晚，最后一批学生离去后，车主才把小车拖回家去。

我虽已离开了美国，但是关于狗肉与蛇肉的笑谈，以及围绕大学旁边的中国菜小车，还常常浮现在我的脑际。

---

[*] 本文原载于《羊城晚报》1986年8月8日第4版。

● 留学札记

美国学生喜争论[*]

刘泽生

在许多欧洲和亚洲的国家里,大学教授的发言常具有权威性,学生们只能洗耳恭听,点头称是。美国学生则有点不同,他们爱刨根问底,喜争论,给我留下深刻的印象。

今年5月初我在美国进修期间,从电视上看到里根总统接见一群美国中学生的镜头,那些中学生虽然略带孩子般的羞怯,但仍大胆问出不少问题。我曾到医学院旁听。当老师发问时,学生们抢着举手回答。老师讲课时,也不时有学生举手提问,老师则是有问必答,并能巧妙地把解答与授课内容有机地结合起来。专家或教授演讲后,总留有充裕的时间让听众提问题,这是常规。即使在演讲中,听众举手发问,打断演讲,也不会被视为失礼。今年2月,我参加了在美国佐治亚州亚特兰大举行的第35届全美心脏病学年会。当时,根据会议内容,会议大楼划分成几个会场,在大楼走道上,每隔一定的距离,装有一个扩音器。我发现,每次演讲完毕,不管讲话人是"初出茅庐"的新人,还是颇有声望的专家,人们都会向他们"发难",在扩音器后面排队提问,那热烈的场面给我留下了极其深刻的印象。

美国教师也总是鼓励学生独立思考,大胆提问。我的导师也常鼓励我多提问题,多争论,以显示自己的能力并加深对问题的理解。不少中国留学生和进修生初到美国时,由于语言上的障碍,不敢大胆提问,而且,在国内学习时已习惯于"静而思之",不惯于讨论,以致被老师和工作人员误认为低能。事实上,经过一段时间的实践,我觉得提问与争论是很有意义的,这是一种不可缺少的学习方法。每次争论后,不管自己是对是错,都会受益匪浅。

---

[*] 本文原载于《羊城晚报》1986年10月5日第3版。

● 海外一瞥

美国的大学图书馆[*]

刘泽生

　　美国著名的大学都非常重视图书馆的建设。一般来说，图书馆虽非高楼大厦，但是占地面积不少。每层楼的阅读室座位充足，照明良好。沿着书架旁的走道，每隔不远处便可见自动电话、复印机和检索电脑，投入硬币便可使用。在入门的显眼处陈列着最新出版的图书，而离此不远处有书橱陈列着过时、重复或收藏价值不大的旧书，廉价出售。

　　大学图书馆开馆时间从早晨9时至深夜1时为止，中午不休息。图书馆是向社会开放的。不仅本大学的教师、学生或其他工作人员可以使用，社会上任何人也可以进入阅读。办理借书手续十分简便。图书馆藏书也很丰富，如宾夕法尼亚大学这样一般的大学图书馆，馆中的中国书籍部分，不仅有著名的《四库全书》、《申报》的缩印本，还有各县的县志、日本人在中国测量的笔记，等等，甚至连系统的中医、中药和针灸书也予保存。古典文学及现代小说藏书也很可观。我还见到《中国青年》和《人民文学》杂志的历年订装本。

　　图书馆的书都经过处理，有特殊的书面，所以检查速度也很快。借书人受检完毕，逐一通过一个由几根铁棒构成的旋转小门，如有盗书者藏书于衣服内，那么通过小门时便会发出警铃，旋转小门也停止转动，挡住盗书者的出路。难见有"以身试法"的人。不过某些书页也偶有被人撕去的，特别是有精彩内容的书页。

---

[*] 本文原载于《广州日报》1987年8月13日第7版。

● 海外一瞥

美国人好打官司*

刘泽生

在美国学习的时候,每逢周末或假日,我很喜欢收看一个名叫《人民法庭》的电视节目。这不是电视连续剧,而是审理民事案件的现场录像。从这里可以看到,美国的民事诉讼案真是五花八门,事无巨细,几乎都要打官司。

我所看到的诉讼案中,有一例是一位年轻女子,控告一位理发师不按她指定的发型给她剪发,要求赔偿。这位女郎一手拿着她那被剪下来的头发,另一手拿着她理发前的发型照片出庭。结果女郎胜诉,理发师被判赔款。又有一例,是一位女主人控告保姆虐待儿童。这位保姆平日很疼爱她所照顾的女主人的孩子,但不时和女主人闹矛盾。一天,保姆心情不好,仍按时到女主人家去。入门后,天真的孩子向她怀里扑来,拉着她的衣服不放,她不耐烦地抓着孩子的小手,意欲摆脱。孩子虽然毫发无损,但此情此景被女主人及刚进门的来客看到,女主人就请客人作证,把保姆告了。想不到法庭居然也受理这些鸡毛蒜皮的事,并判女主人胜诉,获得赔款。

在民事诉讼中,不少当事人双方是医生和病人。我曾在美国几所医院参观学习。有些医院的电梯上写着"不要在此谈论病人的病情"。原来,美国的病人是很挑剔的,稍不如意,动辄就起诉医生。即使不属于工作疏忽与医疗事故,被起诉的医生也是够麻烦的,不论输赢,都要费钱,几度出庭申辩又要浪费许多时间,况且还有名誉受损的问题。其中最受困扰的还是产科医生,工作中稍有不慎,就会被起诉,而且判决常常对医生不利。

当然,也不是每个病人都如此。我认识一对在纽约行医的夫妇,两人都年约60岁。有一次,女医生突然心动过速,到她的私人医生处就诊,被诊断为"冠心病",但治疗效果不佳。转请另一位医生诊治,被诊断为"心肌炎",治疗后

---

* 本文原载于《羊城晚报》1987年10月25日第4版。

痊愈。后一位医生就怂恿他们控告前一位医生误诊,但他们拒绝了。他们深知每个医生都有误诊的可能,自己如以医生的身份同医生打官司,即使胜诉了,在同行中也会留下不好的印象。

● 读书众人谈

远路不须愁日落[*]

刘泽生

我从小学习俄语，我的英语是靠自学起家的。10年前虽然已能看懂英文的专业杂志和书籍，但发起音来还是不清不楚，不是结结巴巴就是根本不知如何正确地发音。家中人戏称我为"无声英语大王"。老爸见我毫无建树，渐届中年，又加上这副狼狈相，认定我已经无法"更上一层楼"了。

我为了改变现状，便报名参加当时学院举办的英语夜校，选了一个不算太低的班。谁知上课时，老师全部使用英语教学，每次上课我如堕云雾之中，只希望老师提问时千万不要问我。一学期挨过去了，自己既不能有所进益又不甘心退却，这时我无意中读到清代著名学者顾炎武先生的一句话——远路不须愁日落。这是教导读书人读书和研究学问时应该采取的态度和应该持有的心境，对我启发很大。读书应该循序渐进，从基础做起。于是我年复一年依次读完《新概念英语》四册、许国璋《英语》六册、《医学英语》三册、《英语九百句》及托福训练课程，还每天收听英语广播节目。终于在1984年考取了联合国世界卫生组织的奖学金，赴美国宾夕法尼亚大学进修一年余。去年又作为访问学者从事博士后研究一年。直至今日，在与"老外"交往中，确确实实超越了往日的自己。

以往我遇到困难阻碍时，很容易产生急躁的情绪，不想继续读书或研究学问。我们对待工作和学习固然要有"只争朝夕"的精神，要以"盛年不再来，一日难再晨，及时当勉励，岁月不待人"来自勉。然而事物都有两面性，过分强调时不我待、躁动不安以及急于推销自己，反而会增加开展工作的阻力；另一方面，着实也容易犯读书和研究学问的大忌。从个人的经历中，我认为遇到挫折

---

[*] 本文原载于《广州日报》1990年10月30日第6版。本文获1990年《广州日报》举办的"读书众人谈"征文一等奖。

和挑战的时候，仍应本着"远路不须愁日落"的精神。今天做不完或者做不了的事可以留到明天去做，这一辈人未竟之业，相信后来人自会发扬光大。牛顿也是站在巨人的肩膀上取得辉煌业绩的。只要我们一心为中国的未来而努力，锲而不舍地读书、研究、工作和学习，不中途而废，最后事必有成。"添得建设砖一块，百年休负有涯身"。

● 留学札记

我在美国过圣诞节[*]

刘泽生

在西方国家,圣诞节已不是一个单纯的宗教节日,早已超越宗教的范畴而成为公众的节日。亲戚朋友以及同事们趁此机会互赠礼物、联络感情。平日散居各地,仅靠电话联系的家人,也借此作一年一度的聚会。

去年圣诞节前一周,我所在的医院以及大学的国际学生中心先后举行庆祝餐会及舞会。学生们常被邀请到教授家作客。待到节日真正来临时,外国学生反而感到歌残舞罢、曲终人散后的寂寞。12月24日上午,当我走进大学校园时,平日弦歌不绝的校园突然变得那么寂静。冰雪覆盖了青草地,凝结在树枝上的长长冰条正在闪闪发光,耳畔只闻风声及划破天际的寒鸦声,令我毛骨悚然。学生中心本来为我们联系了各自度假的家庭。秘书给我联系了住在郊区的米勒先生家。可惜离大学区太远了,他们因为忙于准备节日的装饰、晚餐以及招待从加拿大来的亲戚,不能直接开车接送,要求我乘火车在下午7时到达郊区的小火车站,然后他们接我到家。但是在美国东部,下午4时天已漆黑,提前进入夜间。节日前,在我住处附近的抢劫及凶杀案激增,治安很差。加上天气寒冷,冰雪阻道,行走甚不方便,只好与米勒先生电话联系,说明我不能到他家去的原因。事后,他还打电话来说,他的两个读小学的小孩由于没有中国的朋友参加而非常失望,因为他们认为和中国人过节是件"非常重要的事情"。我只好一再感谢这一素未谋面的家庭对中国人的盛情和厚意。

假日前夕,我上超级市场买了一大牛皮纸袋的马铃薯、面包、一罐色拉和一些苹果等。回家后自制了一大盆美国风味的马铃薯苹果色拉放在冰箱里以供随时食用。一周前我已在大学图书馆借了6本中国历史故事书,加上我自己的专业书,足以安稳度假。假日开始时,我的房东一家到新泽西州亲戚家度假,我把屋前的积雪铲去后,紧锁了前门与后门。屋子里虽然有暖气,但房东离家时把暖气

---

[*] 本文原载于《广州日报》1990年12月21日第3版。

调低了，暖气似乎不那么足够。我烧了一壶开水，泡了一壶中国茉莉花茶，索性离开客厅，回到自己的房间，开亮了电灯，坐在床上，躺在从广州带来的羽绒睡袋中。偶尔望望窗外，大雪纷飞，行人稀少，一片白茫茫，不时从教堂里传来悠悠的钟声，真是名不虚传的"白色圣诞"。3天里我把中文的历史书和英文的专业书轮番着看，那盆色拉足足吃了3天，共9餐。饿了时，把又长又硬的法国面包塞入口中，再喝点热乎乎的中国茶，实在也自得其乐。

  3天时间并不长，假期结束回到医院，同学们各自畅谈自己节日中的乐事。当他们知道我3天内没有说过一句话，只从电视机听到人声时，不胜惊讶，连说"这怎么可以呢？""真不敢相信"。

● 粤版书评征文

激情弥足珍
——读《人生的哲学欢愉》*

刘泽生

每谈到哲学,我就会想到苏格拉底、柏拉图、亚里士多德等一连串的哲人。为此,我对哲学殿堂常存敬畏之心。但《人生的哲学欢愉》并不是一本纯学术性的书,它引导人们从日常生活的遭际中去了解人生的真谛,不仅从感情上而且从理性上享受哲学带来的乐趣。比如说它使我们相信,快乐并非是"一掷千金"的富豪的专利。快乐是要我们自己从内心体会、着意发掘和适时创造的;它使我们警惕,虽然人的能力有大小,但要活得舒心和有意义,激情是不可或缺的;它告诫我们顺境时不要忘形,在逆境时却要懂得静候和忍耐。这一切都由作者在书中娓娓道来。

我特别喜欢"激情如火"这一节。我深信书中所说的"只有在激情如火的状态下,一个人的才力才会得到充分的表露"。当年英国历史学家吉本独步夕照下的罗马废墟,目睹行吟的赤脚僧,在晚祷声中,抚今追昔,唤起了他立志去写《罗马帝国衰亡史》的激情。正是激情的震撼,古今中外不少思想家、文学家才"赋到沧桑句便工"。

其实,激情又何尝不存在于普通人的心胸,使他们的生活注入活力。我早年在广州一中的高中部学习。那时刚考入高中不久,国民党的侦察机还不时骚扰沿海城市,市内不时还拉防空警报,师生们要排队按指定路线疏散到附近的坚固建筑。一天,我们正在上历史课,老师给我们讲授第一次世界大战,正当说起奥匈帝国皇太子斐迪南夫妇在萨拉热窝被刺,扰人的警报声惊破了课堂的寂静。老师劝大家集队疏散,可是全班学生大叫"不走!讲下去!"历史老师大概也是说得痛快淋漓,不甘就此罢休,于是神采飞扬地讲下去,一时就像马恩河会战的德国

---

* 本文原载于《广州日报》1991年2月25日第6版。本文获1991年《广州日报》与中山图书馆、广东省、广州市新华书店联合举办的"粤版书评征文"一等奖。

将军小毛奇；一会儿又似攻破俄军的统帅兴登堡；以后又扮演凡尔登战役的贝当。他那神态，简直就像指挥千军万马、捭阖纵横的统帅，把大家都感染了。

自从"师道凌夷弦诵歇"的"文化大革命"之后，我与老师暌违隔别已多年，可是这堂历史课的情景还常常跃然眼底。我非常敬佩历史老师能在那样平凡、单调、枯燥而重复的教学中保有激越的情怀，显示作为教师的魅力。当我也到了当日历史老师的年龄，我更体会到知易行难。毋庸讳言，人们从事的工作确实有重点项目与非重点项目、干大事与干小事之分，但如果我们过分看重这种划分，就无法保持持久的热忱，以致"年与时驰，意与日远，遂成枯落"。读罢此书，回忆旧事，我深切地感到激情真是无价之宝！

● 粤版书评征文

六月蝉鸣荔枝红[*]
——读《历代荔枝诗词选》

刘泽生

有一本封面上画着个鲜红的大荔枝，配以淡绿色叶的书，摆在书架上特别耀眼，它便是广东旅游出版社出版的《历代荔枝诗词选》。

本书以荔枝为题搜集前人的诗词。作为岭南佳果的荔枝，不可避免与皇家有关。开始由南越王赵佗奉献给汉高祖。汉武帝为使珍品北移，特建扶荔宫加以培植，尽管未获成功，但荔枝渐为中原人所知。"神农本草未曾知，绝代容华过岭迟。一自汉宫扶荔筑，尽惊南海有琼枝。"唐代广东人张九龄通过荔枝赋，对荔枝作了较全面的介绍。其时更有劳民伤财的飞骑入贡，"一骑红尘妃子笑，无人知是荔枝来"。宋徽宗赵佶不惜工本，使他能在开封的宫殿欣尝荔枝。"何必红尘飞一骑，芬芳数本座中看。"待到他的末代王孙宋端宗吃到广东的树上熟的荔枝时，已是国破家亡了。"处士芳园冠粤中，端皇手摘一支红，风味至今虽独异，血痕处处似江枫。"

从荔枝诗也可窥见诗人对人生的态度。"草草辞家忧后事，迟迟去国问前途"，历尽宦途坎坷的白居易，屡次被贬，心情虽然沉重，但他仍抱着只问耕耘，不问收获的态度，在忠州写下"十年结子知谁在？自向庭中植荔枝"。宋代诗僧惠洪初流放崖州时曾写"天公见我流涎甚，遣向崖州吃荔枝"。苏轼被贬岭南时所写的"日啖荔枝三百颗，不辞长作岭南人"更广为传诵。如果我们看看欧洲人的想法，"默然忍受命运虐待的毒箭，还是挺身反抗尘世无涯的苦难，在奋斗中结束了一切。哪种行为更加勇敢？"再比较这些诗传达的想法，就会发现东西方文化的差异。

诗词还为我们勾画出一卷南国民俗风情画。"六月增城百品佳，居人只贩尚书怀。玉栏金井殊无价，换尽蛮娘翡翠钗"，说明荔枝自古品种繁多，珍品尤为人爱惜。"青蝉急翼风，日夕荔枝红。照水千人指，残阳一树空"，"人人携酒

---

[*] 本文原载于《广州日报》1991年6月30日第6版。

具，处处熟离支"，点出了蝉鸣荔熟的季节，摘荔枝的盛况，以及饮酒食荔枝的习俗。还有当年的"农贸市场"竹栏门，选注者告诉我们就在今天的一德路和仁济路一带。"乘月落栏人买去，蒲葵伞下火千堆"，从屈大均的"荔枝酒"诗，得知清代以荔枝酿酒很流行。荔枝还装箱出省，"果箱迢递台关北，莫更移装腊岭西"。

  本书若是从历史、人物和民俗角度去阅读还是非常有趣的，作者的注释也较清楚，对于生长在岭南的人来说尤为亲切。但因"荔枝"两字所囿，名家的选编自然不多，纵然出自名家，也不见得就是他们的代表作。故以诗词角度去衡量，不免有不少平庸之作。

● 叹世界

迎接新生命的时候……[*]

刘泽生

就正常的状况而言，不管哪一个国家的人，对即将降临的小生命，都充满喜悦和期待之情，常以不同的方式表示庆贺。

在我们中国，常待婴儿满一个月时才行庆祝，称作"弥月之喜"。看见结果方来庆贺，显示中国人求实的精神和心理。一般不愿大肆张扬，以家宴为主。据老辈人说这样做不仅为了节省金钱，更重要的是为婴儿"多留些福寿"。因为按中国的习惯传统，只有老人才可以"做大寿"，此举不为小孩、年青人而为。道理也是相同的。即使不设家宴，在广州，婴儿满月时，父母也会弄些猪脚姜、姜醋蛋或将染红的鸡蛋送给亲朋好友，受赠者也会回赠一些婴儿用品、玩具或饰物。不知买什么才合适的人也会送"红包"代之。此时的"红包"乃是风俗，包含着对婴儿的良好祝愿。

美国人对小生命的祝贺，则是在他或她诞生前一个月。依咱们中国人的看法，未免早了一点。这种看法的差异也许是文化背景的差异所致。在美国进修时，医学研究所的一位男同事将于一个月后做父亲。下班后，其他的同事为他举行了一个小小的庆祝会，预贺婴儿的诞生（叫 baby show）。人们在长桌上放一个特别的家乡巧克力千层蛋糕。当然，最抢眼的还是礼物：一辆崭新的铺着淡绿色碎花小被子的婴儿车，车旁还挂上一串塑料钥匙。车上放了两个带有塑料小猪头盖的奶瓶子。车上车下还有几盒包装得非常精美的礼物，外捆粉红色的丝带。当男主人公入门时，大家一齐有节奏地拍手掌，齐叫"surprise"（惊喜）。原来"surprise"乃是约定俗成的叫法，就像生日会上，齐颂"生日快乐"那样。男主人公切开蛋糕让大家分享，接着把一包包礼物打开示众。原来是一盒婴儿尿片，另有婴儿小衣服、小玩具、奶嘴、"口水围"（即广州人称的"口水肩"）。每拆开一件礼物，主人公都称赞感谢一番。到了婴儿降生以后，父母还要举行庆祝会

---

[*] 本文原载于《广州日报》1995年1月1日第15版。

还礼。

　　这位同事的岳父母和他的母亲原来不和他们夫妇共居一处，现在也从外地聚集到他的家中帮忙煮食、清洁及管家。这一点又好像与我们中国的习惯相同，并不像传闻的那样无情无义。男女主人公则更忙，他们必须在傍晚6时到婴儿准备降生的医院接受8次有关婴儿诞生的课程。不论哪里，婴儿的花费总比成人多，未来的父母必须开源节流，为将诞生的婴儿存钱。这位男同事白天在研究所上班，有时还到另一间医院作夜班医生。一天，他很疲劳地告诉我，昨夜从另一间医院下班后，根本没有时间回家，直接驶车到研究所上班。当天研究所的工作虽然不忙，但他共喝了3杯浓浓的黑咖啡提神。美国真是"中青年人的战场"，这位同事还是拥有医学博士、科学技术博士双学位的人呢！在竞争激烈的社会，双学位也是可持而不可恃。

● 曾经感受

节日与花市[*]

刘泽生

　　节日不只是日历上的记录，常常需要节日气氛的烘托，才会使人感到温馨、祥和以至终生难忘。不然的话，在唐诗中，"一年将尽夜，万里未归人"又怎会有"那堪正飘泊，明日岁华新"的感受。到20世纪90年代，人们为了赶上除夕，吃上象征全家团聚的年夜饭，海陆空交通拥挤的情况一时达到了高峰。在广州，春节的气氛特别浓厚。除了满城花花绿绿的各式商品外，糖果部特别推出了糖莲子、莲藕、冬瓜及糖马蹄等新年糖果。圆盘形的萝卜糕、马蹄糕在西式饼屋中也暂时挤掉西饼的主柜台。瓜子亦是应节之物，边嗑瓜子，边闲话家常，边看电视台的迎春节目，亦是一乐。

　　然而，个人认为在广州最能衬托节日气氛者，应是迎春花市。只有生活在温暖如春的地方，才有机会享受这种色彩缤纷的传统花市。盛开的桃花使人有万象更新、前程似锦的愉悦。淡红色的吊钟花就像小小的风铃，恰似传来令人心平气和的声音。本来梅花素为中国人所钟爱，人们有踏雪寻梅的雅兴，亦赞誉梅花"为传春信息，不怕雪埋藏"的品格，可能在广州话的发音上"梅"与"霉"同音，故在花市上梅花没有位置。

　　每逢春节，我家常购盆栽柑橘一两盆，因为我家附近有出售此物的档点，无须费力搬运。近年则不购买大株的桃花或吊钟花。因为用单车搬运，又扎又捆，走街穿巷有点麻烦。如若在花市人丛中拿着走，必须高擎，即使手劲大，也怕花朵被人流挤落。另外，自己对这些花的花期摸不准。买得灿烂的花，美则美矣，但不多日则落英缤纷。如果买含苞待放的，又不知何时花才开放，有一年买了一枝桃花过了年初七才开放，惹得家中迷信的老人家好一阵不高兴，其后，甚至把一年内发生的不愉快的事都归罪于这株迟开的桃花。得了，别自寻烦恼。从此，只买鲜花，鲜花的花期心里有数，应付得来。

---

[*] 本文原载于《广州日报》1995年1月29日第15版。

本地鲜花本来品种就多，近年更有引进外国花卉，真够撩人耳目。不过，我最喜欢菊花。世界上菊花的品种很多。就颜色而言，有黄、白、紫、红等色。我在美国见过深红色与浅红色的菊花。菊花的花瓣也不相同，有短而尖或短而圆，更有蟹爪形。一种白色的洋菊花，花瓣十分细长，就像长绒毛那样。在外国花市中，为防掉瓣以致失去花形，花贩常用小白色塑料袋套着菊花，被套着的花远看就像未开的荷花一样。

　　我也曾见过位于美国东北部波士顿的新年前夕的花市，其规模当然不能够和羊城花市相比。那里的鲜花，包括菊花、玫瑰、郁金香、康乃馨等都是货真价实的温室里的花朵。室外气温在0℃以下，人们又怎能看到室外鲜花开放。不过，它的花市也有一些北国的特色，就是有许多盆栽的小松树。中国人认为松树是"岁寒三友"之首，是经雪耐寒之物。花市中常有特大的松果出售。所谓"特大"就是有两个普通菠萝叠起来那样高，松果旁还系上一只手指那么大小的玩具松鼠，显然，松果乃是松鼠所好之物。对于我这个广州人来说，也算是开眼界的一景吧！

● 曾经感受

餐桌上的鸡肉[*]

刘泽生

鸡肉是广州人看重的食物之一，也算是老少咸宜、丰俭由人的食物。在市场或单位食堂都有各种鸡盘菜出售，回家后加热就可端上餐桌，对于"上班一族"尤为便利。在佳节时刻、或小或大的宴会上总有鸡肉可吃，名曰"姜葱鸡"、"豉油鸡"或"炸子鸡"等。逢年过节排队买熟鸡也是广州一景。我也曾排队去买"清平鸡"和"东江盐焗鸡"。这种排队并非供不应求，而是人们为图方便，省去自己杀鸡、烹调等麻烦，都凑在同一时刻购买的结果。

有人说广东以北的省份，虽然也吃鸡（如炖老母鸡汤据说是大补元气的），然而更重视鸭，鸭是上菜。我想此话不假，不然北京"全聚德"店的北京鸭何以名扬天下。"一鸭三吃"，尤其是鸭皮、薄饼、葱、酱夹在一起的吃法，确实令人惊喜，至今国外的"唐人街"仍以北京鸭招徕天下客。南京的板鸭亦很有名。湖南算是鸡鸭并重的地方，其中"米粉鸭"以米粉填涂于全鸭，一派乡村风味；"麻辣鸡"则是辣得令人咋舌。湖南人味喜辛辣，"年时买得堆盘菜，且喜红椒一味辛"可以为证。据报道称毛主席生前喜爱的家乡小菜中，就有"东安鸡"，尽管有辣味，但鸡肉香软。湖南湘潭一带的人在炖鸡汤时有同时加入去壳熟鸡蛋同煮的习惯。

在美国进修时，我倒见到在超级市场里养在水族箱内的活鱼，但没有见过市场内有活鸡。超级市场出售的都是冷藏的鸡肉，而且必须除去头或爪才能包装出售。冷藏鸡肉临近期限就会降价出售，虽说便宜，但味同嚼蜡。广东人喜欢用活蹦乱跳的家禽作烹调，认为经过冷藏就失去滋味，此话是有道理的。

在美国，与能作猪扒或牛扒的厚肉相比，鸡肉相对较便宜。不过，在"感恩节"前火鸡就很走俏。如今的"感恩节"已渐渐失去浓厚的宗教色彩，而成

---

[*] 本文原载于《广州日报》1995年2月5日第15版。本文在该报刊登时的作者为刘生，系刘泽生的笔名。

为美国首批移民的纪念日。17世纪首批英国人越过大西洋在马萨诸塞州的普利茅斯登陆，在当地印第安人的帮助下，战胜严寒和疾病的威胁，迎来次年的丰收。火鸡及南瓜就是他们感谢上苍、共庆丰收的食物。火鸡的品种不少，但作为"感恩节"的火鸡仍以普利茅斯的火鸡为正宗。然而火鸡除了胸肉以外，其余部分多筋，而且筋很长，肉也较老，一般来说，不合中国人的口味，美国人对它也不尽是赏识。加之那时当首批新移民粮尽之时，一只火鸡却自动闯上门来，让他们受用，是故火鸡也有"愚笨"的含义，美国人称愚笨的人，就说"他是一只火鸡"。不过，话又说回来，如有烤火鸡的高手，将不同部位的火鸡肉分别给予不同的火候，加上美味的调味汁，配以小红莓酱，那是可以端上国宴席的。今日一些美国人不顾宗教及历史的远因，干脆把"感恩节"叫做"火鸡节"，把它作为一家团聚、大烤火鸡的节日。暂时不能回家的人，也三二知己共聚，共烹火鸡，闲话家常。"盏盏杯盘供笑语，昏昏灯火话平生"，与我们过年过节时餐桌上有鸡一样，他们共烹火鸡的意义也不在火鸡，而在于共享亲情和友情。

● 曾经感受

需要零钱*

刘泽生

有一天,走在路上突然感到腹部不适,便到附近一家中成药店拿出一张10元钱买盒清凉油。谁知售货小姐说"没有零钱不卖",唯有忍痛赶路。想乘搭公共汽车早点回家,然而掏遍内外的口袋也凑不上6角零钱,只好继续走路。这才知道,原来如今在广州没有零钱也是要吃苦头的。

其实,我在国外也吃过这种苦头。5年前,我从北京飞去纽约,途中在日本的羽田机场降落,时值热天,大家都感到非常口渴,想买杯饮料。我们在机上结识的3人,每人身上至少也有数百至上千美元,居然就没有零钱,只好"望梅止渴"。到了美国旧金山机场,机场上的活动性行李车,交1美元取1辆,我们便匆匆到兑换中心要求找换零钱。待我们把行李车推到要乘搭飞机的航空公司柜台时,才知道我要乘搭的班机已经飞走了。那次是我第一次出国门,不知自己手上那张国际航班机票一年有效,以为会因此作废,登时全身冒汗、双脚发软。后来在工作人员帮助下,才改乘了别班飞机。在飞机上与纽约州立大学一位教授相邻,谈话中他无意得知我身上没有硬币,立即掏出2个25角的硬币赠给我,真是雪中送炭,否则到达纽约肯尼迪机场也无法使用投币电话与前来接机的朋友联络。

可见,大面额纸币虽好,但没有零钱也给我们的生活带来很多不便。真是牡丹虽好,还要绿叶扶持。

---

* 本文原载于《广州日报》1995年4月16日第15版。本文在该报刊登时的作者为刘山河,系刘泽生的笔名。

● 留学生涯

"六 国 同 堂"*

刘泽生

不是"六代同堂",而是"六国同堂"。"六国同堂"不是参加国际会议,而是我在美国波士顿哈佛大学一个医学研究中心进修时的经历。在这个中心内从事研究的就有来自欧洲的希腊、英国、法国及荷兰人,加上美国人和我这个中国人,共有分属六国之人。如把其他工作人员也计算在内,还不只六国之数。

除了专业上的共同之处外,我们还有一些其他方面的相同之处。我们共同喜爱的食物是中国菜,共同喜好的热饮是咖啡。美国的药厂为了推销药物,不时为我们提供免费的午餐。逢到供应中国饭菜那天,大家便互相郑重通知——勿失良机。其实那是很简单的中国饮食,如春卷、扬州炒饭、美国芥蓝炒牛肉及宫保鸡丁之类。但是他们吃得津津有味,我也极喜欢。我们也有共同抱怨的问题,那就是波士顿市的房租太贵,因为波士顿是旅游之城、博物馆之城和大学之城。我们还挺喜欢开玩笑,这既是共同点,也是相处和谐的秘诀,所以中国俗语有说"一笑百顺,一忍万安"。美国同名的人甚多。如若一个单位内有两个同名者,大家不会按惯例只呼其名,而是姓名一起叫,以示区别。一天,教授入室发现少了一台电脑,便问大家电脑的去向。荷兰人和我一起回答"乔治搬去修理"。我们竟没有问清楚那位工程师的姓。教授特意用美国第一任总统的名字和我们开玩笑,"是不是乔治·华盛顿搬走了电脑?"引得周围人笑出了眼泪。我们室里每天都有几宗"搭错线"的电话。每个人对于是否自己的电话大约心里有数。为此,这类电话没有人愿意去接,但常以此为题开玩笑。一次电话铃声又响,英国人说"广州市长找你"。下次,我听到电话铃声,马上在第一时间告诉他,"这是伦敦市长给你的紧急电话",他摇摇头只好拿起话筒。

其实"六国同堂"也使我们增加了一些专业以外的知识。一次在秘书的办公室里发现一张很详细的法国地图,法国人十分高兴地回答大家提出的问题。希

---

* 本文原载于《广州日报》1995年6月2日第15版。

腊人从我这里得知中国有5 000年的文明史，感叹地说那就要比希腊长。他是从荷马创作《荷马史诗》算起的。德国人将他最欣赏的波士顿市游览点向我介绍，并在地图上用红笔勾出。每逢周末，我就拿着地图各处走动，减少了异乡的寂寞。严冬里我所住的寓所一楼的浴缸结了冰。冷、热自来水均不能启动。我忧心地告诉美国人。他教我如何电话告知房东；如若房东不理的话，要说什么有关法律的话震慑他；另外，如若自来水重新启用，每次用后不要把手掣扭紧，而应让它不断滴水，这样自来水管才不易结冰。至于保证室内温度和室外铲雪，那是房东应办的事。

"六国同堂"，我得到的东西太多了。

● 海外一瞥

哈佛燕京图书馆掠影[*]

刘泽生

哈佛燕京图书馆坐落在美国哈佛大学的 Divinity 路上，是哈佛建筑基本色调的红砖建筑，门前有一对石狮子，雕刻虽不算玲珑剔透，但因与周围格调不一，所以就特别醒目。我第一次为寻找这个图书馆而询问路人时，他特别强调这对石狮子的标志。

这座红砖建筑是三位一体的。它不仅是燕京图书馆的所在地，也是哈佛大学东亚系及东亚研究中心的所在地。既称东亚，里面的图书、刊物及报纸就不全是中文的，有日文、朝鲜文及以英文写作研究东亚的作品。图书馆对面有著名的费正清中心，这是以已故的美国汉学家费正清命名的。我在 1995 年哈佛的春节联欢会上，才知海峡两岸的中国访问学者在哈佛高度集中的地方：一为费正清中心，另一为公共卫生学院。其人数有逐年上升的趋势。

燕京图书馆的中文藏书十分丰富，在美国名列第二。头名当然是著名的美国国会图书馆，第三名则属哥伦比亚大学的图书馆，这曾是许多现代中国文化界名人求学的地方。图书馆里一些原来不是精装版的书籍，都以统一规格的、纯色的精装面重新装帧，再在书的侧面标书名和作者名。开始，我认为这样做太花费工夫，但细想一番亦觉颇有道理。首先利于保存书籍的完整，不易卷皱，另外容易填上及消除密码，还有利于工作人员在读者离馆时的检查，起防盗作用。图书馆内的一般阅览室是可以自由进入的，我虽然每次都带了哈佛大学的身份证明卡（ID 卡）才进入，但工作人员没有要求出示。其实他们对每一个进入的人都看一眼，但是图书馆是具有开放性质的，我想黄脸皮也是一张目测的通行证。不过无论什么肤色的人在离开图书馆时都要把书包、手提箱打开让工作人员检查。

特别珍贵的书籍，可视为有价值的文物，要送入特藏室严加保护。进入特藏室的人是要另办登记手续的。某些资料只允许某些人接触，不是任何人都可以翻

---

[*] 本文原载于《广州日报》1995 年 6 月 14 日第 17 版。

阅的。研究人员进出时，只可带纸和铅笔，圆珠笔及钢笔也不准带入以防弄污书籍。检查不仅限于书包、手提箱，衣服也要检查的。去年底哥伦比亚大学图书馆就曾发现有22种价值100万美元的中古时代手稿不翼而飞。

  燕京图书馆里除了工作人员、研究人员及访问学者的办公室外，还有会议厅（俗称"大礼堂"），其结构像大学的梯形教室，也像中国的电影院。许多学术报告、学术讨论及年会在此举行。有些学术会议是要收取一些费用的，但有些会议有单位赞助，又为吸引更多的参加者，所以是不收费的，只预先报名就可以。近年来美国兴起有关生死学的讨论，去年12月3日在哈佛大学燕京图书馆的大礼堂就举行以"中国文化中的生死观"为题的研讨会，以"生死与宗教"及"人间与生死"两个论题进行。其中包括"藏族的灵魂观"、"为什么活着？——明遗民的生死态度"及"辛亥革命与鲁迅的生死观"等等的专题。专家报告后还有集中时间的公开讨论，为了启发引导听众，还有讨论的引言人。该会议是以中文发言的，又是免费参加，到会者除了学者（包括来自费城、康涅狄格州及耶鲁大学的学者）外，也有居住在大波士顿区（即包括波士顿市及其附近的城镇）对中国历史、文化感兴趣的居民。大波士顿区的居民到哈佛、麻省理工学院听演讲是"小菜一碟"。演讲的告示里有时还附上简要地图，教导人们如何找到演讲的地方、泊车位的位置。哈佛、麻省理工在人们心目中是门槛很高的学府，但又是面向大众敞开大门的。

● 早茶闲话

"有头有尾"度年节[*]

刘泽生

中国传统很讲究"有头有尾",所以古代的贤者告诫我们谨始慎终。除夕又称大年夜,是一年的最后一天;年初一是另一年的开始,人们连续热烈地庆祝。南美的阿根廷人在元旦日要用鲜花瓣沐浴。广东旧俗在年三十晚有用黄皮树叶沐浴的习惯,意思是一样的——除掉晦气,换来吉祥如意。习俗自然会掺入迷信的成分,但也表达了人们要卸下累积的心理负荷,在新的一年轻装前进的积极意愿。希望"一元复始,万象更新"。

年节里常讲究形式上的"有头有尾"。年节餐桌上的鸡鸭,切开后还要按头尾的顺序一一排列。广东一些地区还喜欢用鸡鸭的头部或尾部孝敬年高德劭的人。而西俗餐桌上是不能放鸡头或鸡尾的,尤其是鸡头。鱼是春节应节的食品,因为要取"年年有余"之义。有一年的除夕,我在黄河岸边的一个小城度过。黄河大鲤鱼和饺子是那里最令人高兴的食物。尽管同为鱼类,此日鲤鱼的身价特别不同,因为"鲤鱼跃龙门"是大吉兆。小城的店家先把鲤鱼让食客过目,证实是活鱼后才送到厨房。烹调后也是有头有尾的整鱼。从前广州民俗每逢除夕夜要煎两条鲮鱼,然后把鱼和一对大红橘子放进米缸。古人说"民以食为天",这话不假。丰衣足食,米缸常满而有余是最基本的需要,也是国计民生的大事。不过,近年不少广州人好买"袋袋米",要做饭时就从米袋舀米。米袋取代了米缸。一对大红橘还可以放入米袋,两条鱼就无法放进袋中了。

年节里不但动物要讲究有头有尾,植物也要求有头有尾。一只只包含尖部和根部的厚实冬笋是好意头的食品,意义不仅限于有头有尾,还含有"节节高"的意思。广州人除夕叫"团年",年初二叫"开年"。生菜、葱及芹菜是开年的吉祥物,特别抢手。据说生菜代表生机勃勃,葱和芹分别是"聪"和"勤"的

---

[*] 本文原载于《广州日报》1997年2月2日第10版。本文在该报刊登时的作者为刘生,系刘泽生的笔名。

谐音。生意盎然再加聪明和勤奋，真是百事可为。买的时候要特别注意头和尾。这一刻没有人嫌弃不可食用的根须部。从前小孩子到外婆家拜年，常获赠几根有头有尾的长长的青皮蔗，以示亲情绵长。由于广州气候温暖，年节时候广州人可以观赏以新技术催开的山东菏泽牡丹，同时可以品尝梨子和栗子。牡丹观赏季节是春天，梨和栗则是入秋后的果实。梨与栗虽然不像牡丹那样先声夺人，但后劲看好。故近人诗谓"不羡牡丹称富贵，却输梨栗有余甘"。确实，就人生道理而言，开始好固然是好，但结局好才是真正的好。

新年伊始，不少人都有新的、美好的目标和计划，但是只有付诸行动、加以坚持，待到年底才见分晓。这就是"一分耕耘一分收获"的道理。"只问耕耘，不问收获"更是豁达。其实努力耕耘之后总会有收获，只是收获有大小，又有"有形"与"无形"之分。"有形"是别人的肯定，"无形"是自己内心的认可，但是后者有时会为人忽略。象征性的有头有尾是新春应节的习俗，做事有头有尾还待各人自己努力。

● 早茶闲话

冬天来了[*]

刘泽生

冬天真的来了,朋友从哈尔滨出差回来说,那里已下了多场大雪。冬天生活在广州确实十分舒服,广东的北部邻近湖南、江西的地方也经常飘雪。因此作为古时广东往北的通道,古驿道梅关,就成为踏雪寻梅较近的景点。广州一向被认为只有降霜而无降雪的地方。其实,广州也曾下雪。根据《番禺县志》的记载,清"康熙二十二年癸亥,冬,广州大雪"。清初广东著名的诗人、历史学家屈大均(1630—1696),字翁山,番禺人,著有《广东新语》。他在《翁山诗外》卷十六记载了康熙二十二年(1683)广州大雪。"边人带得冷南来,今岁梅花春始开。白头老人不识雪,惊看白了越王台。"大概从那时起到现在止,广州再也未下过大雪了。

广州的冬天有些树叶仍呈深绿色,一些花朵也未见凋零。冬天的食品纷纷登场,祛寒生暖的火锅照例被推出。夏天见了都嫌热的煲仔饭却变成了当时得令。中医是推崇"天人合一"的学说,主张人应该像自然界那样"秋收冬藏",各式各样的炖品也应运而生。其实炖品也是广东的一大特色,猪脑、果子狸及竹丝鸡等等都可放在炖盅内,还会加上淮山、杞子及党参等等药材。街角一些带有小火炉的四轮桌子,摊主专卖猪红汤、萝卜牛杂,另外准备酸萝卜粒、辣椒等物为佐料,任由顾客加用。人们都愿在寒风中喝上口热汤,故此"座上客常满"。北方常有的糖砂炒栗、烤红薯这里也有,北方没有的热蔗,同样给人带来温暖,也带给人们口福。

当然,下雪的地方也不是一无是处,雪地也有雪地的愉快,当然也会有种种的不便。下雪的日子最开心的人自然是无忧无虑的青少年。捏雪球、打雪仗、堆雪人、滚雪球及溜冰都是很有趣的。在北方的大学一年级学生里,把雪球带到学生饭厅或寝室者,十有九者为广东籍学生,不是因为特别调皮,纯粹是因为喜悦

---

[*] 本文原载于《广州日报》1997年7月5日第10版。

和好奇，其他的老师和同学见了少不了有少见多怪的感觉，但也只一笑置之。只是到了第二年冬天，这些广东青年多数失去这种对雪的激情，因为在欣赏冰雪时，也体会到由此带来的麻烦。生长在东北山地的青年喜欢既惊险又刺激的滑雪，成熟的中老年人觉得在大雪纷扬的寂静日子，沏一壶茶，读几本书也是人生一件乐事。其实冬天比任何季节更令人知道家的平安和温暖。在风雪咆哮的日子，在路上行走的人们用帽子把双耳掩盖起来，把颈上的围巾拉到口鼻的位置，低头疾走，脚下可能是溜滑的坚冰，也可能是雪和泥混合的泥泞。走到家门前，用力跺掉沾鞋的冰雪泥泞。有暖气的房子十分暖和，灶上的水壶嘶嘶地叫，壶嘴喷出白色的烟雾，一股暖流注入全身。家原是那么平常又那么温暖，怪不得人们常说"家是人生的避风港"。这句话本是一个比喻，特别是精神层次方面的比喻，但因为冬季使人有实实在在的感受。美国的"无家可归者"夏天可以睡在公园的长凳上，但在东北部严峻的寒冬中，他们必须进入无家可归者的庇护所，否则就会冻死街头。可见家在冬天的地位。

　　没有经过冰封雪锁的严冬，不知道阳光的煦和；没有受过饥寒交迫的折磨，就不懂得暖衣饱食的真正意义。这也是冬天给人的启示吧！

● 早茶闲话

孰轻孰重话抓阄*

刘泽生

全世界都有使用抓阄作决定的做法。抓阄的结果也普遍为人们接纳。因为没有人为因素的干扰，毕竟相对公平。哪怕抓阄的结果不尽如人意，但到底是自己的选择，也只能默认。因为世界上本来就没有绝对公平的事。

中国传统也有抓阄的方法。掣签是明清时代正途选官的方法之一，有空缺官位，从候选人中以抽签法选缺，每年定期举行。当然腐败的封建社会存在卖官鬻爵的现象，但那是另一种话题。在中国古典小说中也可以看到抓阄的情节。《水浒传》中众好汉也用抓阄法决定谁为一百零八将元首。卢俊义拈了攻打东昌府，宋江拈了攻打东平府。卢俊义攻打东昌受挫；宋江却先扫东平，再扫东昌，奠定他无可争议的地位。当然抽签也曾出现奇特的结果。据《岭南古今录》记载，在鸦片战争期间，被英兵洗劫的东莞虎门镇口村民，欲组织100人的敢死队乘夜袭击对岸的英兵。因有200多人报名，故开出"生签"与"死签"各100条。持"死签"者方可加入敢死队。开签时持"死签"者竟多出数十人。原来这些人自行把"生"字改为"死"字，充分体现中国人同仇敌忾、视死如归的精神。

抓阄法仍然持续至今。我曾在珠江三角洲的一个小镇，目睹一个集资建住房的单位以抽签法来分配新房。因为职工出资的数目相同，所购的面积也相同，分房时自然会出现一些具体的问题。例如房间在楼中的第几层，既想上落方便又想空气清新。即使同在一层，由于方向不同，可能会受日晒或北风之苦；由于建筑物的梁柱影响，同一面积的房间使用起来也有方便与否的问题。最后领导与群众达成共识，以抓阄法分房。抓阄的结果自然是有人欢笑有人愁。不过两厢情愿对调房子的可以自行调整，但这是私人问题。本来可能爆发的房间争夺战、常能把人际关系弄得"一地鸡毛"的分房问题就此消弭于无形。抓阄的效力真不可

---

* 本文原载于《广州日报》1997年10月26日第11版。本文在该报刊登时的作者为刘生，系刘泽生的笔名。

低估。

　　现在国内外大规模的体育比赛都是以抽签方法进行分组。尽管说体育运动的输赢根本在于实力，但有时也会与抽签结果的好坏、能否避开被视为"克星"的对手有很大的关系。此所谓"三分运气、七分拼搏"。其实世事亦可作如是观，有时成功不一定在于实力。心理学家常告诫人们切勿为此心理失衡、自我失落甚至出现被称为"自我攻击"的行为（包括抑郁、大量吸烟、酗酒等）。我想抓阄是有狭义和广义、有形与无形之分的，靠侥幸而成功的现象，不管有无人为因素的存在，我们也不妨把它视作在茫茫人海、大千世界中的一种抓阄。

● 羊城书迷话书市

好书勿错过[*]

刘泽生

  时间过得真快，1991年全国第四届书市在广州交易会开幕的情景还历历在目，现在毕竟又过去6年了。当时我因为获得《读书与实践》版（即原《广州日报·读书》版）的赠券，得以在全国第四届书市开幕那天第一批进场。开头并不知道书市内的布局，我被人潮最先推到广州外文书店所设的摊位。我把陈列在桌面上的书迅速扫了一眼后，便捡起一本原版的英语词典，一看定价100元。随手翻开一页，发觉纸质、印刷甚好。虽然本词典不是为青少年编写的，却也图文并茂、十分有趣。正想再翻另一页看时，一位中年人站在我的身旁对我说，他要买这本书并准备到交款处付钱。我在犹豫之间松了手，眼看着这本书给人买去。工作人员告诉我，因为书价高，他们只进了一本，想不到这么快就卖脱了。我听后只好报以苦笑。随后便到各摊位一转，我接受了这次的经验教训，看到合意的书就抓住不松手，再也不敢三心二意，在买与不买之间盘算了。近年来书价较从前上涨了不少，然而凡有可遇不可求的书我也决不手软，好书就像好花，总会有人欣赏。若待回家思量后再返回时，好书往往已不翼而飞，不知花落谁家。这书可能在相当长的一段时间后重见于某书店或图书馆的书架，令人恍如隔世相见；也有因为过分专业化、印数有限，不复再版，此后人与书无缘再见。人和人之间有人缘，其实人和书之间也有书缘。

  第四届书市后也有过小规模的书市，只是未引起轰动效应。有人认为与广州购书中心已建成，广州人购书较从前容易有关。这话有道理，但也不尽然。1995年广州有个"南国书香节"，我在书市上买了几本实用性强的好书。那时我刚买来一台电脑。当时WINDOWS的软件已经大批上市，但书店里的电脑书籍仍停留在DOS的阶段，心中十分着急。而在那次"南国书香节"里，WINDOWS的电脑书率先和用户、读者见面，真是"满园春色关不住，一枝红杏出墙来"。我在

---

[*] 本文原载于《广州日报》1997年10月27日第23版。

书市上挑了几本十分适意的书，其后又在北京大学出版社的摊位，看见一本该社刚翻译出版的《英汉 WINDOWS 辞典》，我喜出望外，抓牢后再看价格是 88 元，当时是其他书籍的数倍。该出版社的一位工作人员连忙向我说明这本书的实用价值。译者是在当时国内尚缺乏参考资料的情况下，花费很多功夫才完成的（我十分认同这种说法）。因怕滞销，只带来一本。出版社又给我九折优惠。尽管不久以后，不论大小书店，WINDOWS 的电脑书犹如雨后春笋多不胜数，内容重复的亦不少。不过我买的那本电脑辞典确曾给我极大的帮助，也算是物有所值。从这次购书，我充分体会到从书市迅速获得新书的作用。在信息时代、竞争性的时代能使新书早一步到位，这种作用不是书店可以完全替代的。

从《广州日报·读书》版得知"1997 年第三届广州读书节暨第三届羊城书市"即将开幕，将有 100 多家出版社参加，对于广州市广大读者来说应是一个喜讯，希望能从书市上再找到自己喜爱的新书。

● 早茶闲话

午餐等外卖[*]

刘泽生

据饮食业的老行尊说，从前广州的一些饮食业有送外卖的习惯。不仅送饭菜，连云吞面、牛腩粉、及第粥之类也肯送出。当爱群大厦在广州独步一时的时候，凡购买12件以上的西饼，也会派专人送出。送外卖也有收送餐费的，也有免费的。其实所谓免费也是把送餐费纳入成本之中。不过从前没有时兴的饭盒、汤盒和外载的袋子，用的是可以打破的瓷碗、瓷碟，外载是沉重的分层、分隔的竹制或木制的提盒，送外卖的人要有体力，也要讲究技巧。送外卖曾一度在广州销声匿迹。

俗语说"食在广州"，广州的饮食业本来就发达。近年闹市区内更是三步一楼、五步一店，竞争的激烈可想而知，大家想办法寻找顾客。送外卖是办法之一。给上班族送盒饭之风近年甚盛。成行成市的个体小商店、摊位，不少大厦的办公室都没有厨房，中午吃盒饭最适意，丰俭由人又不影响工作，如果饮食店还肯把盒饭送上门，那是求之不得的事。现在广州市的城市范围较前明显扩大，相当多的职工家在城乡结合的部分，中午不回家做饭的人明显增多。我所在的办公室有人试行向附近的一间小食店通过电话预订盒饭。据说小店会派专人送到，起始价为5元一盒，按所报的菜名点菜，附送例汤，免收送餐费。刚开始大家都把他视作"第一个吃螃蟹的人"，我也以为小食店不会为他一人送盒饭的，谁知饮食店竟然不嫌麻烦，把一个盒饭依时送到办公室门口，这时大家颇有兴趣地围观那盒打开的热腾腾的"叉鸡饭"，叉烧和鸡肉看上去都还不错。第二天叫外卖的人竟然增至4人，叉烧饭、番茄牛肉饭、草菇肉片饭和豉椒排骨饭，各人各样，大快朵颐。我想这大概就是只要不怕辛苦、不怕麻烦，生意就可以越做越大的道理吧。因为单位附近有中西快餐店，可选中餐或西餐，还可以择优挑选送外卖的

---

[*] 本文原载于《广州日报》1997年11月9日第11版。本文在该报刊登时的作者为刘山河，系刘泽生的笔名。

饮食店，单位餐厅得知不少办公室电召外卖的消息后也主动出击、参与竞争，我们被告知凡在上午 10 时前电话预订盒饭的办公室，餐厅会在中午就餐时间派专人送到。果然说到做到，把部分食客拉回来。

  我回家后把电召外卖的系列信息传给老妈，并且把预订电话号码、快餐店的名称填入家庭电话本内，鼓动老妈一试。谁知老妈不感兴趣，认为中午吃饭吃面都不要紧，简单、能吃饱就行，不必那么张扬、劳师动众。她还说随意给陌生人开门进屋也缺乏安全意识，看来她是不肯电召盒饭。我认识一位下岗的朋友，现正在饮食店干外卖，他认为送外卖也不易为，饭菜必须保证质量、讲究卫生。因为送外卖的人不仅要勤快还要品质好，否则无法竞争，他目前所送的外卖主要为上班族服务，大部分工作集中在午餐时间，有时也进入家庭服务，但不算多，他很认同我家老妈的观点。因为退休老人比较节俭，安全观念强，所以送到退休老人手上的盒饭确实不多。

● 健康知多点

简易复苏术：赤手空拳救活一条命*

刘泽生

看过系列剧《仁心仁术》（又叫《急诊室的故事》）的人大概不会忘记里面紧张的抢救镜头：直升机载着医疗队来到现场，医生一边往患者脸上扣一个大吸氧面罩，要不就"撬"开病人的嘴巴做气管插管；另一边是抓住两块电板放在患者胸前，一通电，"嘭"的一声，病人的胸脯弹起来，再看看心电图监护仪，仍旧是一些杂乱无章的曲线，然后又"电"一下……这些现代化的设备往往能使患者"重返阳间"。但你可能不知道，利用简易的徒手心肺复苏术，在医生没有到来之前，没有现代化设备的情况下，赤手空拳也能救活一条命。

从上述的描述看来，对于埃及青年阿里溺水的处理是非常草率、骇人听闻的。既没有现场处理，救护车把溺水者送到医院后，也未经医生做死亡鉴定就匆匆送入太平间处理，简直是草菅人命。阿里得以生还既是奇迹，也是不幸之中的大幸。

这段镜头使我想起一桩真人真事，一个赤手空拳救活一条命的故事。意外发生在一个山村的小水电站。一个不会游泳的小青年在河边修理机器时，不慎仰面坠入河中。幸而水电站中还有3个工人，他们曾受过初级救护训练。听见喊救命声，马上追踪而至，立即下水把人捞上岸边，让其平躺在硬地上。他们两手空空，全凭培训的知识，立即对溺水者进行最简单的检查。发现患者无知觉，呼之不应；无呼吸，鼻孔无气进出，胸廓无起伏；用手触摸溺水者颈部的动脉，发现无搏动；双眼瞳孔放大。这些表现说明溺水者的心跳和呼吸已经停止。医学上叫呼吸循环骤停，这是溺水时发生窒息和缺氧所致。

他们当中一人马上拨打电话向距离水电站最近的矿山医院求救。为了使溺水者重新恢复呼吸与心跳，另外两个人立即对溺水者进行急救。迅速清除其口中的污泥、杂草及呕吐物等。把舌头拖出，以免舌头向后回缩妨碍呼吸道的畅通。本

---

* 本文原载于1999年10月《家庭医生》。

来使溺水者头部后仰，更有利于呼吸道的通畅，但溺水者，尤其头部先坠入水者易有颈椎骨折，故要小心行事。因为无呼吸，立刻向溺水者口中吹气，目的在于供给氧气。因为人体的口与鼻孔可以相通，故吹气时要用手指捏住溺水者的鼻孔，防止吹入的气从鼻孔漏出。停止吹气时，要及时松开手指，每分钟吹气12～16次。另一人同时做胸外心脏按压。按压的部位在胸部中间的胸骨。如果把胸骨粗略分为上、中、下三部，应在胸骨中下段交界处，行均匀有节奏的用力按压，但要避免压断肋骨。按压的目的是为了保证脑部获得最低限度的血流供应，不因缺血、缺氧而致脑死亡，每分钟按压80～100次。如果脑缺氧时间过长，即使保住性命也会变成植物人。口对口吹气和胸外心脏按压，医学上称徒手心肺复苏术（下面简称"复苏术"）。这些动作都是一气呵成的，也可以一人独当两任。当然，如有二人合作更好。

时间就是生命，复苏术应在第一时间立即开始。即使我们推测患者呼吸停止已有半小时，仍要进行复苏术，而且要努力坚持2小时以上，直到医生鉴定抢救无效，宣布死亡后方可停止。因山路崎岖，矿山医院救护车半小时后到达。他们使用气管插管术供氧辅助呼吸，心电图描记溺水者有微弱的心室颤动波，使用电击除颤。呼吸、心跳恢复后，救护车将溺水者送回医院做进一步治疗。这位小青年最后完全康复，他非常感激当日在现场不离不弃、坚持徒手抢救他的同事。埃及青年阿里能自动苏醒，推测他溺水时的状况应比这位中国小青年为好，却几乎被不负责任的人和缺乏常识的人推上不归路。

当然，复苏术的作用并不仅仅限于抢救溺水者。日常生活工作中，凡是心跳呼吸停止，像因触电而心跳骤停、呼吸停止者，或者因心肌梗死而心跳停止者，都可以用复苏术来进行紧急抢救。学会简易的复苏术，兴许在紧急关头，您也能挽救患者或延缓患者的死亡，从而获得宝贵的抢救时间，并从死亡的边沿拉回即将逝去的生命！

● 健康知多点

惊"心"动"魄"恐怖片*

刘泽生

最近,随着一系列恐怖影片的推出,观看恐怖影片在青少年乃至成人中流行起来。这些影片是以似真非真的场面,令观众在观看时有被惊吓和被震慑的感觉,过后回思,仍会毛骨悚然、不寒而栗,从而对该片留下深刻的印象。这也是恐怖影片要达到的目的之一。

说到恐怖片,新中国成立前拍摄的影片《夜半歌声》,算是我国早期的恐怖影片之一。当时上海传媒推波助澜,上座率可谓"场场爆满",满城争说《夜半歌声》。因为恐怖影片具有相当的刺激性,而人们都有好奇心,有追求惊险刺激的心理,所以恐怖影片自然拥有它的观众。青少年也更是乐此不疲,专门挑选恐怖影片来看。

然而恐怖影片并非人人都适合观看。专家指出,观看恐怖影片可能给人带来严重的负面影响,造成身心健康方面的危害。很多人都曾有过这样的体会,看完恐怖片后,很多平时能做的事,都不敢做了。像不敢走夜路,不敢一个人在房间里呆着,有的人甚至晚上睡不着觉,就算睡着了也是噩梦不断。曾有报道,湖南一学生在观看《夜盗珍妃墓》时,因惊恐过度以致脑血管破裂,颅内出血而死亡。最近又有报道,在香港某电影院,有人看日本恐怖影片《午夜凶铃》时竟当场被吓晕过去。这些报道,看上去有点渲染,其实,并非言过其实、耸人听闻的。

从医学角度而言,恐怖影片会对人的视觉和听觉予以强烈的刺激,这种刺激传入人的大脑,使人心跳加快,呼吸加速,血管收缩,血压上升。另外,还可使一种叫儿茶酚胺的物质分泌增多,增加心电的不稳定性,容易引起严重的心律紊乱。观看恐怖片时,身体健康者或许只有一时的不适,不会有生命危险;但是对于原有心脑血管疾病的观众,情况就大不相同。老年人在大悲大喜、严重惊恐时

---

* 本文原载于2000年1月《家庭医生》。

猝死的事时有所闻；青少年中如有潜在的心脑血管疾病（如先天性脑血管畸形、先天性心脏病或与遗传有关的心脏疾病等），遭遇强烈的情感刺激也可发生意外，像诱发心绞痛、心肌梗死和脑血管破裂、脑出血，等等。前面报道中的学生，就很可能有先天性脑血管畸形，加上惊恐过度以致脑血管破裂。所以有心脑血管疾病如高血压、冠心病的人，平日容易情绪激动较难自制的人都不适宜观看恐怖影片。

恐怖影片不但对人的生理有影响，同样对人心理上也有很大的影响，特别是心理素质不稳定者，尤其是对儿童。恐怖片对儿童心理上的负面影响尤为突出，有的甚至产生严重的行为障碍。祖国医学有"大怖生狂"之说，即过度的恐怖会使人发狂，神志错乱。青少年儿童的身心尚未发育成熟，对某些事情分不清真假，很容易被影片描写的情节所迷惑、误导。日前报道澳大利亚一名10岁的女孩在生日聚会上看了恐怖影片《夺路狂奔》后，精神严重失常，被送进精神病院，医生说她的精神病与观看恐怖影片有关。这是恐怖影片对精神心理方面的影响的极典型例子。所以恐怖影片应是"儿童不宜"。

其实，不只恐怖影片才有恐怖镜头。有些我们称之为文艺故事片、科幻片之类的影片或电视片，当内容涉及暴力时也会出现恐怖的镜头。如以第二次世界大战诺曼底登陆为背景的《拯救美国大兵瑞恩》中，就有不少鲜血淋淋的恐怖镜头。所以有较多恐怖镜头的影片或电视片，制片厂有责任就这一点先向观众介绍或作影前的字幕说明，让观众根据自己的情况选择看与不看，或在观看前做好心理准备，如遇上恐怖或暴力镜头可暂闭上眼睛，以减少传入大脑的刺激，这也是可行和必要的。

对于喜欢看恐怖影片者来说，既要严防突然的恐怖镜头刺激，又要避免过多过久的恐怖刺激对身心带来的渐进的危害。而对于患心脑血管疾病的病人、神经质或心理素质较差者、儿童等，尽量少看或不看，以免产生心理上的阴影或发生意外。

● 健康知多点

百年老药地高辛*

刘泽生

百年的"家族"

百年老店靠信誉，百年老药靠效果。地高辛（digoxin）属于洋地黄类药物，是目前国内外最常用的口服药之一。若追根溯源，洋地黄的提取物在很久以前就已当作药用。1785年，一位英国医生通过病例的研究，证明洋地黄可以治疗外周水肿，洋地黄毒苷是其主要的药理活性成分。如此说来，洋地黄正式在临床使用也有200多年的历史。一种药物能用上200多年自有其令人信服之处。洋地黄类药物主要用于心力衰竭病人，但它并非对任何心力衰竭的病人都有效，它和其他药物一样有其适应证和禁忌证。对适应证的选择与分寸的掌握则是医生的职责。

要连续服用的药

为何病人要按医嘱连续服用地高辛的维持量呢？因为，有心脏病不等于有心力衰竭。当心脏病发展到一定的程度，才会出现心力衰竭。而心力衰竭必须要控制，否则有生命危险。近20年来，医学研究者通过大规模的病例研究，对洋地黄类药的权威性进行了全面的挑战。研究认为，洋地黄类药物不具有提高生存率的作用，但仍然认为它可以增加心排出量，提高运动的耐氧量，明显改善病人心悸、气促的症状，降低住院率，提高患者的生活质量，使病人过上比较正常的生活，这对于病人而言是极端重要的，尤其是心力衰竭伴有心房颤动者。曾遇到一些病人，在控制心力衰竭后，尽管医生千叮万嘱要继续就诊，坚持服用地高辛，

---

* 本文原载于2001年1月《家庭医生》。

但他们（其中还不乏住宅离医院不远的病人）当作危言耸听，并未谨记心上，症状获得短暂好转后就自行停药。结果不久心力衰竭加重，重新出现心悸、气促症状，夜间不能平睡，不得不到急诊室吸氧气、静脉注射洋地黄类药物及服利尿剂等，严重的甚至要住院治疗。一来二去，他们自己也看到了坚持就诊用药的好处。坚持就诊用药后，他们当中大部分人几年来不用再进急诊室或住院部了。

街上药房买不到的药

地高辛尽管很便宜，但在街上的药店是买不到的。因为洋地黄类药物是有毒性的，故不准出售。即使在医院医生以处方开出地高辛，在医院药房拿药，病人按时按剂量服用，用量每天也不过半片至一片。遇上一时改变的体内环境，如缺血缺氧，或体内水、电解质的变化，常量下也会引起洋地黄过量，出现洋地黄中毒表现。有一位风湿性心脏病心力衰竭伴有心房颤动的病人，服用地高辛（每天1片）已有6年，病情控制得很好。有一次因吃进不洁食物，腹泻了2天，体内低血钾，导致地高辛中毒。一般的洋地黄中毒治疗不难，问题是因此增加了病人的痛苦与经济负担，严重中毒的还会致死。故服用地高辛的病人要多留个心眼。最好每次服药前先量脉搏，脉搏在60次/分以上才可服用（这个数字很好记，就如小学生考试60分才算及格一样）。不过心房颤动患者的脉搏少于心率，只数脉搏并不准确，要听心率才行。在用药过程中如有以下情况，都应立刻停药并到医院检查治疗，因为以下都是洋地黄中毒的表现：①出现恶心呕吐，不想进食；②心跳变慢（少于60次/分）或感觉心跳突然变慢，或突然加快，或自觉心跳的节律不整；③视物变颜色，如变成黄色或绿色。

当天气多变或寒冷时，原有心脏病的病人最容易患呼吸道感染，可诱发心力衰竭或使原有心力衰竭加重，所以对地高辛的维持与使用就更要注意。患者应定期到医院门诊就诊，以保健康。

● 人·物·事

广州同文馆和我的家族[*]

刘泽生

贵报在2002年6月23日,向广州市民披露了一段尘封已久的历史:今日的广州朝天路小学原是清代广州同文馆,而广州同文馆则是广州市第一所外国语学校。我的家族与广州同文馆的渊源甚深,由此便找到了话题,进一步佐证一下这段历史吧。

清康熙中,平定"三藩之乱"后,派八旗禁旅三千到广州驻防。我家的先祖就是其中一员。先祖属汉军镶黄旗人。经广州满族史研究专家汪宗猷先生考证,驻粤八旗的汉军镶黄旗人并非满族,而是汉族人,是原居住在沈阳的居民,后随满族进入北京。我的家族就如此这般地落户广州。

到了清光绪年间,家族中出了一名才子刘世安。刘世安自小聪敏好学,汉文及满文俱佳。他顺利地考上秀才,光绪八年成举人,但后来上京会试受挫,于是便按当时读书人的路子,一边教学,一边加紧自修以待未来。在他住处附近的朝天街有一所建于清同治三年的广州同文馆。这是洋务运动兴起时,经过激烈的论争,在恭亲王奕䜣的坚持下,由皇帝批准建立的学校。是继北京同文馆、上海同文馆之后中国第三所外国语学校。同文馆设有英文及中文总教习,英文总教习由西人出任,待遇远比中文教习为高。但就任中文总教习者必须已有功名。光绪十三年(1887年),诗文俱佳的刘世安被聘为广州同文馆汉文总教习,教的内容是"四书五经"。刘世安在广州同文馆工作两年便辞去教职,光绪十五年(1889年)再度赴京应试,高中第三名进士,俗称探花,该科为己丑科,其姓名见于《明清进士题名录》。该科的阅卷大臣是曾任帝师的翁同和,故刘世安为翁同和的门生。刘世安留京任翰林院编修,后出任甘肃学政。因母亲病重回广州探亲,不幸染上时疫,英年早逝,葬于广州白云山,此乃后话。

我的祖父刘绍镒与刘世安,从宗谱上看,原出一脉,论辈分祖父还高出一

---

[*] 本文原载于《羊城晚报》2002年7月23日。

辈，但论年龄则比刘世安小，若以十二生肖而论，则小了一圈有余。我家曾祖父是木匠，故祖父生于旗人驻防区的陋巷之家，并不高贵。当刘世安成名时，祖父还在小巷中嬉戏。偶然得知黄埔的广东水师学堂招收学生，不仅不收学费，还供膳宿，每月尚有膏火银（相当于今天的奖学金）可以养家。这所水师学堂乃光绪十三年两广总督张之洞将原设在黄埔的博学馆改办而成的，学制两年。祖父的两位适龄堂兄先入水师学堂驾驶班学习。祖父因年龄较小，故迟几年才进水师学堂。那两位堂兄毕业后被派往北洋水师，在光绪二十年（1894年）的甲午海战中殉难。待到祖父毕业时，清朝海军已经覆没。正在彷徨之际，得刘世安导引进入广州同文馆英文班学习三年，毕业后入广州海关任初级职员。当时中国海关为英人控制，一切文件与交往均用英文。为避免形成关系网，按英人规定，每三年换关一次，故祖父历广州、海口、汕头、济南、烟台、芜湖、上海及九龙等关，因对海关事务甚为熟悉而成高级职员。我在美国宾夕法尼亚大学学习时，在学校的图书馆中偶然读到台湾苏精先生的力作《中国同文馆研究》，苏先生指出，广州同文馆毕业生的成就比不上北京、上海同文馆的毕业生，而刘绍鑑则是广州同文馆毕业生中成就较大的人。祖父在抗日战争爆发前，在南宁海关总监任上退休，定居在广州惠爱路一条僻静的巷中。

  我的父亲和叔父曾在广州朝天路小学学习，以后分别毕业于上海圣约翰大学医学院和复旦大学数学系。现在我有不少亲戚居住在广州中山六路一带，故不少人小时毕业于朝天路小学。但是说来奇怪，百多年来我的家族中祖父这一支出了不少医生、教师和工程师，但都没有一个专门攻读及研究外国语言文学的人。也许将来会有，以续与外语学校的渊源吧。

● 讲饮讲食

广州人京城打响"谭家菜"*

刘泽生

广州人不仅会吃，还不断动脑筋琢磨烹饪技巧，使粤菜生色。

清末至抗日战争前，北京大名鼎鼎的谭家菜源自粤菜，挂出谭家菜招牌的主人是广州人谭篆青，他出身于书香世代的谭家。

谭篆青的祖父谭莹是岭南的著名学者，广东南海捕属（今广州）人，生活在清代嘉庆、道光、咸丰和同治年间。谭莹是《粤雅堂丛书》的校刊者及《海山仙馆丛书》的编辑者，在越秀山的学海堂任堂长达三十余年。谭莹少时便获两广总督阮元赏识，然而"科第泥人寸寸难"，其功名止步于举人。谭莹的第三子谭宗浚（字叔裕）幼承家学，博览群书，青年中高科，在清同治十三年以榜眼及第。可惜其时谭莹已去世3年，未及见其荣耀。谭宗浚授翰林编修，散馆后继张之洞出任四川学政，官至云南盐法道，定居北京。

谭家和江南京官相似，有自己的庖厨。因为谭家讲究饮食，家中成员还亲自下厨调味。谭宗浚有女名佩兰，许配给有三代交情的陈家，佩兰的夫婿乃陈澧之孙。陈澧是广东著名的学者，多才多艺，著作等身，世称"东塾先生"。陈家原自浙江绍兴，其后落籍广东番禺。陈家厨房烧菜除广东风味外，还掺有江浙口味。佩兰融合谭陈两家烧菜的特点，实在是一位烹调能手。

谭宗浚在清光绪十四年中年去世。本文开始所提的谭篆青乃佩兰之弟。谭篆青名祖任，字篆青、琢青，号移庵。生于学者之家自然幼读诗书，精书法、善烹饪、广结人缘。光绪年间，不少江南京官将家乡菜精心改造，然后推荐给当时著名的饭馆使用，这是当日的时尚，也是一种食文化。谭篆青好于此道也不算辱没家声。民国初年，谭篆青以其多才多艺受聘当时的教育部次长，还授了个教育部参议。据祝秀侠《粤海旧闻录》记载，谭篆青家中的掌勺人是他的如夫人，人称阿姨。阿姨对厨艺十分用心，还特地到天津姑奶奶家，在陈家随谭佩兰下厨学

---

* 本文原载于《羊城晚报》2003年10月20日。

习。不仅得谭陈两家家厨的心法,还另有会心。阿姨的菜色糅合了江南与京津人家的口味。

  谭篆青家住北京米市胡同,以"白切鸡"、"蜜汁火腿"、"红烧鱼翅"和"红烧鲍脯"而驰名,对一茶一酒都十分讲究。谭家本是官宦人家,家居宽敞,清洁雅致,主人热情文雅。初时只是利用房子供人宴客,后来生意红火,也就自行营业,前清遗老、民国的政客及学者常为座上客。著名历史学家陈垣在民国初年离开广州到北京从政,后转入历史研究。在他留下的日记中,曾记载他与北京的名流学者在谭家宴请外国的汉学家。在菜馆林立的北京,谭家菜确是当时的一个品牌。"七七事变"后,平津沦于日寇之手。"泽国江山入战图,生民何以乐樵苏",不仅物质匮乏,而且物价以10倍、20倍乃至30倍地飞涨,向以鲍参翅肚为重头戏的谭家菜自然无戏可唱,又无人光顾,阿姨也因困顿,积劳成疾,终于一病不起。谭家菜也就曲终人散了。

● 健康知多点

降压：终身服药，终身注意[*]

刘泽生

治疗高血压病（原发性高血压）一般是要使用降压药的。就目前的科学水平而言，现在的降压药只能控制血压水平，尚未能达到彻底根治高血压病的目的，所以高血压病患者要终身服药，经常关注降压药的效果及副作用。

自从实行医疗保险制度（简称"医保制度"）后，患者不一定要在就诊医院的药房取药，可凭医保卡到医保定点药店刷卡购药。自费的患者也可以在药店付钱买药。最近笔者到广州市内最大的医保定点药店仔细观察，在治疗心血管病的药物中，要数降压药品种最多、最全。

目前，不少高血压病患者经医生诊断为高血压病，按处方服药数次后，待血压稳定就到药店按原处方继续购药服用，然后购买血压计每天自我监测血压，以后就很少再上医院看病了。这样做，就患者而言，省了钱（省去挂号费，药价有时也会略为便宜），又省去看病轮候时间。患者持这种想法也不无道理。不过，要提醒注意的是，自行购买降压药者应大致了解降压药的种类，不同类的药物有不同的作用，可联合用药；同类药物之间可交换使用，以增强作用或避免副作用。降压药的效果绝对是因人而异，正应了我国一句老话"药无贵贱"，适合自己的药（能控制血压而且副作用小）方是好药。

降压药大致分为以下几类：

（1）利尿降压药。最常用的是双氢克尿塞（HCT），还有氨苯蝶啶、安体舒通。吲达帕胺（寿比山、钠催离、美利巴）也属此类。痛风患者不宜使用。双氢克尿塞与吲达帕胺在使用中要注意可能会出现低血钾现象，如手脚无力等。服用氨苯蝶啶与安体舒通则要注意是否会引起高血钾；高血钾严重时可致心跳骤停。

（2）血管紧张素转换酶抑制剂（ACEI）。这类药的译名多带"普利"两字。

---

[*] 本文发表于2003年12月《家庭医生》。

如卡托普利（开搏通）、依钠普利（洛丁新）、福辛普利（蒙诺）、培垛普利（雅施达）、赖诺普利（金若安）、西拉普利（一平苏），等等。这类药物最常见的副作用是咳嗽，轻者会误为气管炎，重者影响工作和休息，只有停药才能缓解。个别患者也可见头痛、皮疹。

（3）血管紧张素Ⅱ受体拮抗剂。对上述 ACEI 类有效而有咳嗽副作用者可改用此类药物。这类药的译名常常带"沙坦"两字。如芦沙坦（科素亚）、缬沙坦（代文）、氯沙坦钾（海捷亚）、依贝沙坦（安博维）、尼贝沙坦（伊泰青），等等。

（4）钙通道阻滞剂。这类药物的译名常带"地平"两字，如拉西地平（司乐平、乐息平）、非洛地平（联环尔定、波依定）、氨氯地平（络活喜、压氏达）、左旋氨氯地平（施慧达），还包括老药硝苯地平（心痛定）。现在有硝苯地平缓释片，如拜心同、圣通平。硝苯地平服后常有头痛、心跳、面红或下肢浮肿等症状。其他药物可能出现心动过缓、乏力或便秘等症状。

（5）β-受体阻滞剂。慢性阻塞性肺病、哮喘及心动过缓者不宜用此类药物。这类药物以倍他乐克最常用，还有比索洛尔（康可、博苏）、阿替洛尔（氨酰心安）。这类药可减慢心率，服用前要数脉搏（限心率整齐者），在门诊就医者脉搏必须不低于每分钟 60 次，住院患者不低于每分钟 55 次。曾有患者不管脉搏次数，一直服药，导致心率降至每分钟 36 次，送急诊室抢救。这类药还有可能引起精神抑郁，故有抑郁症者不宜应用此类药。

（6）α-受体阻滞剂。如特拉唑秦（高特灵），但在门诊应用不多。

（7）复方降压片。目前市售的有北京降压 0 号、复方利血平片。

对自购药物的患者，即使血压控制良好，无其他不适，也应定期看医生，以每月 1 次为宜，在医生指导下继续用药，或决定何时复查肝肾功能和心电图等。有任何不适则应随时就诊，以便及时发现病情变化、调整治疗方案。服药前，一定要仔细阅读药物说明书，了解药物的副作用，如有疑问，就诊时向医生咨询。

● 讲饮讲食

话说大三元酒家*

刘泽生

"大三元"不是平庸的名称。在封建科举制度时代，县学考试第一名称"案首"，乡试第一名称"解元"，上京会试第一名称"会元"，殿试第一名称"状元"。据专家考评，有科举制度以来，能连中三元的人，真是凤毛麟角。酒家取名大三元，就是取连中三元的意思。一是符合广州人所说的"好意头"，二是酒家也借此标榜自己是广州名列第一的酒家。

几年前，曾读美籍华人李士风先生以英文写作、又自行中译的《晚清华洋录》（2004年上海人民出版社出版）。李士风出身名门望族，原籍广东顺德，香港中学毕业后留学美国，以后定居美国。

书中两次提到1839年（清道光十九年）、1842年（清道光二十二年），李家曾请广州城最好的酒家大三元在家中操办酒席，1842年是最盛大的一次，这是作者曾祖父李致祥（学者梁延枏的学生，进士出身，因协办夷务而学习英文，曾作林则徐的英文翻译）结婚的婚宴。参加婚宴宾客，多是当时广州的达官贵人。"婚宴菜谱"按书载抄录如下：锦绣红袍（红烧乳猪）、百花齐放（花胶酿蟹钳）、永结同心（云腿、西兰花、带子、海螺扎）、百年好合（萝卜瑶柱环）、鸳鸯戏水（鲍鱼、鱼片、菜胆）、红鸾金凤（炸子鸡）、年年有余（清蒸大石斑）、金盘银珠（蟹肉炒饭）、花团锦簇（上汤煎虾饺）、如意吉祥（干烧伊府面）、花好月圆（杏仁糊汤丸）、百子千孙（哈密瓜布丁）、满堂吉庆（雪梨炖杏仁）。这是当年大三元大厨的精心杰作。

根据1994年出版的《广州百科全书》记载，坐落在广州长堤的大三元酒家，是1919年（民国八年）由温心田创办。在20世纪20年代，曾名列"四大酒家"之首。以红烧大群翅、太爷鸡、生炒水鱼丝、蟹黄鸡翼球为"四大名菜"。1990年仍有职工790名。不知《晚清华洋录》所说的大三元酒家结束于何

---

* 本文原载于《羊城晚报》2009年3月22日。

时。从清道光、咸丰、同治、光绪、宣统到民国，时空跨度实在太大。

　　无论如何，大三元酒家的名声，对广州人而言，实在是如雷贯耳。大三元酒家是高档次的酒家，过去也是广州人开玩笑的题材。一个人说"明晚我请你大三元一席酒（粤语'一直走'的谐音）"，另一个人马上应声回答"今晚我请你大三元四围酒（粤语'四围走'的谐音，即在大三元内绕着走的意思）"。也就是说，双方都无请客吃饭的意思，只不过请你到酒家内走一走而已。现在大三元酒家已结束多时。当你乘公共汽车经过长堤大马路时，有时也会有人指点，这里曾有一间很有名气的大三元酒家。

● 健康知多点

"小毛病"差点要了老汉的命[*]

方向韶文　刘泽生点评

"Bi—Ba，Bi—Ba"救护车警报器发出的声音划破了午夜的寂静，而车上的患者，做梦都没想到竟是我自己！

说句实话，这辈子我最怕的就是上医院。一提起医院，我就想起一股呛鼻的消毒水味，刺眼的白色，一副副愁眉苦脸的面容。我对医院敬而远之，并不是说我的身体一点毛病也没有。对我来说，经常添麻烦的就是胃病。因从事机械维修工作，食无定时，长久下来，就得了这毛病。"久病成良医"，家里常备着胃药，胃痛发作就吃药，吃完药不到半个小时就好了，屡试不爽。我经常谑称之为"小毛病"。

不过，这次"小毛病"可遇上了大麻烦。半个月前，正值我68岁生日那天，成家立业在外居住的子女们，全部回来给我祝贺生日。家庭聚会持续了一整天，晚饭后他们才陆续离开。晚上11点。我开始觉得上腹部隐隐作痛，胀满不适。我想，也许是吃多了，找了两粒药来吃。可是，这次不管用了。

老伴看我捂着上腹闷闷地坐着，关心地问："怎么啦，老头子？"

"小毛病。"我有气无力地回答。老伴拿出平时的常备胃药给我服下。

奇怪的是，平时屡试不爽的法宝，这次一点作用也没有。

老伴见状，说："还是上医院看看吧。"

"不去，"我说，"忍一忍就过去了。"

但两个小时过去了，我仍然觉得疼通。于是又吃了两粒药。老伴拿来热水袋给我敷肚子，也不管用。渐渐，我觉得全身乏力，心慌，头晕，冷汗直冒，这可是以往没有的事。见我脸色苍白手脚冰凉，老伴及同住的小儿子都慌了起来。儿子立即拨通"120"急救电话。一会儿，救护车载着我到了医院。

接诊的中年医生及实习医生一边详细询问我的情况，一边给我检查身体。

---

[*] 本文原载于《家庭医生》。

"老师，这病人有胃病史，主诉上腹痛，检查腹部是柔软的，有压痛，无反跳痛，诊断是否首先考虑急性胃炎？"实习生问。

"对，从目前掌握的资料看，胃炎的可能性大，但对于老年人，治疗后上腹痛仍持续不能够缓解的，还须排除其他疾病。"中年医生说。

其他疾病？我不禁嘀咕起来，还能有其他什么病？

中年医生继续说："这病人大汗，皮肤湿冷，血压偏低，心率较快，有休克前期的表现，须排除心脏及胃肠或胰腺等方面疾病的可能。你立即做份心电图，必要时抽血检查及透视腹部。"

一份心电图打印出来了。隐隐约约间我听到中年医生对实习生说什么"心电图有问题"，以及和我家人谈话的声音。然后医生走过来对我说："你的病情比较严重，必须住院治疗。"

"医生，不会这么严重吧？"我强打起精神说，"不过是胃痛，给我打支针就行了。"

"你这病不是胃炎这么简单，心电图显示这是急性心肌梗死，一定要留院积极治疗。"

"急性心肌梗死？这怎么可能？"我心里想。但我已没有力气反对了。很快，我被送到重症监护室。吸氧、心电监护、补液，各种管子天线般布满全身。每隔不久就抽血、复查心电图……

经过处理后，我的腹痛慢慢消失，手足也温暖起来。"幸亏你来得早，"医生说，"要是错过治疗的黄金时间，恐怕你现在就是另外一种情况了。"

医生点评：急性心肌梗死（简称"心梗"）是冠心病的一种类型，是心肌缺血坏死。急性心梗是严重威胁人们生命的常见内科急症。根据世界卫生组织的诊断标准，本病的诊断主要有3点：①心前区剧痛，常超过半小时；②典型、动态的心电图改变；③血清心肌酶增高。若有两点符合，便可诊断。所以文中的病人要做心电图检查及抽血检查心肌酶。

急性心梗的疼痛部位主要在心前区（俗称胸口处），但是少数病人以放射性痛为主。如下壁心梗的疼痛常放射至上腹部，以致文中一向有"胃病"的病人将放射痛误以为又犯胃痛，自服胃药，只因疼痛有增无减才去急诊。其实上腹部放射痛除误为"胃痛"外，也有误为"胆囊炎"或其他急腹症。顺便提醒大家，疼痛还可放射至背部、颈部及下颌，被误为"背痛"、"咽痛"或"牙痛"。这类痛常被人们视为无关紧要，以致延误就诊时间。通过这个病例我们真该警惕，莫把大病当小病。

历史篇

● 人·物·事

位卑未敢忘忧国*
——纪念康广仁殉难100周年

刘泽生

1998年是戊戌维新变法100周年。"戊戌变法"虽然失败，但它确是近代中国重要的政治改革、思想解放运动和文化运动。"戊戌六君子"之一的康广仁是维新志士中率先直接学习西学的人。

康广仁（1867—1898）名有溥，字广仁，以字行，号幼博，又号大中。广东南海银塘乡（又名苏村）人。生于仕宦之家。父名康达初，曾为江西知县，英年早逝。母名劳莲枝，出身书香门第。胞兄康有为（1858—1927），是著名的维新运动的领袖。康广仁早岁受母亲启蒙，也曾在兄长指导下读书。为兄弟晒书事，康有为曾写《延香老屋率幼博弟曝书》七绝"百年旧宅剩楹书，旧史曾伤付蠹鱼。一树梅花清影下，焚香晒帙午晴初"。康广仁始终没有走上科举之途，在仕宦人家也算很特殊。其中有几个原因：①康广仁从小不喜学习呆滞、限制思维的八股文，厌恶科举。十二三岁时乘清理阁楼之机，把家中阁楼所藏的前代帖括付之一炬。十六岁时因不悦学受长辈责备但不改悔。[1]②家有聪颖好学的长兄。康家把光大门楣的希望寄托在康有为身上，让他接受严格的封建传统教育，在科举道路上拾级而登。这样也解除了康广仁的压力，他可以率性而行，有更多的自由活动空间。③封建地主家庭也需要持家、治事及孝亲的子弟。康广仁做事条理分明，颇有管家的才能，家中将"一切家事营办督租皆委焉"[2]。康广仁为幼子，事母至孝，母亲也非广仁不乐。故母亲也乐意让他承欢膝下，不必像康有为那样经年出外拜师求学、苦思冥想及不断应试。

康广仁对康有为勤奋学习的精神十分敬佩。他对西学的兴趣也是受康有为启发的。康有为在清光绪五年（1879）曾作香港游，开阔视野，大购西书。光绪

---

* 本文原载于《广东史志》1998年第1期第47～49页。

八年（1882）康有为上京应试落第经上海回粤。在上海又大购广学会和江南制造局翻译的西书，在广州又搜求西书回乡。不仅自己学习，也让亲友阅读。康广仁对这些别开生面的书怀有浓厚的兴趣。其中促成康广仁学习西医的书，应是英国伦敦会传教医生合信（B. Hobson, 1816—1873）于1850年在广州编译出版的中文书《全体新论》（又名《解剖学及生理学大纲》）。这是全国最早出版的中文版西医书籍，因别具一格、文图并茂而名重士林。康有为在指导读书门径的《桂学答问》中也予以推荐[3,4]。另外，介绍显微镜功能的书也令他大开眼界。"不为良相，则为良医。"古人认为良相良医都是利泽生民的事业。故康广仁学习西医获得长辈的支持。于是"学医于美人嘉约翰，三年，遂通泰西医术"[5]。康广仁随广州博济医院院长、美国传教医生嘉约翰（John Glasgow Kerr, 1824—1901）学医。嘉约翰也是孙中山的医学启蒙老师。当时博济医院以英语教学，学制三年。康广仁完成三年学业，但没有行医。尽管这样，医学对他仍起了科学启蒙和思想启蒙的作用。在当时相当闭塞的封建社会，这种作用实在不可低估。1891年，康广仁曾在浙江作小吏一年，常委保甲差、文闱差。甚厌，弃之归家。

甲午年爆发日本侵略中国的甲午战争。清朝战败，被迫签订《马关条约》。光绪二十一年（1895）四月，康有为、梁启超在北京应试，割地赔款的消息传来，使他们震怒。四月九日，康梁联合各省举人发动著名的"公车上书"，提出"拒和、迁都、变法"的主张。虽未为接纳，但要求改革、救亡图存的维新运动在中国迅猛发展。1895年康有为中进士，梁启超落第。由于报纸可起开启民智的作用，光绪二十三年（1897）《知新报》在澳门创办，何廷光、康广仁出任总理。以梁启超、徐勤等为首的康门弟子任撰述。《知新报》以鼓动变法为主旨，对适值乙未广州起义失败的革命党人也是一种鼓舞。1895年的乙未广州起义是孙中山领导的，故革命党人谢缵泰在香港品芳酒楼约见康广仁，谈及联合办事的问题，康广仁亦表赞同[6]。康广仁也曾在《知新报》上发表《联英策》，在外交上主张联英拒俄，内政上宜首废八股，讲求实用之学。《知新报》成为后来研究维新运动的重要历史文献。不久康广仁往上海开设女学堂，也曾有开设医学堂的愿望。过去康氏兄弟在南海乡间就反对缠足，并在家中实行。康广仁在上海任不缠足会理事，广仁妻黄谨娱为中国女学会倡办董事。梁启超与康广仁合办"大同译书局"。书局以翻译日文书籍为主，又以翻译各国变法的书籍为要务，以图振兴国家，挽回利权。并刊印其他报刊不敢刊登的康有为和梁启超二人的文章。1898年春，大病刚愈的梁启超又要入京应试，具有医学知识的康广仁为了照顾梁启超，陪同入京，由此进入维新变法的中心北京。

1898年，康有为因获帝师翁同和的力荐，得到光绪帝的召见。康有为得以陈述变法主张，并且强调"四夷交侵，覆亡无日，非维新变旧，不能自强"[7]。刚历甲午战败的年青皇帝不愿做亡国之君，决心除旧布新。于光绪二十四年四月二十三日（1898年6月11日）亲自拟定和颁发"明定国是"诏书，正式宣布变法。从此日起至9月21日慈禧发动政变共103天，史称"百日维新"。慈禧表面上让光绪变法，其实与顽固派一起处处掣肘。维新派依靠的是一个没有实权的皇帝，就注定了悲剧的结局。康广仁读书虽不如康有为多，但有很强的洞察大局的能力。他认为维新派上未能解决慈禧专权，下未能发动群众，"今全国之人材，尚不足以任全国之事"。[8]下诏废科举后，他力劝康有为离京，并谓"今科举已废，宜且南归兴学专教育，俟养成多数有用才，数年后乃可云改革也"[9]。其后谭嗣同等人游说袁世凯救驾，拟诛荣禄、兵围颐和园劫杀慈禧太后的计划因袁世凯出卖而失败。八月初六（9月21日）慈禧重新训政，囚禁光绪于瀛台，废新政，捕杀维新派。步兵统领崇礼率兵包围策划变法的中心——南海会馆，康广仁当场被捕。被捕的还有处在维新派与顽固派斗争中心的"军机四卿"：谭嗣同、林旭、刘光第、杨锐以及上疏请慈禧归政的御史杨深秀。康有为及梁启超逃亡国外。被捕六人中惟康广仁无官职，以康有为之弟按律治罪。康广仁在狱中谈笑自若，认为"死则中国自强之机在此矣，死又何伤哉？"[10]被捕六人不经审讯，于八月十三日（9月28日）被杀于北京菜市口，史称"戊戌六君子"。

清廷以康有为阴谋煽乱，籍没其家。幸得康门弟子先行告变，康氏家族包括康有为之母劳莲枝及时避走澳门，后入香港。康广仁遇难后停厝于京师。16年后，即民国二年（1913），结束流亡生活的康有为把亡弟广仁遗骨迁葬家乡广东南海县苏村之后岗。归葬之日，康门弟子，广仁之旧友挥泪写下挽联、诗词以表哀悼之情。康有为将之辑入《哀烈录》中。1920年，康有为在江苏茅山置地办农场，又将母亲与康广仁墓移至江苏金坛县茅山积峰下青龙山。康广仁留下文字不多，后被辑入《康幼博茂才遗文》。康广仁曾写《题潘兰史独立图》一诗："迢迢香海小阑干，独立微吟一笑欢。我亦平生有心事，好花留得与人看。"[11]最后一句正体现了他的献身精神。

康广仁的业绩虽不像康有为、梁启超和谭嗣同那样熠熠生辉，广为人知，尽管康广仁无官职、无言责，但他"位卑未敢忘忧国"的精神永与日月争光。

参考文献：

[1][2][5][8] 梁启超. 康广仁传//陈书良. 梁启超文集. 北京：燕山出版社，1997.

［3］甄人. 广州之最. 广州：广东人民出版社，1993.

［4］齐春晓，曲广华. 康有为. 哈尔滨：哈尔滨出版社，1996.

［6］冯自由. 中华民国开国前革命史（上编）. 良友印刷公司，1928.

［7］赵尔巽，等. 清史稿·列传（二百六十）. 北京：中华书局，1997.

［9］［10］赵尔巽，等. 清史稿·列传（二百五十一）. 北京：中华书局，1997.

［11］陈永正. 岭南历代诗选. 广州：广东人民出版社，1993.

● 论著

早期医史学者——尹端模*

刘泽生

摘要 尹端模（文楷）毕业于晚清北洋医学堂，广州博济医院医生。他是第一位独立办西医报刊和译书的中国医生。他是孙中山行医的合作者，一贯支持孙中山领导的民主革命。他还是第一个取得香港行医执照的中国医学堂毕业生。

关键词 近代医学史；尹端模

Yin Duanmo, The Person in Medical History
Liu Zesheng

Abstract: Yin Duanmo (Weijie) was graduated from Beiyang Medical College and worked in Canton Hospital as a doctor during the late Qing dynasty period. He was the first Chinese doctor to edit medical journal and to translate English medical works into Chinese independently. He and Dr. Sun Yat-sen served in the same private clinic. He supported democratic revolution led by Sun Yat-sen consistently. He was the first one graduated in China medical school and became a practitioner in Hong Kong.

Key words: modern medical history, Yin Duanmo

尹端模（文楷），广东人，生卒年月待考。尹氏在中国西医史上建树良多，又是孙中山在广州行医时期的合作者，但其生平事迹记载不多。

一、中国早期的西医

尹端模毕业于晚清李鸿章创设的北洋医学堂，具体时间不详，但从下列两事

---

* 本文原载于《中华医史杂志》1998年第28卷第3期第171～173页。

可作大致的推测。①1886年尹端模任著名的美国来华传教医生、广州博济医院院长嘉约翰（J. G. Kerr）的助手，办报及编译英文医学著作[1]。②民国后，尹氏曾向孙妙茜（孙中山之姊）之孙杨涟合谈及，1886年孙中山在广州博济医院学习时，他已是博济医院的医生[2]。从上看来，尹端模应是天津北洋医学堂前身，即1881年由传教医生马根济（J. Makenzie）主持的总督医院附设医学校的学生。该校以英语教学，三年制。以林联辉为首的第一届6名学生于1885年毕业，第二、第三届学生来自香港[3]。尹端模来自香港，很可能是这段时期入学的学生，毕业后返广州博济医院工作。

二、在广州行医、办报及编译

尹氏办报及编译以端模署名，行医则以文楷闻名。广州博济医院是中国近代医史上最具代表性的医院，其前身是1835年（清道光十五年）美国传教医生伯驾在广州十三行开设的眼科医局。1866年嘉约翰在广州仁济大街建新院（相当于今天中山大学孙逸仙纪念医院仁济路部分），成为医疗、教学及出版书报的基地。1868年嘉约翰主编《广州新报》，由博济医局出版，这是最早用中文向中国人介绍西医知识的报纸，后更名为《西医新报》，季刊，历2年共出8期后停刊[4,5]。尹端模在嘉约翰影响下，于1886年主编《医学报》。因为当时懂西医、相信西医的人少，读者少，投稿者稀，而且又缺乏参考文献，故出了2期便停刊。国内已无存刊，据说英国伦敦大英博物馆还存第一期[6]。甄人主编的《广州之最》谓尹端模是在1894年主编《医学报》。如能见尹编原刊的日期，便可确定《医学报》出版的确切时间。嘉约翰是近代中国翻译医学书籍最多的人，他主持博济医院44年，译书34种。尹端模西医学堂出身，中英文俱佳，除参与嘉约翰的编译工作外，也独立进行翻译，计有《医理略述》二卷、《病理撮要》（1892年）二卷、《儿科撮要》（1892年）二卷，以及美国阿庶顿辑、尹端模译《胎产举要》（1893年）凡二卷。他还参与嘉约翰《体质穷源》和《病症名目》的编写[7,8]。他是最早独立翻译西医文献的中国医生。

三、与孙中山合作行医

孙中山（1866—1925）名文，号日新，又号逸仙，广东香山（今广东中山）人。少年时在夏威夷的檀香山求学，1883年返国，又往香港拔萃书室及中央书院完成中学学业。1886年孙中山在广州博济医院学医，一年后转读香港西医书院，至1892年毕业。先在澳门行医，后受葡国医生排挤，遂返广州，在冼基开设东西药局。因业务发展迅速，便邀在博济医院的尹氏相助，以尹文楷之名挂牌行医。东西药局特为尹文楷发表广告文："敬启者：本东西药局，自敬请孙医生逸仙来省济世以来，甚著成功，以故四乡延聘，日不暇给，本城求诊者，反觉向隅。今特并请尹医文楷来局合办。尹君向在北洋李爵相所设医学堂肄业有年，穷窥阃奥，屡列前茅……凡延请者，祈预到挂号。尹君与孙君，并驾齐驱，皆为国手，久为中外所闻矣。谨此布闻。冼基东西药局谨启。"[9]孙、尹合作是因为彼此之间有很深的渊源。①两人所受的教育相似，意气相投。孙中山曾在博济医院学医；尹文楷曾在博济医院当医生。尹氏在天津北洋医学堂学医；孙中山在香港西医书院毕业时，因成绩优异获港督罗便臣推荐，香港西医书院的名誉赞助人李鸿章本拟接纳孙中山到天津北洋医学堂任教，后因在广州两广总督衙办事有阻滞，以致未能成行。②与区凤墀有关。区凤墀是名在史册的人物，他是孙中山的恩师，又是尹文楷的岳父。区凤墀（1847—1914）名逢时，字锡桐，号凤墀，广东南海人。对中国典籍甚有研究[10]，1870年在香港协助英人师多马翻译《圣经》。1883年任香港拔萃书室中文教师，其时孙中山正在该校学习。孙中山出国多年，中文业已荒疏，课余请区氏补习中文，区凤墀还为孙中山取日新之名，取自《大学》中"汤之盘铭'苟日新，日日新'之义"[11]。区凤墀还曾出任德国柏林大学的中文教授。归国后便住在女婿尹文楷家中（在广州瑞华坊），一直关注和支持孙中山的事业。1894年孙中山北上上书李鸿章失败后，抛弃改良主义的幻想，走上反清斗争之路，医局工作由尹文楷独力承担。1895年区凤墀协助孙中山等人成立兴中会总部，同年孙中山曾住尹文楷家策划广州起义有关事项。1895年10月25日孙中山领导的广州起义失败后，区凤墀及尹文楷举家避难香港[12]。从以上事实可见孙中山与尹文楷关系之密切，渊源之深。

四、香港岁月

尹文楷走避香港后希望继续当医生，但遇到一个非常棘手的问题。按照当时香港的规定：执业医生必须毕业于香港医科学校、英国或英国殖民地（又称属土）医科大学，方可在香港注册行医，注册名单在宪报上公布。尹文楷向香港医务总监申请注册遭拒绝。理由是他毕业于中国北洋医学堂，不具备医生资格。尹氏对此理由甚为不满，认为歧视和侮辱中国人，便向医务总监质询。医务总监向英国殖民地部请示，结果是要求尹氏到英国考试。尹文楷很自信，便赴英国考试并取得及格试书，开始在香港执业。他是中国医校毕业获香港行医注册的第一人[13]。尹文楷在香港医生群集的德忌笠街开业。笔者母亲小时体弱多病，1922年患重病，群医束手，经尹文楷治疗后竟然痊愈。外祖父一家亦从此开始相信西医。据长辈回忆，当日在尹文楷诊所轮候的病人甚多，可说是名重当时。尹文楷在香港仍然一如既往支持孙中山的民主革命运动，他与区凤墀等人集股办《大光报》宣传孙中山的政治主张。辛亥革命后有人认为他与孙中山交谊深厚，北洋医学堂原来又是训练军医的学校，尹氏应该去做陆军医院院长或医务总监之类的工作。尹文楷认为自己是医生，只会看病和教书，既不懂行政，又不懂医政，没有必要放弃自己熟悉的工作[14]。尹文楷一生未入政界，正是"成功何必在吾身"。从这里也可以看出尹文楷的耿介和志节。

尹文楷是我国早期优秀的西医，是第一个独立办医报、编译英文医学著作的中国医生，孙中山行医和革命的支持者，始终以治病救人为职志。因为经历百余年的沧桑变换，目前中山医科大学孙逸仙纪念医院（现为中山大学孙逸仙纪念医院）已无尹文楷的资料。本文抛砖引玉，希望由此获得更多的信息，以纪念先贤。

参考文献：

[1][3][4][6] 马伯英，高晞，洪中立. 中外医学文化交流史. 上海：文汇出版社，1993：398，364，397.

[2] 黄彦，李伯新. 广东文史资料（第25辑）. 广州：广东人民出版社，1979：287.

[5][7] 甄人. 广州之最. 广州：广东人民出版社，1993：463.

[8] 熊月之. 西学东渐与晚清社会. 上海：上海人民出版社，1994：478.

[9] 王俯民. 孙中山详传（上册）. 北京：中国广播电视出版社，1993：41.

[10]-[12] 张磊. 孙中山辞典. 广州：广东人民出版社，1994：88.

[13] 陈谦. 香港旧事见闻录. 广州：广东人民出版社，1989：248，249.

[14] 荣孟源，章伯锋. 近代稗海. 成都：四川人民出版社，1985：689.

● 人·物·事

合信的《全体新论》与广东士林*

刘泽生

合信（Benjamin Hobson，1816—1873），英国人，早年毕业于伦敦大学医科，其后成为英国伦敦传道会的传教医生。1839年（清道光十九年）来华，先后在澳门及香港伦敦传道会当医生。1848年6月到广州，在金利埠（今六二三路）开设惠爱医馆。当时著名的基督教传道人及粗通医学的周励堂等人亦在惠爱医馆工作。[1]合信在广州行医的口碑甚好。据晚清著名学者王韬回忆，惠爱医馆"几乎其门如市，户限为穿，于是合信氏之名，遂遍粤东人士之口"。合信"为人谦逊和蔼，谨默肫笃，有古君子之风"。[2]1850年合信在广州编译出版《全体新论》，声名益振。1856年（清咸丰七年）第二次鸦片战争事起，合信结束广州的医务，避战锋于香港。1857年转任上海仁济医院医生。1859年退休回国，1873年病逝。[3]

合信的《全体新论》，原名《解剖学和生理学大纲》（*An Outline of Anatomy and Physiology*）。这是传教医生首次在中国出版、向中国介绍的比较系统的西方医学著作。[4]一本西医书能在中国传统知识分子中广泛传播的原因：首先，《全体新论》是名医编译的新颖的、高质量的译著；其次，因为获得广东士林的关注与揄扬。兹分述如下。

一、《全体新论》是一本高质量的中文译本

合信综合了当时许多英文的解剖学和生理学的原著，加以归纳和阐释。但是西方医生无论怎样博学多才，甚至能说流利的中国话，在翻译中文著作方面仍有很大的困难，必须要有助手。[5]合信在中文处理上的助手是广东南海人陈修堂。他们两人就文体的表达、解剖部位、中英文名词的对比与使用方面曾作详细的讨

---

*   本文原载于《广东史志》1999年第1期第54～55页。

论。合信为使陈修堂完全理解书中的道理,特意做了不少模型,如"绞连骨骼"、"纸塑人形",以达"形真理権"的目的。陈修堂不仅有良好的理解力,而且能想出以沿用的中医名词表达书中所述的解剖部位,让读者易于阅读和理会。以人体的循环系统为例,西医称离开心脏的血管为动脉,能搏动,血含氧量足,色鲜红。书中以血脉管、养血管或皮脉管表示"有血有脉"的动脉。导血回心脏的血管,西医称静脉,因氧为身体组织、器官所消耗,故血含氧量低,无搏动。书中以回血管及回管称之,"导血回心,蓝色无脉者是也"。联系动脉和静脉的血管,西医称毛细血管,书中称微丝血管。书中的血管乃动脉、静脉及毛细血管三者的总称。[6]全书文字流畅,可读性强。故医史学家认为,陈修堂其人的资料虽然至今不详,但从《全体新论》所体现的风格,可以推测他是一位熟识中医、对西方医学深感兴趣,很有文字功夫的中译者。[7]《全体新论》示意图甚多是其另一特点。图谱能帮助读者明白书中所阐述的部位和理由。书中数百幅图为周学(励堂)所绘。周励堂为21岁的青年基督徒,有医学基础,在惠爱医馆工作,深为合信器重。[8]逼真的示意图实为本书生色。陈修堂与周励堂对《全体新论》的贡献,实在功不可没。

二、广东士林的热烈回应

从心理学角度而言,人们有了解自己身体奥秘的好奇心。而当时有关人体解剖与生理的资料相对匮乏。有一本图文并茂的译著引导阅读,该书又能反映当时世界医学潮流,自然吸引知识分子,特别是士大夫阶层的注意,当时的两广总督叶名琛就很喜爱此书。故1857年《全体新论》在上海再版时,合信在卷首的序中特别提及"粤东制府封君叶公,取《全体新论》图,分列八幅,刊于两广督署,并翻刻全书,广为传布。盖中土上士大夫皆知为有用之书"。[9]合信兴奋之情跃然纸上。确实,当日叶名琛还曾为《全体新论》写了赞诗:"万灵备具细验全身,中边分析表里详陈。由形识性似妄实真,图称创见术逊仁人。"[10]

《全体新论》能在广东士林广泛、长时间传播并走向全国及海外,实得力于广州的潘仕成与谭莹。潘仕成(1803—1873)是当时亦官亦商的广州名人,著名的"海山仙馆"主人。他与传教医生向有往还。原是十三行新豆栏街眼科医局(广州博济医院前身)的创办人、美国传教医生伯驾,鸦片战争后弃医从政,一度曾任美国驻华副使。潘仕成因事致书伯驾曾写道"交好十年,形同莫逆"[11],可见交情实非泛泛。潘仕成又是一位热心推广西法种牛痘的人[12],一个与洋务有关,对西方医学关注的人赏识《全体新论》也是意料中事。1846年(道光二十六年）潘仕成不惜重金组织刻印《海山仙馆丛书》，由著名的岭南学者谭莹（1800—1871）校订。此丛书破例收入多部西洋译著，《全体新论》亦被收入其中。[13]潘仕成是一个相识满天下的人，从收集他书信往还的《尺素遗芬》内，就包括贵交111人，全是鸦片战争前后的当朝显贵、地方政要，也有风雅之士、文人墨客。[14]谭莹是清代著名学者，还是有名的《粤雅堂丛书》的编校者，又是著名的教育家，长期主持广东的著名书院，桃李满天下[15]。合信的《全体新论》得此二人的揄扬，自是身价百倍，为持续畅销铺平道路。

《全体新论》作为医学著作，问世后即被博济医院院长、著名的美国传教医生嘉约翰选为医学基础教材。广州博济医院是晚清最著名的西医院，1886年孙中山在这里学医时，也曾学习《全体新论》。1894年（光绪二十年）康有为在桂林讲学时写了一本指导读书门径的《桂学答问》[16]。《桂学答问》是中国近代史上值得重视的文献。其中也把《全体新论》列为应读的西学书籍之一。可见《全体新论》在医学界和非医学界的知识分子中影响颇深，风行半个世纪。

合信是与伯驾、嘉约翰齐名的著名早期传教医生。他的译著是西方医学与中国传统文化的结合物。本书的传播与广东优秀助手的帮助及广东士林的热烈回应有着非常密切的关系，由此亦可说明广东确是近代开风气之先的地方。

参考文献：

［1］李伟云. 广州宗教志. 广州：广东人民出版社，1996.
［2］王韬. 瓮牖余谈. 长沙：岳麓书社，1988.
［3］李志刚. 基督教早期在华传教史. 台北：台湾商务印书馆，1985.
［4］顾长声. 传教士与近代中国. 上海：上海人民出版社，1991.
［5］王吉民，伍连德. 中国医史. 1935.
［6］［7］［10］［13］马伯英，高晞，洪中立. 中西医学文化交流史. 上海：文汇出版社，1993.
［8］赵璞珊. 合信《西医五种》在华影响. 近代史研究，1990，2.
［9］熊月之. 西学东渐与晚清社会. 上海：上海人民出版社，1994.
［11］［12］［14］［15］陈泽泓. 广东历史名人传略. 广州：广东人民出版社，1996.
［16］康有为. 桂学答问//汤志钧. 康有为政论集（上册）. 北京：中华书局，1998.

● 史料考辨

英国东印度公司在澳穗医生与近代医学交流[*]

刘泽生

随着美洲新大陆的发现,东方航线的开辟,葡萄牙殖民者早就觊觎东西方航线的枢纽——澳门。明嘉靖三十二年(1553)葡人托言舟触风涛,借地晾晒贡物[1]在澳门搭茅屋居住。葡人以1557年在澳门筑室建城称为澳门开埠[2]。由于历史地理的关系,澳门不仅成为东西方贸易、文化交流中心,也是医学交流的交会点,其时间比香港还要早得多。

早在明隆庆三年(1569),澳门第一任主教唐·贝尔希奥·加尔内(又译贾尼罗或卡内罗,D. Belchior Carneiro Leitao)在澳门建立中国第一所西医院——圣拉法艾尔医院(Hospital de Rafael)[3],初称"医人庙",俗称白马行医院,于1975年才结束[4]。该院一向缺乏经费[5],自顾不暇,对医学交流所起的作用受限。倒是能进入中国内地进行传教和科学活动的耶稣会教士曾对东西方医学交流作出重要贡献。清康熙五十九年(1720),康熙下令禁止西洋传教士在中国传教;雍正十年(1732),将各省耶稣会教士逐出[6]。与传教伴行的西方医药传入亦停止。在道光二十二年(1842)《中英南京条约》(亦简称《南京条件》)签订前,英国东印度公司在澳门和广州工作的医生,在东西方医学交流方面曾作出重要的贡献。这纯粹是医生个人的行为,与英属东印度公司关系不大。

英国东印度公司于明万历二十八年(1600)成立。自明天启二年(1623)起,曾上岸争夺澳门达13次均失败。明崇祯七年(1634),与葡萄牙殖民者设置的印度果阿(Coa)总督协调,[7]至清代又利用清乾隆时制定给予外国人居留澳门的优惠政策,始得进入澳门。[8]清政府只许外国商人在贸易季节进入广州十三行,其余时间要在澳门留居,"番妇"不得进入广州。[9]英国东印度公司至澳门建属下公司,在广州十三行建商馆。据《英国东印度公司对华贸易编年史》的记载,直至清乾隆二十三年(1758)该公司才聘医生来华。医生工作的对象

---

[*] 本文原载于《广东史志》1999年第3期第35～37页。

是英国东印度公司在澳门和广州商馆的大班、职员、船队的船员以及职员在澳门的女眷。这些医生都是英国的执业医生,并非传教士;与公司的商业、政治活动无直接关系。前后来华的医生共7人。按来华的先后次序为安诺特、哥顿、韩顿、皲咝(又译皮尔逊)、李文斯顿、郭雷枢(又译哥利支)和柯克司。[10]其中以皮尔逊、李文斯顿及郭雷枢在近代医学交流所起的作用最大。世界近代史是以1689年英国通过权利法案,确立君主立宪制为标志。乾隆二十三年(1758)开始来华的英国东印度公司医生能为世界近代医学交流作出贡献,考虑与以下因素有关:①作为英国东印度公司的医生,他们有合法的身份来往澳门与广州。正像过去的耶稣会士要进入中国才能有不限于"纸上谈兵"的交流。②他们的工作就是保健医生的工作,因为出于热诚,充分利用个人活动时间从事医学交流。③他们是公司的聘任医生,聘任期满便返英国,而新从英国到任的医生可携来世界医学的新成果和信息。

皮尔逊(Alexander Pearson,1780—1874)于清嘉庆十年(1805)到达澳门,出任公司的医生。1796年英国医生琴纳发明种牛痘术预防当时流行猖獗的烈性传染病天花。1803年英属孟买总督曾赠送澳门英国东印度公司一批疫苗,因交通不便而过期失效,使接种失败。嘉庆十年(1805)四月葡萄牙船啤嗜啰嗒(Espranza)通过马尼拉—澳门航道,从菲律宾马尼拉运送一批小儿轮流接种,从被接种牛痘者发出的痘中取浆存苗,再种于另一小儿身上(皮肤上)沿途传种至澳门,故得新鲜的牛痘疫苗,由皮尔逊在澳门接种成功。[11]广州十三行会隆行商人郑崇谦得此信息后,引起十三行行商重视,派梁辉、邱熹、谭国等人到澳门随皮尔逊学习接种牛痘的方法。同年皮尔逊写出具体操作的小册子,由斯当东译成中文,再由郑崇谦润色抄录,印出《嘆咭唎国种痘奇书》。这是中国第一本指导种牛痘防天花的小册子[12]。以后十三行巨商伍秉鉴、潘有度、卢观恒合资数千元在广州十三行行商公所设立牛痘局,由中国传种牛痘者为广州人种痘,皮尔逊在旁指导,8日一次。道光初年邱熹为两广总督阮元家的小孩子接种牛痘成功,通过阮元向全国推广种牛痘,预防天花。道光八年(1828),广州巨富潘仕成在北京南海会馆设种痘局,北京医者争相学习种痘术。[13]邱熹除在澳门、广州种牛痘外,还到广东各地及出省传种,并根据自己的经验写成《引痘略》。[14]皮尔逊确实为中国接种牛痘预防天花流行作出十分重要的贡献。《广州"番鬼"录》的作者美国人亨特于道光五年(1825),在豪华奢侈的广州十三行东印度公司商馆见过皮尔逊。[15]可见皮尔逊在华的时间较长。亦可推之,在某一段时间内,东印度公司有两位医生在华工作。马礼逊(Robert Morrison,1782—1834),英国人,是基督教(新教)第一个到中国的传教士。公开身份是英国东印度公司的中文翻译,也参与近代医学的交流。

李文斯顿(John Livingshone)也是英国东印度公司的医生,来华时间较皮尔逊稍迟。他与马礼逊的交情甚好。马礼逊来华前也曾学习医学,只是未获得医生执照。嘉庆二十年(1815),马礼逊与传教士米怜一起到马六甲去传教,以后又在那里建立英华书院,翻译和印刷《圣经》,出版中文杂志,还有英文的《印支搜闻》(Indo-Chinese Gleaney)季刊,再次引起西方对东方的兴趣。英国的赫尼奇(Hockney)园艺公司正搜集全球野生植物的种子。[16]过去耶稣会教士韩国英(Martia Lus Cibot)曾在乾隆五十三年(1788)向法国寄回在澳采集的144种,在内地采集的149种植物标本。[17]赫尼奇园艺公司请马礼逊代为搜集。马礼逊人在马六甲,便托李文斯顿代劳。李文斯顿可以在澳门搜集野生植物种子,在广州勉为其难亦可托人搜集,但按清政府规定绝对不能离开广州十三行远行,采集中国野生植物种子谈何容易。倒是"中国通"马礼逊知道可以从中国医药书籍了解中国的野生植物,托李文斯顿代购中国医药书籍800卷。李文斯顿在购书过程中对中国医药产生浓厚的兴趣,于道光元年(1820)在澳门开设一个诊所,除自己抽时间到诊外,还请了一名坐堂中医,专为贫苦居民免费治病。这可视作近代东西方医学交流的萌芽。[18]《印支搜闻》还引起英国爱丁堡大学校长贝尔博士的注意。当时贝尔正撰写有关全球苦难史,请马礼逊代为搜集中国贫民、病人、孤儿和疯人(精神病人)的资料。[19]马礼逊请李文斯顿代为收集。李文斯顿把澳门的病人分为清洁类(盲、跛、聋哑)和不清洁类(包括麻风等)。在疾病调查中发现眼疾居首位。[20]这个调查不仅为贝尔的写作提供资料,而且为我们解开一个谜,这是中国近代的西医院均从眼科诊所或眼科医局开始的原因。

道光七年(1827),郭雷枢(又译哥利支,Thomas R. Colledge)到达澳门出任公司医生。马礼逊也从马六甲回到澳门,要将李文斯顿建立的诊所扩大,以适应日益增多的病人的需要。得英国东印度公司的职员、商人和中国大行商的资助,在澳门租平房开设"养病院",可容纳留医住院者40人。这是中国第一所运用近代西方医学诊治患者的西医院。到道光十二年(1832),治愈病人达4 000人。[21]郭雷枢来往澳门、广州十三行之间,发现广州人患眼疾者亦多。于是在广州十三行也开设了一所眼科诊所。道光十五年(1835),美国第一位来华传教医生伯驾在广州十三行新豆栏街建立的也是"眼科医局",[22]只是外挂博济医院的招牌。病人日增,郭雷枢与柯克司也抽暇相助。郭雷枢深感西医缺乏,便在《中国丛报》(The Chinese Repository)撰写《任用医生在中国传教商榷书》一文,引起英美教会的重视。道光十八年(1838)在广州成立"中国医学传教会"(Medical Missionary Society in China),募集基金,倡导西医来华,这是中国成立医学团体之始。[23]郭雷枢与伯驾分别担任正、副主席。直至光绪十三年(1887)中华教会医学会(又称博医会)成立,该会的工作才结束。道光十四年(1834)英国取消东印度公司,在澳门成立英国驻华商务监督,作为英国在华的政治机构。道光十四年(1834)公司的船队离华。道光十九年(1839)做善后工作的职员离华,郭雷枢亦返回英国。

东印度公司(英属)医生在澳门和广州从事东西方医学交流的活动于道光十九年(1839)完全结束。道光二十二年(1842)后,随着《南京条约》及一系列不平等条约的签订,清廷被迫割让香港,开放五口通商。外国人不仅可以建医院,还可传教。自此澳门在东西方交流的地位衰落。但东印度公司医生从澳门开始传种牛痘预防天花,开展疾病的调查研究,建立中西医共存的诊所、第一所近代西医院,在广州建立第一个中国医学团体等贡献,是不会被忘记的。特别是在澳门回归祖国的日子里。

参考文献:

[1] [清] 印光任,张汝霖. 澳门纪略. 赵春晨,点校. 广州:广东高等教育出版社,1988.

[2][8][13][21] 黄启臣. 澳门历史. 澳门历史学会出版,1995.

[3][5] [葡] 施白蒂. 澳门编年史. 小雨,译. 澳门基金会出版,1995.

[4] 唐思. 澳门风物志. 北京:中国友谊出版公司,1998.

[6][20] 蒋祖缘,方志钦. 简明广东史. 广州:广东人民出版社,1993.

[7] [瑞典] 龙思泰. 早期澳门史. 吴义雄,郭德焱,沈正邦,译. 北京:东方出版社,1991.

[9][15][23] [美] 威廉·C·亨特. 广州"番鬼"录. 冯树铁,译. 广州:广东人民出版社,1993.

[10][22] 程之范. 中外医学史. 北京:北京医科大学、中国协和医科大学联合出版社,1997.

[11] 马伯英,高晞,洪中立. 中外医学文化交流史. 上海:文汇出版社,1993.

[12][16]-[19] 李志刚. 基督教早期在华传教史. 台北:台湾商务印书馆,1985.

[14] [清] 李福泰,史澄,等. 番禺县志(卷五十四、杂记二). 清同治十年(1871)光霁堂刻本.

晚清广州博济医院的杰出学生（1855—1900）*

刘泽生

摘要 广州博济医院建于1835年，是晚清最著名的西医院。美国长老会派遣的美国医生嘉约翰于1855年起任博济医院院长共44年。陈梦南、康广仁、孙逸仙（中山）、郑士良、张竹君和史憬然等都是这时期的博济医院学生。他们在晚清社会急剧变化的时代，为中国作出了杰出的贡献。他们的名字将永垂史册。

关键词 晚清；广州；博济医院；学生

Distinguished Medical Students of Boji Hospital in Guangzhou (1855—1900)

Liu Zesheng

Abstract: Guangzhou Boji Hospital (The Canton Hospital) was the most famous western medical hospital established in 1835. John G. Kerr, an American doctor with the Presbyterian Mission, was the founder of the hospital. He became the director of Boji Hospital in 1855 and worked there for 44 years. Chen Mengnan, Kang Guangren, Sun Yatsen (Zhongshan), Zheng Shiliang, Zhang Zhujun and Shi Jingran were medical students of Boji Hospital in this period. They had made important contributions to China during the rapid changing society of late Qing dynasty.

Key words: late Qing dynasty, Guangzhou, Boji Hospital (The Canton Hospital), students

广州博济医院是晚清最著名的西医院，也是近代最具代表性的西医院。其前身是美国第一位来华传教医生伯驾（Peter Parker，1804—1888）于1835年（清道光十五年）在广州十三行新豆栏街开设的眼科医局，外挂博济医院（The Canton Hospital）的招牌。1854年（咸丰四年），美国医生嘉约翰（John G. Kerr，

---

* 本文原载于《中华医史杂志》1999年第29卷第3期第162～165页。

1824—1901）受美国长老会派遣，到达广州，先在眼科医局工作。俟伯驾从政并脱离教会后，1855年嘉约翰主持该医局。1856年（咸丰六年）在第二次鸦片战争中，十三行的眼科医局毁于战火。1865年（同治四年），嘉约翰在广州仁济大街（今仁济路中山大学孙逸仙纪念医院院址）建院，正式命名为博济医院。嘉约翰主持博济医院前后共44年。在这期间有一系列的开拓性工作，在医疗、教学、出版书报方面建树良多。医学史家曾作详尽的研究。[1,2]除培养出我国第一代西医外，该院也出现了一些名留史册的学生。陈梦南、康广仁、孙逸仙（中山）、郑士良、张竹君和史憬然皆是其中的佼佼者。

陈　梦　南

从19世纪60年代初至1895年，中国在甲午战争中战败、被迫签订《马关条约》为止，是清廷推行旨在"富国强兵"的洋务运动的时代。[3]陈梦南是19世纪60年代末至70年代初的博济医院学生，生卒年月不详，广东新会外海乡人，出身士大夫家庭，排行第四。陈梦南除努力钻研西医、学习英文外，对当时作为科学启蒙和思想启蒙的西学译本颇感兴趣。不仅自己阅读，还把这些书籍带回乡让侄儿陈少白阅读。这些书籍成为少年陈少白开始了解世界大势的启蒙读物。[4]陈少白后来是香港西医书院的学生，孙中山的挚友，在香港求学时因放言革命，与孙中山、尤列、杨鹤龄四人被称为"四大寇"。陈梦南学医3年，毕业后继续在博济医院当医生，与嘉约翰共事，师生感情甚笃。1876年嘉约翰回美国休假，陈梦南是众多送行人之一。曾写《送嘉约翰先生回国序并诗》，载于1876年5月27日《万国公报》第389卷。内中述及嘉约翰的医术以及行医传教的活动。诗中述说："……忆从门内习西医，教诲谆谆大有辞。十识吾师多实学，非关疗病独神奇。于今回国返家乡，万里风波路阻长。非有乘黄堪赠别，联将俗韵写离肠。从兹别后忆音容，远隔云山数万重。何日乘槎游海外，与师异地又重逢。"[5]陈梦南比孙中山年长一辈，那辈读书人少有出国游的念头，他却有慕西学之心，穷天地之想。陈梦南是基督教徒，又是广东最早提出华人自办教会的人。并于1874年（同治十三年）在博济医院旁的潮音街，与几个浸信会员建了一间华人教堂。其后因抽不出时间运作，又缺乏经费，该教堂维持了一年便停办了。[6]陈梦南多才多艺，行事有主见，对少年的陈少白影响极深。民国后，陈少白在家乡开办"念梦学舍"培育人才，纪念四叔陈梦南医生。[7]

康 广 仁

　　清廷在甲午战争战败后,被迫签订《马关条约》。在丧权辱国的《马关条约》签订之际,群情愤激。正在北京应试的各省举人联名上书,史称"公车上书",为救亡图存,向光绪帝上书要求"拒和、迁都、变法"。"公车上书"的发起人是康有为。康广仁(1867—1898)是康有为的幼弟,名有溥,字广仁,广东南海人。自幼厌恶八股文和科举应试,在康有为的影响下,康广仁居乡时就阅读了大量的、由广学会和江南制造局翻译的西书。对康广仁学医影响较大的书,应是英国伦敦会传教医生合信(B. Hobson)于1850年在广州编译出版的中文书《全体新论》(又名《解剖学及生理学大纲》)。该书是全国最早的中文版西医书籍,文字流畅、文图并茂,名重士林。康有为在广西曾写一本指导学生读书门径的书《桂学答问》,其中也列出此书。[8]康广仁"学医于美人嘉约翰三年,遂通泰西医术"。[9]康广仁在博济医院学医的具体时间不详。根据康广仁比孙中山晚出生一年,二人学医时间应相差不远。不过,康广仁毕业后并未行医。1897年(光绪二十三年),康广仁在澳门与康有为的弟子一起办宣传变法维新的《知新报》。由于他对西医有较多的了解,便在《知新报》开辟专栏介绍西洋医学,宣传强身健体。同时不断发表医学维新的文章。[10]他在澳门还与刚历1895年(乙未)广州起义失败的兴中会员谢缵泰接触,商议共同办事。[11]不久康广仁转至上海与康门大弟子梁启超共办"大同译书局",他曾有建立医学堂的愿望,惜未能实现。1898年,大病刚愈的梁启超入京应试,由曾经学医的康广仁陪护照顾,进入当时维新变法斗争的中心北京。"戊戌变法"失败后,康广仁与谭嗣同、刘光第、杨锐、杨深秀、林旭等六人被害于菜市口,史称"戊戌六君子"。康广仁在狱中谈笑自若,临刑犹言曰"中国自强之机在此矣"。[12]康广仁遇难后停厝京师近16年,1913年(民国二年)始得归葬家乡。康广仁身后仅存诗一首《题潘兰史独立图》:"迢迢香海小阑干,独立微吟一笑欢。我亦平生有心事,好花留得与人看。"[13]这首诗正体现他愿为未来而献身的精神。他的表现与他所受的教育有密切的关系。

孙 中 山

　　革命先行者孙中山是博济医院最杰出的学生。孙中山(1866—1925)名文,号日新,又号逸仙,广东香山县翠亨村人。1878年(光绪四年)随母到夏威夷的檀香山求学。1883年（光绪九年）归国。后到香港拔萃书室、中央书院读书。1886年（光绪十二年），孙中山以服务人群为目的进入博济医院学医。经在香港认识的喜嘉理牧师说项，嘉约翰为他减了学费，全年费用20元。[14]孙中山兼做医院翻译工作，学费和膳费均可自付。[15]他以孙逸仙之名入学，在博济医院仅学习了一年。在这一年里他做了以下的事：①学习了三年制医科的第一年课程。他曾向嘉约翰提出两项建议：一是撤去课室中男女同学座位之间的帷幔。二是允许男生参加妇科的临床实习，因为男医生以后也会遇到妇科病人。嘉约翰认为这些措施本是为了适应中国"男女授受不亲"的儒家礼教，在他自己的国家并无此规定，故接受了孙中山的建议。[16]②继续学习中国经史，了解过去，思考未来。他在香港时已随区凤墀学习中文，在博济医院课余请陈仲尧专为他讲授经史。他在宿舍里置"二十四史"全套，同学们以为他仅作陈设而已，故意考问其中内容，竟对答如流。[17]③结识志同道合的同学，如郑士良、尤裕堂、廖德山及庞文卿等。郑士良的事迹将详述于后。尤裕堂为尤列的族人，经尤裕堂介绍，孙中山认识了尤列。尤列当时是广州算学馆的学生，但彼此并未深谈，待二人到香港后才成为无话不谈的好友。尤列也是人称"四大寇"之一。廖德山原是广州格致书院（广州岭南大学的前身）的学生，陈少白和史坚如亦出自该校。廖德山后改习医，一直支持孙中山的革命活动。庞文卿是孙中山的同窗，日后孙中山在广州行医时邀他出任广州东西药局的司理。尤裕堂、廖德山和庞文卿都完成了3年的学习成为医生。在冯自由的《革命逸史》中，把他们列为兴中会早期孙中山的友好和同志。[18]孙中山认为广州的清廷密探多，言论受束缚，适逢香港西医书院开办，故次年转学至香港西医书院求学，直至1892年以第一名优秀生毕业。同年秋，入澳门镜湖医院当医生。当时该院是中医院，第一次接受西医生。这样，澳门镜湖医院成了中国首次接纳西医的中医院。孙中山在该院成功地进行了一系列外科手术，包括截石术等。孙中山也因此成了中国第一位受过系统西方教育而在中医院工作的医生，又是澳门第一个中国西医生。孙中山同时在澳门开设一间"中西药局"销售中西药。[19]1893年春回广州，在"东西药局"行医，名声大噪。1894年北上，上书李鸿章失败。孙中山的改良主义幻想破灭。从此放弃医业，走上革命斗争的道路，成为封建帝制的掘墓人。1912年民国成立，孙中山在南京出任临时大总统。次年卸任，曾返博济医院，受到热烈的欢迎。[20]此时嘉约翰已去世多年，未及见其荣归。

郑　士　良

孙中山的知己学友郑士良（1863—1901）号弼臣，广东归善（今惠阳）人。

少习武，结识会党人物。在广州，先入博济医院附近的德国教会所办的礼贤学校学习。1886年入博济医院学习，与孙中山同班，课余二人常谈论"反满"。孙中山认为中国现状甚危，中国人应起而自救。当他谈论国事和救亡之策，人多以一笑置之，或不予重视。惟郑士良与他人不同，对孙中山的志向深表钦佩。孙中山在《有志竟成》中回忆，郑士良"闻而悦服，并告以彼曾入会党，如他日有事，彼可为我罗致会党，以听指挥"。[21]郑士良是豪侠仗义、肝胆相照的人。当孙中山转学香港后，他也于1887年秋离开博济医院，返回家乡淡水圩开设同生药房，以此为掩护，暗中联络会党。[22]1895年往香港协助孙中山筹建兴中会总部。同年又与孙中山、陈少白、陆皓东等人赴广州设广州分会。租得广州双门底王家祠云岗别墅为兴中会广州分会会所，外挂农学会的招牌，准备发动乙未广州起义。[23]乙未广州起义失败后，与孙中山一起走避日本。1900年，乘北方义和团运动之际，奉孙中山之命指挥惠州三洲田起义，开始屡获大胜，以后因后援不继而失败。1901年郑士良因暴病卒于香港。郑士良是1900年以前最具有组织军事行动能力的兴中会员。他的去世使孙中山痛失知己和助手。"秋风每赋感知己，记得樵山花又红。"

张　竹　君

博济医院于1866年收男生，1879年始收女生，是中国第一所男女共学的学校。[24]女生的表现不让男生，以张竹君为最著名。张竹君生于1879年（光绪五年），卒年不详。广东番禺（今广州）人。生于显宦之家。约在七八岁时患严重脑病，半身瘫痪，名医束手无策。家人抱着"病笃乱投医"的无奈心态，把她送进博济医院住院，经长期治疗，竟然痊愈。[25]张竹君从此立志做西医。于1897年入学博济医院，1900年以优等生毕业。日后成为广州及上海两地的名医，并开设医院。张竹君除以医术闻名外，也擅长演说与交际。在上海获富商李平书及犹太大亨哈同夫人罗迦陵的支持。[26]所以，在1911年10月10日武昌起义爆发后，她能迅速组织中国赤十字会救护队。当时急于前往指挥汉口汉阳保卫战的革命党人领袖黄兴，因清兵沿长江各关口搜捕甚严，无法偷渡。黄兴夫人徐宗汉在广州时与张竹君为闺中蜜友。张竹君让黄兴夫妇乔装成救护队员，于10月25日随队乘怡和瑞昌轮船西行，避过清兵，于28日顺利到达武昌。张竹君自己即投入枪林弹雨的战场救护，被誉为"中国第一个南丁格尔"。

史 憬 然

另一位名留史籍的女生是史憬然。史憬然（1881—1902），广东番禺人。出生显宦之家，祖父曾官至巡抚，父早逝，家住广州观音山麓太史第巨宅。家中藏书甚丰。长兄史古愚（古如）为学者，次兄史坚如为学生时，很有求新知的精神。故家中除经史子集外，其他新书报如《上海时务报》、《万国公报》、澳门《知新报》等应有尽有。[27]自戊戌维新失败后，史家弟兄立志"反满"。在格致书院读书的史坚如于1899年加入兴中会，史古愚与史憬然于次年加入兴中会。[28]史憬然是张竹君的同学。其人十分开通、文静谦让。一年冬天天寒，教室未生火供取暖，改在手术室上课。因桌椅不够，部分同学要坐在地上听课。个别同学争座位。史憬然把座位让与争者，自己坐在地上听课、记笔记。1900年，史坚如兄弟为支持郑士良的惠州起义，变卖家中的不动产作为起义经费。族人认为他们兄弟结交革命党人，不守家风，生怕受牵连，将史家兄弟逐出史家公祠。但他们的行动获得史憬然的支持。卒把围田售出，所得款悉数用于惠州起义。憬然屡勤坚如义举，沈毅勇敢，不让乃兄。1900年11月史坚如为支援惠州起义，谋炸署两广总督德寿，欲阻止其发兵惠州。却功败垂成，被捕殉难。史憬然十分悲痛，与母及长兄走避澳门及香港。1901年为继承史坚如未竟之业，史憬然改名换姓再返广州兴办女学。1902年广州霍乱流行，她不幸染病，入张竹君开设的褆福医院，虽得张竹君看护备至，卒不起，终年仅22岁。陈少白闻之，作词曰："雄心脉脉，寒碑三尺，后死须眉，尔茔尔宅。国人欲复，哲人不归，吾族所悲，异族所期。玉已含山，海难为水，蹇蹇此躬，悠悠知己，天苍兮地黄，春露兮秋霜。胡肪兮未天，何日慰吾之国殇。"[29]

广州博济医院是建于晚清的西医院。嘉约翰是一位热心促进中国西医发展的美国人，游离于中国的政治。他从未鼓动学生推翻封建帝制，这是不争的事实。现在广州中山医科大学孙逸仙纪念医院（现为中山大学孙逸仙纪念医院）图书馆仍保存有一帧嘉约翰夫妇与中国学生们手持团扇的合影，背景是花树繁茂的雅致小园。他们个人确实有安身立命之所，可以团扇轻摇。然而从1865—1900年清廷国土沦丧，国事日非，蚕食鲸吞、瓜分豆剖的危机迫在眉睫，博济医院的学生本是有志西学的青年人，他们比当时一般醉心科举应试的中国知识分子更关心国事，更有探索中国问题的精神。他们在中国的南疆学习科学知识和英文，在接受科学启蒙的同时，也必然接受了思想的启蒙。科学的思维方法是近代文化的至宝，他们正以此思考中国的前途。另外，在与外国人交往中树立了自信。他们以

"位卑未敢忘忧国"的精神热心学习西学,积极参与震惊中外的戊戌维新运动和孙中山领导的民主革命运动。一所训练医学生的医院能在40多年间涌现一批名留史籍的杰出学生,也是晚清中国封建社会急剧变动时代的一种特殊现象。

参考文献:

[1] 嘉惠霖. 博济医院百年史. 孙逸仙纪念医院藏.

[2] 甄志亚. 中国医学史. 北京:人民卫生出版社,1991:406.

[3] 李侃,李时岳,李德征,等. 中国近代史. 4版. 北京:中华书局,1994:128.

[4] 林增平,李文海. 清代人物传稿(下编,第三卷). 沈阳:辽宁人民出版社,1987:118.

[5] 熊月之. 西学东渐与晚清社会. 上海:上海人民出版社,1995:476.

[6] 李伟云. 广州宗教志. 广州:广东人民出版社,1996:273.

[7][14][20][29] 荣孟源,章伯锋. 近代稗海(1). 成都:四川人民出版社,1985:635-636,563,642,642.

[8] 齐春晓,曲广华. 康有为. 哈尔滨:哈尔滨出版社,1996:183.

[9] 梁启超. 康广仁传//陈伟良. 梁启超文集. 北京:燕山出版社,1997:466.

[10] 廖育群. 岐黄医道. 沈阳:辽宁人民出版社,1991:266.

[11] 郭汉民,徐彻. 清代人物传稿. 沈阳:辽宁人民出版社,1992:205.

[12] 赵尔巽,等. 清史稿·第四十二册(列传二百五十一). 北京:中华书局,1997:12728.

[13] 梁启超. 饮冰室诗话. 北京:人民文学出版社,1998:27.

[15] 史扶邻. 孙中山——勉为其难的革命家. 丘权政,符致兴,译. 北京:中国华侨出版社,1996:18.

[16] 李凡. 孙中山全传. 北京:北京出版社,1991:22.

[17] 刘真. 中山先生行谊(上册). 台北:台湾书店,1985:364.

[18] 冯自由. 革命逸史(第三集). 台北:台湾商务印书馆,1978:20.

[19] 马堪温. 从医人到医国——孙中山的医学生涯. 中华医史杂志,1997,27(4):235-240.

[21] 孙文. 建国方略. 郑州:中州古籍出版社,1998:138.

[22] 张磊. 孙中山辞典. 广州:广东人民出版社,1994:526.

[23] 冯自由. 革命逸史(第四集). 台北:台湾商务印书馆,1978:11.

[24] 马伯英,高晞,洪中立. 中外医学文化交流史. 上海:文汇出版社,1993:402.

[25] 罗明,杨益茂. 清代人物传稿(下编,第十卷). 沈阳:辽宁人民出版社,1994:211-214.

[26] 冯自由. 革命逸史(第二集). 台北:台湾商务印书馆,1976:40.

[27] 崔通约. 沧海生平. 台北:文龙出版社,1994:34-36.

[28] 番禺市地方志编纂委员会. 番禺县志. 广州:广东人民出版社,1995:1054.

● 人·物·事

陈垣在广州[*]
——从医学向史学过渡

刘泽生

陈垣（1880—1971），字援庵，广东新会人，20世纪我国著名的历史学家。他青年时代在广州度过，先中秀才，后与革命党人游。毕业于西医学校并成为研究中国医学史的先驱。在广州成为天主教徒，并发愿撰写基督教史。而立之年始定居北京，因其成名于北京，故在广州之事，尤其是撰写医学论文及在石室教堂受法国传教士影响之事常过于简略。

一、爱好文史的少年

清光绪六年（1880）11月12日，陈垣出生于广东新会县石头乡富冈里。新会是柑乡，陈皮为其特产。陈垣的祖父开始经营陈皮生意，后在广州开设陈信义中药行。陈垣的父亲继承祖业为药材商人，家境富裕，为粤中望族。[1]但陈家没有取得功名的读书人。光绪十一年（1885），陈垣5岁时被父亲带到广州入读私塾，12岁入闽漳会馆内一所学馆读书。在这里，他遇到了一位令他终身感念的老师——冯寅初先生。他在冯老师的书架上看到张之洞所编的《书目答问》，这书乃是缪荃孙助张之洞编写的一本指导读书门径的书，缪荃孙曾为张之洞的早期幕僚，是我国著名目录学家。从这本书中陈垣才发现除了学馆所读的书外，尚有如此许多有趣的书籍[2]。《书目答问》指出应读的书，还说明该书以何种版本为佳，为持不同兴趣的人们列出有关的书目。以后他又阅读了层次更高的《四库全书总目提要》，找到了做学问的门径。从目录学入手了解概况，找到要精读的书深入钻研，为以后的学术研究打下坚实的基础。是年时逢广州疫病大流行，学馆暂时关闭以减少疫症在人群中的传播。陈垣按《书目答问》所载，进行选书、借书及买书。对于买书，他的父亲总是有求必应。光绪二十二年（1896），16岁

---

[*] 本文原载于《广东史志》2000年第1期第44～48页。

的陈垣以新会县案首（县考第一名）入学。[3]翌年到北京应顺天乡试，落第而归，落第的原因是尚未掌握八股文的写作程式。[4]陈垣家境富裕，本来不急于谋生，只因他感到辜负了父亲的期望，决定一边教蒙馆为生，一边揣摩八股文的写作方法。这样，他在广州开始了其一生漫长的教学生涯。经过苦学，八股文精进，但其时科举已废。

二、与革命党人游

当时清朝昏聩窳败，革命浪潮风起云涌。陈垣积极参与社会活动。光绪三十年（1904），他在广州潮音街潮音三巷参加农工商会，并作宣传演讲。光绪三十一年（1905），陈垣与广州画家潘达微、高剑父和陈树人等人筹办《时事画报》。这三位画家都是革命党人。画家作画、陈垣撰文，以图画为主，以文字为辅，创刊号云"……血并朱研，泪和墨写，料到蚕食鲸吞之际，忍描瓜分豆剖之图"。[5]目的在唤醒国魂，宣传革命。陈垣为画撰文抨击当时腐败的清朝统治，西医梁培基也参与其中。梁培基，字慎余，广东顺德人，生于广州。光绪二十三年（1897）毕业于广州博济医院，是博济医院院长、美国传教医生嘉约翰的高足。他不仅是医生，还是广州夏葛女子医学堂的药物学教师，以研制"梁培基发冷丸"治疗疟疾而出名。直至新中国成立前夕，此药在广州仍十分风行。梁培基不仅在《时事画报》登载"发冷丸"的广告，而且还出资赞助《时事画报》。[6]光绪三十一年（1905），美国拒不废除期满的限制华工条约，续颁《华工禁例》，排斥华工，引发上海和广州的反美拒约运动。陈垣时为广州振德中学教师，不仅自己加入抗议组织"拒约会"，当美国代表团到广州了解反美情况时，他和学生一起投入反美大示威，[7]故受到清政府迫害，避居家乡新会，在篁竹小学教书，包教国文、算术、图画、音乐及体育。[8]事态平息后，次年返回广州在振德中学及广州义育学堂教书。

三、转习西医涉足医史

以陈垣深厚的文史基础，做一名教师也是十分适合的。但清末废科举后，不少青年都改习技艺，所谓"读万卷诗书，习一技之长"乃当时风尚，对陈垣亦有相当的影响。恰在这时发生了一件事，促成陈垣改习西医。光绪三十三年（1907）陈垣的父亲患膀胱结石，痛苦非常，虽然自家开有中药店，亦结识不少名医，但服药未见任何缓解，最后入广州博济医院由西医行取石术始愈。西医传入中国能为中国人接受，主要靠两个强项，一是接种牛痘预防天花，另外便是以外科手术解决服药不能解决的问题。陈垣不仅接受了西医，进而学习西医，希望用新的方法解除病人的痛苦。陈垣于光绪三十三年（1907）27岁时考入博济医院。这时，曾为孙中山、梁培基的老师，主持博济医院44年，对中国人友好的美国人嘉约翰已去世6年了。当时的继任者歧视中国员工和学生，引起院内中国人的不满，加上西医传入中国已愈半世纪，得风气之先的广州已形成西医小群，其中有人希望集资建立中国人自办的西医学校，以争"医权"、"医学教育权"。光绪三十四年（1908），梁培基与广州医学界人士陈子光、左吉帆、伍汉持和留美医学博士（赐医科进士）郑豪等人商议，决定于当年11月在广州伍仙门关部前（今泰康路）成立光华医学校，光华是取"光我华夏"之义。这是我国第一所由中国人开设的私立西医学校，郑豪为校长，陈垣也被选为理事。这样一来，陈垣既是光华医学校的创始人之一，又是第一届学生。[9]陈垣离开只读了1年的博济医院，在光华医学校学医3年，于宣统二年（1910）毕业留校任教，讲授人体解剖学、细菌学及生理学3科。课余自学日文，参考日文医书的内容，按书绘制教学挂图，[10]加深学生对课文的理解。

在光华医学校建立之初，原《时事画报》的梁培基、潘达微和陈垣等人，深感当时人民卫生知识非常缺乏，医生亦缺，国家富强也有赖人民身壮力健，故在光绪三十四年（1908）创办《医药卫生报》，向民众介绍医药卫生常识。宣统二年（1910），叶菁华创办了《光华医事卫生杂志》。其时陈垣已留校作教师，以其深厚的文字功夫及医学知识，为该杂志撰写了不少医药卫生及医学史的文章，其中医学史的文章至今仍有价值。陈垣认为中国医学史是难以分割的，历史上中医已取得很高的成就，具有优良的传统，学习西医的人必须了解。所以他对古代解剖学、瘟疫传染、古代医院的建立、法医工作及医学史的重要人物都曾作过研究，发表了不少文章，如《牛痘入中国考略》、《肺痨病传染之古说》、《论人工免疫之理》、《中国解剖学史料》。[11]在《洗冤录略史》中既介绍我国自汉朝以来的刑律及刑验著作，也介绍了曾任北京同文馆医学讲座的英人德贞在清同治十年（1871）所撰的《洗冤新说》，及曾任上海江南机器制造局编译、英人傅兰雅翻译的《法律医学》等外国刑事检查的书籍。关于医学人物有《张仲景像题辞》，还写了乡贤《高嘉淇传》。高嘉淇是广东新会人，清康熙十六年（1677）至暹罗，与葡萄牙人交往，学习西医10余年，后返京师为养心殿御医。此外还写作了《日本德川季世之医学教育》。德国著名细菌学家科赫（Robert Koch）在1910年去世时，他写了《古弗先生传》（古弗今译为科赫[12]）。陈垣作为细菌学教师对当年发生的一件大事也十分敏感。宣统二年（1910）10月至宣统三年

(1911) 2月，我国哈尔滨发生肺鼠疫大流行，死亡人数达6万人。清政府派我国著名的卫生学家伍连德主持这次扑灭鼠疫的工作。伍连德（1879—1960），字星联，原籍广东台山人，出生于马来西亚的槟榔屿。光绪二十九年（1903）获英国剑桥大学医学及文学双博士学位。光绪三十四年（1908）返国服务，出任天津北洋陆军医学堂副监督（会办）。他运用世界最新的流行病学知识，采取非常手段，仅用4个月便将此鼠疫彻底扑灭。宣统三年（1911），立即在沈阳召开万国鼠疫研究会议介绍经验，这是我国近代史上首次召开的国际会议。[13]伍连德亦成为世界知名的卫生学家。陈垣根据当日的报纸、电讯、书信、大会的讨论发言汇集，写成《万国鼠疫研究会始末》一文，资料翔实，是医学史上的重要文献。故现今中国医史学家将陈垣视为中国医学史研究的奠基人。[14]陈垣毕业后偶替亲友治病，不是专职医生。其实他完全可以选择以医生为职业。可能研究和教学对他更具吸引力，他也乐于从事这样的工作。

宣统三年（1911），康仲荦和陈垣在广州创办了《震旦日报》，陈垣还兼任《震旦日报》副刊《鸡鸣录》的编辑。时值武昌起义成功，清廷如落日崦嵫，走向灭亡。该报号召彻底摧毁清朝的统治。[15]清末广州青年赴日留学之风甚盛，陈垣在《时事画报》的合作者陈树人早在光绪三十一年（1905）便是日本京都美术学校的留学生，高剑父兄弟也是留日学生，他们都是在留日期间参加孙中山领导的同盟会。陈垣也想出外增广见闻，宣统三年（1911）乘暑假之便，自费到日本看医书。在赴日期间还访问了日本著名的医史学家富士川游，并有机会看到日本著名学者丹波元胤于1827年集中医书籍写成的《医籍考》手稿。[16]可见此时的陈垣对医学仍然十分专注。在自觉和不自觉中将自己的专业医学和史学接轨。不过，史学只局限于医学史。

四、立志撰写基督教史

陈垣是基督教（天主教）徒。在当时的基督教徒中，西医所占的比例甚高，因为西医传入中国本是与西方传教士有关。陈垣学医及教书于五仙门，家住广州城南靖海门外吉多里（自20世纪二三十年代，这一带修建马路后，吉多里已不复存在），里前有天主教堂，[17]即广州圣心大教堂（俗称石室教堂），至今仍在该处（一德路旧部前56号）。此地清初本是两广总督处（又称总督两广部院行署），设在靖海门内卖麻街。咸丰七年（1857）在第二次鸦片战争中，两广总督处被夷为平地。当时法国传教士明稽章早就觊觎此地，借武力迫清廷租给巴黎外方传教会兴建教堂。由法国出资，于光绪十四年（1888）始建成融巴黎圣母院与哥特式风格的教堂。[18]因原地为两广部堂，今日仍称旧部前。陈垣于宣统三年（1911）在石室教堂做弥撒时，认识了当时的副主教光氏。[19]光氏即为光若翰（De Guebriant）。他对博学多才的陈垣甚为欣赏，延请他为义务秘书，并嘱赴上海徐家汇教堂，在那获识马相伯及英敛之。[20]徐家汇天主堂旧堂建于道光二十七年（1847），新堂于宣统二年（1910）落成在旧堂侧，为当时远东第一大教堂。尚有当时属于天主教的徐家汇藏书楼，藏有中世纪印刷的希伯来文、拉丁文、法文、英文、德文各种《圣经》版本，各国著名的《百科全书》等西文图书10余万册，中文图书30万册，是研究宗教史的重要地方。[21]马相伯和英敛之都是爱国的天主教徒，也是杰出的教会史研究者，陈垣与这两人结成知己是到北京以后的事。从上海一开眼界的陈垣以此为契机，在广州发愿要撰写有关基督教史的文章。但广州缺乏丰富的典籍，这个愿望只能留待后来，陈垣亦铭记于心。

五、一鸣惊人在北京

民国元年（1912）民国建立，孙中山在南京就任临时大总统，不久让位于袁世凯。袁世凯为稳定政局，于民国元年（1912）12月至民国二年（1913）2月，举行第一届国会参、众议院选举。[22]陈垣的好友潘达微、高剑父、陈树人等都是同盟会会员，潘达微还以义葬黄花岗七十二烈士名闻全国。因为得到他们的支持，加以陈垣不惧安危曾参加《时事画报》与《震旦日报》的工作，也愿弃医从政，以革命报人身份被选为国会众议院议员，于民国二年（1913）定居北京。其实所谓议会只是袁世凯欺骗革命党人的伎俩。陈垣趁此机会"补读平生未见书"，在北京历史悠久的西什库北堂图书馆刻苦自修，研究天主教的资料，与马相伯和英敛之结为挚友。英华（1867—1926），字敛之，满洲正红旗人。光绪二十七年（1901）在天津创办《大公报》，他是天主教徒，亦对宗教史饶有兴趣，涉及佛教、道教、回教及基督教。藏书甚丰，常借书与好学的陈垣阅读。还在北京香山办辅仁社（为建立大学作准备）[23]。民国六年（1917）英敛之为辅仁社学生出了一道作文题目"元也里可温考"。所谓也里可温是蒙古语的译音，意思为"奉福音人"，在元代是基督教的一支。清代著名学者俞樾和洪钧曾从金石学角度对此探讨，但难免有错。[24]陈垣不是辅仁社学生，闻讯也依题写了一篇论文，就教于马相伯及英敛之。"十年磨一剑，霜刃未曾试"，出手不凡，两位教会史权威看后亦自愧不如。[25] 37岁的陈垣大器晚成，饮誉中外，是年即被邀往日本宣读这篇论文。最重要的是陈垣在多年的寻觅后终于找到了自己真正的位置，不再限于医学史、基督教史，走上史学研究之路。"阳春召我以烟景，大块假我以文章。"从此一发不可收拾，著作等身。

陈垣在广州激扬蹈励的岁月没有虚度。首先，他是一个富有挑战意识的人。年青的陈垣是新会县的案首、追随民主革命的报人、西医学校的毕业生和基础医学的教师、别具才思的天主教徒。所做的事堪称第一流。另外，陈垣以独特的眼光看出医学是一种求证的科学，与乾嘉学派"实事求是"、"无征不信"的考据方法有惊人的相似，以深厚的底蕴融会贯通，使他从一个无家学、无师承，全凭刻苦自修的人跃进史学研究领域。他不囿于乾嘉学派，能言前人所未言，"校雠捃故技，不为乾嘉作殿军"，[26]抛弃中年时代的诱惑，守住清心，终成正果，成为20世纪中国史学的一代大师。

参考文献：

[1][4][11] 刘启林. 当代中国社会科学家. 北京：社会科学文献出版社，1989.
[2][8][25] 中国现代教育家传（第一卷）. 长沙：湖南教育出版社，1986.
[3] 广东省中山图书馆、政协广东省珠海市委员会. 广东现代人物辞典. 广州：广东科技出版社，1992.
[5] 祝秀侠. 粤海旧闻录. 台北：中外杂志出版社，1987.
[6][10] 杨万秀. 广州名人传. 广州：暨南大学出版社，1991.
[7][15] 瞿林东. 中华骄子——历史巨擘. 上海：上海龙门书局，1995.
[9] 黄夏年. 陈垣集. 北京：中国社会科学出版社，1995.
[12][14][16] 赵璞珊. 中国古代医学. 北京：中华书局，1997.
[13] 刘绍唐. 民国人物小传（第五册）. 台北：传记文学出版社，1979.
[17][19][20] 引书同 [13] 第二册.
[18] 李伟云. 广州宗教志. 广州：广东人民出版社，1996.
[21] 熊月之. 老上海名人名事名物. 上海：上海人民出版社，1997.
[22] 李侃，李时岳，等. 中国近代史. 4版. 北京：中华书局，1994.
[23] 引书同 [13] 第一册.
[24] 王治心. 中国基督教史纲. 香港：基督教文艺出版社，[1940年版] 1979.
[26] 张寄谦. 素馨集. 北京：北京大学出版社，1993.

● 论著

中国近代第一位西医生——关韬*

刘泽生

摘要 关韬（关亚杜，Kuan A-To）是中国近代的第一位西医生和第一位西式军医，他出身于广东十三行（The 13 Hong；Thirteen Factories）商业画家的世家，19世纪十三行的文化氛围对他一生有重大的影响。他的叔父关乔昌（啉呱）和关联昌（庭呱）是著名的广东商业画家，关乔昌在十三行建立画室，和来自欧美的外国人有着广泛的接触，他不断地追随着晚年旅居澳门的英国有名画家乔治·钱纳利的西洋画风格。在关乔昌的指引下，1837年关韬随美国第一位来华医药传教士伯驾，在十三行的眼科医局学习西医。后来他成为一位具有优良品格、有能力和乐于奉献的医生。他的名字永远为中国人怀念。

关键词 中国近代；第一位西医；关韬

The First Western Style Doctor in Modern China——Guan Tao

Liu Zesheng

Abstract: Guan Tao (Guan Yadu, Kuan A-To) is the first western style doctor and the first military western style doctor in the medical history of China. He was from the generations of the business painter in Shi San Hang (Thirteen Factories) of Guangzhou, in which the culture environment exerted a great influence on him. His uncle Guan Qiaochang (Lam Qua) and Guan Lianchang (Tin Qua) were famous business painters of Guangdong in 19th century. Guan Qiaochang set up a workshop in Shi San Hang and had extensive contact with various foreigners from Europe and North America. He followed the western style of the paintings from George Chinney who was a famous painter of England, settled down in Macao for the rest of his life during this period. Under the guidance of Guan Qiaochang, Guan Tao studied western medicine under the instuction of Peter Parker, the first America

---

* 本文原载于《中华医史杂志》2000年4月第30卷第2期第98～100页。

medical missionary in China, at the Ophthalmic Hospital in Shi San Hang in 1837, Guan Tao became a western style doctor with excellent character, skill and devotion. Chinese people remember his name forever.

Key words：modern China, the first western style doctor, Guan Tao

关韬是我国第一位学习西医全科的医生。一个清道光年间的知识青年，自愿跟随基督教（新教）第一位医药传教士伯驾学习西医，这本是一件偶然的事。如果了解关韬家族的背景以及叔父关乔昌对他的影响，也就不难了解其中的必然性。关乔昌不是主流的中国画画家，而是19世纪广东十三行商业外销画家，国内有关他的记载极少。

广州十三行和外销画的世家

清朝在平定"三藩之乱"，解决了台湾问题和撤销海禁后，于清康熙二十三年（1684）开放广州、漳州、宁波及云台山四口通商。1686年广州划有专供外国人居住及经商的街区，后有13间外国商行建于此处，俗称"十三行"。外国人称"The 13 Hong"或"Thirteen Factories"[1]。乾隆二十二年（1757）仅允许广州一口通商。直至鸦片战争后，十三行才结束。也就是说广州十三行的历史长达154年（1686—1840），其中83年（1757—1840）独揽中国对外贸易。[2]清初屈大均在《广东新语》有诗叙述"洋船争出是官商，十字门开向二洋。五丝八丝广缎好，银钱堆满十三行"，说明十三行在世界经济舞台上十分活跃。为此，也带来相应的十三行文化。当时世界的海上交通工具是木帆船，十三行的对外贸易与季候风有密切关系。洋船在每年七八月趁西南季风到广州。西方商人必须在十三行停留数月，购回蚕丝、丝织品、茶叶及瓷器等之后，到年底或次年二三月才可乘北风返航。[3]中国的瓷器和茶叶最受西人欢迎，在瓷器和茶叶的包装上原绘有中国图案或风俗画，以后为了适应西人的特殊要求，使他们的货物显示中西合璧的魅力，精明的十三行行商便将西洋画移植其中。特建瓷器彩绘作坊，要求画工学习曾由明清天主教耶稣会教士传入的西方绘画技巧[4]。画工还能正确书写英、法文字母，会讲无语法逻辑、仅供贸易的"广东英语"[5]。广州外销画盛行于19世纪初，随瓷器、茶叶远销欧洲和北美。制作外销画是世代相传的职业。关韬的家族世代从事这项工作，关乔昌是其中的出类拔萃者。

关乔昌，广东南海人，生于1801年，卒年不详。西人称他为啉呱（Lam Qua）[6]，以啉呱闻名，其实应称林官。官即官人或少爷，乃广州旧俗对男性的敬称，西人发音误为啉呱。1830年啉呱29岁，在广州十三行同文街16号开设画室，共三层楼，雇助手十多人。因为十三行乃弹丸之地，很多西方商人、游客曾到这里参观。奥尼（Old Nick）便是其中之一。他曾记述1837年访问啉呱画室所见。奥尼认为该画室的画，只有外形，既无阴影又无透视，属低水平的西洋画[7]。如果不是英国画家乔治·钱纳利移居澳门，使啉呱得其西洋画的精髓，啉呱无法成为真正的中国西洋画家。

钱纳利与啉呱

乔治·钱纳利（George Chinney，1772—1852），英国人，早年曾为英国皇家美术学院的学生。[8]钱纳利以卖画为生，擅长肖像画，是一位有才华的画家。先从都柏林移居印度，后因避债，于1825年50岁出头时定居澳门并在此终老[9]。钱纳利以写实方式作了大量的素描和不少油画。照相术当时虽已问世，但远未普及。为此，钱纳利的画为澳门的建筑、风景和人物留下了历史的记录。他绘下作为澳门标志的大三巴寺（圣保禄教堂）在大火前的壮观。他还绘作一幅与中国医学史有关的油画"郭雷枢医生像"[10]。郭雷枢，也有译为哥利支（T. R. Colledge，1796—1879），英国人，英国东印度公司派驻澳门及广州十三行公司的医生。道光七年（1827年）在澳门开设眼科诊所，为贫民免费治病[10]。钱纳利与郭雷枢是至交，为了传扬郭雷枢的人道主义精神及留下历史记录，钱纳利绘了此画。画中共5人，郭雷枢一手扶着老妇挂于前额的眼镜，面向他的中国翻译亚芬，请他向老妇传译如何使用眼镜。老妇坐着，在她膝下的儿子向郭雷枢递上谢束。诊室的角落里还有一个包着眼的穷人在候诊。郭雷枢夫妇和亚芬的子女都看过此画。该画在伦敦巡回展出时，为郭雷枢的诊所募集了一笔钱。该画现藏于美国彼波弟博物馆（豆身博物馆，Peabody Museum）[10]，该博物馆原为海事学会藏品库。在陈继春著《钱纳利与澳门》一书的附页有该画的彩色照片。钱纳利在澳门卖画又设帐授徒。啉呱的弟弟关联昌，西人称为庭呱（Tin Qua），也是著名的商业画家，是钱纳利的弟子和助手。至于啉呱是否曾师事钱纳利至今仍是悬案。因为啉呱在卖画市场曾削价与钱纳利竞争顾客，后期两人交恶，钱纳利声言啉呱不是他的学生。无论如何，啉呱曾经大量临摹钱纳利的画，追随钱纳利的风格，甚至可以乱真，他从钱纳利的画中充分吸收西洋画的技巧，他曾从精神上师事钱纳利是毋庸置疑的。

伯驾与关家叔侄

彼得·伯驾（Peter Parker，1804—1888），美国人，毕业于美国耶鲁大学神学院及医学院，是美国第一位来华的医药传教士。于道光十四年（1834）到达广州[11]。在新加坡学习汉语10个月后，经广州十三行著名行商伍秉鑑（浩官）的帮助，于翌年11月4日在广州十三行新豆栏街的丰泰行租屋开设眼科医局（Opthalmic Hospital）。此乃博济医院的前身。以后病人日多，虽有郭雷枢抽暇相助，仍未解决问题。1837年伯驾决定招华人助手3名，以半工半读带徒弟的方式传授西方医术[12]。自伯驾来到十三行，同在十三行的啉呱关注着伯驾的工作。啉呱和庭呱在此前已认识郭雷枢，对西医的医术很有认识。闻知伯驾招收学生，便让侄子关韬前往学习西方医学。

关韬（1818—1874），西人称为关亚杜或关亚土（Kuan A-To）[13]，其实应为关亚韬，在名前加上"亚"字，是广州人对一般人的普通称呼。关韬父母的资料不详。关韬不愿学画，但对于学医很感兴趣。生长于常与外国人接触、会说"广东英语"的大家庭，自是愿意随伯驾学习西医。他19岁学医，时啉呱36岁。啉呱对关韬很关心，特别为他们绘了一幅油画《彼得伯驾医生及其助手像》，其中助手就是关韬。这画的灵感来自钱纳利的《郭雷枢医生像》，伯驾跷脚倚坐的姿势脱胎于钱纳利所绘的《伍浩官像》[14]。这幅画也是医史记录，为传世之作，现在为私人珍藏。伯驾医生很重视病案的记录和管理。每个病人的资料都有详尽的记载，只缺现代的照片记录。鸦片战争前，林则徐被委为钦差大臣，奉命到广东查禁鸦片。林则徐患有疝气和哮喘病，曾派幕僚到伯驾处取疝带及治哮喘药，并回赠水果等物。伯驾虽未见林则徐本人，但给他建了一个病历，病历编号6565，载于1840年的《中国丛报》[15]。这是最早保存下来的西医病历。眼科医局患者的登记内容包括病案的编号、姓名、性别、年龄、籍贯、处方用药、治疗效果、手术种类、手术时间的长短，连取出的肿瘤或结石的大小等都有详细的记录。伯驾还请啉呱帮助制作教学挂图，又请他为100多名有肿瘤突出于体表的患者，对患病部位详细描摹，每张图都有伯驾的详细说明。至今仍有100张图保存下来，其中有30张是重复描绘同一疾病的，这些图大部分保留在伯驾的母校，美国耶鲁大学图书馆（Yale Medical Library），还有部分保存于英国伦敦盖伊医院（Guy's Hospital），该院是19世纪末名医云集的著名医院[16]。啉呱是一名商业画家，不太可能画百多张肿瘤图，但是出自啉呱画室，或由其他助手完成。

名师引路　攀登时代的高峰

　　关乔昌从钱纳利的绘画，领会西洋画的诀窍，又融合中国画的神韵，画技日臻成熟。另一方面委托欧洲画商做他的外销画代理人。现在英国皇家美术学院还陈列着啉呱的两幅油画。1851年又有油画送美国展览，3张在宾夕法尼亚美术学院展示，5张在波士顿文艺协会展示。于是，啉呱声名鹊起，被誉为"中国的托马斯·劳伦斯"。啉呱和钱纳利处于照相机尚为奢侈品的年代，在中国把西洋肖像画发扬光大，推向新的高峰，而当肖像画风华褪尽时，人们还没有忘记他们。1986年，香港邮政总署以香港艺术博物馆及香港上海汇丰银行所藏的4幅19世纪肖像画为主题，发行了一套4枚的邮票。钱纳利和啉呱的画各占一枚（啉呱那张画是他于52岁时的自画像）[17]。虽然他们已早离人世，但他们古雅的画风仍为现代人喜爱。

　　啉呱的侄子关韬也不负啉呱的期望。他聪颖好学，在伯驾的教导下，能独立施行常见眼病的手术、腹腔穿刺抽液、拔牙，治疗骨折及脱臼，等等。他品学兼优，深为伯驾器重，伯驾休假回国，他代为主持眼科医局。咸丰六年（1856）第二次鸦片战争时，关韬到福建清军服务，赏五品顶戴军衔，是中国第一位西式军医。战争结束后回广州挂牌行医，他良好的医德和精湛的医术很受中国人和外国侨民的欢迎。1866年博济医院院长嘉约翰在广州仁济大街的新院落成后，特请伯驾的传人、中国医生关韬出任医院助理，医院引以为荣。

　　同治十三年（1874）关韬英年早逝，是西医界的损失。关韬在关乔昌的指引下，自愿随伯驾学医，开中国人师从外国人学习全科西医的先河。他是积极的实践者，以自己的勤奋和才智使西医逐步为中国人接受，促进西医在中国的传播。他为中国第一代西医树立了成功的榜样。

参考文献：
[1] 李志刚. 基督教早期在华传教史. 台北：台湾商务印书馆，1985：121.
[2] 蒋祖缘，方志钦. 简明广东史. 广州：广东人民出版社，1993：340-480.
[3] 罗雨林. 荔湾文史（第四辑）. 广州：广东人民出版社，1996：338.
[4] 蒋祖缘. 清代十三行与西关//广州荔湾区地方志编纂委员会. 西关文化研讨会文选——别有深情寄荔湾. 广州：广东省地图出版社，1998：92.
[5] 威廉·亨特. 广州"番鬼"录. 冯树铁，译. 广州：广东人民出版社，1993：44.
[6] Sullivan M. 明清时期中国人对西方艺术的反应. 莫小也，译//黄时鉴. 东西交流论谭. 上海：上海文艺出版社，1998：331.

［7］［8］［10］陈继春. 钱纳利与澳门. 澳门基金会出版，1995：160 - 170，1 - 4，73.

［9］李志刚. 香港教会掌故. 香港：三联出版社香港有限公司，1992：1.

［11］广州市地方志编纂委员会. 广州市地方志广州市志（卷十九）. 广州：广州出版社，1996：172.

［12］程之范. 中外医学史. 北京：北京医科大学协和医科大学联合出版社，1997：125.

［13］《广东之最》编委会. 广东之最（第二辑）. 广州：暨南大学出版社，1998：322.

［14］梁嘉彬. 广东十三行考. 上海：上海国立编译馆，1937：图7.

［15］广州文史馆. 珠海遗珠. 广州：广州出版社，1998：1.

［16］史悟. 19世纪末的英国Guy医院. 中华医史杂志，1992，22（2）：118.

［17］陈汉梁. 香港百年纪念邮票. 上海：东方出版中心（香港明报出版社授权），1998：175.

● 人物春秋

一本旧书　两代学人[*]
——梁嘉彬与蒋廷黻

刘泽生

梁嘉彬的《广东十三行考》经历沧桑，终于在他的故乡，由广东人民出版社再版面世。此刻，我想起仍存放在广州市图书馆广州文献室书橱里的一本旧书。那就是民国二十六年，由当时的国立编译局出版发行的《广东十三行考》。书的扉页有梁嘉彬用墨笔书写的亲笔题字，上款"廷黻先生训正"，下款"梁嘉彬敬呈　民国廿六年四月"。这应是梁嘉彬赠给业师蒋廷黻的书。

梁嘉彬（1910—1995），广东番禺黄埔乡人，出生于北京。小时候曾在广州西关居住。他是广州十三行的梁天宝行行商梁经国的后人。清咸丰六年（1856），梁天宝行在第二次鸦片战争中，与十三行同毁于大火。不过梁家后人改走科举道路，代有名人，为南粤望族。故梁嘉彬有机会北上求学。起初就读南开中学，后进入清华大学历史系。1929年起，在当时清华大学历史系主任蒋廷黻的指导下，从事有关十三行的研究。[1]

蒋廷黻（1895—1966），湖南宝庆（今邵阳）人。6岁起在私塾读书。清朝废科举后改上学堂，在美国长老会办的益智学堂读书。17岁那年，他远赴美国读中学。最后在美国哥伦比亚大学研究院攻读历史，获得博士学位。1923年回国后，先出任南开大学教授，后任清华大学历史系主任。在1935年从政前，蒋廷黻已是一位著名的历史学家。他在推动史学改革，延揽人才，积极培养新人方面都有突出的贡献，是公认的中国近代外交史与中国近代史学科的开拓人之一。他回国后就决定研究中国历史，立即复习6岁时曾读过的书，重温"四书五经"，阅读《资治通鉴》，研究文章及诗词等。[2]他利用清华大学给予的经费为清华大学搜集大量的清代历史文献。在他积极推动下，故宫博物院"筹办夷务始末"的真迹付印。这是一批珍贵的晚清外交资料，其中包括皇帝发布的命令，大臣奏折及各地大臣的奏请。他又派人到故宫博物院抄录清代军机处（自18世纪

---

[*] 本文原载于《广东史志》2001年第2期第52～54页。

30年代至清朝灭亡为止）的档案。文件进出都有严格的登记管理制度，不但登记时间，而且还有文件的内容摘要。[3]民国成立后，因为军阀混战，革命与反革命势力的斗争，京城局势十分动荡。老衙门把大批清代档案当废纸出售，蒋廷黻为清华大学把"废纸"成吨购回，存放在图书馆内，这批"废纸"主要是清廷军机处与海军的资料。他在大学任教期间，出版了《近代中国外交史资料辑要》二卷。1938年汉口陷落前夕，蒋廷黻卸任驻苏大使。他在汉口，应哥伦比亚大学学友兼好友、清华大学教授陈之迈（广东番禺人，著名广东学者陈澧——东塾先生的曾孙）之邀，运用长期积累的历史知识，仅用两个月的时间，厚积薄发，写成只有5万字，但可视为精品的《中国近代史》一书。至此，也为他的史学生涯画上了句号。[4]我国开放改革后，蒋廷黻的《中国近代史》已在大陆数次再版。[5]

蒋廷黻对梁嘉彬有关广东十三行的研究有着非常浓厚的兴趣。他愿意亲自进行指导的原因应与以下两点有关：①梁嘉彬研究的题目是广东十三行。在清代，十三行是中国与外国接触的特殊区域。十三行在许多方面与外国人有着千丝万缕的关系。除了对外经济贸易、仿银行（仿外国银行的形式）的出现、中外货币兑换、海关税务及管理外，还涉及外交、中西交通、中西混合的特殊语言文字——"广东英语"的形成，还有西洋文物、西医与基督教（新教）的传入，等等。梁嘉彬的研究与蒋廷黻的学术方向（19世纪中国的国际关系）和知识结构非常一致。[6]②蒋廷黻很赏识青年学生梁嘉彬的才华及刻苦学习和钻研学问的精神。梁嘉彬的学友（包括吴晗在内）对他的才能也极为称赞。[7]

梁嘉彬才华横溢，不拘一格。既接受导师有远见的指导，自己又善于独立思考，能自觉地把问题愈钻愈深。当他选了广东十三行这一题目从事研究后，他尽可能搜集与十三行有关的中国文献和档案资料，还上溯广州历代的市舶制度。由于历史上外国人与十三行有极深的关系，外国人在这方面也有不少的记载和研究，故梁嘉彬还要尽力收集国外（主要是英、法、日）在这个领域的有关文献、档案及著作。把中外档案和文献互相印证，注意纵向、横向各自的关系与纵横的联系，这正体现了美国留学生蒋廷黻新的治学方法。蒋廷黻不仅对晚清的中文历史档案感兴趣，对外国收藏的与晚清有关的历史档案，如对苏联的"红色档案"（Red Archive）和英国档案处（British Public Record Office）的收藏，也表现出极大的兴趣。在清华大学假期旅游英国时，还特地对有关清朝的部分档案拍照保存。[8]在他的治学方法影响下，梁嘉彬在研究里也大量使用中外档案，梁嘉彬也由此成为我国最早使用中外档案从事历史研究的专家之一。

梁嘉彬在写作过程中，也利用了蒋廷黻的一些资料，如蒋廷黻在故宫大丽殿搜出的清道光十九年（1839）洋商档案等[9]（清朝称本国对外贸易商人为"洋商"）。[10]但是行商名字的记载非常混乱。如一人多名，两人共一名，还可能是绰号。以英文书写的名字又常与中文发音极不相似。所以连考证中国十三行行商原来的真实姓名也是一件非常困难的事。但是梁嘉彬认真地核实。蒋廷黻也曾参与有关吴天恒的名字考证以及吴天恒（吴健彰）与上海海关建立的关系。

当时公认在《英国东印度公司对华贸易编年史》中，Morse 提出广东十三行成立于清康熙五十九年（1720）这一说法是正确的。然而有一次，蒋廷黻偶见明末清初广东学者屈大均所著《广东新语》里的《广州竹枝词》，内有"洋船争出是官商，十字门开向二洋。五丝八丝广缎好，银钱堆满十三行"的诗句。蒋廷黻认为这首竹枝词暗示广州十三行成立的年代应在康熙五十九年前，他嘱梁嘉彬向这个方向深入研究。由此可见蒋廷黻对历史资料观察的敏锐。他能为学生指出有前途的研究方向，是真正的历史研究导师。

屈大均（1630—1696），广东番禺人，是明末清初的著名诗人与学者。梁嘉彬不但从屈大均生卒年代、《广东新语》成书年代出发，还用丰富而翔实的资料证实了蒋廷黻的推想，考辨出十三行成立年代并非在康熙五十九年，从而推翻了前人的结论。蒋廷黻一向认为，能辨出真伪的历史研究者才会成名，能这样去研究历史的人才会有出息。"大事岂容人尽误，昂藏我亦是英年。"1932 年正是梁嘉彬在清华毕业之年，他在《清华周刊》上发表了《广东十三洋行考》这一有分量的文章，受到老师和同学的称赞。

梁嘉彬并不因为已有的成绩而停步，相反，把它作为新的起点。1932 年他毕业回广州后，在中山大学文科研究所当编辑员时仍继续研究。时为中山大学文科研究所所长朱希祖也给予他很大的帮助。梁嘉彬利用在广州工作，自己本是十三行行商的后人之便，加上当年行商之间又互结婚姻，后人之间也有联络，不辞劳苦，访问十三行著名行商的后人。不过，因为年代久远，行商的后人对他们祖先的旧事也实在不清楚。但从他们那里梁嘉彬获得了他们的家传、家谱和族谱，[11]掌握了别人无法得到的第一手资料。梁嘉彬这样地深入研究广东十三行确是中外无人可及的。他还前往香港、澳门搜寻资料，又来往广州与北平之间搜集和核实资料。他经过史料搜集，实地采访，历史研究及精心撰写后，终于在广州写成《广东十三行考》。《广东十三行考》在梁嘉彬留学日本期间出版。抗日战争爆发后，梁嘉彬回国。1945 年台湾光复后，他到台湾从事另类课题的研究。想不到此行使他从此永别故乡。

参考文献：

[1][7][9] - [11] 梁嘉彬. 广东十三行考. 广州：广东人民出版社，1999：11，410，98，6，12.

[2][3][6][8] 蒋廷黻英文口述. 蒋廷黻回忆录. 谢钟琏，译. 台北：传记文学出版社，1978：94，127，128，52.

[4] 刘绍唐. 民国人物小传（第三册）. 台北：传记文学出版社，1980：190 - 192.

[5] 蒋廷黻. 中国近代史. 上海：上海古籍出版社，1999：190 - 192.

● 人物春秋

中国第一位基督教牧师何福堂[*]

刘泽生

何福堂是中国第一位基督教（新教）牧师。他是英国著名的传教士兼汉学家理雅各的高足，也是中国第一个接受过完整新教神学训练的人。他早于中国第一个基督教宣教士梁发，被英国伦敦传道会按立为基督教（新教）牧师。

何福堂，又名进善（Ho Fuk-Tong；Ho Tsu-Cheen，1818—1871，即清嘉庆二十三年至同治十年），广东南海县西樵乡人。[1] 何福堂的父亲何亚新（Ho Ah-Sun）原是农民，后来学习木刻印刷技术，是马六甲英华书院印刷所的雕字工人。

何福堂少时在马六甲就读，马六甲英华书院的校长是英国传教士理雅各（James Legge，1815—1897）。理雅各不仅是传教士，也是教育家。他对中国文字很有兴趣和学习能力，其后因翻译大量的中国儒家经典著作，而成为世界著名的汉学家，获法国学院第一届儒莲（Julien Prize）奖金，是英国牛津大学第一任汉学讲座教授。[2]

何福堂对语言文字也表现出极高的天赋，学习外文的能力很强。为此，获得英华书院教师麦沾恩（G. H. Mcneur）的称赞。麦沾恩是英国著名的传教士，后写《梁发传》（The Life of Leung Faat）而闻名中外。据麦沾恩的回忆，何福堂尚未毕业便能阅读英文的新旧约圣经；能用希伯来文作文。何福堂还随理雅各学习拉丁文，深得理雅各器重。何福堂笃信基督教，在回家乡广东南海结婚时，因为不肯随乡俗拜庙宇里的木偶神像，逃到香港去。直到家族的长辈答应他的条件，始肯完婚。[3] 在鸦片战争后，中国被迫开放传教。清道光二十三年（1843）英华书院从马六甲迁到香港。部分学生因家在马六甲，故未随迁。何福堂家在广东，所以他是4名愿意随理雅各迁到香港的学生之一。

香港被割据早期，无论政府机构或洋行都十分缺乏熟悉中英文的人才。理雅

---

[*] 本文原载于《广东史志》2001年第3期第59～60页。

各有一次出席陪审团在法庭旁听，就发现因为语言不通几乎判错案的例子。直到1858年回到香港工作的黄胜进入陪审团后，情况才有改变。[4]所以何福堂毕业后，很多商号和政府机构争相以高薪聘请他去工作，何福堂不为所动，这确实是非常不容易的事。因为与洋行的收入相比，传教工作实在是太清贫，而且没有社会地位。何福堂一心从事传教，固然与他的信仰有关，另外，也是为了不辜负恩师理雅各对他的栽培和期望。更重要的是，何福堂是属于学者型的传教士，他已把神学当作学问来研究。这也许与理雅各的影响有密切的关系。何福堂的口才极好，被麦沾恩称为高明的传道人。何福堂不但外文好，中文的文字工夫也不错。《新约全书注释》尽管挂理雅各之名，实出于何福堂之手。他能协助理雅各从事文字工作，道光二十六年（1846）在香港合众堂被英国伦敦传道会正式按立（Ordained）为牧师。[5]外国的牧师是极讲究学历的。来华传教士都有大学（神学院）毕业的学历，不少还具有双学位。尽管何福堂仅是英华书院毕业，相当于英国文法中学毕业（英华书院毕业生可直升英国大学），但在当年的中国已属凤毛麟角的传教人才。梁发是何福堂的前辈，可惜仅读了4年的乡塾，但梁发在传教方面建树良多。早在1823年马礼逊因事暂返英国，英美的传道会又未能及时派出传教士来接替工作，马礼逊便按立梁发为宣教士。[6]1850年，梁发也因传教表现出色，被英国伦敦传道会破格从宣教士按立为牧师，但较何福堂晚了4年。[7]尽管学者认为梁发是马礼逊在1826年自行按立的中国第一位新教牧师，[8]但根据麦沾恩的《梁发传》，麦沾恩明确指出马礼逊仅按立梁发为宣教士。直到马礼逊去世，也没有记载进一步按立梁发为牧师的事。麦沾恩对何福堂也相当了解，明确指出何福堂按立为牧师的时间与地点（英国伦敦传道会于1846年10月11日礼拜日在香港合众堂）。[9]何福堂与梁发曾一起在香港传道，何福堂以自己是子侄礼待之。后来何福堂也被伦敦传道会派往内地传教。内地传教与在香港的传教环境大不相同，内地传教的难度极大，内地民众仇教情绪颇高。据王宠惠的父亲王煜初牧师的回忆：在同治九年（1870），广东盛传外国教堂的传教士以药迷人，奸淫妇女的谣言。故仇教事件此起彼伏。[10]何福堂的悲剧也是由此而来。同治九年（1870），广东南海佛山镇有一所新教堂行落成典礼。英国伦敦传道会牧师湛约翰、何福堂还有何福堂的好友区凤墀一家同往庆贺。新教堂落成那天，遭到不明真相、误信谣言的当地人围攻，新教堂被火焚。湛约翰、何福堂和区凤墀一家侥幸逃脱。何福堂是跳窗逃生的。因受惊过度，回香港后便中风。因为他的女婿黄宽既是博济医院的医生，又是广州的名医，在同治年间，广州医院的医疗水平比香港为好，故何福堂到广州医治。1871年不治去世，终年53岁。[11]后在香港青山墟建立何福堂书院以兹纪念。

何福堂多子女，有女何妙龄为我国近代外交家伍廷芳（1842—1922）的夫人。伍廷芳之子伍朝枢（1886—1934）也是民国著名的外交家。[12]何福堂的儿子中以第四子何启最有名。何启（1859—1914）在英国阿伯丁大学学医，毕业于林肯法律学院，得大律师资格。他是香港西医院的创办人，也是孙中山在香港西医院读书时的老师。何启继伍廷芳、黄胜之后，于1890年出任立法局第三位华人议员。他赞成和支持孙中山的民主革命事业，还与胡礼垣共撰富有民主革命思想的《新政真诠》。[13]

参考文献：

[1][2][4]-[7] 李志刚. 基督教早期在华传教史. 台北：台湾商务印书馆，1985：289，229，234，176.

[3][9]［英］麦沾恩. 中国最早的布道者——梁发传（附梁发著：《劝世良言》）. 胡簪云，译. 再版. 香港：基督教辅侨出版社，1959：3，74.

[8]［韩］李宽淑. 中国基督教史略. 北京：社会科学文献出版社，1998：142.

[10][11] 刘绍唐. 民国人物小传（第11册）. 台北：传记文学出版社，1989：42-43.

[12] 刘绍唐. 民国人物小传（第1册）. 台北：传记文学出版社，1971：39-42.

[13] 张磊. 孙中山辞典. 广州：广东人民出版社，1994：408.

● 论著

俞樾废止中医思想根源探索*

刘泽生

摘要 俞樾是清代著名的学者，曾自学中医。但他又是中国近代第一个提出废除中医的人。从俞樾的生平和他所处的时代入手，可以发现家庭的不幸和时代的影响均有助于解释他对中医前后不同的态度。

关键词 俞樾；近代

Research on the Headstream of Yu Yue's Thought of Abolishing Traditional Chinese Medicine

Liu Zesheng

Abstract: Yu Yue was a famous scholar in the Qing dynasty, who studied traditional Chinese medicine (TCM) by himself. However, he was the first one that suggested the abolishing of TCM in modern times. His unfortunate individual experience and the influence of his times that he lived can both helped us to explain his different attitude towards TCM in different periods.

Key words: Yu Yue, modern times

清末俞樾在苏杭两地长期从事书院教育，为乾嘉学派的后劲。他以广博的学术成就，成绩斐然的教学方法，被时人称为"东南大师"。《清史稿》有传，他是近代中国最早提出废止中医的人。[1]这种与汉学大师学养不相符的观点，长期留给后人挥之不去的疑惑。[2]为此，我们有必要从探讨俞樾的身世和他所处的时代寻找根源。

---

* 本文原载于《中华医史杂志》2001年第31卷第3期第171～174页。

一、短暂的仕宦生涯

俞樾（1821—1906）字荫甫，号曲园，浙江湖州德清县人。出身于书香门第，祖父为副贡士，父是嘉庆举人。俞樾有兄俞林因乡居难以从师，举家迁至杭州仁和县外祖父家中就读。俞樾16岁入县学，24岁乡试中举。曾投陈奂为师。陈奂是清代音韵学大师段玉裁的高足。俞樾在陈奂门下学习乾嘉盛世段玉裁及王念孙、王引之父子的"段王之学"，在文字、音韵及训诂方面受益最多。1851年（清道光三十年）赴北京应礼部会试得中第64名进士。后在保和殿复试，复试诗题为"淡烟疏雨落花天"，他以起句"花落春仍在，天时尚艳阳"，为主考官曾国藩赏识，被评为复试第一名得入翰林院。俞樾感曾国藩知遇之恩，后以"春在"为堂名，以"春在堂"为全集名。[3]俞樾与李鸿章为甲辰科乡试同年，但李鸿章比俞樾早3年中进士，入翰林院，更早成为曾国藩的门生。在承平时候，翰林院本是读书养望的地方。然而1851年爆发了洪秀全领导的太平天国农民起义，太平军沿长江东下，势如破竹。清朝如摧枯拉朽，行将不支。曾国藩与李鸿章先后各自回家乡湖南、安徽办团练，与太平军作战。是年，俞樾简放河南学政。1855年，因出试题考童生时为求隐僻，割裂经文，变成"戏君"、"反君"的题目，为御史弹劾。本应入狱，幸得在外总领湘军的曾国藩相救，才以"革职回乡，永不录用"，结束了短暂的仕宦生涯。[4]

二、读书与著述

咸丰八年，俞樾隐居苏州，闭户读书。以王氏父子之学为宗，除治古文经学外，又治今文经学，博采众长。同治四年，李鸿章时为江苏巡抚，荐俞樾为苏州紫阳书院山长。[5]紫阳书院是清代著名的书院，清代乾嘉学派的大师曾长期在此讲学。吴大澂（chéng）（同治进士）、张佩纶（同治进士，后为李鸿章女婿）和陆润庠（同治状元）皆为俞樾门下士。3年后俞樾又掌教杭州诂经精舍。诂经精舍也是乾嘉学派的阵地，是乾嘉学派著名学者阮元在1800年（嘉庆五年）建立，于1904年（光绪三十年）正式结束，前后100余年。

俞樾从1868年至1899年（同治七年至光绪二十五年）在此掌教前后近31年。毕业生如朱一新、黄以周、章太炎、崔适、戴望等都成为著名的学者。其中崔适与章太炎分别成为今文与古文经学家。[6]俞樾一生著书500余卷。《清史稿》编纂者认为《群经平议》、《诸子平议》及《古书疑义举例》三书"确守家法，有功经典",故俞樾有"东南大师"之称。《群经平议》成书时还获时任两江总督曾国藩的赞许。曾国藩在苏州阅兵时,曾到俞家。俞樾请曾国藩书"春在堂"匾。俞樾与曾国藩和曾门弟子始终保持着非常密切的联系。

三、温馨但又不幸的家庭

 俞樾寿至 86 岁,临终还能头脑清醒地赋诗诀别。但是他的家人就没有他那么幸运了。俞樾共二子二女。1866 年,次子祖仁因大病废。1879 年夏,俞樾夫人姚氏病故,归葬杭州右台山。姚氏夫人为俞樾外表姐,二人自小青梅竹马,成亲后伉俪情深。夫人也是才女,生前居室称"茶香室",读书遇罕闻之事均录之,约六七十事。夫人去后,俞樾续之,编纂成书,名《茶香室丛钞》。[7] 在苏州曲园牡丹将放时夫人口占的牡丹诗,为俞樾激赏。故俞樾自述"余与姚夫人四十年伉俪,虽未足比美古人,亦庶居其万一。自夫人亡,而余久不至曲园,几于芜废。追惟畴曩,为之凄然"。集悼亡诗成"百哀篇"。1882 年,俞樾作《双齿冢志铭》云:"内子姚夫人遗有堕齿一,藏之至今,十有五年矣。余于去年亦堕一齿,乃合而厝之俞楼之后,文石亭之前。"又作《双齿冢诗》,其中有云:"他日好留蓬颗在,当年同咬菜根来。残牙零落存无几,尽拟相从到右台。"[8]

 夫人逝后不到 2 年,任直隶省北运河同知的长子绍莱又病故。时俞樾已 60 出头。儿子是家庭经济的支柱,对于俞樾而言又是继志述事的传人。夫人去世,两子一死一废,俞樾自然深自痛伤。时值日本明治维新后开放国门。1882 年,日本金泽名僧北方心泉和东京名记者、在中国上海经营乐善堂(经营眼药水、药材、书籍和杂货等)的岸田吟香请俞樾编汉诗集(包括修改汉诗)。[9] 俞樾本无心情,但仍勉为其难。不料同年俞樾在编汉诗集时,他最疼爱的次女绣孙突然病逝。绣孙聪慧能诗,极得父亲欢心,故俞樾心情极差。历半年,《东瀛诗选》44 卷的编纂终于完成,并在俞樾主持下在苏州刻板开雕。俞樾也因此誉满东瀛。为纪念爱女绣孙,特将其中第 40 卷《闺阁》部分单独抽出,印制百余部在中国发行。以后又收集绣孙残稿整理出《慧福楼幸草》,附入"春在堂全书"中。

 长子无子女。次子病后,俞樾便以教导孙子俞陛云为己任。他特地为孙子编写一本学习八股文的教材,后以《曲园课孙草》刊行。俞樾抚孙成立,辛苦备尝。俞陛云少时娶清代名臣、当日湘军名将彭玉麟的孙女为妇。彭氏通琴棋书画,更喜读诗,与俞陛云相处极好,不幸 29 岁因病去世。俞陛云悲痛欲绝,俞樾也十分难过。俞樾带领全家送至杭州右台山安葬。俞陛云守制 3 年,俞樾为他再聘表妹(绣孙第六女)为妇。[10] 1891 年正值他 70 大寿时女婿不幸病故,令他拒绝做寿。幸而18岁中举人、连续5次会试失败的俞陛云,终于在1898年31岁时,以一甲第三名进士及第(探花)授翰林编修,定居北京。"六上春闱才一第,虽然侥幸已蹉跎。"无论如何,此事令他老怀甚慰。从此俞樾定居苏州,辞去诂经讲席,专以著述自娱。"细推物理应行乐,莫为浮荣绊此身。"

平心而论,俞樾在60岁前,和当时的知识分子一样,也喜欢攻读中国医籍作为儒门事亲所需。博学的俞樾对中国医籍颇有研究,而且能处方治病。在这方面他的弟子章太炎也受到了他的影响,在钻研古文经学的同时,喜研中医典籍。[11]只是造化弄人,家庭的不幸,使他怀疑、迁怒于中医。这当然不是理性行为,但应是"君子悯之"。从俞樾《俞楼杂纂》的书序看来,"余亦意气颓唐,衰病交作"。《俞楼杂纂》应是他在夫人去世后才开始写作,凡50卷。[12]此时正是他个人感情生活最艰难不幸的时候,也是他在《俞楼杂纂》第45卷专列"废医"一章的重要原因。他以"本义"、"原医"、"医巫"、"脉虚"、"药虚"、"证古"、"去疾"详细论述他废医的道理。可以这样说,俞樾个人生活的不幸,应是他提出废止中医非常重要的内因。

四、洋务派同门的影响

俞樾是曾门早期的弟子,曾国藩、李鸿章又是洋务运动高层的执行者和参与者。尽管曾国藩对西医并不那么热衷,但他的儿子曾纪泽曾让毕业于英国爱丁堡大学的英人马格里用眼药水为他的母亲治眼病。[13]李鸿章为江苏巡抚时,第一个留学英国、毕业于爱丁堡大学的西医黄宽就曾在李鸿章幕府当医生。1881年李鸿章在直隶总督任上,奏设天津医学馆,1894年定名为北洋医学堂。这是中国第一所官办的近代西医学校。他自己中西医兼信,还把由医学堂中国学生操作的西医理疗,介绍给恭亲王奕䜣。[14]甲午战败,到日本签订《马关条约》时,李鸿章的随行医生林联辉,既是北洋医学堂的毕业生,也是留美学生、北洋医学堂的校长。[15]张裕钊、吴汝纶、薛福成(曾任驻英、法、意、比四国公使)和黎庶昌(曾任英、法两国参赞;出使日本大臣)是曾门"四大弟子"。其中张裕钊年龄较大,从他晚年的家书看来,仍是以中医看脉调理为主。薛福成之兄薛福辰为御医,他对中西医持论比较公允。[16]吴汝纶和黎庶昌最相信西医,且以吴汝纶对中医偏见最多,持论最为偏激。[17]不可否认,这些人物对西医的肯定,对中医不同程度的否定的负面心态,对俞樾影响较深。

五、日本学者的影响

日本在明治维新打破锁国政策后，日本汉学家自然想一见他们过去仅能从书本中所了解的中国。日本与上海之间交通便利，苏杭离上海很近。苏州的人文景观：虎丘、寒山寺、灵岩山、沧浪亭也是诗中的胜地，故慕名访问俞樾的学者络绎不绝。

第一个与俞樾交往的日本学者是竹添光鸿。竹添光鸿（1842—1917）字渐卿，号井井，是江户幕府末年的汉学家。1875年在日本驻中国公使馆任职，后任驻天津领事，认识李鸿章。1876年首次用4个月的时间在中国考察，渡秦栈、蜀栈，过三峡，写成《栈云峡雨日记》并诗草。[18]次年访俞樾，请他为《栈云峡雨日记》作序，相谈极融洽。自此日本汉学家便成为俞樾的座上客。

1874年日本大藏省派遣的官费留学生井上陈政在诂经精舍受教于俞樾，并住在杭州俞楼，俞樾的家中。俞樾为其取名陈子德。井上陈政最后在北京日本使馆任职，并死于义和团笼城之役。[19]日本明治维新是以医学维新开始的。俞樾接触了不少见闻极广的汉学家，对这个问题自然关注，并有比较清楚的认识。1883年日本取缔汉医学校，此举正是企图废除汉方医学，[20]俞樾对废汉方医学引起内心的共鸣。

六、甲午战争失败的影响

甲午战争的失败与《马关条约》的签订对中国知识分子产生极大的震撼。《马关条约》签订前夕，在北京应试的举人以康有为为首发动"公车上书"。孙中山出国组织兴中会，对于俞樾个人的影响也很深，表现在以下几方面：

（1）洋务运动是以甲午战争失败为其终点。洋务运动的主要执行者李鸿章因为甲午战败而失势。李鸿章与俞樾私交颇深，失败的原因俞樾自然比其他人知之更多，令他痛心疾首。

（2）吴大澂与张佩纶是俞樾早期的得意弟子，本属清流派。早在光绪十年（1884）中法之战时，张佩纶因马江之败被革职戍边。释还后入李鸿章幕，甲午战争时又被弹劾，逐迁南京。[21]吴大澂在甲午陆战，自请率湘军出关御敌。辽东战败，全军尽没，仅吴大澂本人得生还入关。光绪二十四年（1898）吴大澂被处以革职，永不叙用。[22]弟子的命运使俞樾深感图强与学习西学的迫切性。

在光绪二十四年（1898）的戊戌维新运动中，光绪帝曾下旨提倡医药维新。

"医学一门关系至重，极应另立医学堂，考求中西医理，归大学堂兼辖，以求医学精进"[23]，实有偏重西医之处。俞樾的孙子是戊戌进士，俞樾"身在江湖，心怀魏阙"，对上谕自然深信不疑。俞樾临终遗言还特别提及"吾家世守儒书，而今西学兴起，能学习西洋语言文字，精通声、光、化、电者亦佳子弟也"。他的重孙是清末第一批派往英国学习化学的留学生，后为我国化学的创始人。[24]

七、结　　语

综上所述，家庭不幸是俞樾提出"废医"的内因。而西学东渐，曾国藩、李鸿章幕府洋务派师友的影响，入室弟子的命运，日本学者带来的信息及百日维新时光绪帝的谕旨等背景，都是他后来未改变自己废中医主张的不可忽视的外因。

我们有理由相信：

（1）如无家庭巨大变故，俞樾可能会对中医药深信不疑。另一方面，即使家庭遭遇不幸，如果不是生活在西医东传，外敌频繁入侵，中国求变的时代，他也只好将一切归之于命运，所谓"得失归之于数"。

（2）他对西医的认识尽管也很肤浅（西医至今仍有不少"不治之症"），但终究不是得自街头巷尾、贩夫走卒的言谈中。他与中国洋务派高层人物长期有密切的交往和频繁的接触，故对西医的效果不但有所闻，而且有所信，才会写"废医说"。

俞樾废中医之说是不合理的，对中医非常不公平。尽管他只是书生之见，发表在自己的著述中，并非庙堂之论，然而他毕竟是最早提出"废中取西"的学者。在他身后，特别在1919年的"五四运动"后，"废中取西"更形成思潮，又称"欧化思潮"。[25]这种思潮在以后漫长的中医兴废的论争中着实起了消极的作用。

我们探讨俞樾的平生和他所处的时代，不仅使我们了解俞樾对中医的态度出现急转弯的缘由，有助解开我们的困惑，而且让我们纵观百年以来中国人在和疾病斗争，在通往中西医结合道路上的崎岖历程。

参考文献：

[1] 余瀛鳌，蔡景峰. 医药学志. 上海：上海人民出版社，1998：64.

[2] 甄志亚. 中国医学史. 北京：人民卫生出版社，1991：420.

[3] 梅季. 古代学者百人传. 广州：广州文化出版社，1989：57－360.

[4] 赵尔巽, 等. 清史稿（卷四百八十二, 第43册）. 北京：中华书局, 1997：13298.

[5][7][10][12][24] 俞润民, 陈煦. 德清俞氏. 北京：中国人民大学出版社, 1999：13 - 14, 49 - 54, 111 - 114, 41, 100.

[6] 吴锐. 杏坛春秋——书院兴衰. 沈阳：辽宁人民出版社, 1997：74 - 121.

[8] 阎红生. 但论文字总相亲——俞樾与日本汉学家的交往. 古典文学知识, 1999, 3：67.

[9] 冯天瑜. 东亚同文书院的中国旅行调查. 文史知识, 2000, 1：95.

[11] 薛慧及. 追忆章太炎先生——章太炎逝世五十周年纪念∥王大鹏. 百年国士（上）. 北京：中国文联出版社, 1999：128 - 137.

[13] 张立真. 曾纪泽传. 沈阳：辽宁人民出版社, 1999：41.

[14] 近代资料编辑部, 中国社会科学院近代研究所. 近代史资料（总91号）. 北京：中国社会科学出版社, 1997：4.

[15] 近代资料编辑部, 中国社会科学院近代研究所. 近代史资料（总72号）. 北京：中国社会科学出版社, 1986：260.

[16] 薛福成, 邓亦兵. 庸庵随笔. 北京：中共中央党校出版社, 1998：100.

[17] 陈邦贤. 中国医学史（影印1927年本）. 北京：商务印书馆, 1998：229.

[18] 严绍璗. 日本中国史. 南昌：江西人民出版社, 1991：281 - 282.

[19] 桑兵. 国学与汉学——近代中外学界交往录. 杭州：浙江人民出版社, 1999：256.

[20][23] 廖育群. 岐黄医道. 沈阳：辽宁人民出版社, 1991：267.

[21][22] 荣孟源. 中国历史大辞典·清史（下）. 上海：上海辞书出版社, 1992：410, 359.

[25] 李经纬. 中外医学交流史. 长沙：湖南教育出版社, 1998：328.

● 人物春秋

唐廷枢与早期中国实用英语教学*

刘泽生

唐廷枢是中国晚清著名的买办、洋务派企业家。他是轮船招商局、河北开平矿务局等著名企业的创始人之一。他一生都和英语教学、洋人、洋行和洋务有着非常密切的关系,在培养英语实用人才方面也作出过重要的贡献。

一

唐廷枢(1832—1892)初名唐杰,字建时,号景星,又作镜心。广东香山县唐家村(今广东珠海市唐家镇)人。出身贫苦农民的家庭。父名唐宝臣,母梁氏,兄弟四人,排行第二。[1]

1839年,唐廷植、唐廷枢与唐廷庚兄弟3人在马礼逊纪念学校免费就读,与容闳等人为同学。容闳在《西学东渐记》中把马礼逊纪念学校时代列入"小学时代"。尽管科目是小学水平,但每日与美国教师相处,除布朗夫妇、威廉麦克外,几个曾在广州活动的著名传教士如文惠廉、米怜、哈巴安德也曾在该校短期任教,学生又要阅读英文《圣经》和教科书,故他们英语的听说水平绝非一般人可比。1846年,学生中的容闳、黄胜和黄宽获得香港商界及英文报业资助赴美留学,他们3人遂成为我国第一批留美学生。由于父母的传统家庭观念较深,唐廷枢兄弟3人未能同行。1848年,唐廷枢离开马礼逊纪念学校,转入另一所教会学校(相当于英文中学)继续学习,16岁毕业,留在香港发展[2]。

唐廷枢从小练就流利的英语,先在香港一间拍卖行作低级助手,其后在香港政府巡理厅当翻译。因为翻译流畅准确,两年后担任正翻译。以后又到大审院当正翻译。唐廷枢此时开始在两间当铺入股,在经商方面初试牛刀。他的才能得到同事、英人李泰国的赏识。李泰国(Horatio Nelson Lay, 1832—1898,译为来·

---

* 本文原载于《广东史志》2002年第1期第65～68页。

霍雷肖·纳尔逊，李泰国是其中文名）是有名的"中国通"，1851—1852年任香港政府粤语翻译，与唐廷枢共事。

  李泰国在香港工作时，唐廷枢的英语水平、办事能力给他留下极其深刻的印象。1859年李泰国出任上海海关税务司后，便邀唐廷枢到上海江海关任职。当时香港尚是待开发的弹丸之地，唐廷枢本人也极愿意到上海发展。1858年唐廷枢抵沪，先后任上海江海关副大写、正大写及总翻译。当时的上海已经变成冒险家的天堂。根据英国领事馆的统计，1862年上海租界内有1万华人；由于太平天国运动、江南战事的影响，避地上海不下50万人。[3]地主投机热空前高涨，棉花出口更形成浪潮，唐廷枢还未脱离海关便已自办"修华号"棉花行，专门收购中国的棉花，再转卖给外国在中国开办的洋行。这样一来，与怡和洋行又多了一层联系。唐廷枢雄心勃勃，也想自求多福，于是应香山县同乡、怡和洋行买办林钦之邀，到怡和洋行当买办并管理金库。英商怡和洋行（Jardine & Matheson Co. Ltd.）于1832年7月由威廉·查甸和詹姆士·马特游创办于广州，1842年在香港设立了总公司，1843年在上海建行，直到1949年，上海怡和洋行一直是怡和在华活动的中心。唐廷枢离开海关后，从怡和洋行开始10年的买办生涯。直到1873年为了为国争利，他接受李鸿章之邀，放弃优厚的待遇和收益，脱离怡和洋行参加轮船招商局的改组工作，授同知衔。1876年筹建开平煤矿。直至1892年病逝天津。

二

  唐廷枢从小在教会学校学习，工作后长期与外国人打交道。当他还在海关时，他的英语才能已备受社会的好评与推崇。根据汪敬虞《唐廷枢的研究》，19世纪四五十年代，上海中西贸易中的捐客、通事、买办有一半是广东人，甚至达到2/3的惊人比重，[4]广东人中又以香山人最多。在洋行任职的买办们常到唐廷枢家中请教英语，促使唐廷枢下决心要为他们写一本实用英语会话书。专家研究认为，中国人在中国使用英语与外国人交往应自一口通商的广州开始。美国人亨特（William C. Hunter）在《广州"番鬼"录》（*The Fankwae at Canton*）就曾提到有字奇特、使用与众不同语法的"广东英语"（Pigeon English；Pidgin English）。"广东英语"是当时的"商业英语"[5]。亨特在《旧中国杂记》一书记载的"my Chin Chin you"（向您告辞）[6]，便是"广东英语"的一个典型句子。不妨试分析一下：①"my"和"you"是英语，但"Chin Chin"两字则是广州话"请请"。我们在粤剧舞台上看到主客话别时，双方常抱拳致意并说"请请"。今天使用广州话的人也会用这两字表示恭敬，连3岁小儿也会抱拳作揖说"请请"。既然如此，"Chin Chin"确实是用英语字母为广州话注音无疑。②"my"（我的）与"you"（你，你的）和动词"Chin Chin"连在一起，也不符合英语的语法。"广东英语"确实使说英语的外国人堕入云里雾中。以后在洋行林立的上海洋泾浜，这种"广东英语"便逐步演变为"洋泾浜英语"，不过后来则以宁波话或上海话为英语注音，供从未学过英语的人使用。因此，唐廷枢在实用英语会话方面所做的工作在当时是很有实用价值的。

唐廷枢写作《英语集全》的背景和目的是非常明确的。在《英语集全》书前有张玉堂序，道出了其写作的经过："唐子生于铁城，赋性灵敏，少游镜澳，从师习英国语言文字。因留心时务，立志辑成一书，以便通商之稽考，但分门别类，卷帙浩繁，一时未能卒业。迨杖游闽浙，见四方习英语者，谬不胜指，而执业请讲者户限为穿。唐子厌其烦而怜其误也，于是决志取前未竟之书，急续成之，凡阅两年而脱稿，题曰《华英音译》。"唐廷枢在《英语集全》"自序"中又写道："旋游闽江浙诸省，到洋务中所在，来问字者尤多。因睹诸友不通英语，吃亏者有之，受人欺瞒者有之，或因不晓英语受人凌辱者有之，因将此书校正……以便查览。"唐廷枢写作《英语集全》六卷是为了方便广东商人和外国人打交道的需要，故专门应买办们的要求，内中编有《买办问答》一卷。

《英语集全》的写作方法是用广州话对英语单词进行对比翻译和注音，他使用这种写作方法近似亨特在广州十三行时代（19世纪三四十年代）所见的《鬼话》(*Devils Talk*)。《鬼话》是一本英语词汇与会话集，见于仆役、苦力和店铺主人之手，一二便士一本，也是用广州话注音。如today（今日），注音为"土地"；man（男人）注音为"曼"。《英语集全》之前，还有一本也是以广州话注音的《华英通语》，内有何紫庭于清咸丰乙卯年（1855）所作的序言。从序中才得知作者名子卿，失姓。成书应在1855年前。因为能用广州话为英语注音，作者应是广东人。本书作者还想办法解决拼音的问题。如英文few，注音为"非夫"，加上"合"字，表示要把"非夫"两字合起来连读。英文fat，其注音为"非特"，"特"字写得比"非"字为小，写得小的字表示要轻读。1860年，日本著名学者福泽谕吉在美国旧金山见到这本《华英通语》，对它十分重视，开日本人学习英语使用字典的先河[7]。唐廷枢也采用《华英通语》这种拼音方法来编写《英语集全》。这并不是一种荒谬的方法。我们不妨从另外一个角度来看，其实当时外国人初学中文也是先用注音的方法进行学习的。如著名的美国传教士丁韪良（William A. P. Martin，1827—1916）1850年经广州赴宁波传教，在广州登岸时还听不懂中国话，只闻人群中有人喊叫"Fanqui! Fanqui! Shata! Shata!"，即"番鬼！番鬼！杀头！杀头！"。他到达宁波长老会后，即以英文注音方法学习宁波方言，6个月后便能用宁波方言讲道。以后，再延师学习中文5年，读完"四书五经"。最后能以中文翻译西书。可见这种注音认字的方法是当年一种中外共享的初步学习外语的方法。唐廷枢在唐廷庚的参与下，花了比较长的时间才编出这套《英语集全》。唐廷枢之长兄唐廷植在香港毕业后曾到美国工作，1861年从美国旧金山转到上海发展，1862年在上海海关任翻译。唐廷植为《英语集全》六卷作了详细的校阅。《英语集全》被后人公认为中国人学习英语的第一部词典和教科书，并且首次将"英语"两字面世，不再称"鬼话"或"英话"。其中的英语会话已脱离了"广东英语"的范畴，完全符合英语语法。《英语集全》的封面右上方写"同治元年六月"；中间书写"英语集全"四个大字，左下方写"罗策题"。罗策是当时广东有名的书法家。《英语集全》六卷于清同治二年（1862）在广州出版。本书尽管有唐家弟兄鼎力支持，但主要是由唐廷枢自编、自印与自销。唐廷枢以自己住所"纬经堂"堂号发行。

三

傅兰雅（John Fryer, 1839—1928）是著名的英国传教士。1861年来华，曾任香港圣保罗书院院长（Head Master）并学习广州话。1863年任北京同文馆教习兼学北京话。1865年，傅兰雅要在上海办一所"适应商界子弟需要"的教会学校——英华学馆，并出任校长。唐廷枢十分赞成他的办学的主张。因为他从个人的经历知道，从《英语集全》学习英语也仅是一种低层次的应急办法，以广州话注音来学习英语，发音肯定有问题。真正学习英语，要从小开始进学校学习，有机会随外国教师学习效果则更好。故对英华学馆的设立给予积极的支持。英华学馆为了便于学生学习，还分日班与夜班。后成为著名买办并写出《盛世危言》的香山人郑观应就曾在该校夜班学习。日班上午学英文，下午学中文，傅兰雅也随学生学中文。彼时，傅兰雅的中文大进，能读，能写，为以后在江南机器局翻译大量的书籍打下牢靠的基础。1874年，英国驻上海领事麦华陀（Medhurst W. Henry, 1823—1885）在上海《字林西报》撰文建议办一间英文读书室，目的是加强西人与华人的交流。傅兰雅则建议改为格致书室。麦华陀是著名英国伦敦会传教士、"中国通"麦都思的儿子。麦都思最早在沪传教定居，住处称"麦家圈"，在内设有机器印刷设备的"墨海书馆"，与其他传教士一起修订马礼逊所译的《圣经》。请当时家贫、科举失意的秀才王韬等人润饰文字[8]。麦华陀13岁时随父来华，也是中文翻译出身，继马儒翰后曾任第一任港督璞鼎查的翻译，1843年又出任首任驻沪领事巴富尔的翻译，1860年署上海领事，1868年再任驻上海领事。他也是一个中国通。唐廷枢与他们都有香港、上海的经历，互学对方的语言文字，加上工作关系，彼此之间颇有交情。当时唐廷枢在上海已是巨富，不仅是粤商的领袖，而且李鸿章已委派他出任上海轮船招商局总办。他是一位既肯出钱又肯出力的人。格致书院的院务由董事会管理，第一届董事会选出麦华陀等四人为董事，唐廷枢是唯一的华人董事。麦华陀与唐廷枢负责筹款。唐廷枢不仅出钱赞助，还积极向各方面筹款。根据"格致书院创办经费捐助人统计表"，上海招商局总办唐廷枢与徐润共捐100洋元，傅兰雅当时已为江南机器局翻译，也捐50洋元；书院还获得直隶总督李鸿章、两江总督李宗羲、上海道台冯峻光（广东南海人）、英国驻华公使威妥玛等人以及上海各大洋行的捐助[9]。傅兰雅后来出任格致书院监督；徐寿、王韬等著名学者曾先后出任格致书院院长。格致书院成为中国近代第一所中外合办、以学习自然科学为主的学校。

清同治九年（1870）第一届幼童留美计划被批准后，唐廷枢积极帮助同学容闳推行该计划。第一届留美幼童以广东人最多，其中又以香山人为最。其中原因：①当时民智未开，由于儒家观念的影响，人们不愿子弟背井离乡去学习他们认为用处不大的英文，光宗耀祖是要靠科举题名。②香山地少人穷，香山人有出国谋生的习惯。如孙中山的长辈在夏威夷谋生，诗人苏曼殊的祖辈在日本横滨谋生。故当年刚开发的上海也是香山人最先到达的地方。③容闳、唐廷枢家族与徐润家族已在上海成名。唐廷枢学英文出身但在商界拥有相当的社会地位和财富，能与中国当时的上层人物来往并得到李鸿章的赏识。容闳和唐廷枢自己早就把儿子送到美国留学，唐廷枢的儿子归国后还到刚开发的开平煤矿作工程师。他们本身就起了启迪作用。另外，唐廷枢也是有自知之明的。他知道即使他们名为道员，多方奔走，筹款集资，厘定章程，其实在清政府官员眼中他不过是账房出身，地位非常低微。官员们尽管做不来他能做的事，但是在内心里对他们非常鄙夷。他的处境促使他要去帮助容闳选拔留美人才，他相信这些留美幼童将会具有更高的文化素质，将能担大任。事实证明他们挑选的留美幼童在清末民初大部分成了著名人物，正应了"秦时种谷汉时粮"的话，为中国的未来储备了人才。

在当年马礼逊纪念学校的学生中，容闳、唐廷枢弟兄、黄宽和黄胜在中西交流方面各有成就，开风气之先。平心而论，其中应以容闳、唐廷枢建树最多。唐廷枢是当时中外公认的有名企业家。然而，无论身前身后他都是一个备受争议的人物。但无论如何，他在早期英语应用与教学方面的贡献是不应被人忘记的。

参考文献：

[1] 政协广东省珠海市委员会. 珠海人物传（上）. 广州：广东人民出版社，1993：195-211.

[2] 李志刚. 基督教早期在华传教史. 台北：台湾商务印书馆，1985：221-233.

[3] 陈诗启. 中国近代海关史（民国部分）. 上海：上海人民出版社，1999：30.

[4] 汪敬虞. 唐廷枢的研究. 北京：中国社会科学出版社，1999：208-209.

[5] [美] 亨特. 广州"番鬼"录（1825—1844）. 冯树铁，译. 广州：广东人民出版社，1993：44-45.

[6] [美] 亨特. 旧中国杂记. 沈定邦，译. 2版. 广州：广东人民出版社，2000：143.

[7] 周振鹤. 录逸言殊语. 杭州：浙江摄影出版社，1998：111-120.

[8] 姚崧龄. 影响我国维新的几个外国人. 台北：传记文学出版社，1971：27.

[9] 熊月之. 老上海名人名物大观. 上海：上海出版社，1997：47.

● 人物春秋

哈巴在广州[*]

刘泽生

哈巴是美国医学博士。他于1844年来到中国，长期生活在广州。原以行医传教为目的，其后因缘际会，与广州中西文化交流有着密切的关系。他曾是中国第一批留美学生容闳等人的英语老师，广州同文馆首批毕业生的英文教习；是广州格致书院（岭南大学的前身）的创办人。他对教育事业有着巨大的热忱，对广州有着深厚的感情。

一、投身教育事业

哈巴（Andrew Patton Happer，1818—1894）出生于美国宾夕法尼亚州的一个长老会信徒的家庭，宗教的耳濡目染使他从小立志从事传教工作。1835年哈巴毕业于杰弗逊学院，毕业后曾从事教学工作数年。为了实现儿时的愿望，又进入西部神学院（Western Theological Seminary）就读。为了便于传教，早期天主教教士在研习宗教的同时也学习附设的医学课程，这种习惯也影响其后分离出来的早期基督教（新教）传教士。哈巴学习神学又继续学习医学，于清道光二十四年（1844）获费城宾夕法尼亚大学医学博士学位。他是美国长老会（Presbyterian Mission）派遣来华的第一位传教士[1]。

哈巴前往中国的原因既与家庭出身有关，也与美国传教士医生彼得·伯驾（Peter Parker，1804—1888）的宣传鼓动有关。伯驾毕业于美国耶鲁大学神学院与医学院，受美国美部会（公理会）派遣来到中国。于道光十五年（1835）在广州建立了眼科医局（即博济医院的前身）。在1840年鸦片战争期间，因战事原因眼科医局关闭，伯驾返回美国。1841年冬天他重回费城（Philadelphia）活动。费城各界对他及"中国医务传道会"非常支持，宾夕法尼亚大学医学院学

---

[*] 本文原载于《广东史志》2002年第4期第72～73页。

生哈巴也十分向往到中国去工作。

1844年哈巴获医学博士学位后，同年10月到达澳门。其时正值鸦片战争后，《南京条约》签订，广州排外情绪正浓，外国人常被袭击，甚至遭枪击。连伯驾办了数年的眼科医局也受到冲击和威吓，新来的哈巴更无法在广州安身。其时适逢澳门马礼逊学校的布朗校长生病，马礼逊学校又刚从澳门迁往香港。哈巴应邀到香港暂代布朗教学，所以他曾为容闳、黄宽和黄胜等人的老师。哈巴在香港马礼逊学校任教时间从1844年11月到1845年4月。离开香港马礼逊学校后，他返回澳门自办学校，同时努力学习中文以便更好地与中国人沟通。1847年，哈巴将澳门所建的学校迁回广州，就在十三行附近的故衣街租民房作为校舍，该校学生共30人。是时仍不容于附近的居民，只好迁入十三行，在丹麦商行租赁房屋为临时校舍。同年再迁至离此不远的靖海门附近，租得一间大屋为男子日校的校舍，并设走读。1853年，哈巴夫人又开设女子日校及寄宿学校各一所，可惜因封建观念的影响，女子学校只办了几天，女学生就不肯来上课[2]。同年哈巴在学校附近建长老会广州分会并任会长，不久闭会。咸丰十二年（1862）建广州长老会一支会，任会长。哈巴自从回到广州后，也自设一间小型的诊所为病人治病[3]。哈巴寓传教于行医和教育中。1854年美国长老会派遣嘉约翰（John G. Kerr）医生来广州博济医局后，哈巴就不再行医。

二、广州同文馆的英语教习

同治三年（1864）五月广州同文馆开馆（为继北京、上海之后的第三馆）。同文三馆是全国仅有的3所外国语学校，是洋务派推行洋务教育的重要阵地。同文三馆尽管有传教士出任英文教习，但是明令禁止在同文三馆内传教。广州同文馆设在广州城内朝天街。首任英文教习是美国人汤森。哈巴是第二任英文教习，任职时间从同治四年五月至同治六年四月（1865年6月至1867年5月）。同文馆英文教习是一个尊荣而待遇优厚的位置，其待遇比汉文教习高。汉文教习年薪480两，纸张笔墨书银费每月4两；英文教习年薪1 200两，纸张笔墨书银费每月16两，由粤海关拨款[4]，比美国教会支付的薪金高出几倍。因为哈巴在中国已有多年，在语言方面能与中国人流畅地交谈。一向以来他对教育怀有极大的兴趣，在中国已积累了比较丰富的与中国学生沟通、教导中国学生的教学经验。他在广州出版了4本中文小册子，其中一本是《幼学四字经》。1867年广州同文馆首届学生毕业，其中6名优秀生被选送总理衙门参加考试，被录为翻译监生。广州同文馆直到光绪二十六年（1900）才结束。首届学生毕业后，汉文总教习吴嘉善与哈巴期满离开了广州同文馆。哈巴从未能进入广州城到奉旨到广州同文馆任英文教习,这不仅是他个人命运的重大变化,也标志着此 20 年来清政府政策的重大改变。

三、创办广州格致书院

随着时间的推移,美国长老会在广州有了很大的发展,1872 年长老会传教士香便文(B. C. Henry)在广州仁济大街博济医院旁成立了二支会(仁济堂),长老会又在四排楼(今解放中路)成立了三支会(福音楼)。以后还成立了四支会、五支会。值得一提的是四排楼不比西关,不仅在广州城内,而且地近清政府在广州的政治、经济与文化中心。长老会能在这里立足应该说与哈巴个人的努力有关。长老会除了宗教外,在教育方面也有建树。长老会传教士那夏礼(Henry H. Noyes)在广州芳村花地创办了培英学校(中学),哈巴其妹在更早的时间就已创办了真光学校(女子小学)。长老会又从公理会那里接管了的博济医院(内有医校)、夏葛医校(初为女子医校)。哈巴认为这些学校与美国教育水平相比,大概只是中学程度。他觉得应该在中国办一所大学,才能把中国的教育水平真正提高一个层次,才能培养出基督教的文化精英。他的想法得到同事香便文的赞同。1885 年哈巴利用回美国的机会,向纽约长老会万国传道总会提出建议,要创办一所大学,就像当时美国传教士丹尼尔在叙利亚创办的贝鲁特美国大学。最后总会同意进行募捐。1886 年募集美金 25 000 元,后因办学意见有分歧,脱离了万国传道总会,另外成立纽约董事局。哈巴辞去了万国传道总会工作,被选为董事局的秘书与司库。1887 年募集美金达 82 000 元,每年还有 9 000 美元的经费。同年 6 月哈巴被选为未来新学校的监督。但是校址究竟选在中国的华北、华中或华南仍在考虑中。广东士绅闻讯,以李荣彰、陈子桥(陈少白之父)为首,有 300 人联名要求把大学建在广州,理由是广州是清代最早的通商口岸,极需人才。又得原香港马礼逊学校学生、驻美留学生监督容闳与前美国驻华公使杨格(J. B. Young)的帮助,加上哈巴在广州颇有声望,他也建议在广州建校。最后,纽约董事局同意把学校建在广州。为了学生以后的学历与出路,纽约董事局还同意向纽约大学(The University of the State of New York)请求立案,确定以英语教学,按照纽约大学的课程学习,毕业后准许领取纽约大学的毕业证书[5]。1888 年哈巴在广州金利埠(今六二三路)建立格致书院(Cristain College in Canton,简称 C.C.C.),学生 10 多人。与早期基督教学校多为贫民子弟不同,这里的学生多为士绅子弟,以后成为孙中山战友的陈少白也是格致书院第一期的学生。书院由哈巴主持，学生对他很爱戴。1891年哈巴因病回国，书院一度停办。哈巴当日豪情，只剩一衣襟晚照。他终因老病未能再回到他仍然思念的广州格致书院来。他再三叮嘱香便文，格致书院要突出科学，要向大学方向发展。

哈巴在中国工作长达47年，一生努力从事发展中国的教育事业。他在1888年创立格致书院的通盘计划，最后在中国人自己手中得到实现（今天的中山大学）。毋庸讳言，传教士在中国办大学的目的是为了扩大基督教在中国的影响，通过精英教育影响中国的未来。但客观上引进近代教育模式，建立完善的大学管理制度，确实促进了大学教育在中国的发展。哈巴对广州新型学校的建设、中西教育交流的贡献是不可磨灭的。

参考文献：

[1] 李伟云. 广州宗教志. 广州：广东人民出版社，1996：241.

[2] 熊月之. 西学东渐与晚清社会. 上海：上海人民出版社，1994：151.

[3] 广州宗教志编纂委员会. 广州宗教志资料汇编（第五册：基督教）. 1995：11.

[4] 政协广州市文史资料委员会. 广州文史（第五十辑）：羊城杏坛忆旧. 广州：广东人民出版社，1998：96.

[5] 刘萧. 挺进美利坚. 保定：河北大学出版社，2000：22.

●论著

徐定超与京师大学堂医学馆*

刘泽生

摘要 徐定超进士出身,出任京师大学堂医学馆教习。他经历了京师大学堂医学馆始创与发展的全过程,见证了清末的学制改革,特别是医学教育的改革。他对中医教育有重要贡献,是清末民初有名的教育家。

关键词 徐定超;京师大学堂;医学馆

Xu Dingchao and the Medical College of Peking (Capital) University

Liu Zesheng

Abstract: Xu Dingchao, being a Jinshi, (examinee passing through palace examination) was assigned as a teacher at this medical college. He experienced the whole process of inauguration and development of the medical college and witnessed the reform of educational system of the late Qing dynasty, especially the medical educational reform. He was a famous educationist at the turn of the Qing and Republican periods, and made important contributions to the education of TCM.

Key words: Xu Dingchao, Peking (Capital) University, medical college

徐定超进士出身,以京官出任京师大学堂医学馆教习,是清末民初有名的教育家。他经历了京师大学堂(医学馆)始创与发展的全过程;经历了清末的学制改革,特别是医学学制改革。他是清末医学教育改革的见证人。

一、漫长的科举路

徐定超(1845—1918)字超伯,一字班侯,浙江永嘉人。清咸丰七年(1857)

---

* 本文原载于《中华医史杂志》2003年1月第33卷第1期第20～23页。

13岁应童子试名列第二，15岁在本县李国干门下受业，16岁中秀才。同治五年（1866），正逢著名学者孙衣言（浙江瑞安人）主讲杭州紫阳书院，22岁的徐定超前往紫阳书院从孙衣言学习，32岁中举人。但以后屡困科场，为家计以教书为生。光绪七年（1881）适逢黄体芳以内阁学士出任江苏学政。黄体芳（1845—1899），浙江瑞安人，同治进士，累迁侍读大学士，以正直敢言立朝且有志教育[1]。黄体芳得知徐定超是孙衣言的高足，便邀为幕宾。黄体芳学问，立身行事，对教育的重视和人际关系对徐定超的一生影响极大。同年，徐定超中进士，在户部任职。次年黄体芳回京出任兵部左侍郎。徐定超与恩师重逢，还结为姻亲。通过黄体芳，徐定超结识了不少在京的著名学者[2]。光绪二十一年（1895），清政府在甲午战争中失败，被迫签订《马关条约》，举国上下一片抗议声。黄体芳及其子黄绍箕深感"袍笏文章问世难"，非改革无法除积弊，为此参加上海强学会的活动。徐定超自此在家教导诸子，不再以章句取功名，督促他们努力学习历史、舆地、算术等经世有用之学，以期他日报效国家。

二、与京师大学堂结缘

徐定超与京师大学堂的关系可分为两个时期：
1. 从维新运动至义和团运动时期
1895年康有为上书请变法兴学堂，1897年上谕筹办京师大学堂。1898年8月9日京师大学堂正式成立。京师大学堂的英文名过去译作Peking Imperial University，近年译为Capital College[3]。校址在北京地安门内景山东马神庙，原乾隆朝和嘉公主旧第[4]。大学堂成立初期，管学大臣是孙家鼐。孙家鼐（1827—1909），咸丰状元，光绪初与翁同和同为帝师。主张"中学为主，西学为辅"。戊戌年以吏部尚书、协办大学士出任管学大臣，主办京师大学堂。许景澄任中文总教习。许景澄，同治进士，曾任驻法、德、意、俄、奥五国公使兼摄比国事务。美国传教士丁韪良任西文总教习。黄绍箕任总办。黄绍箕，光绪进士，武英殿纂修，曾为张之洞上《劝学篇》[5]。从上述人选也可见光绪帝对京师大学堂寄予厚望。按孙家鼐的方案，大学堂设道学、文学（外国文学在内）、天学、地学、武学、农学、工学、商学、医学等科[6]。招收进士举人出身的七品以上京官及各省中学毕业生入学。要在大学堂内开设医学堂，传习中西医学。

徐定超就在这时候被孙家鼐聘为京师大学堂（医学堂）医学教习。徐定超被聘为医学教习有以下的原因：①徐定超一向对医学有浓厚兴趣。这种兴趣得自早年业师李国干。李国干功名止于秀才，失望之余，转习医学，在当地行医，薄有名声。徐定超在京供职之余博览群书,尤嗜医书。48岁时因下红白痢自开处方,仅一药便愈,使他对学医备添自信。然而次年秋病危,名医束手。最后,一老妪以汗药数粒治疗,竟然痊愈。为此徐定超深感医药的精妙无穷,更加奋发自学医学,也由此体会"病择医,医择学,学择人"的道理。这也是徐定超乐于教医育人的缘由[7]。②岁月蹉跎,徐定超自觉要做有益的实事,始不负平生。一般做官的人不愿从事医学教育这一工作,他却乐以为之。故经好友黄绍箕总办的推荐,孙家鼐立即聘他为医学教习。徐定超开始还可说是因人成事,但以后的事实说明他确是非常合适的人选。可惜好景不长,慈禧太后发动戊戌政变,百日维新的新政被废,只保存了京师大学堂。京师大学堂能保存的原因,有说是因为已聘的外籍教师还未到达,慈禧不愿予外人口实。另外有说是,与翁同和不同,孙家鼐的政敌不多,故京师大学堂始得保存。然而政变后慈禧太后要废光绪帝,一向温和谦让的孙家鼐坚决反对,乞归。"匡衡抗疏功名薄,刘向传经心事违",孙家鼐的方案也就无法实现。京师大学堂恢复科举考试,只有通过科举考试得中举人、进士的人才能进入大学堂。管学大臣改由中文总教习许景澄担任。许景澄的命运则更悲惨。光绪二十六年(1900)爆发义和团运动,许景澄、袁昶与徐用仪因反对清廷利用义和团焚烧教堂、围攻外国使馆,被诬私通外国,在菜市口处斩[8]。举朝无人敢救,宣统元年方获昭雪。徐定超却敢赴刑场哭奠收殓,并派第三子护送许景澄家属离开北京。可说是"许国肺肝知激烈,照人眉宇尚峥嵘"。京师大学堂医学堂在戊戌政变后是否存在本是个谜,但是戊戌后徐定超仍是医学堂教习。在义和团焚烧教堂时,医学堂7名学生被捕,险遭杀害,徐定超冒死前往相救,最终获释。既然有教师,又有学生,医学堂在八国联军攻占北京前肯定存在。1900年八国联军攻入北京,慈禧与光绪仓促出逃。八国联军到处烧杀掳掠,京师大学堂师生逃散。京师大学堂成为德俄联军的营房,大量新置的图书、仪器被毁。遭此巨变,京师大学堂被迫停办2年。原在医学堂的徐定超夫妇未及离开,被困北京。然而富于胆略的徐定超与被困的友人一起,组织局部地区巡防以自救。

2. 清末学制改革时期

(1)清末学制改革与医学教育改革。1901年签订《辛丑条约》后,慈禧与光绪回到北京,既为了掩饰清政府的腐败无能,也有点痛定思痛,宣布推行"新政"。"新政"在君主立宪方面最终以失败告终,但是在学制改革方面确实有所突破。1902年1月10日清政府下令恢复京师大学堂,派张百熙为管学大臣。张百熙(1847—1907),同治进士,因曾举荐康有为,在戊戌政变后被革职留任,义和团运动后出任管学大臣主持大学堂。与此同时,张百熙奉命拟定《钦定大学堂章程》[9]。尽管张百熙锐意改革,但遭到朝廷重臣的非议与挑剔,"谓哲学太新,国际学当删,医学应不入学堂,音乐学乃教戏子……"[10]。1902年,清廷颁布清末第一个系统学制文件《钦定学堂章程》,又称"壬寅学制"。然而未能实施。以"壬寅学制"为基础,清廷在1903年颁布《奏定学堂章程》,又称"癸卯学制"。这些学制都是按日本学制移植而来的。《奏定学堂章程》与医学教育改革有密切关系。大学堂拟设经济、政治、文学、格致、农、工、商及医科8门。按《奏定学堂章程》,医科分医学门与药学门,招中学毕业生入学,原定三(或四)年毕业。医科大学建附属医院,既诊治病人,也供学生作实习用。医院的管理官由医科大学的教员兼任,医科大学附属医院的事务由大学堂的总监督管辖。在医学门学习的学生在学习全部课程的基础上,可以选习内科或外科为方向。医学门的科目分主课(主修)和补助课(辅修)。主课有中国医学、生理学、病理总论、胎生学、外科总论、内科总论、内科各论、妇科学、产科学、产科模型演习、眼科学、细菌学实习、卫生学、检验医学(日本称法医学)、外科手术实习、检眼镜实习、皮肤病及霉毒学、精神病学、霉菌学。补助课教材有药物学、药物学实习、医化学实习、处方学、诊断学、外科临床讲义、内科临床讲义、妇科临床讲义和儿科临床讲义。其中"中国医学"第一年每星期6小时,第二年每星期2小时,第三、第四年均无课。在第四年毕业时要呈出"毕业课艺及自著论说"。并特别强调"以上各科目在外国尚有解剖学、组织学,中国风俗礼教不同,不能相强,但以模型解剖之可也"[11]。在19世纪,广州博济医院的外国医生嘉约翰已进行尸检。但是到了20世纪初的大学堂仍行模型教学,可见清政府内重要官员的观念仍然非常落后。另外,其时未废科举,中国的知识分子仍存观望之心,是故京师大学堂的生源明显不足。

(2)复校后的京师大学堂医学实业馆。京师大学堂复校后,在马神庙先设预科、速成科与翻译科。1903年《奏定学堂章程》颁布后,大学堂增设进士馆、译学馆及医学实业馆。医学实业馆教授中西医学,学生的来源除原医学堂学生外,有原在同文馆接受医学教育的学生。医学实业馆地址设在后孙公园。在此以前,1902年管理医局大臣陆润庠奉命创设施医局。徐定超在"两宫回銮"后,也曾获慈禧与光绪召见,提补陕西司主事,赏加五品衔。因徐定超有京师大学堂医学堂教习的经历,故出身名门及名医之家的陆润庠邀他在施医局司诊。1903年医学实业馆开设时,58岁的徐定超再次出任京师大学堂医学实业馆教员,按章程兼任管理官。徐定超在医学实业馆与中外医士朝夕共事,关系良好。徐定超除讲授《内经》外,还编写《永嘉先生伤寒论讲义》(亦称《伤寒论讲义》),以及《素问》和《灵枢》的讲义。仅《伤寒论讲义》保存至今,共分上、中、下三册[12]。徐定超当时为记名监察御史,充国史馆协修。因政务在身,为保证讲义的质量,请当时浙南名医池虬和他自己的门人翁锡麟同校。《伤寒论讲义》以《医宗金鉴》中的《伤寒论注》为蓝本,参考柯琴的《伤寒来苏集》等编成[13]。平心而论,《永嘉先生伤寒论讲义》的内容只是中规中矩而已。但是医学实业馆存在的时间不长,这段历史近于湮没,直到现在仍知之不多。这份讲义能保存至今,它的价值在于让我们知道这是医学实业馆曾编、曾教和曾学的讲义。徐定超在与西医的接触中,也乐于了解西医的知识,故懂得希腊之普瑞(希波克拉底)、英之质那尔(琴纳)、法之琶司夺(巴斯德)、德之廓荷(郭霍)等的业绩。与西医的共事中体会到"其解剖之工,疡科之效,器具之精良,全体之完备"[14]。1904年清廷设学务处,管学大臣改为总理学务大臣,统辖全国学务,孙家鼐任总理学务大臣。另设大学堂总监督,专管大学堂事务。光绪三十年(1905)正式废除延续了1 300多年的科举制度,学务处改为学部,由荣庆担任学部尚书,地位与传统的"六部"并列。1905年医学实业馆改名为医学馆。1906年学部要求医学馆按日本学制由原定三年毕业改为五年毕业。徐定超在医学馆教授中医过程中,感到中医学的学时过短,将来在培养中医人才方面会出现后继无人的危机,他认为在中西医还未能达到融会贯通的高度时,不妨分开中医学堂与西医学堂,令学生专门学习中医或西医,发挥中西医各自的专长。1906年徐定超趁原三年学制已届期满、准备延长学制的机会,以山东道监察御史、医学馆教习的身份,上《中西医派不同宜分办学堂折》。提出医派不必强同,奏请由学部尚书荣庆,管理医局大臣张百熙、陆润庠另订章程由医局分设中医及西医专门学堂[15]。徐定超"习中医以存国粹,习西医以辟新机"的观点,代表了近代中西医交流论争中二元论的观点[15]。徐定超的建议被接纳。根据《奏定学堂章程》,医学堂要建附属医院。1905年,孙家鼐奏请将医学馆与施医局合并改称京师专门医学堂,供教师诊病及学生实习之用。由学务处和施医总局各出银1万两,常年经费由学务处开支[16]。1906年,孙家鼐有关教学与医疗部门合并的奏请被准,计划京师专门医学堂拟分中西医学堂教学。

(3) 医学馆毕业生的地位。有出路才会有发展。考虑到全体新学堂毕业生的出路问题,尚在学务处时期,学务处就曾暂定"考试出洋游学毕业生"办法。会同礼部举行出洋游学毕业生考试,及格者方可参加殿试,中试者引见皇帝,并给出身。其时一榜尽赐及第:考一等者为进士,考二等者为举人。加上所业科名,分别授官。故后有医科进士、医科举人之称。也有经特别举荐不必考试而赐进士出身者。学部成立后,订"考试游学毕业生章程"凡5次[17]。如广东籍许景文留学英国学习牙科,为国内最早的牙科医生,给予医科进士[18]。广东屈永秋（桂庭）毕业于同文馆及天津医学馆（北洋医学堂前身），继林联辉后任北洋医学堂监督，清末曾为慈禧与光绪的御医，在1908年与詹天佑等一同赐进士出身[19]。广东郑豪，檀香山华侨，美国加州大学医学博士，1908年应游学生考试授医科举人、内阁中书。后为广州光华医学校校长[20]。京师大学堂其他馆的毕业生学部亦规定赏给举人，以迎合学制改革动荡时期士子的心理。为鼓励医学馆学生，1907年7月31日学部奏陈医学馆学生奖励办法以"医科贡士作正途出身"，奉旨允准。因是正途出身，按贡生资格（相当于举人）就职[21]。有了这样的定位，将使毕业于京师大学堂医学馆的医生获得过去医生无法获得的社会地位。不过，清末的教育改革设想很多，变化也多，京师大学堂的监督也变换频繁。就在医学馆学生奖励办法出台后不久，医学馆在1907年停办，在校学生全部资送日本学习[22]。

尽管医学馆停办，徐定超因是监察御史仍在朝为官，宣统元年（1909），65岁的徐定超丁母忧守制回乡。正值频起风潮的浙江两级师范学堂又起风潮，浙江巡抚急电曾在京师大学堂任教多年，向有正声的徐定超出任监督。徐定超在浙江处事和办学有方，门墙桃李日后皆一时俊彦。武昌起义后徐定超拥护辛亥革命，反对袁世凯称帝等，都与他在晚清京师大学堂的经历与感受有密切的关系。1918年1月，徐定超因乘船遇海难去世，终年73岁。

徐定超是清末一位明辨是非，见识宏深，勇于坚持，又肯实干的医学教育家。他的一生与京师大学堂医学馆有着非常密切的关系，他是京师大学堂医学馆教学与管理共一身的人物。他经历了清末历史的惊涛骇浪，包括戊戌维新与政变、义和团运动与八国联军之役，亲历清末新政中的医学学制改革的全过程。他并不保守，认清办西医学堂的必要性；但是他又洞察到中医会由此被西医完全替代的危机。他的《中西医派不同宜分办学堂折》期望以中西医学堂分办的方法保存中医教育，使中医教育能在医学学制改革急剧变动的时代，不但有立足之地，而且能继续发展，在当时实在不失为良策。这样在引入日本医学教育制度的同时，而又不重蹈日本汉医没落的覆辙，为日后中西医高层次的结合奠定基础。徐定超对近代的中医学教育的贡献是功不可没的。

参考文献：

[1][5][6][8][9]《中国历史大辞典·清史》编纂委员会. 中国历史大辞典·清史卷（下）. 上海：辞书出版社，1992：644, 645, 305 – 306, 271, 408.

[2][7][12] – [14] 陈继达. 监察御史徐定超. 上海：学林出版社，1997：391 – 395, 78, 80 – 213, 366 – 367, 32.

[3] 陈平原,夏晓红. 北大旧事. 北京:生活·读书·新知三联书店,1998:11.

[4] 林克光,王道成,孔祥吉. 近代京华史迹. 北京:中国人民大学出版社,1985:393-403.

[10][16] 关晓红. 晚清学部研究. 广州:高等教育出版社,2000:23-24,63.

[11][21] 多贺秋五郎. 近代中国教育史资料库(清末编). 台北:文海出版社,1976:241-267,529.

[15][22] 李经纬. 中外医学交流史. 长沙:湖南教育出版社,1998:328,304.

[17] 姚崧龄. 清末出洋游学毕业生教育. 台北:传记文学出版社,1970:56.

[18] 孔健民. 中国医学史纲. 北京:人民卫生出版社,1988:234-235.

[19] 胡光麃. 早期的医学人物. 台北:传记文学出版社,1976:78-84.

[20] 中国人民政治协商会议广东省广州市委员会. 广州文史资料选辑(第26辑). 广州:广东人民出版社,1982:150.

●论著

嘉惠霖和博济医院[*]

刘泽生　刘泽恩

摘要　嘉惠霖医生出生于美国费城，宾夕法尼亚大学医学博士。1909年来到中国广州，直到退休之年才离开广州，前后近40年。开始他在岭南学堂当西医学教师，同时在东方最古老的西医院——博济医院当医生。他是民国时期在华著名的外国医生，岭南大学医学院内科教授。他是《博济医院百年史》的作者，他在书中详细记述了美国传教医生在博济医院的工作，特别是开拓者伯驾、嘉约翰的贡献。该书至今仍是研究中国西医史及近代中外医学交流史重要的参考文献。

关键词　嘉惠霖；博济医院

William W. Cadbury and Canton Hospital

Liu Zesheng，Liu Ze'en

Abstract：William W. Cadbury M. D. was born in Philadelphia, USA and graduated from the Medical College of Pennsylvania University. It was nearly 40 years since he arrived in Canton (Guangzhou) in 1909 and left at retirement age. He taught western medicine in Canton Christian College and worked as a medical doctor in Canton Hospital, the oldest western medical hospital in the orient. He was regarded as a famous foreign doctor and an excellent professor in internal medicine in the Republic of China. He wrote *At the point of lancet. 100 years of Canton Hospital* (1835—1935), which recorded the achievement made by American missionary doctors, particularly the pioneers such as Peter Parker M. D. and John G. Kerr M. D. So far the book is still an important reference for the studies on history of western medicine in China and the history of modern medical exchange between China and other countries.

Key words：William W. Cadbury, Canton Hospital

---

*　本文原载于《中华医史杂志》2004年第34卷第1期第31～36页。

在清王朝行将皇冠落地、落日朝晖交替的时刻，美国青年医生嘉惠霖来到广州。他是民国时期在华著名的外国医生，广州最著名的内科医生。曾多次出任广州博济医院院长，其后出任岭南大学医学院教授。他既有救死扶伤的业绩，又是《博济医院百年史》一书的作者。

一、岭南的岁月

嘉惠霖医生（William W. Cadbury），生卒年月不详，美国费城人，宾夕法尼亚大学医学博士。与一般传教医生不同，他只是基督教徒而并非宗教神职人员。他是受宗教迫害的英国清教徒后代。美国费城是当年英国清教徒移民"贵格派"（又称"教友派"）聚居的地方。嘉惠霖出身名门望族，英国著名的Cadbury（现译名吉百利）巧克力公司当年是嘉惠霖家族经营的生意。由于家庭的影响，嘉惠霖也是教友派的信徒。嘉惠霖是受学长、宾夕法尼亚大学医学博士哈巴安德的影响来到中国。

哈巴安德（Andrew Patton Happer，1818—1894），美国宾夕法尼亚州人，毕业于美国西部神学院、宾夕法尼亚大学医学院。1840年听了伯驾（Peter Parker，1804—1888）在美国费城的演讲后，决心到中国工作。[1]伯驾当时是广州眼科医局（博济医院前身）及"中国医学传道会"（China Medical Missionary Society）主持人。1844年哈巴安德到达澳门，成为美国长老会（Presbyterian Mission）派遣来华的第一位传教士。[2]时逢鸦片战争后，《中英南京条约》签订不久，广州人的民族感情深受伤害，故对外国人满怀敌意。哈巴安德一时无法进入广州。他曾是中国第一批留美学生容闳、黄宽和黄胜等人在香港马礼逊学校求学时期的老师。1854年美国长老会派遣嘉约翰（John G. Kerr）医生来广州博济医局后，哈巴安德就不再行医，在广州继续传教和办学。19世纪60年代中国推行洋务运动。清同治元年（1862）经皇帝批准的广州同文馆（外国语学校）紧随北京、上海同文馆后开馆。富有教学经验的哈巴安德被聘为广州同文馆第二任英文教习，是广州同文馆首届毕业生的老师，得以结识广州的上层人士。鉴于当时广州的教会学校（包括博济医院附设的医学校）只有中学水平，他希望在广州建立一所大学。1888年，哈巴安德在广州金利埠（今六二三路）创办格致书院（英文名为Christain College in Canton，简称C. C. C，广州岭南大学的前身）[3]。他特别希望在大学里建有医学院，培养受过高等医学教育的医生。然而，由于年老多病和清末动荡的时局，哈巴安德的愿望未能实现。但是哈巴安德的信念以及在中国办学的成绩对宾夕法尼亚大学医学院学生有较大的影响。另外，20世纪初美国基督教青年会号召青年基督徒到海外服务也是当日的时尚。"到中国去"显然是一项极其富有挑战性的工作。[4]

嘉惠霖乘远洋轮船于宣统元年（1909）抵达广州，寄身偏远的岭南学堂（前身即格致书院）医预科。几经忧患，频繁变换校址的岭南学堂刚定址广州郊外珠江南岸（俗称"河南"）的康乐村。当时中国信仰西医的病人仍然很少，医疗条件颇差。在广州的年青外国医生多以"志愿者"身份在东方最老的西医院——广州博济医院（Canton Hospital；Boji Hospital）[5]工作，一般以1～2年为限，期满回国。博济医院位于珠江北岸的仁济大街，是处在清末已成广州商业繁华的地段。恐怕嘉惠霖自己也没预料到他会在广州一直工作到退休之年，往返珠江南北岸、身兼岭南和博济两处之职前后近40年。

嘉惠霖的英文姓氏（Cadbury）是颇难翻译的。当时岭南学堂的汉文教习不是举人，便是秀才。为他取名嘉惠霖含"嘉惠学人"与"霖雨苍生"之义，既有对他未来的期盼，亦合信、达、雅的翻译原则。中山大学第二附属医院今天还保留着嘉惠霖青年时代的照片。广东省档案馆仍保存着嘉惠霖在1911年为岭南学堂医预科班学生上课的照片。[6]1911年孙中山建立中华民国，1912年岭南学堂改称岭南学校。孙中山辞去临时大总统职务后回广州，曾到岭南学堂演讲，鼓励学生努力学习，报效国家。这是嘉惠霖第一次见到孙中山。嘉惠霖和当时岭南的外国教师一样，赞同孙中山的主张。

1912年，哈巴安德的母校——美国宾夕法尼亚大学仍然关注哈巴安德在岭南未竟的事业。莫约西医生（J. C. McCraken，广东文献译为麦克勒肯）受美国宾夕法尼亚大学同学会委托，带着筹建医学院的资金与岭南学校医预科合作，成立广州宾夕法尼亚医学院[7]。莫约西毕业于宾夕法尼亚大学医学院，是嘉惠霖的同班同学。他比嘉惠霖更早来到中国。莫约西曾以"志愿者"身份在广州博济医院工作，为此，1909年广州博济医院在向广州医药传道会（The Canton Medical Missionary Society，C. M. M. S.）的报告中曾对他的服务表示感谢。[8]由于曾来广州工作，又是哈巴安德的校友，莫约西获准在岭南校园东北区建起部分建筑物。广州宾夕法尼亚医学院的学生就是岭南医预科学生，莫约西聘请医预科林安德、嘉惠霖和侯活士（H. J. Howard，又译为霍华德）等美国医生为教师，以广州宾夕法尼亚医学院之名继续上课。3位美国医生中以林安德（A. H. Woods，又译为渥德士）[9]到达岭南最早，1900年义和团运动时期就在澳门岭南学堂教学。岭南学校只有医预科，无附属医院。岭南学校的医生要继续从事医生工作，必然需要广州医药传道会的帮助。成立于1838年的广州医药传道会（成立之初称为中国医药传道会）与博济医院有密切关系，广州医药传道会董事局对博济医院有人事任免权。嘉约翰退休前就长期兼任广州医药传道会会长与博济医院院长两职。嘉约翰退休后,广州医药传道会董事局才独立行使权力。1913年,莫约西、林安德、侯活士和嘉惠霖一道在广州出席第76届广州医药传道会年会,并向广州医药传道会捐款。同年,著名医生林安德被选为广州医药传道会执行委员会主席。1913年,侯活士出任广州博济医院眼耳鼻喉科主治医师。医药传道会还邀请林安德和嘉惠霖在次年到博济医院当主治医师。其时博济医院院长是美国医学博士关约翰(John M. Swan)。1914年林安德主持神经科,嘉惠霖参与内科工作并主持医院新建的病理实验室。[10]如此,广州宾夕法尼亚医学院将可借助博济医院作实习医院。谁知不久就遇到难题。因为岭南学校是由纽约董事局管理的,而当时纽约董事局以为不久便可获得洛克菲勒财团的巨额资助自行发展医科,不愿宾夕法尼亚大学介入。为此,广州宾夕法尼亚医学院被迫停办。莫约西讨回开办经费,把已建成的建筑物留归岭南学校使用。年青的莫约西实不甘心已成的事毁于一旦,立即转向美国圣公会所办的上海圣约翰大学(St. John's University)寻找合作。1905年,圣约翰大学已设文、理、医、神学院。校长美国人卜舫济在圣约翰大学极有权力,当莫约西与他商讨方案时,他深知美国第一所医学院——宾夕法尼亚大学医学院将会对圣约翰大学医学院的未来产生深远的影响,欣然接受共建计划。1914年,将圣约翰大学医学院与广州宾夕法尼亚医学院合并,原广州宾夕法尼亚医学院的学生转到上海学习,圣约翰大学医学院易名为"圣约翰大学宾夕法尼亚医学院"(The Pennsylvania Medical School, being the Medical Department of St. John's University),简称圣约翰大学医学院。[11]莫约西出任圣约翰大学医学院院长。[12]在洛克菲勒财团改组原协和医院后,林安德和侯活士转到协和医学院任职。1916年岭南学校改名为岭南文理科大学。医预科因未获得洛克菲勒财团资助,自身经费不足而被取消。周围的变化使嘉惠霖感到十分无奈。嘉惠霖一家仍住在宾夕法尼亚大学青年会(The University of Pennsylvania Christian Association)所赠的威林宾屋(The William Penn Lodge)。广东省档案馆仍存威林宾屋两层楼住宅当年的照片。[13]该屋现在仍在中山大学南校区东北区马岗顶的"西人教师住宅区"内。1917年,岭南文理科大学改名岭南大学,嘉惠霖在岭南大学做医务主任,主持在大学内的马应彪夫人(马应彪是岭南大学董事,著名侨商)养护院——大学办的乡村医院。继续获得广州医药传道会聘任,同时在博济医院从事医疗工作。

博济医院附设的南华医学堂(South China Medical College)原是嘉约翰建于1886年的博济医学校,孙中山曾在此学医,1903年更名为南华医学堂,由博济医院院长关约翰主持。关约翰处事独断专行,与中国医生及外国医生的关系十分紧张，最后激发矛盾，导致教师集体辞职、学生罢课。历史悠久的医学堂于1912年正式结束。[14]院长关约翰被广州医药传道会董事局免职。1926年因响应省港大罢工，博济医院歇业，后因经费问题至1928年仍未能重新开业。其时美国正值经济大萧条时期，教会无法支持属下医院。长老会商请岭南大学董事会接收博济医院与广州夏葛医学院（前身是中国第一所女子医学院）。博济医院的资产和地皮只能用于医疗事业——这是博济医院开出的唯一条件。1930年岭南大学董事会派一直在博济医院从事医疗工作的嘉惠霖主持博济医院工作；夏葛医学院由王怀乐主持。王怀乐，广东台山人，加拿大皇后大学医学博士，先后在美国密执安大学、纽约州立大学进修外科，是当时广州著名的外科医生。[15]岭南大学直到1930年为止，尽管已有文、理、农、商、工学院，仍然未有医学院，而博济医院的医校早已停办。1930年由岭南大学董事会接收的博济医院与夏葛医学院管理运行有方。1932年董事会委托美国专家进行评估调查，认为成立医学院的时机已经成熟，岭南大学董事会便着手筹建岭南大学医学院。[16]因孙中山先生早年曾在博济医院学医，故命名为岭南大学孙逸仙博士纪念医学院（简称岭南大学医学院）。因为孙中山先生之故，很快就得到国民政府拨款，岭南大学校长、中国人钟荣光奔走海内外筹款，终于获得国内各界人士以及海外华侨巨额捐款。考虑医学院要与实习医院相连，不能建在远离市区、居民稀少的康乐村岭南大学本部，1935年就在原博济医院的地方建成新大楼，前座供医学院使用，后座为博济医院收治病人之处。现在中山大学附属第二医院"博济楼"后座仍保存当年岭南大学董事会主席唐绍仪所立的奠基石。岭南大学医学院的基本学生是原夏葛医学院在读学生，另外再加招新生。20世纪20年代，由于中国非基督教运动，中国人要求从外国人手中收回教育权。岭南大学积极响应。自1927年起，岭南大学校长及各学院院长均由曾留学美英获得学位的中国人出任。以美国基金会代替了纽约董事会，决策组织是岭南大学董事会，广东南海人黄雯博士出任医学院院长。黄雯毕业于英国剑桥大学医学院，原在香港当医生，曾在上海开设医院。[17]嘉惠霖则任岭南大学医学院教授。1938年第一批学生从医学院毕业。其时广州已沦陷日寇之手，大部分学生到西南大后方去参加抗战。

二、全面开拓事业

在广州博济医院工作的嘉惠霖由于技术精湛，尊重中国人的风俗习惯，成为广州的名医，病人称他"嘉医生"。先前嘉约翰在博济医院当了44年院长、曾是孙中山先生学医的老师，人称"嘉医生"。两位都是"嘉医生"，不少病人还误以为嘉惠霖是嘉约翰的儿子。嘉惠霖能用汉语与病人和中国同事无阻碍地进行交流。

嘉惠霖的偶像是他的老师奥斯勒（William Osler）。奥斯勒是19世纪末北美最著名的内科医生，曾先后任约翰霍普金斯大学、宾夕法尼亚大学及牛津大学内科学教授。[18]奥斯勒是临床家、研究家兼作家。嘉惠霖对他观察诊治病人的能力、富有文学气息的医史著作特别推崇，奥斯勒是嘉惠霖终身的精神导师。"医生不能离开病人，就像农民不能离开土地"，嘉惠霖深知默默耕耘的道理，一直听筒随身，坚持看病查房。嘉惠霖刚到广州时，就特别注意研究广东的流行病，尤其是珠江三角洲一带，人们因吃"鱼生"（未煮的鱼片）致患中华瓜仁虫病（华支睾吸虫病），他是本病的早期研究者。[19]在疮痍满目的旧中国，疫疠流行，鼠疫、霍乱、白喉曾几番肆虐广州，痢疾、疟疾、伤寒、小儿麻痹症等更不待说。疫疠流行时医院人满为患。嘉惠霖对流行病和传染病曾潜心研究，积累了丰富的经验。19世纪末至20世纪初，世界细菌学、病理学及医学化学有重大发展，嘉惠霖充分利用他在学校获得的新知识，从进入博济医院开始就兼管新建的病理实验室。病理实验室是今日化验室与病理室的结合体。1913年博济医院病理实验室的工作包括尿液分析，蛋白定量和糖定量检查，大便虫卵及阿米巴检查，血液检查，包括血红蛋白检查、疟原虫检查、红血球计数、白血球计数及分类、伤寒肥达氏反应等，胃液分析，痰结核杆菌、肺炎双球菌检查。还进行麻风杆菌、白喉杆菌、梅毒螺旋体，以及脓液显微镜下检查和培养、肿瘤病理组织检查和活检（包括病理解剖）等。[20]以后随着学科发展，尽力与国外的医院同步发展。初到中国时，嘉惠霖的活动能力远不如锋芒凌厉的莫约西。然而在博济医院，他不断引进外国医院的医疗管理常规和制度，吸取关约翰的教训，特别注意团结外国与中国的医护人员，设法平衡两方面的利益。良好的人际关系加上从医疗方面建立的威信，使他屡能在博济医院管理混乱的时刻排难解纷，故多次出任博济医院院长。如岭南大学董事会刚接收博济医院时、广州市沦陷后至太平洋战争爆发前、抗日战争胜利后至其退休前出任博济医院院长就是明证。嘉惠霖利用回美国休假之便，学习新知识，购置新仪器、新设备和新出版的重要书刊，并聘约外国医师前来博济医院工作，促进学术交流。

三、撰写《博济医院百年史》

嘉惠霖在中国还有一项有意义的工作，就是总结博济医院的百年历史。他用英文撰写了著名的 At the point of lancet. 100 years of Canton Hospital（1835—

1935），中译为《博济医院百年史》。作为奥斯勒的精神追随者，嘉惠霖对博济医院悠久的历史极感兴趣。因为嘉惠霖在嘉约翰去世7年之际便来到中国，认识不少嘉约翰的学生和同事。嘉惠霖利用业余时间广泛深入地收集博济医院资料。笔者的父亲刘世强医生，是上海圣约翰大学医学博士。[21]1938年毕业时得到圣约翰大学医学院莫约西院长的推荐信，到博济医院当内科住院医生，也就成了嘉惠霖的学生。他在嘉惠霖处曾看过该书的手稿及过去为写书而存放资料的房间。嘉惠霖收集的资料包括博济医院历年出版的书籍和报刊，所有能见到涉及博济医院的资料、基督教新教和西医传入中国的资料。特别是博济医院每年向广州医药传道会（成立之初名中国医药传道会）所写的年度报告。在裨治文主编的《中国丛报》内载有广州眼科医局伯驾历次给中国医药传道会的报告。[22]尽管裨治文不是医生，但是作为中国医药传道会发起人之一，对报道医药传道之事颇为热心。嘉约翰及其继任人继续向广州医药传道会提交博济医院年度的工作报告。广州医药传道会每年把博济医院的报告印成一本几十页的小册子。博济医院年度报告内容十分广泛，其中包括：①广州医药传道会董事会成员（board of managers）的名单，院长、医生及护士长名录。②门诊病房各科病人的人数、病名，如为手术病人，手术的名称、麻醉等也均一一在册。③实验室项目及仪器、出版的书籍。④医院的收支账目及预算。详列捐款人的姓名与捐款数目。⑤来院访问医生、学者姓名或政界人物的姓名和事迹，教会医院之间的交往。⑥医院医疗工作以外的文娱体育活动等。《博济医院百年史》书中综合运用大量英文原始资料，故数据翔实、可信性高。此书以具体数字记录伯驾在眼科医局治病的成绩，从而说明伯驾是如何以手术刀赢得中国病人的信任，达到枪炮不能达到的目的。又详述嘉约翰在博济医院44年的业绩与开创的新格局。嘉惠霖分别在中国与美国两地访问了博济医院的毕业生、知情人和当年当事人的家属。通过当事人的回忆，书中生动地记述了博济医院当日的创业艰难。如通过两位著名妇产科医生尼尔（Niles）和富顿（Fulton）的回忆（尼尔和富顿是广东文献中的通译名），[23]说明当日行产前检查与使用新法接生之难，以及他们如何面对和克服困难。在博济医院毕业生帮助下，书后还附上历届博济医院学生中英文名录，[24]名录里包括一些革命先行者、革命先烈、中国最早一批西医的姓名。这是研究中国西医史的一笔宝贵财富。该书经文学士 Mary H. Jones 润色，于1935年（自伯驾1835年建立眼科医局计算，博济医院正值100年）在上海由 Kelly and Walsh 有限公司出版。

《博济医院百年史》一书表达了美英等教会的观点和他们国家的利益；我们也可以从中看到他们对中国的立场和观点。正如中译本书中记载皮尔士牧师在1885年博济医院建院50周年庆祝会的总结："……外国人开设医院，可以帮助扫除中国人的偏见和恶意等障碍，同时又可以为西方的科学和发明打开通道。"[25]说法尽管露骨，但具有真实性，加之用英文写作，故能在国外迅速引起反响。为此，嘉惠霖当年被宾夕法尼亚大学选为"十大著名校友"之一。宾夕法尼亚大学是屡出名人的大学，他当选著名校友的确不是易事。宾夕法尼亚大学认同此书的价值，更表彰嘉惠霖的坚持精神。

广州沦陷后，嘉惠霖的行动受日军制约，日军对广州多次轮番轰炸，遍地硝烟。岭南大学的人员和设备部分曾南迁香港，部分北迁粤北。教会在岭南附近村庄为战火中流离失所的居民建起临时难民营。为此，嘉惠霖夫妇更想念远在美国的两个女儿，故在1941年11月珍珠港事件爆发前他们就请假回国。他的同学，圣约翰大学医学院院长莫约西迟走一步，在珍珠港事件后被日军关进集中营，再被遣送回国。抗战胜利后嘉惠霖立即返回视为第二故乡的中国。嘉惠霖仍为博济医院院长、岭南大学医学院教授。1948年，博济医院改为私立岭南大学孙逸仙博士纪念医院附属医院。嘉惠霖退休，由毕业于协和医学院和哈佛大学公共卫生学院，曾出任上海卫生局局长的李廷安博士出任院长。[26]1949年，嘉惠霖夫妇经香港乘飞机返回美国。[27]笔者的父母亲是嘉惠霖的学生，原居香港，是时正在香港探亲。他们在香港启德机场为嘉惠霖夫妇送行。

嘉惠霖是民国时期著名的在华外国医生，多次出任博济医院院长。博济医院能从困境中走出来，使博济医院继伯驾、嘉约翰之后，继续成为民国时期中国著名的医院，最重要的是得到岭南大学董事会在经济方面的大力支持，其中也包含嘉惠霖个人不懈的努力。湘雅医学院创办人胡美（Edward H. Hume）曾说过，"如果外国学校或一个外国人，不能像嫁接的枝条那样与活树的有机体融为一体，就会死去。我们现在必须想方设法把我们自己嫁接入中国这棵活树"[28]。嘉惠霖在这方面是积累了相当的经验和教训。随着岁月流逝，即使在广州，当年名医嘉惠霖的名字渐行渐远，现在已没有多少人知道。然而《博济医院百年史》一书仍然是研究中国西医史、中国近代基督教史与近代中外交流史的重要参考文献。

参考文献：

[1] 李志刚. 基督教早期在华传教史. 台北：台湾商务印书馆，1985：246.

[2] 吴义雄. 在宗教与世俗之间——基督教新教传教士在华南沿海的早期活动研究. 广州：广东教育出版社，2000：30.

[3] 刘泽生. 哈巴在广州. 广东史志，2002，4：72.

[4] 郝平. 无奈的结局——司徒雷登与中国. 北京：北京大学出版社，2002：18.

[5][8] Canton Hospital. Annual report of the Canton Hospital and the South China Medical

College (for the year 1909). Canton (China): Press of China Baptist Publication Society, 1910: 1, 6.

[6][13] 黄菊艳. 近代广东教育与岭南大学（广东档案馆图片）. 香港: 商务印书馆, 1995: 69, 77.

[7] 政协广州市文史资料研究委员会. 广州市文史资料（第13辑）: 岭南大学的变迁. 1964: 4-6.

[9] 话说老协和编委会. 话说老协和（附录Ⅱ）: 部分外国人名译名对照. 北京: 中国文史出版社, 1987: 471-477.

[10][20] Canton Hospital. Annual report of the Canton Hospital and the South China Medical College (for the year 1913). Canton (China): Press of China Baptist Publication Society, 1914: 1, 51.

[11] 阮仁泽, 高振农. 上海宗教史. 上海; 上海人民出饭社, 1992: 920.

[12] 陆明. 上海近代西医教育概述. 中华医史杂志, 1991, 21 (3): 166-170.

[14] Canton Hospital. Annual report of the Canton Hospital and the South China Medical College (for the year 1915). Canton (China): Press of China Baptist Publication Society, 1916: 73.

[15][17][21] 广州市地方志编纂委员会. 广州市志（十九卷: 人物志）. 广州: 广州出版社, 1996: 252, 262, 520.

[16] 广州岭南大学同学会. 钟荣光先生传. 内部资料, 1978, 50.

[18] 石川光昭. 医学史话. 沐绍良, 译. 上海: 商务印书馆, 1937: 193.

[19] 毛守白. 中国人体寄生虫文献提要. 北京: 人民卫生出版社, 1990: 84.

[22] 叶农. 新教传教士与西医术的引进初探——《中国丛报》资料析. 广东史志, 2002, 3: 36.

[23][24] Cadbury William W, Jones Mary H. At the point of lancet. 100 years of Canton Hospital (1835—1935). Shanghai: Kelly & Walsh Limited, 1935: 144, Appendix F (原文无编页).

[25] 赵春晨, 雷雨田, 何大进. 基督教与近代岭南文化, 上海: 上海人民出版社, 2002: 153.

[26] Chinese Medical Association. The Chinese Medical Directory (1949). Shanghai: Chinese Medical Association, 1949: 180

[27] 李瑞明. 岭南大学资料概况//岭南大学广州校友会编: 岭南校友. 1993 (24): 33.

[28] 史静寰, 王立新. 基督教教育与中国知识分子. 福州: 福建教育出版社, 1998: 242.

● 史海钩沉

抗战中的广州博济医院[*]

刘泽生

广州博济医院（中山大学附属第二医院前身）是中国近代最早、最典型的第一所西医院。其正门原在仁济路，与当时外国商行云集的广州十三行相望，是孙中山先生早年学医的地方。然而，抗战中的博济医院，随着老成凋谢，人们知之甚少。今年正值抗日战争胜利60周年，本文意在让人们了解抗战中博济医院的一些片断。

大难临头

1835年11月，美国长老会传教医生伯驾在广州十三行新豆栏街设眼科医局，外挂"博济医院"招牌，是为博济医院的开端[1]。其后经历风风雨雨。20世纪30年代，正逢美国经济大萧条，美国长老会因经费短绌，1930年将博济医院交由岭南大学董事会接管。岭南大学董事会决定在博济医院原址建岭南大学医学院。毕业于英国剑桥大学的黄雯医生出任医学院院长。1935年在博济医院100周年大庆时，设计新颖的5层新大楼全部落成。前座是岭南大学医学院，后座是博济医院。新建筑前临千帆竞渡的珠江，与新建的爱群大厦成为长堤的一道风景线，后门是仁济路。时岭南大学医学教授嘉惠霖（William W. Cadbury）用英文撰写的《博济医院百年史》（At the point of lancet. 100 years of Canton Hospital, 1835—1935）在中国及外国发行，医院的国际声誉乃日隆。谁料不久即大难将临。1937年"卢沟桥事变"，中国抗日战争全面爆发，中国人民将要经历"一寸山河一寸血"的日子。

尽管华北战事离广州似乎尚远，然而，广州是名副其实的战略城市，国际援助的军事装备、军需可由广州转运到中国内地。从1937年8月底开始，日寇飞

---

[*] 本文原载于《羊城古今》2005年第3期第8～10页。

机频繁空袭广州,[2]据官方统计达 600 多次,死伤者众。当时博济医院资深医生或科主任多为外国人,为及时救治病人,医院专拨一层楼为医生宿舍。在这艰难时刻,医生们的关系比以前更密切。那时都没有收音机,每逢周日晚大家特意围着一张大桌子吃饭,互相交换来自亲朋好友那里得来的战况。小道消息有时比报纸的更快、更准。

一位犹太医生的自杀

加顿(Boone Garden)医生,犹太人,病人称他加医生。这是一位温和、寡言,医术不错,来自广州医药传道会的内科医生。广州医药传道会历来是博济医院董事会的重要成员。他来广州有年,能说一口流利的广州话,与同事关系融洽。他的房间与刚毕业的青年内科医生刘世强夫妇的房间相对[3],经常互相串门。加医生的家人在德国,自从希特勒登台,德国的犹太人惨遭迫害和杀戮。家人音书断绝,想已凶多吉少。大家都为他担心,包括负责房间清洁卫生的小伙子都对他非常关照。1938 年,广州市外围的军事形势越来越吃紧。10 月 21 日,为了切断中国国际交通线的重要枢纽,日寇的先头部队以迅雷不及掩耳的速度,在大鹏湾登陆向广州挺进[4]。在周末集体晚餐时,一位年轻的中国医生向大家透露了这一令人极度恐慌的消息,消息来自他的亲戚。加医生听后神情黯然。几天后的一个早晨,每天负责房间清洁的小伙子发现加顿医生的房门紧锁,一种不祥的预感涌上心头,他立即搬来一把小梯子,通过门上的玻璃窗观看到底发生了什么事。小伙子看后大叫一声,从小梯子上跌下来。大家把门撞开,发现加顿医生昨天晚上服下大量安眠药,已经去世了。他自杀前穿着西装,打好领带,枕畔堆放着昨天不知道何时从何处买来的鲜花。1938 年,德国、意大利、日本三国的轴心已逐渐形成。在日寇兵临城下的时候,他断然为自己送行。"蝴蝶梦中家万里,杜鹃枝上月三更。"

嘉惠霖被关进集中营

广州沦陷前夕,岭南大学医学院马上采取应变措施,部分学生随黄雯院长北上曲江作医疗救援并继续学习医学,也有到香港大学借读旁听。博济医院暂交由广州医药传道会管理[5]。广州沦陷,因为美国还未对日宣战,博济医院便挂上美国国旗,表示博济医院是美国在华财产,美国医生 3 人留守。嘉惠霖出任博济医院院长兼内科主任,谭约瑟(Thomson J. Oscar)任外科主任,公共卫生专家老恩赐（Frank Oldt）留在康乐村岭南大学本部。日军占领广州后，大批无家可归的难民涌入。万国红十字会在广州河南（当地人将珠江南岸称为"河南"）康乐村组织临时难民营，提供免费食宿及医疗。嘉惠霖兼任难民营主席。为了顺利通过日军岗哨，他的汽车也挂上一面美国小国旗。其后谭约瑟、老恩赐回美国休假，美国医生仅存嘉惠霖。1941年12月8日离珍珠港事件发生仅5个小时，日军轰炸香港。香港在12月25日圣诞节沦陷。其实在珍珠港事件前夕（美国对日宣战前夕），日军8216部队便占领了岭南大学本部，美国教师及家属被软禁在康乐村寓所[6]。嘉惠霖可以每天到博济医院看病人，晚上要回康乐村报到。这是参照日军在上海市外国人虹口隔离区的监控方法，市内有工作的外国人可以昼出夜归。1942年2月，嘉惠霖在博济医院看病人时被日军带走。原来日军看中博济医院新大楼，强行要博济医院与日本人在文德路小而残破的"博爱医院"交换院址。其实那里原来不是医院，是广州留法同学会所在地，为日军霸占改为军医院。嘉惠霖回来与众人商议后，要求把博济医院搬到旁边的广协楼去。所谓广协楼是广东省基督教协会办公楼。一方面又与西关长寿西路的保生医院联系，转移部分人员和设备。数月后传言日本人要把美国人关进集中营，在此前夕，嘉惠霖任命梁锡光医生为院长兼外科主任，刘世强医生为内科主任，王怀清医生为妇儿科主任，并到西关柔济医院相议安排以后的事。又托原岭南大学教授、柔济医院王怀乐院长（外科），梁毅文医生（妇科）对博济医院加以照应。1942年底嘉惠霖和其他美国人被禁止离开康乐村寓所，1943年2月被关进广州河南宝岗集中营。1943年9月30日被遣返美国，据传是与日本战俘交换才得遣返[7]。

被扫地出门的日子

当日黄雯院长北上曲江的时候，一些博济医院的医护人员本想举家随队到曲江避难。因为曲江定为战时省会，广东省、广州市政府机构也仓皇北走，混乱挤拥的情况可以想象。有人还未上船，就在码头被挤落水中。博济医院仍要维持，所以博济医院大部分人员留在沦陷区里。1942年10月在刺刀开路下，日军把博爱医院迁入长堤，接收敌（美国）产，将博济医院扫地出门，限令24小时内搬走，否则全部设备物品即被日军没收。为了抢搬物资，博济医院后门的仁济路堆满病床。自此，博济医院业务分保生医院与文德路博济分院两处，人员统一调配。保生医院还是医生、护士、工人的宿舍，顶层是天台。战时物资供应紧张，天台也被厨工用来种菜种瓜。

为什么保生医院肯接纳博济医院的搬迁？这也是岭南校友鼎力相助的结果。

黄玉英与徐甘澍夫妇是保生医院（原为妇产科学校与医院）的主人。广州沦陷前，著名妇产科医生黄玉英去世，医院由徐甘澍先生主持[8]。徐甘澍的母亲是基督教徒，徐甘澍是岭南早期校友，其子徐亨毕业于岭南中学，以抗战军兴，投笔从戎。香港陷落时他正在海军服务，因营救中英两国海军高级军官表现英勇而获嘉奖。以此家庭背景，自然会接纳博济医院。

"泽国江山入战图，生民何以乐樵苏。"战争中有众多的死伤者，还有流行病和传染病肆虐。人民流离失所，哀鸿遍野，难有清洁卫生可言。物价飞涨，粮食与医药极端匮乏，普通常见病也往往导致死亡。方便医院是广州的慈善医院，医院董事会撤离前，把医院交给广州天主教传道团法国人魏畅茂（福克，Fourquet）主教代管[9]。世界大战使外援断绝，医院仍苦苦支撑。据当时的年青医生任俭寅回忆，那里平民百姓死亡狼藉，惨不忍睹。博济医院尽管被日军扫地出门，但是病人仍然很多，主要来源是广州市居民，特别是西关居民以及马路上的死伤者。因为医院是救死扶伤的地方，病人中少不了也有黑社会头目、投机商人、伪政府官员。还有一特殊病人就是陈耀祖。陈耀祖是文人出身的汉奸，大汉奸汪精卫的妻弟，陈璧君之弟。战前在广州任职时就在博济医院就诊。投靠日本人后出任伪广东省主席兼保安司令，伪绥靖公署主任，自是身价百倍。他要看病，事先无人知情。突然派宪兵包围医院，内外戒严，将门诊急诊病人清场。把内科主任，或外科主任押上汽车，绝尘而去。当然是送到陈耀祖所在处。医生也不知身在何处，敢怒不敢言。看病开药方，陈耀祖也有防范，自有私人医生和护士负责监诊。

等 待 胜 利

广州沦陷后，为了在政治、军事、经济方面打击日寇，盟军飞机也常来空袭广州。警报一响，保生医院就出现两种极端的现象，老弱妇孺急忙下楼梯钻防空洞，年青人急忙上天台看盟军飞机与日本飞机空战。战争像是无尽头，生逢战乱，何处可藏。然而"中原父老望旌旗"，只要还看到盟军飞机，就像看到一线微弱的胜利希望。当然盟军飞机也有误炸的时候。1943年5月，文德路博济分院被美国飞机误炸，一颗重磅炸弹在一间病房旁边的老树上开花，一位女病人和两位工人当即死亡。护士刘玉茗正在护理这名病人，炸弹的碎片也穿过她的肺部，血流满地，幸好保住了性命。

1944年4月9日傍晚时分，文德路博济分院急召院长兼外科主任梁锡光，内科主任刘世强到急诊室，日本军医、军官也在场。原来陈耀祖在文德路遭爱国志士狙击,命中要害,时已身亡。也不知是何缘故,还要两位中国医生在死亡证明书上再加签名,然后由日本人处理。这一狙击令广州的汉奸人人自危。

以后随着世界反法西斯战役的节节胜利,1945年7月盟军飞机轰炸广州日军机场、据点、重要设施越来越频繁。文德路博济分院关闭,人员全部撤回保生医院。

扬 眉 吐 气

"举国繁华委逝川,羽毛飘荡一年年。"胜利最后总是属于正义的人们。1945年8月6日和8月9日,美国在日本广岛和长崎两地各投下一颗原子弹。8月10日日本发出乞降照会。当夜爆炸性消息即传遍粤北[10]。广州是沦陷区,消息略迟;也不能像粤北那样即时大放炮仗,然而胜利的消息总会不胫而走,"闭门犹自喜洋洋"。1945年8月15日日皇裕仁正式宣布投降,伪绥靖公署结束。8月24日岭南大学校长李应林派代表到广州,9月9日接收博济医院,文德路博济分院的财产运回长堤博济医院,几天后保生医院的病人也返回。不久马汝庄医生返广州主持博济医院,嘉惠霖和谭约瑟医生也从美国赶回[11]。劫后相逢,悲喜交集,"丧乱须臾成过去,思来一一尚沾衣"。9月2日日本代表在密苏里舰在投降书上正式签字,抗战结束。尽管博济医院损失惨重,但是欢庆也非比寻常,日军不仅被逐出,还在广州的大街上扫地,自然也在博济医院门前的长堤大马路扫街。正应了一句话,谁笑到最后谁笑得最好。

参考文献:

[1][8] 李伟云. 广州宗教志. 广州:广东人民出版社,1996:287.

[2][4][10] 沙东迅. 广东抗日战争纪事. 广州:广州出版社,2004.

[3][9] 广州地方志编纂委员会. 广州市志(卷十九:人物志). 广州:广州出版社,1996:520,404.

[5]-[7][11] 李瑞明. 岭南大学. 香港:岭南(大学)筹募发展委员会,1997:102,275,193,193.

(文中原博济医院刘世强医生是作者的父亲,原方便医院任俭寅医生是作者的四姑丈,均已身归道山。文德路博济分院受伤护士刘玉茗是作者的六姑姑(现仍健在)。李瑞明先生编《岭南大学》一书为非卖品,承蒙姻丈中山大学吴雅各先生转赠。——作者附)

● 人物春秋

将军父子一武一文[*]

刘泽生

从广州白云山风景区正门进入，沿着大路旁的行人登山径——"千尺嶝"拾级而上，从"云壑初探"到"白云晚望"的路上，最先入眼的景点就是将军坟。坟前比较开阔，白云山风景管理区对将军坟作了简单的介绍，大意是说此地人称"将军岭"，这是清代将军刘绍基与其妻、姜及次子刘世安夫妻的墓地。过往游人无不认为其介绍无实质内容。其实刘绍基及刘世安的史料并未完全湮没。

将军刘绍基

刘绍基生年不详，他的先祖原是辽宁省沈阳附近（铁岭）的汉族居民，在清皇太极时代被编入汉军镶黄旗（旗籍就是军籍）。在平定"三藩之乱"后，清康熙二十一年（1682），随"八旗禁旅三千"，从北京派到广州驻防，所以刘绍基是广州驻防旗人。刘绍基年轻时喜读诗书，工书法。因为驻防旗人的背景，以后专事习武。广州驻防武职等级依次为广州将军（一品），副都统（二品），协领（三品），佐领（四品），防御（五品），骁骑校（六品）。汉军八旗地位不仅低于满洲八旗，也低于蒙古八旗，所以清代广州驻防的将军从无汉人担任[1]。刘绍基在咸丰朝为骁骑校，同治朝为防御，光绪初年为佐领。光绪九年，时值广州驻防水师旗营改为步军营，刘绍基出任协领[2]。因为八旗从佐领开始便有世袭制度，故无论满洲八旗、蒙古八旗或汉军八旗的佐领均有不同的定额，嘉庆时全国汉军佐领定额为266人，至清末不变[3]。因名额有限，驻防武职到了佐领位置，一般很难再有升级的机会。然而，在洋务运动中，根据时任江苏巡抚李鸿章奏疏，同治三年（1864），继北京、上海设同文馆（外国语学校）后，皇帝特谕广州驻防将军瑞麟负责开办广州同文馆（原称广东同文馆），并要求详细奏明筹

---

[*] 本文原载于《羊城今古》2005年第4期第34～35页。

办的过程。同文馆是以恭亲王奕䜣为首的洋务派与保守派在朝中经过激烈斗争的新事物，绝不是一般学校可比。同文馆中的武职人员由北京兵部直接任命、考核与升迁。提调（总管同文馆一切事务）和馆长（协助提调管理）两职，规定由文武兼备的武职人员担任。如首届广州同文馆提调王镇雄，汉军镶黄旗人，秀才出身，"有声庠序间"，以协领出任提调。光绪三年主持同文馆有功，署广州汉军副都统[4]。谈广楠曾参与编写《驻粤八旗志》，以佐领出任首届广州同文馆馆长，事后论功得升协领。刘绍基因有文化素养兼重视教育，于同治十三年至光绪元年（1874—1875）出任广州同文馆馆长共2年[5]。光绪十五年（1889）其次子刘世安高中探花，同年刘绍基以二品武职出任广州同文馆提调前后共10年，是广州同文馆任职时间最长的武官[6]，按例兵部必有升赏。根据白云山现存墓碑记载，刘绍基于光绪己亥（1899）仲秋，卒于广州同文馆提调任上，最后封赠一品建威将军。根据乾隆五十一年（1786）武职封赠统一规定，建威将军（公侯伯同）为正一品[7]。广州驻防汉军八旗人极难获此封赠。刘绍基对子弟教导有方，不仅有子为探花，尚有同祖父的堂弟二人进入广东水师学堂学习，"正值国家需才日，是我投笔报国年"，毕业不久就在甲午海战中为国牺牲。刘绍基历事咸丰、同治、光绪三朝，在广州同文馆时间最长，成绩卓著，故得此封赠。这确实是一个异数，也说明在中国社会剧烈变动时期，朝廷对培养新型人才的殷切期望。1900年北方正经历义和团运动与八国联军之役，光绪二十八年（1902）王汝梅正式被任命为广州同文馆提调[8]。王汝梅是首届广州同文馆提调王镇雄之子，其本人也曾任广州同文馆馆长。

清己丑科探花刘世安

将军刘绍基墓旁是其次子刘世安墓。清代各地驻防武官循例有上京面见皇帝的机会，如晋升谢恩或述职。刘绍基早年上京，得见皇帝并获赐字"绍世泽，振家声"。刘绍基将此作为家族宗谱新排序，子辈为"世"字辈。刘世安字静皆，寓意"万物静观皆自得，四时佳兴与人同"。尽管出身武官家庭，他自小聪明好学，早中秀才；光绪八年壬午科举人，以廪膳生员在官学学习[9]。廪膳生员是当时生员的一种荣誉，如同今天奖学金获得者。其间曾上京会试未中，一边继续苦学，一边教书。光绪十三年任广州同文馆汉文总教习[10]。这并不是依凭父亲的势力，因为刘世安在广州早有才名，通汉文及满文。再说，这也不是他真正追求的位置。光绪十五年（1889）己丑科，刘世安终于得中探花[11]。该科状元张建勋活到辛亥革命后。最末一名进士也很有名，乃是维新运动中"戊戌六君子"之一的刘光第。

由皇帝钦点为状元、榜眼、探花是一件十分荣耀的事，得以簪花披红，骑马出北京正阳门（平日只为皇帝而开）显耀。刘世安会试时在籍贯栏按规定填写汉军镶黄旗人。当时八旗人如入选，要求用满语回答皇帝的问话。广东清代状元、榜眼及探花并不算很多，但因刘世安写了"汉军镶黄旗人"，容易使人把他忽略。事实上有清几百年来，查阅文献，广州驻防汉军八旗有进入一甲前三名者，除刘世安外，尚有光绪二十九年（1903）癸卯恩科榜眼左霈、光绪甲辰恩科（1904）探花商衍鎏等进入殿试前三名[12]。刘世安的探花府就在今天中山六路瑞兴新街口一所中学的位置。不过他入住的时间很短，主要居北京，为翰林编修（七品），期间曾出任乡试的同考官与考官。在翰林院刘世安与其他人关系较好，故身后留下大量与翰苑名人唱酬的诗书画作，他与次年（庚辰恩科）榜眼文廷式最接近。会试按例3年一次，光绪十六年（1890）因光绪帝亲政，故加恩科考试[13]。文廷式是江西才子，以后官至侍讲学士。文微时曾长期生活在广州，曾为广州将军长善的幕宾兼家庭教师。刘世安与他在广州时已认识，故在文廷式日记中也不时提到刘世安。翰林院3年散馆，同科状元张建勋授云南学政，刘世安为甘肃学政[14]。不久刘世安因母亲病危赶回广州，不幸染上时疫，英年早逝，归葬广州白云山。因卒于甘肃学政任上，朝廷按文职封赠为中宪大夫（四品）[15]。这是墓碑为何刻"中宪大夫"而不刻"探花"的缘故。刘世安原葬于白云山另一侧（即今白云山西门，近外语学院侧）。"文化大革命"前，作者的叔父在该侧山上还见过刻有"刘世安"三字的墓界石数枚。将军刘绍基有三子，病危时其他二子健在，遗命将刘世安墓移于自己墓旁。

刘世安墓前原有记载其一生行事的墓志铭。将军刘绍基墓前除墓志铭外，还有战马石雕。这些在"文化大革命"时都被砸毁了。后来白云山成了军事管制区，将军与探花坟才得以保存。在今天春回大地的时候，墓前大路旁绿草如茵，春天还长着小红樱花般的树。白云山风景管理区在2002年把有关他们的简单介绍刻在路旁的石雕上；石雕就像一本打开的书，还有中英文对照。冥冥之中，与父子两人生前曾在广州第一所奉旨开办的外国语学校——"广州同文馆"工作的身份相合。

参考文献：

[1] 于城，崔智泉. 广州八旗军队的变迁//文安. 晚清述闻. 北京：中国文史出版社，2004：49。

[2][4][9] [清] 长善，等. 驻粤八旗志. 马协第，陆玉华，点校注释. 沈阳：辽宁大

学出版社,1992:386-402,477,408-410。

[3][7][15] 中国历史大辞典编纂委员会. 中国历史大辞典·清史(上). 上海:上海辞书出版社,1992:10-11,297,85.

[5][6][8][10] 朱有瓛. 中国近代学制史料(第一辑:上). 上海:华东师范大学出版社,1983:274-275.

[11]-[14] 莫雁诗,黄明. 中国状元谱. 广州:广州出版社,1993:367,374-375,368,367.

首位留学美英的医生黄宽[*]

刘泽生

摘要 黄宽是我国第一位留学美国、学习西医于英国的医生。在美国孟松学校学习基础科学知识,两年后在英国爱丁堡大学接受医学教育并获得医学学位。他是我国早期杰出的外科医生,在传播西方医学方面作出重要贡献。在当时,他被称为好望角以东最负盛名之良外科。他的业绩自当永垂中国医学史。

关键词 黄宽;留学;医生;美英

Huang Kuan, the First Doctor Who Studied Abroad in the United States and the United Kingdom

Liu Zesheng

Abstract: Huang Kuan was the first doctor western medicine of who studied basic sciences at Monson Academy in US in 1847. Two years later, he went over to Scotland, where, he had complete medical training and received his medical degree at Edinburgh University in UK. He made great contribution to spread western medicine from West to China. At that time he was known as one of the best surgeons in the east of the Cape of Good Hope. His achievement is unforgettable in medical history of China.

Key words: Huang Kuan, doctor, studied, US, UK

容闳、黄宽和黄胜是最早的中国留美学生。容闳(纯甫)推动中国幼童留学美国,造就清末民初一批科技与政坛名人。"尚戴头颅思报国,犹余肝胆肯输人",他积极支持维新运动与孙中山的民主革命事业。黄胜(平甫)曾在香港办报,出任上海同文馆英文教习,以翻译官身份随第二批幼童赴美。他热心香港公

---

[*] 本文原载于《中华医史杂志》2006年第36卷第3期第169~172页。

共慈善事业,是香港东华三院最早的倡办人之一,也是早期香港立法局(时称定例局)华人非官守议员[1]。黄宽是中国首位留英医生,是中国第一位经过严格西医训练的优秀外科医生。三人对中国社会均有贡献,其中以容闳贡献最大。

一、历史的选择

黄宽(1829—1878)字绰卿,号杰臣,广东香山县(今中山)东岸乡人,出身于贫苦农民家庭。幼年时父母去世,有姐早出嫁,依祖母为生,过着"野蔬充膳,落叶添薪"的日子。黄宽幼时也曾在私塾读书,其后因家贫失学。危机有时是转机,这时有一所是他一生转折点的学校——澳门马礼逊学校正在成形。澳门马礼逊学校是纪念第一位基督教(新教)传教士马礼逊(Robert Morrison,1782—1834)而设,英国怡和洋行(又称渣甸洋行)出资办学,由外国人在澳门设的马礼逊教育协会管理。建校的目的是培养中国幼童通晓英语,了解西方文化,宣扬基督教教义。贫穷学生不仅免收学费,还提供食宿、衣服与书籍。1835年早期,澳门马礼逊学校附设于郭士立夫人(Mrs. Charles Gutzlaff)所属女校。香山县南屏镇(今属广东珠海南屏镇)年仅7岁的容闳是该校早期学生。1839年鸦片战争前夕,女校停办,但是马礼逊教育协会先前所聘的美国人布朗(Samuel Brown,1810—1880)已于1839年11月抵达澳门。布朗,美国康涅狄格州人,毕业于孟松学校,1832年毕业于耶鲁大学,曾在纽约聋哑学校任教师3年,在教授语言方面积累了宝贵的经验。布朗到达后,便着手马礼逊学校的复校工作,校址就在"大三巴"旁的马礼逊教育协会内[2]。

二、同学少年

马礼逊学校初期学生6人,分别是黄宽、黄胜、李刚、周文、唐杰、容闳。[3]唐杰(景星,廷枢。日后任轮船招商局总办,主持开平煤矿,兴建唐胥铁路等)来自广东香山县唐家镇,他的父亲在马礼逊学校当校工,所以在1839年底复校时即入学。黄宽所住的东岸乡离澳门仅数里,得知招生消息后,便进入马礼逊学校学习。该校注册名单注明英文名Afan(亚宽),是年11岁,入学时间是1840年3月13日。[4]

《南京条约》签订后,英人割据香港。因为马礼逊的长子马儒翰是首任港督璞鼎查的译员,首任华民秘书(后称华民政务司),璞鼎查同意拨地供马礼逊学校使用。1842年11月1日布朗夫妇领11名学生从澳门迁香港。1843年香港开埠，广东布政使黄恩彤曾参观该校，在他写的《抚远经略》中称"马公书院"，该校地方狭隘，其面积当然无法与广州的书院相比[5]。

马礼逊学校按学生程度分4个班，四班为最高班。[6]半天学英文，半天学中文。香港本是渔村，其时医药卫生条件差，布朗夫人因病要回国治疗，布朗夫妇想带几名学生同回美国受教育。愿意同去的仅容闳、黄胜及黄宽3人。1847年 China Mail（中文名《德臣西报》，因该报原主笔 Andrew Dixon 之音译而得名。偶有译为《中国邮报》。该报历史悠久，创办于1845年，在抗日战争时期，香港为日本占领时才被迫中断。[7]在《西学东渐记》中译本，则被译为香港《中国日报》）的主笔肖德鲁特（Andrew Shortrede）、美国商人李企（Ritchie）及苏格兰人康白尔（Cambell）资助他们两年留学费用并给予他们的家庭"养家费"。又得美国同孚洋行"亨特利思"号商船给予3人免费乘船。[8]1847年1月4日从广州黄埔港出发，经马六甲海峡、好望角，进入大西洋。其间轮船在圣希利那岛补充粮食和食用水，他们借此机会凭吊末路枭雄拿破仑墓，3人从墓前的大柳树各折一柳枝，在船上深加护持，经过98天漂洋过海的船上生活后，在1847年4月12日到达美国纽约。布朗体会弟子离别祖国的心意，以后将柳枝种植于他服务的纽约阿朋学校（Auburn Academy）校园，"垂杨垂柳绾芳年，飞絮飞花媚远天"。1854年容闳重游阿朋学校校园时，柳树枝条已成垂条千缕的茂树[9]。

三、负笈英美

到达美国后，布朗领他们3人到他的母校，马萨诸塞州的孟松学校入读，这是升大学的预备学校。第一年的课程有数学、文法、生理、心理与哲学。1848年秋天黄胜因病休学回香港。1849年容闳与黄宽忧虑两年后继续留学的费用与今后的去向。布朗与香港教会联系，得到答复：如他们愿继续获得资助，要转到苏格兰的爱丁堡大学学习专门科，以后要为教会服务。黄宽对生理等科目感兴趣，愿意接受条件到爱丁堡大学学习医科。容闳喜文学，不愿传教，以后另得美国人的资助进入耶鲁大学学习直到毕业。容闳性格开朗，活跃，适应能力强，与共学10年的黄宽分别后，尚感非常孤独。性格本来内向的黄宽，到爱丁堡大学后再没有人与他用中文交谈，其孤独的境况更是可想而知。位于英国北部的苏格兰首府爱丁堡寒冷多风，黄宽置身于幽黑石头城，在古堡式建筑的大学埋头学习。再说，作为唯一中国学生仅靠香港教会资助度日，生活也颇艰苦。然而经过刻苦学习，他终于名列前茅，以优异成绩毕业，获医学士学位。以后，又继续学习解剖学和外科学，获硕士学位，也有说获博士学位。[10,11]然而2年美国、7年英国的学生生活,使他回国后要从头学习中文口语,一种与俗不谐的性格也在不知不觉中形成。

四、不寻常的岳家

1854年夏,容闳获耶鲁大学文学士学位即返香港,因香港发展空间有限,北上寻找出路。1857年,黄宽回到香港。按当日的协议在香港伦敦传道会的医院作医生。香港伦敦传道会的医院是合信医生(Benjamin Hobson)在1843建立的。在这里黄宽认识了英国人理雅各(Jams Legge,1815—1897),理雅各当时是英国伦敦传道会香港佑宁堂(Union Church)当家牧师。1839年,理雅各与合信医生同时来华,理雅各曾在马六甲主持英华书院,英华书院迁香港后,他继续担任院长。理雅各不仅是传教士、教育家,更是世界有名的汉学家、中国古典儒家经典著作著名的英译者。由于理雅各的关系,黄宽还结识了太平天国天王洪秀全的族弟洪仁玕(后封旰王)。洪仁玕当时暂不便前往南京,临时受雇于伦敦传道会香港分会,在理雅各门下担任解经人与布道师共4年[12]。黄宽与旧日同窗黄胜重逢,黄胜在理雅各的英华书院印刷所工作,在著名学者王韬来香港前,黄胜一直协助理雅各翻译儒家经典。黄宽还认识了理雅各在马六甲英华书院的学生何福堂。何福堂(进善,1818—1871),广东南海人,父亲是马六甲英华书院印刷所的雕字工人,何福堂得以在马六甲英华书院学习。在外国传教士指导下,何福堂认真学习神学、《圣经》、英文、拉丁文、希腊文与希伯来文等,他是英国伦敦传道会在香港佑宁堂按立的第一位中国人牧师[13]。何福堂很欣赏年已28岁的医生黄宽,黄宽成了何福堂的女婿。何福堂子女较多,但都受过良好的教育,长子是有名的律师,四子何启留学英国,是律师兼医生,何启妻子、英国人雅丽氏去世后,何启于1887年建雅丽氏医院以兹纪念。何启又是香港西医院(后发展为香港大学医学院)的创办人,孙中山学医时期的老师。何福堂的另一位女婿伍廷芳不仅是留学英国的香港律师,以后北上天津成为李鸿章从事洋务的重要助手,最后坚定支持孙中山的革命事业。伍廷芳与妻子何妙龄白头到老,香港何妙龄纪念医院最初就是由他们夫妇出资创办的。1987年香港出版"香港医学服务100周年纪念"邮票4枚,前2枚着重介绍雅丽氏何妙龄那打素医院,还印有"矜悯为怀"的院训[14]。本来,黄宽与这样家庭背景的人结合是很合适的。黄宽与何福堂的关系相当不错,何福堂晚年中风瘫痪,在广州治疗时,得到黄宽的悉心照料。然而何福堂去世后,黄宽与妻子失和,离异无子女,亦未再娶。

五、从广州到上海

马礼逊的女婿、英国传教医生合信在香港、澳门从医近 12 年,清道光二十八年(1848)在广州金利埠(今六二三路)创办及主持惠爱医馆达 8 年。惠爱医馆是英国伦敦传道会立足广东的开始。[15] 合信于咸丰七年(1857)转任上海仁济医院院长,由黄宽赴广州主持惠爱医馆工作,1859 年惠爱医馆病床 80 张,住院病人 430 人及门诊病人 26 030 人次。不久,黄宽却因惠爱医馆人事关系紧张而辞职,自行开业。时常应广州博济医院院长嘉约翰之邀,到北美长老会属下的博济医院会诊及参加手术。同治元年(1862),李鸿章刚率领淮军抵上海,黄宽被邀进入李鸿章幕府,聘作医官。李鸿章是比较相信西医的人,但是时年 40 岁的江苏巡抚李鸿章正忙于与太平天国作战,志在立功封侯。作为李鸿章的私人医生,黄宽不必到前线去,留在李府自觉无事可做,又倦于应酬,半年后黄宽辞职。当时的苏松太道,广东丰顺人丁日昌极力慰留。丁日昌是曾国藩与李鸿章的亲信,勇于任事。以后容闳留美幼童计划能够推行,最初实在得力于他。丁日昌在广东时,从香港第一份中文报刊《遐迩贯珍》得悉黄胜之名,致函黄胜取得制造枪炮资料,经实践获得成功,书信往来成为好友。黄宽与黄胜是旧同学,丁日昌对黄宽的能力有相当的了解。他本人有哮喘及咯血症,也相信西医,自然希望同乡黄宽继续留在李鸿章幕府。但黄宽坚决要回广州。

六、广州名医

同治二年(1863)黄宽回到广州,广东是黄宽的家乡,而广州又是西医最早传入地。黄宽作为早期的西医,有与博济医院院长嘉约翰合作的经历,经过回国的几年实践,他在医术上更加自信。1861 年,英国人李泰国出任中国海关总税务司,在中国各大口岸建立对外来船舶的海关检疫制度,1863 年黄宽归粤之年,中国海关医务处成立,在全国聘医官 17 人,仅黄宽一人是中国人,因黄宽是中国第一位毕业于英国著名大学的西医,在上海期间,黄宽也认识李泰国。同治五年(1866),广州博济医院嘉约翰正式招收中国学生学习西医,学制 3 年。嘉约翰聘请黄宽为教师,教授解剖学和外科学。这正是黄宽在英国精心钻研的科目,适合他的志趣与特长。他协助嘉约翰编写教材,绘制图谱。教学之余也经常协助嘉约翰做外科与妇产科手术。[16] 他是中国第一个施行产科碎胎术的医生。广东是膀胱结石的高发区,嘉约翰以膀胱碎石术知名,黄宽在他之前已做了 30 例。

黄宽以深厚的基础,将西医手术在他手里进一步发扬光大。1867年嘉约翰休假回美国期间,黄宽代理博济医院院长一职,在此期间博济医院的病人数与学生人数都有所增加。黄宽的事业走向顶峰。然而次年嘉约翰返回博济医院后,他便离开博济医院自设诊所。同治十二年(1873)广州霍乱大流行,病死者众,当时他兼任慈善医院西南施医局主任,亲自编写《真假霍乱的区别》指导诊治。他的诊所病人很多,由于他英文流利、技术好,特别受到广州外国侨民的欢迎。1878年黄宽患背痈,仍坚持出诊为一位外侨难产妇人行手术,后因败血症不治,终年49岁,中西人士临吊者无不悼惜。美国阿朋学校校园的柳树也已枯萎,"树犹如此,人更何堪"。

七、结 束 语

容闳在《西学东渐记》中称黄宽性情纯笃,对病人富有热忱,是"好望角以东最负盛名之良外科",黄宽在解除病人疾病痛苦,传播西方医学方面曾作出重要的贡献,这些都是不争的事实。不过,作为第一位留英学成归国的西医,他应该有更大的作为。然而,他有一个比较重要的缺点,就是不太善于与人作比较长期的合作。这在清末的博济医院已是旧闻。作者的父亲则是从熟悉的前辈襧(mí)翮(hé)云医生那里知闻。襧翮云是抗日战争前广州名医,博济医院毕业生,嘉约翰的弟子。其父(Gideon Nay)是美国人,其母是中国人,他的父母亲长期在广州医药传道会工作,是嘉约翰和其他在华外国医生的好友。[17] 襧翮云认为,黄宽是一位对病人和蔼,不追名逐利的好医生,后来富有资财,也是靠他的技术、个人勤奋工作获得的。但是他同时是一位特立独行的人;黄宽性格内向,有时显得过分倔强。可能与他过惯"江湖夜雨十年灯"长期自我封闭、刻苦学习的生活有关,也可能多年的外国生活,使他对于中国人际关系的"潜规律"缺乏起码的认识。这种性格无形中限制了黄宽的发展。作为一位以手术见长的医生,长期离开医院自设诊所,没有一个包括其他手术医生、麻醉医生与护士组成的小组作为后盾,必然限制手术的开展与自身的发展。尽管在黄宽时代西医的机会不多,但是他也曾有过非常重要的机会。如黄宽继英国人合信医生后主持惠爱医馆,是得到伦敦传道会鼎力支持的;黄宽又是该医馆业务最出色的医生,可说托付得人,但是就因"人事复杂",黄宽便轻易放弃了。另外,能力再强的人也要得到别人的支持才可成大事,在李鸿章幕府时,黄宽急于求去,然而他的同学容闳、唐杰,旧亲戚伍廷芳等人无论在上海或在天津时期,都因为李鸿章而得展其才。连后来黄宽的爱丁堡大学医学院校友、伦敦传道会教士马根济(John

Kenneth Mackenie）1875年到中国后，也因为李鸿章的协助，方能建立天津伦敦会医院（总督医院）及总督医院附属医校[18]。也许黄宽没有建医院与建医校的宏图，在历尽艰难困苦后，他更向往恬静、与世无争的行医生活。无论如何，黄宽作为一位被历史选择，被时代潮流推向前锋的人物，他的业绩是不会被历史遗忘的。

参考文献：

[1][4][6][13][15] 李志刚. 基督教早期在华传教史. 台北：台湾商务印书馆，1985：234，232，222，210-213，273.

[2][12] 赵春晨，雷雨田，何大进. 基督教与近代岭南文化. 上海：上海人民出版社，2002：135-138，225.

[3][8][9] 容闳. 西学东渐记. 沈潜，杨增麟，评注. 郑州：中州古籍出版社，1998，73-79，76，78.

[5] 陈惠勋. 香港杂记（外二种）. 黄世祥，校注. 广州：暨南大学出版社，1996：189.

[7] 刘泽生. 香江夜谭. 香港：三联书店（香港）有限公司，1990：184.

[10] 王吉民. 我国早期留学西洋习医者黄宽略传. 中华医史杂志，1954，2：98-99.

[11][16] 张慰丰. 黄宽略传. 中华医史杂志，1992，22（4）：214.

[14] 陈汉梁. 香港百年纪念邮票. 上海：东方出版中心，1998，181-182.

[17] Cadbury W W, Jones M H. At the point of a lancet. 100 years of the Canton Hospital 1835—1935. Shanghai: Kelly and Walsh, Limited, 1935: Appendix G.

[18] 李颖. 伦敦会传教士马根济简论. 中华医史杂志，2004，34（4）：221.

●史海钩沉

清末广州博济医院的裂变*

刘泽生

广州博济医院是近代中国最早、最具特征性的西医院。西方人认为博济医院是远东最早的医院（the oldest hospital in the orient）。清末至民国期间不少在华著名的外国医生都曾在博济医院工作。其始是美国公理会第一位传教医生伯驾于清道光十五年（1835），在广州市十三行建立的眼科医局。1836年10月中国医学传道会成立，郭雷枢任会长，裨治文与伯驾为副会长。当时的中国医学传道会与广州医学传道会（Canton Medical Missionary Society，简称 CMMS）是一体的。1845年，美国公理会认为伯驾只顾行医，传教不力，为此伯驾被解雇。[1]同年，伯驾弃医从政。公理会缺乏资源，只好将在广州的眼科医局及医药事业转交给美国长老会。咸丰四年（1854），长老会派毕业于费城杰弗逊医学院美国传教医生嘉约翰（John Kerr，1824—1901）来广州眼科医局工作，嘉约翰几经迁徙，于1866年在广州仁济大街建立当时颇具规模的博济医院。嘉约翰出任博济医院院长前后近44年，在医疗、教育和出版方面建树良多。他不仅是孙中山最初学医的老师，清末民初广东省，尤其是广州的西医绝大多数是嘉约翰的学生。

广州医学传道会在建立之初仅是一个宣传、吸纳和协助在广州工作的外国医生的机构。以后美国长老会直接掌控广州医学传道会，并使它驾驭博济医院董事会，掌握医院的人事任免与财权。嘉约翰继伯驾后，担任广州医学传道会会长至1888年。1889年美国长老会任命广州医学传道会新会长。1898年嘉约翰从博济医院退休，并在博济医院对岸的芳村办起当时中国境内第一间精神病院（即今广州市精神病院）。

人事代谢本是自然规律，其实嘉约翰也培养了他的接班人——美国医生谭约瑟（J. C. Thomson，又译谭臣）。谭约瑟是博济医院出色的外科医生，常与嘉约翰互相配合，进行重要的外科与妇科剖腹手术。谭约瑟与院内的美国和中国医生

---

* 本文原载于《广东史志视窗》2007年第5期第58～60页。

关系良好，也相当尊重中国人的感情。1884—1885年嘉约翰因病放长假回美国，由他代行博济医院院长职务。恰逢1883—1885年在中越边境爆发中法战争，边疆危机的战火已蔓延至邻省广西。"二湘八桂尽枭鸣，江左流离江右惊，极目中原方带甲，伤心岭表复称兵。"一批不明真相的广州人以为博济医院与法国人狼狈为奸，在大街上张贴"告示"，声言要捣毁博济医院，又以"卖国罪"，悬赏取中国医生苏道明的性命（苏道明是嘉约翰的大弟子，资深麻醉科助理医生）。博济医院的中外医生陷于极度恐慌中。谭约瑟临危不惧，以熟练的粤语前去会晤两广总督张之洞的幕僚，表明博济医院是美国长老会办的医院，以服务中国人为宗旨，不会支持法国侵略军，从而获得两广总督部堂的保护告示。以后张之洞命博济医院派几名外科医生赴广西前线。谭约瑟派出一名外国医生及几名中国助理外科医生，到前线为中国军队服务，[2]以实际行动化解了危机。本来以谭约瑟的业务、行政能力，以及被院内外国和中国医生认可的程度，完全可以成为嘉约翰的接班人。问题在于广州医学传道会新会长（博济医院董事会主席）与嘉约翰理念不合，又忌嘉约翰的声名盖过自己，特意提拔自己的秘书，美国外科医生关约翰出任院长，[3]从而压制嘉约翰赏识的美国医生及其多年培育的中国医生。这位董事会主席相信外国医生只能接受现实，只会中文听说，等同文盲，一旦离开博济医院将无法在广州生存；而在中国工作多年的美国医生，未到退休年龄返回美国工作是极其困难的，又会经历另一次难以接受的文化震撼（culture shock）。

从专业角度而论，关约翰（John M. Swan）是一位优秀的外科医生，他出身贫寒，以半工半读完成医学院课程并获得医学博士学位。1885年由美国长老会派遣在博济医院任外科医生。他在光绪十八年（1892）做了我国近代第一例剖腹产手术，《中国博医会报》予以了报道，[4]从属于上海《申报》的《点石斋画报》当年也予以报道。[5]他于1894年兼任广州医学传道会会长秘书，光绪二十四年（1898）继嘉约翰出任博济医院院长及主持外科。[6]1895年物理学家伦琴发现X射线，以后用与诊断。博济医院是我国首家应用X射线诊断的医院。为此，1898年美商华美合兴公司承修粤汉铁路时，协议将伤者送到博济医院诊治。光绪二十九年（1903），时值中国为废除科举制度，推动学制改革，广建学堂。博济医院的医科也正式取名南华医学堂（South China Medical College）。在博济医院邻近潮音街侧建两层楼的西式建筑，供南华医学堂使用。

无奈关约翰行事独断，人际关系极差。与美国医生关系紧张，又漠视年轻的中国医生，导致博济医院的外国名医先后辞职。尤其是关约翰所在的手术科（包括外科、妇产科）名医离开者众。富顿（Marry Fuhon，又称富马利）和尼尔（Marry Neles，或译尼尔氏，赖马西）是博济医院两位有名的女妇产科医生，解决妇产科疑难问题的能手，在广东城乡威信极高。为此，经常要提着产科手术包出诊。《点石斋画报》所载剖腹取儿画，画旁的文字说明——产妇家人带上难产妇人，沿珠江急撑船，前往博济医院找富氏女医生（即富顿医生）求救，这是真人真事。中国女学生常陪同出诊，在协助工作中练出真本领。嘉约翰退休后，1899年富顿带余美德、施梅卿两位博济女医生离开博济医院，在广州西关逢源街尾的长老会一支会礼拜堂开设"广州女子医学堂"，还附设一间"道济医院"（"道济"是"刀仔"的谐音，后改为"柔济医院"）为实习医院。[7]富顿邀请原博济医院医生为教师；最初的学生是原博济医院高年级，有意向妇产科发展的女生，以后成为粤沪著名妇产科医生的张竹君就是当时的学生之一。所以张竹君等人毕业时仍取得博济医院所发文凭。[8] 1905年获美国夏葛氏资助，改建为五年制夏葛女医学校（Hackett Medical College for Women），为夏葛医学院的开始。[9]尼尔医生热心慈善事业，1889年收养4名失明女童，送进女塾读书。以后要求收容的盲人逐增，得到嘉约翰支持，她把"明心书院"设在博济医院内。1891年"明心书院"（当时称"明心瞽目院"）在广州芳村正式立案，成为近代中国第一间独立的盲人学校。富顿离开博济医院和南华医学堂不久，尼尔也离开博济，随富顿到广州女子医学堂任教及任手术医生。富顿辞职后，尼尔全部时间致力于残疾人工作。在美国长老会支持下，"明心书院"收容全国各地教会保送的失明儿童和青壮年学习盲文、圣经与手工工艺，为以后谋生之用。[10]

最后连在博济医院分管内科的美国医生达保罗（Paul J. Todd）也脱离博济，1909年与原博济校友组建广东公医学堂（后改为广东公医医学专门学校；及后并入广东大学，是中山大学医学院的前身），又自办达保罗医院。

南华医学堂的前身是嘉约翰在1866年所办的博济医院医学班，教师主要来源是博济医院的外国与中国医生。医生纷纷辞职导致教师短缺，又逢主持南华医学堂工作的安德逊（Anton Anderson）医生因病重退休回国，情况更失控。1912年，博济医院附设的南华医学堂最后在辞职、罢课声中结束。[11]自伯驾时代开始的，博济医院训练中国医学生的历史就此画上句号。部分南华医学堂的学生转到中国人自办的光华医校学习（该校董事会多数成员为博济医院毕业生）。为此，无法控制局面的关约翰在1913年被广州医学传道会解雇，离开博济医院返回美国，不久遭遇车祸去世。这不仅是关约翰个人的悲剧，也是博济医院的悲剧。

尽管在关约翰去职后，广州医学传道会会长同时易人，谭约瑟医生被任命为博济医院院长，但其时医院大势已去。从1912年南华医学堂结束，至1935年岭南大学医学院成立，博济医院成为岭南大学医学院的附属医院，23年间未有培养医学人才。"毁树容易种树难"，嘉约翰身后仅20多年，又遇美国经济大萧条年代，因为经费问题、人才问题，博济医院江河日下，如果它不是孙中山先生的母校，如若没有岭南大学的支持，完全会淹没在历史的洪流里。但无论如何，由博济医院分流出来的教师和医生又为广州医学教育带来新的机遇。夏葛医学院、光华医学院、中山大学医学院都与它有密切的渊源。

参考文献：

［1］高晞.在近代中国的"医学传教"∥朱维铮.基督教与近代文化.上海：上海人民出版社，1994：215.

［2］［3］［11］Report of Canton Hospital for 1916，Canton Medical Missionary Society. 1916：66-67.

［4］肖温温.中国近代西医产科学史.中华医史杂志，1995，25（4）：204；Swan John. The Caesarean Section. China Medical Missionary Journal，1992，6（3）：173.

［5］王苹，邓绍根.《点石斋画报》：中国近代剖腹产手术.中华医史杂志，2004，34（2）：122.

［6］［10］甄人.广州之最.广州：广东人民出版社，1993：418.

［7］［9］梁毅文口述，张克坚整理.西关夏葛女子医学校的片断回忆∥政协广州市文史资料研究委员会，政协广州市荔湾区文史资料研究委员会.广州文史资料（第35辑）.广州：广东人民出版社，1986：147-151.

［8］荣孟源，章伯锋.近代稗海.成都：四川人民出版社，1985：519.

●史海钩沉

广州南华医学堂*

刘泽生

1886年，孙中山曾在广州博济医院学医，部分孙中山传记称孙中山曾就读南华医学堂（或南华医学校）。南华医学堂确实存在，作者在中山大学附属第二医院资料室及广东中山市孙中山故居纪念馆也曾见过挂有南华医学堂招牌的建筑物照片。所以博济医院与南华医学堂的关系是值得探讨的。

一、南华医学堂与博济医院的历史渊源

南华医学堂的前身可追溯到美国公理会第一位来华传教医生伯驾在清道光十五年（1835）建立的十三行眼科医局（外挂博济医院招牌）。1838年伯驾在眼科医局以中医"师傅带徒弟"的方法培养年轻的中国医学助手。学生中以关韬（也译作关亚杜）最著名。伯驾同时也是广州医学传道会创办人之一。以后，伯驾从政，十三行眼科医局为战火焚毁。美国长老会派遣毕业于费城杰弗逊医学院，并在美国行医7年的传教医生嘉约翰（John G. Kerr, 1824—1901）主持医局及广州医学传道会。嘉约翰几经波折，转徙于广州十三行、联兴街、增沙街之间；1865年在广州仁济大街重建博济医院。1866年在医院里设医学训练班，招收及培养医学生。与过去伯驾一边看病，一边带徒弟学习的教学方法不同，医学训练班除了临床科目外，尚有基础科目，包括解剖学、生理学、病理学、药理学以及临床内、外、妇、儿及五官科；使用从外国教材翻译的中文课本，用英语教学；上课有教室，学生有宿舍。医学训练班学制3年，毕业时颁发博济医院文凭。尽管孙中山先生在《建国方略》中"有志竟成"章里曾写"当予肄业于广州博济医校也……"，[1]但是，同盟会会员，从事民国史研究，并曾专门研究孙中山医学学历的陆丹林先生（广东三水人），曾考证博济医院从无"医学校"

---

* 本文原载于《广东史志视窗》2008年第2期第59～61页。

之称。陆丹林常与民国时期尚健在，出身于博济医院的名医相往还。他认识广州市著名医生池耀廷、张允文、梁培基、张竹君、谢爱琼等，并确认他们的毕业文凭都是博济医院而非博济医校颁发的。[2]可能与孙中山仅在博济医院读书一年（1886—1887），1892年毕业于香港西医院有关。其实，作为政治家的孙中山在"有志竟成"文中并不是在讲学习医学的学历，只是表达从博济读书时，便开始对清政府不满，萌发反清思想。

嘉约翰任博济医院院长前后近45年，并兼任广州医学传道会会长至1888年。他以突出的医疗成绩取得中国人对西医的信任，以办医学教育影响深远。在翻译西方书籍，出版医学刊物方面均开风气之先。嘉约翰不仅是孙中山最初学医的老师，也是清末博济医院内全体西医生的老师，当时广东省，尤其是广州的西医绝大多数出自嘉约翰门下。1889年美国长老会任命R. H. Graves牧师为广州医学传道会新会长。1898年嘉约翰从博济医院退休，由关约翰（John M. Swan）出任博济医院院长。1901年嘉约翰在广州去世。

二、南华医学堂建立的背景

自第二次鸦片战争后，又经历甲午战败、维新运动失败，特别是八国联军之役后，国内改良主义的呼声日高，清政府于1901年颁布"兴学诏书"，强调"兴学育才，为当务之急"，鼓励全国兴办学堂。并于1902、1903年先后颁布《钦定学堂章程》和《奏定学堂章程》。这是中国教育制度的重大改革，"书院"改名"学堂"，也由此而来。即便1884年（光绪十年）张之洞任两广总督时在广州建立的广雅书院，1902年（光绪二十八年）也改名为广东省大学堂；[3]教会学校的格致书院改名为岭南学堂，真光书院也改名为真光中学堂。1905年（光绪三十一年），清政府诏令自1906年（丙午科）开始停止科举制度，历时1 000多年的科举制度至此结束。这时博济医院要建立独立的医学校，当然从例使用"学堂"之名。这是南华医学堂取名的由来。

1866年博济医院初建时，因为西医在中国尚未深得人心，医学训练班学生人数不多，学生学习及住宿地方宽敞。即使1886年孙中山在此学习时也是如此，宿舍里除床位，放置衣物、生活用品的地方外，他有自己的书桌、书架。除医学外，还可放置"廿四史"，供课余学习中国历史。20世纪五六十年代广州著名教育家廖奉灵先生，她的父亲廖德山医生（曾是岭南大学的董事）是孙中山的同窗，据说那时课室也很宽敞，学生常在鸟语花香的花园里，在芒果树、杨桃树下温习功课。以后，博济医院声誉日隆。中国人向有"不为良相，便为良医"的传统观念；在西学东渐之年，也有在乱世中学习"一技防身"的实际想法。因为生源日渐增多，19世纪末学生上课的地方渐显不够。以女学生史憬然在上课时所遇到的情况为例：史憬然出身书香门第，祖父史澄（字穆堂）是《广州府志》及《番禺县志》的主要编纂者之一。史憬然父亲早故，二兄史坚如是广州格致书院学生，她在博济医院学习医学。当时冬天教室里不生火，改在有生火取暖设备的手术室课室上课，课室座位不够，同学还会争座位，史憬然用手帕铺地，坐在地上听讲，记笔记（1900年史坚如执行革命任务，恐累及母亲，先期由长兄史古如和妹史憬然陪伴母亲到香港暂避，史憬然未完成学业，22岁因病去世）。[4]由此看来，博济医院正式建医学堂，扩展规模实属必要。

三、南华医学堂的建设

南华医学堂的建校费用小部分来自教会，其余大部分来自广州各界人士的捐款，不仅基督教教徒，时任两广总督、社会名流也捐款助建，以美金计算，合共3万美元。[5]1903年正式取名南华医学堂（英文名South China Medical College），仍然建在博济医院范围内。在医院右侧，邻近潮音街处，原定建三层楼，后改建成四层，最顶层为小钟楼结构的西式建筑，供南华医学堂使用。内部包括宽敞明亮的课室、实验室、学生宿舍。就使用面积而言，可容纳70名学生同时在学，克服了几年以前博济医院内教室座位不够的困难。现在南华医学堂旧址仍存，但几经改建，已不是原貌。即使以目前保留的面积推测，当日学校的规模也算可观。南华医学堂名义上是由美国医生安德逊（Anton Anderson）任校长，其实是隶属于广州医学传道会，并由博济医院院长关约翰直接管理。因为教师主要是由博济医院的医生担任（包括外国及中国医生），医学生也要以博济医院为实习基地。南华医学堂仍然依照博济医院男女学生兼收的习惯，与过去的不同有两处：其一，过去是英文教学，现在反以中文教学标榜，目的在于吸引更多中国人就读。事实上也具备了中文教学的条件，这时多年培养的中国医生能独立从事医疗、教学工作，即使外国医生不能说流利中文，他们完全胜任翻译。目标是低年级新生接受中文或双语教学，以后过渡到高年级英语教学。其二，对学生的年龄无严格的限制，因为"废科举"是当时的大事，政府要为读书人提供出路。不仅新建的南华医学堂如此，全国的学堂无不如此。学制4年，包括6个月的临床实习。开办时注册入学36人，11名教师。南华医学堂靠学生的学杂费能够自给自足，每年还能增加博济医院的收入。

四、南华医学堂的结束

广州南华医学堂仅存9年,这是一件令人费解及遗憾的事。中国废科举后,新式实用型学堂到处开花,据尼尔氏(J. B. Neal)的统计,1897年中国共有298名西医和194名在校学生。[6]新中国成立前有关中国的医学教育有"南湘雅,北协和"之称,无论长沙湘雅医学院或北京协和医学院,建校都比南华医学堂略晚,却能持续发展壮大。南华医学堂夭折最重要的原因是博济医院的内部权力斗争,致使在任命嘉约翰接班人的环节出了问题。原来嘉约翰已经培养了他的接班人谭约瑟(J. Thomson)。谭约瑟不仅是博济医院出色的外科医生,而且性格温和,处事稳重,与院内的美国医生和中国医生关系良好,还努力学习中文,故中文流利。1884—1885年嘉约翰因病放长假回美国,曾令他代行博济医院院长职务,不巧适值中法越南战争,博济医院曾被广州人误为法国人办的医院,面临被捣毁的威胁;有人还出重金悬赏"汉奸"中国医生苏道明的人头。苏道明是广东高要县金利村人,是嘉约翰最早的弟子。苏道明7岁在家乡被拐卖到香港,4年后又被卖到美国旧金山作佣工,偶然获得附近教会的帮助,夜间学习英文。1887年嘉约翰从美国返回中国,路过旧金山,当地牧师托他把时年21岁的苏道明带回广州。以后,苏道明在博济医院学医并开始学习中文,后来是博济医院的助理医生及资深麻醉师,[7]所以被指为"汉奸"。谭约瑟临事不惧,处事有序。他通过曾在博济治病的广州社会上层人物,结识两广总督张之洞的幕僚,明确表示博济是美国人主办的医院,与法国人无任何瓜葛,从而获得两广总督的保护令,并受命派遣博济外科医生赴中法前线为中国军人治伤,在传教士"教案"频仍的年代,避免了博济医院院毁人亡的危机。[8]

广州医学传道会会长对博济医院具有人事任命权。嘉约翰尽管已卸任会长,毕竟在广州人气累积40多年,在西人医生和中国人中的威望是任何西人无法替代的,也是新会长最无法忍受的。尽管新会长对谭约瑟个人的印象尚好,但是他为了打击嘉约翰,在1898年嘉约翰退休时,特意提拔自己的秘书,博济医院外科医生,美国俄亥俄州人关约翰出任院长,压制和嘉约翰合作良好的美国医生及其多年培育的中国医生群体。其实,论手术,关约翰不失为一位优秀的外科医生,问题是关约翰并无管理医院的经验,加上性格急躁,缺乏宽容与忍耐。他接受了嘉约翰的物质遗产——艰难建立的博济医院,但是他无法善待嘉约翰的精神遗产——原在博济医院工作的美国医生与中国医生群体。最后,导致博济医院的外国名医先后辞职,中国医生也随之离去。南华医学堂的教师本是由博济医院的医生出任，学校缺乏教师，管理陷入混乱。又逢主持南华医学堂的安德逊医生病重退休回国，情况更加混乱。另外，20世纪初期是全国学潮频发的年代，因为正逢中国学制大转变时期，师资缺乏，学堂管理差，学生年龄偏大（年龄大小不一），原来学习程度又极不同，而且因为科举制度刚废除，学生对个人前途缺乏信心。尽管南华医学堂是新学堂，但是原博济医院素有教学传统，有历年行之有效的管理方法，正是"宽心且待春光至"的时候，绝对有条件避过学潮。但是广州医学传道会会长排斥异己，任用非人，导致学潮的爆发。1908年广州私立光华医学校成立，10多个南华医学堂学生离开南华医学堂，转学新创办的广州光华医学校继续学习。1912年（民国元年）南华医学堂最后在中外教师集体辞职，学生罢课声中宣告结束。[9]

自伯驾在清道光年间开始在博济医院训练中国医学生的历史就此结束。为此，北美长老会将广州医学传道会会长易人，1913年关约翰被广州医学传道会解雇，离开博济医院返回美国，后因车祸去世。因为人才大量流失，"将军一去，大树飘零"，不仅南华医学堂无法复办，博济医院也一蹶不振多年。

参考文献：

[1] 孙文. 建国方略建国大纲. 台北：三民书局，1983：63.

[2][4] 荣孟源，章伯锋. 近代稗海（1）//陆丹林. 总理习医名的考证. 增订. 成都：四川人民出版社，1985：519、636.

[3] 荔湾区教育局编志组. 广州市荔湾区教育志1840—1990（内部资料）. 1993：2.

[5] Annual report of the Canton Hospital and the South China Medical College for the year 1909：16.

[6] 傅维康. 中国医学史. 上海：上海中医学院出版社，1990：448.

[7] 杜恩沛. 医生还乡记. 香港：中信书室，1999：43.

[8][9] Annual report of the Canton Hospital for the year 1916：73.

● 人物春秋

照人眉宇尚峥嵘[*]
——记革命志士伍汉持医生

刘泽生

一、佛山学医

伍汉持（1872—1914），广东台山斗洞人，从小攻读经书，一心想通过科举取得功名，但是屡试不售。23岁在台山惠斯理会（循道会）加入基督教。其时，英国循道会在广东佛山设有循道会医院（西医院），不仅医治病人，还附设医学堂训练学生，培养医生；医院兼收治麻风病人，在当地颇有名气。伍汉持进入循道会医学堂学习西医，在外国医生晏惠霖、安德生门下受业3年，27岁毕业。妻子李佩珍也有志医学，专门学习产科。伍汉持28岁（1900年）时在广东开平县水口镇行医。除维持生活外，还打算储钱留学日本，进一步深造。恰逢北方爆发义和团运动，光绪皇帝与慈禧太后仓皇逃出北京；广东也有一些反教会活动。因为伍汉持是基督教徒，他的诊所被抢掠一空，留学也成为梦想。伍汉持逐渐看透清政府腐败无能、丧权辱国的行径，对清帝制完全失望，从此向往革命。

二、在香港参加革命党

在诊所被抢后，伍汉持转到香港油麻地行医，深得街坊信任。同时结识秀才出身的革命党人、基督教徒崔通约。崔通约是澳门岭南学堂（原广州格致书院）的中文教习，他在广州卫边街革命党人开设的书店里，结识经常在那里看新书的史古愚（古如）与史坚如兄弟，后来才知他们是大儒史澄的孙子[1]。后崔通约

---

[*] 本文原载于《广东史志视窗》2009年第2期第69～71页。

还认识史家小妹史憬然。1900年,史坚如响应革命党人郑士良领导的惠州起义,谋刺署两广总督德寿失败,被捕殉难。行事前,由兄妹护送母亲到香港避祸。经崔通约介绍,伍汉持认识史家兄妹,并通过陈少白,伍汉持与他们一起,暗中参加并发展革命党。时值南非轮船公司在香港招工,伍汉持前去应聘,获聘为轮船公司医生,专责往来非洲轮船华人卫生事务[2]。

三、广州办学堂

1901年清政府推行新政,主要在政治、军事、教育和经济四方面;教育改革包括兴学堂、奖游学及1905年下令废科举。1905年同盟会在日本东京成立,出版同盟会机关报《民报》。1907年有一批入会留学生回国办学堂,如朱执信在广州广东法政学堂任教,以作掩护;一些留学生办新军学堂,暗中培养革命军事力量。1905年伍汉持结束轮船公司医生工作,从香港返回广州,住在广州旧仓巷。他创办图强医学堂,兼为贫苦民众赠医赠药。医学堂共收男生40余人,其中包括革命党人陈逸川与周演明。同年8月,伍汉持考入广东法政学堂政治经济科学习,1907年毕业。在广东法政学堂,他认识了同学邹鲁和陈炯明等人。

四、抢救革命党人

广州水师提督李准残杀革命党人,革命党人对他恨之入骨。同盟会会员刘思复(师复)与法政教习张树枏(nán)合谋炸李准。探知李准每月朔望二日拂晓必前往总督署参谒,故常来往旧仓巷。1907年(丁未)五月刘思复在旧仓巷风翔书院内设长乐留学公所(位于图强医学堂旁边),作为运动军学两界的枢纽,并亲自研制炸药[3]。某日,刘思复侦知李准将经此地,携炸弹出门。谁知刚出门,就误触动机关,引起炸弹爆炸,伤及双手及面部。即向图强医学堂求救,伍汉持马上带学生陈逸川与周演明等人前往救治。陈逸川见刘思复满面鲜血,床边藤篮内尚有炸弹两枚,知是革命党人所为,又见床下露出书函数件,即收藏衣袋中。尽管伍汉持在事发时并不知情,然而李准因为他积极救治刘思复,故疑为同党。伍汉持被捕,图强医学堂被搜查,代理《民报》的簿记被取走。爆炸发生时,与刘思复一起的另一党人马上到豪贤街朱执信住处报信,朱执信立即经佛山,逃亡香港。张树枏、朱执信、古应芬(法政学堂编纂)听闻伍汉持事,联合学界联名具保,又请法政学堂监督夏同枏到巡警道龚心湛处说情。次日,伍汉持获释。

五、热心公共事业

伍汉持夫人李佩珍以产科见长，图强医学堂附设产科专门学校。夫妻同心教学，共有百多名学生从这里毕业。1907 年，伍汉持与马达臣医生在广州创办赤十字会，是国人自创赤十字会与医院的开始。伍汉持是基督教徒，但是他主张基督教要自传、自教，不必事事仰仗外国人，便与有同样主张的基督教徒组织"中国基督教会"。毕业于广州博济医院，是时已在上海行医的著名妇产科医生张竹君闻讯，非常赞同他的主张，并把原在广州行医时开设的医所，赠与"中国基督教会"作赠医施药所。同年，广州发生英国轮船"佛山号"一名水手踢毙中国人事件，外国医生作出不公正判决。中国医生决心建立中国人自办的医学院，培养自己的医生。1908 年，医务界爱国人士梁培基、郑豪、左吉帆、陈子光及伍汉持等人发起筹办"广东光华医学专门学校"。学校 1909 年成立，推举医学博士郑豪为校长，伍汉持为董事之一。1910 年，"奉天大疫"（沈阳鼠疫大流行），流行凶猛，死亡枕藉，人人自危。清政府任命著名医生伍连德为总医官，主持扑灭鼠疫。伍连德系英国剑桥大学医学博士，原籍广东台山，马来西亚归侨。当时刚任北洋陆军医学堂协办（副校长）。伍连德率领北洋陆军医学堂学生积极开展工作。当时国内各省也招医生前往参加扑灭鼠疫工作，广东无人报名。伍汉持认为救死扶伤是医生的职责，不惧个人安危，报名奔赴东北，即授医官之职。他在东北积极参加鼠疫预防和治疗工作，对伍连德的品格与能力十分敬佩，对医学堂学生的表现也印象深刻。以后伍汉持长子伍伯良，也考取并毕业于北洋陆军医学堂，继承父业成为医生。

六、参加辛亥革命

1905 年同盟会成立，1908 年以后，在广东发动的潮州黄冈起义、惠州七女湖起义、广西防城起义和钦廉起义及广州新军起义均告失败。为唤起民志，继续革命，迎接革命高潮的来临作舆论准备，广州创办报刊达 17 种之多[4]。广东赌风向来很盛，辛亥年（1911 年），陈炯明、朱执信、邹鲁等人乘禁赌，发行《可报》。伍汉持不但给予资助，并为之奔走。《可报》除一般宣传外，特别留意军界，新军也争阅此报，后为广东当局查封。

"三二九"黄花岗起义失败后，伍汉持避难香港。10 月 10 日武昌起义成功，广东各地革命党人策动起义响应。林君复、莫纪彭等负责在澳门策动香山新军起义，伍汉持参加了起义。

七、反袁就义

　　1912年，袁世凯为欺骗革命党人，颁布《省议会议员选举法》和《众议会议员选举法》。广东推举10名国会议员，伍汉持被选为广东出席众议会议员。民国二年（1913）召开第一次国会。是年春，国会议员北上，孙中山派遣宋教仁北上，任代理国民党理事长。袁世凯决定除去宋教仁，给国民党与议员们一个下马威。3月宋教仁在上海车站被刺杀。伍汉持4月1日携家眷入京，初住北京佛照楼，后住钓鱼胡同。闻宋教仁被刺，伍汉持不顾自身安危，严词诘责袁世凯。当时袁世凯想讨伐南方革命党，但是财力不够。4月27日，未通过国会命国务总理赵秉钧接受英、法、德、日、俄等五国银行团条件苛刻的借款，引起全国，特别是革命党人不满。伍汉持极力反对借款，并称"政府违法，一至于斯。身为国民代表，当实行监督，庶免专制复活"[5]。7月，江西都督李烈钧、安徽都督柏文蔚、广东都督胡汉民讨袁，史称"二次革命"。此时，伍汉持还想通过法律途径解决，开列袁世凯罪状，依《临时约法》提案弹劾，上书要求袁世凯退位，以释民愤；并联络上海各地报界讨袁。袁世凯密探查获他的讨袁字据。8月1日，伍汉持到天津为朋友看病，途中为袁世凯密探逮捕。粤国会议员闻之，多方营救无效。事前未公布所犯何罪，袁世凯总统府秘书长仍在欺骗粤同乡及伍汉持家人，还称将会释放。19日伍汉持却被解往离天津20里外韩家墅军营，在夜间被秘密枪决，时年42岁。24日噩耗传出，众议会议员伍朝枢、徐传霖等人前去认领，寄厝天津广东义庄。伍汉持平日不事积蓄，兼热心公益事业，身后萧条。经同乡向在京同志及同乡募捐，才得以运返广州，停厝于广州大东门外永胜寺[6]。民国三年（1914）8月迁葬基督教会坟场。

　　1916年袁世凯帝制被推翻，民国得以恢复。民国二十四年（1935），时任国民党中央常务委员会主席的胡汉民追怀同志，撰伍汉持纪念碑，记录伍汉持从事革命活动的事迹[7]。正是"许国肺肝知激烈，照人眉宇尚峥嵘"。

参考文献：

[1] 崔通约. 沧海平生. 台北：文龙出版社. 1994：34-36. 上海：上海书店出版社，2003：8-9.

[2][5]-[7] 中国国民党中央党史史料编纂委员会. 革命先烈先进传. 台北：上海印刷厂，1966：319-332.

[3] 中国国民党中央党史史料编纂委员会. 革命先烈先进传：冯自由，刘思复传. 台北：上海印刷厂，1966：889－891.

[4] 丁身尊. 广东民国史（上册）. 广州：广东人民出版社，2004：59.

●人物春秋

抗日战争时期德国医生柯岛在广州[*]

刘泽生

德国医生柯岛是德国柏林大学医学院医学博士,他学生时代参加德国纳粹党。大约在1936年,柯岛随他的同学、广州社会名流梁培基先生在德国留学的儿子来到中国,就在梁培基先生主持的二沙岛颐养园做医生。今天柯岛(也有译为柯道)的名字零星见于报纸杂志,现存见过柯岛的人也已达八九十岁。

柯岛工作的医院风景秀丽,设有病人留医部,有医生住宿楼、西餐部,还有早前来自德国的医生。柯岛对环境适应能力强,他努力学习广州话,能倾听病人的诉求,并对此作出积极的回应。他认真的工作态度,不单给在颐养园出入的高层人士,也给医学界的知名人士留下了深刻的印象。二沙岛颐养园是梁培基先生与人合资共建的。梁培基先生是1897年广州博济医院的毕业生,曾做广州夏葛女子医校的助理教师,以研制抗疟疾药——"发冷丸"成名,在当时广州医学界很有名望。

1938年10月日寇攻占广州。广州沦陷后,柯岛在二沙岛颐养园挂起德国国旗,由于1937年11月德国、意大利、日本三国组成"柏林—罗马—东京"侵略轴心,所以日军不敢闯入颐养园搜查。[1]在广州沦陷前夕,广州国民政府北迁曲江时,在医疗卫生方面就看中两个外国人:一个是柯岛,另一个是石室教堂的罗马天主教广州教区主教、法国人魏畅茂。广州国民政府委托魏畅茂接办老人院、孤儿院及芳村精神病院。广州方便医院董事会也委托魏任方便医院名誉院长,管理院务。[2]时任广州市卫生局局长(兼任广州红十字会副会长)朱广陶,鉴于标有红十字标志的广州红十字会救护指挥部(设在中法韬美医院)也遭日军轰炸,便把广州红十字会附属的广州红十字会医院委托德国医生柯岛主持,并把当时认为贵重的医疗器械及物品等,存放在广州红十字会医院内,托柯岛代为保存,[3]避免落入日寇手中。

---

[*] 本文原载于《广东史志视窗》2009年第4期第79～80页。

柯岛离开二沙岛颐养园后自设私人诊所，坐落在广州六二三路与十八甫南交界的转角处（相当于今天广州市中医院斜对门），是一幢三层楼的西式建筑（在通向沙面的行人天桥落成前，一直保持往昔外貌，不知业主是谁；天桥建成后此地改作公厕）。诊所一楼是挂号、取药处，二楼是柯岛的诊室。其时柯岛30多岁，正值盛年，他以儿科及内科闻名，病人很多，门庭若市。他有私家车，雇中国司机，也出诊看病。广州市民仇视日寇，很少找日本医生或日人医院看病，对这个德国医生却不同，尽管也知德国法西斯祸害世界。最重要的是柯岛有深厚的中国情结，工作认真负责，对病人态度和蔼。危重、贫困病人就医者可减免医药费。他能说一口流利的广州话，和病人交流没有困难。他是白种人，但不是碧眼、金发、鹰鼻那种类型，而是黑发、淡蓝色眼睛。他在洋人中只能算中等个子，有时西装革履，更常穿夹克外衣，也算是入乡随俗。

人们不禁要问柯岛的医术究竟如何？是真才实学还是浪得虚名？在我的家族里就有两个被柯岛医治的病人：一个是一位长辈的女儿小陶，未及1岁，就患了结核性脑膜炎，高热、昏迷和抽搐，看遍当时广州中西名医，医生都认为治不好。那时又没有抗结核病的特效药，就算在今天，年纪这么小，又病到这个分上，也是凶多吉少。柯岛为她出诊，每天给她打一针（不知药名），两个月后小陶竟然退热，清醒，能进米汤，日后还上了大学。另一个是我的父亲，他原是博济医院的年轻医生。抗战时博济医院被日军占领，全体员工被赶到长寿路的保生医院（原美华电影院斜对面），工作繁忙，工资低，加上结核病流行，他患上严重肺结核，结核性兼化脓性胸膜炎。在无抗结核特效药与抗菌素的时代，注定是一病不起。父亲转到广州红十字会医院由柯岛负责诊治。红十字会医院不像方便医院，不是慈善医院。柯岛知道他是医生，我母亲原是博济医院化验室技术员，在日寇炮火中为了照顾父亲也失去工作，两人全无收入，靠亲友救济度日。柯岛给予父亲免费住院诊治。父亲在红十字会医院住院近8个月，经历了3次大抢救，最后尽管是挂着胸腔引流瓶出院，但是已能活动，能进食。虽然是贫穷免费病人，又是传染病人，据母亲回忆，柯岛对待他们仍是非常礼貌。抗战胜利后，抗结核的特效药——链霉素问世后，父亲胸部的创口才完全愈合，重返工作岗位。

1945年5月德国法西斯无条件投降，第二次世界大战进入尾声。1945年8月15日日本无条件投降。在粤北的广东省国民政府回迁广州。不久，柯岛被逮捕，国民政府也知道他在中国并无罪行，他不是德国间谍或特工，也没有勾结日本人伤害中国人。在广东国民政府仓皇北撤时，委托他保管的广州红十字会医院及当日的贵重仪器与物品均完璧归赵，从未落入日本人手中。不少人为他说情，后来才知道被捕的真正原因：因为他是德国纳粹党员。中国是战胜国，同盟国中一员，按照同盟国签订的国际公法，必须对德国纳粹党员予以惩办。当时最低的惩罚就是驱逐出境。驱逐出境前柯岛被拘禁在广州"战犯拘留所"，地址就在长堤真光中学内，日本战犯也拘押在那里，门口站岗的是荷枪实弹的士兵。不过，柯岛的待遇与日本战犯不同。他拘留的房子，面积相当于一间中学教室，一人独居。手脚没有上镣铐，可以在室内自由行动，有自己的睡床，有桌子，还有几把椅子。照理，沦为战犯的人是不准探视的，也无人前去，避之则吉。但当局容许探望柯岛，并且不断有人前去探望。其中有从前的朋友、学生与病人，送去食物和水果之类也无检查。母亲也曾前去，据说柯岛神色、语言如常。一来德国投降在日本之先，他已有思想准备；当然，最重要的是行事无愧于心。虽然个人命运无法脱离他所处的时代，然而回到离别近 10 年，惨遭浩劫的欧洲，柯岛应有另一番感慨。

参考文献：

[1] 金叶. 颐养园：另类的救世之道. 广州日报，2008 – 06 – 05，B1 版.

[2] 广州市地方志编纂委员会. 广州市志（卷十九）. 广州：广州出版社，1996：404 – 405.

[3] 刘荣伦，顾玉潜. 中国卫生行政史略. 广州：广东科技出版社，2007：242.

● 人物春秋

美国医生达保罗在广州[*]

刘泽生

一、达保罗与博济医院

担任广州博济医院院长 40 余年的嘉约翰医生（John G. Kerr）于 1900 年退休，广州医药传道会任命该院外科医生关约翰（John M. Swan）继任院长。美国医学博士达保罗（Paul J. Todd）也到达广州，出任博济医院医生（当年的医生都是全科医生）。

博济医院院长关约翰是位优秀的外科医生，但缺乏协调关系的能力，行事专断，导致医院内中外医生先后离开，在广州另外组建医院。达保罗性情温和，与中国医生的关系良好，与关约翰配合尚算默契。1905 年关约翰放大假回美国，达保罗任博济医院代理院长。当时医院内外国医生只有达保罗及安德逊（Anton Anderson）两人，安德逊主管南华医学堂。博济医院内分男病人部与女病人部，两部均由年轻的中国医生管理。男病人部有 8 间普通病房（共 16 张病床），22 间私人病房。女病人部普通病房共有床位 13 张，7 间私人病房。每逢星期一、三、五为门诊日；星期二、四是手术日，星期三下午也是手术时间。门诊有男女病人各 1 间病室，两室由 1 名外国医生负总责解决疑难问题。每诊室医生 2 名，女病人室由女医生接诊。单从医院工作的时间表来看，靠达保罗一人是无法运作的。达保罗通过广州医药传道会关系，找到 3 名过去曾在博济医院工作，其后已在广东省其他县城行医的外国医生，请他们回来相助。在关约翰缺席的这一年，博济医院共治门诊病人 26 473 人次；住院病人 1 538 人；手术病人 3 047 人。达保罗在这一年显示了他的组织能力和亲和力。[1]他从现任院长关约翰身上吸取深刻的教训，认识到外国医生要在中国长期立足，除了提高诊治病人的能力外，还要积极培养中国医学生。

---

[*] 本文原载于《广东史志视窗》2010 年第 2 期第 75～77 页。

二、达保罗与广东公医专门学校

1907年（清光绪三十三年），广州西医界为了不受外国人控制，收回医权，自组"光华医社"（后改名为光华医学专门校）。董事会会长梁培基及大部分董事会成员均是博济医院毕业生。1909年达保罗要求加入"光华医社"。这与"光华医社"中国人自办医学校的原则相违背，他的要求被董事会婉言谢绝。他便与清末广东地方知名人士潘佩如、钟宰荃、赵秀石、江孔殷等人，及广州西医名医40余人（大部分为博济医院毕业生），在1909年（宣统元年）创建广东公医专门学校，简称"公医"，即"公众医学"的意思，属私立学校。[2] 首任校长潘佩如，广东番禺人，曾任道台。继任校长王肯堂，广东南海人，毕业于北洋医学堂，广州西医界名医。"公医"先以广州西关十三甫为校址，次年迁至长堤潮音街口，以基督教自理会房屋为校舍，购位于长堤的天海楼建公医附属医院。[3] 1912年（民国元年）继关约翰后，广州医药传道会任命博济医院外科医生谭约瑟出任院长。同年达保罗离开博济，先自设诊所，继而主持公医附属医院。达保罗妻子是英国人，护士，后任公医附属护校校长。1915年（民国四年），达保罗出任公医校长、教授兼附属医院院长。"公医"的教师与医生，除了"公医"的毕业生外，还有留学英美归国的中国医生。1917年（民国六年）"公医"学制改为5年。同年，因经费困难而停办。1918年由于广东省政府帮助，广东公医专门学校在广州东郊百子岗建新校。1921年（民国十年），由1916年"公医"毕业生、历任公医医院医师的黎铎出任公医学校校监兼代理校长，达保罗任公医附属医院院长。[4]

1923年（民国十二年）孙中山改组国民党，重新入粤，以广州为革命根据地，建陆海军大元帅大本营。1923年李树芬出任公医校长兼任大元帅府医官。李树芬是广东台山人，1903年入读香港西医院，以后留学英国，获爱丁堡大学热带病学及卫生学学士学位。孙中山是香港西医院首届毕业生，故李树芬与孙中山是先后同学。民国元年孙中山在南京就任临时大总统，李树芬被聘为总统府医事顾问。以后又赴爱丁堡大学研究妇科及外科，是英国皇家外科学会会员。李树芬接手"公医"后发现学校财政困难，百废待兴。他专程赴美国筹款一年，向华侨筹得50多万美元，购买仪器，更新设备，建设重点学科，使"公医"达到大学课程标准。[5] 1924年（民国十三年）8月，"公医"改名为广东公医医科大学，学制6年。1924年孙中山以大元帅令，建国立广东大学。1925年李树芬任职期满，离开"公医"，任香港养和医院院长。1926年（民国十五年），已办了17年的私立"公医"，又出现财政困难，拖欠员工薪酬，学校当局申请美国石油财团——洛克菲勒基金资助。在大革命浪潮中，特别是在1925年6月23日广州"沙基惨案"后，广州市学界反英、反美情绪特别高昂。"公医"学生反对洛克菲勒基金资助建校，游行示威，刊登报纸，要求政府接管"公医"。新中国成立后成为中山大学医学院院长、全国高等院校院系调整后任华南医学院（后改名中山医学院）院长的柯麟（原名柯辉萼）1920年入读广东公医专门学校，任"公医"的共青团书记（中共党员），是著名的学生领袖人物之一。[6] 1926年（民国十五年）6月29日，经临时代理大元帅的胡汉民批准，政府接管"公医"，并入政府办的广东大学，成为广东大学医科。[7] 位于广州长堤的私立公医医院（旧院）停办。1925年孙中山去世，为纪念孙中山，广东大学改名为国立中山大学。1926年（民国十五年）广东大学医科改名为中山大学医科。后建中山大学医学院附属第一、第二医院，地址仍在东山百子岗。附属第一医院新建，设备完善。附属第二医院是由旧公医蜕变而来。

三、达保罗诊所

公医医院结束后，达保罗凭借在广州著名医院行医多年的经验和在"公医"建立的威信与人脉关系，自己开设诊所，挂牌行医。病人日多，非富即贵。达保罗诊所的诊金与手术费高昂，白天出诊费50元，手术费几达千元。而且拒收广州的中国货币（当时称"兑换券"），他要求病人将"兑换券"换算为港币付款。[8] 新中国成立前夕，由于国民党发行的金圆券、银圆券在一天内迅速贬值，广州市不少有名的私人诊所要求收港币，但抗日战争爆发前要求收港币的医生极少。诊所尽管能赚快钱，但是长期在医院工作，又有事业心的达保罗感到未能充分发挥自己的能力。因为私人诊所设备简单，无法收治疑难及危重病人，外科只能作门诊小手术，私人诊所能办的事实在有限。达保罗的学生黎铎离开"公医"后也开私人诊所，1927年后建起内设病床数十张的全科医院——黎铎医院。[9] 1929年达保罗重回博济医院工作，1930年美国长老会因美国经济危机，将博济医院移交岭南大学，达保罗与长老会董事会出现小摩擦，后已摆平。[10] 达保罗离开博济医院，他要用赚来的钱建医院。

四、达保罗医院

起初，达保罗在广州惠福西路开设达保罗医院，该院附设在妇孺医院内。妇孺医院的创办人谢爱琼是博济医院毕业生，毕业后留在博济医院女病人部做助理医生。后来，谢爱琼自己开业，成为广州著名的妇产科医生，又建立妇孺医院。

因为出身博济，谢爱琼与达保罗是熟人，所以达保罗能借妇孺医院立足。协助达保罗医院开业的医生有毕业于"公医"的张钜彬、毕业于协和医学院的包庆明，留美的赵伯喜、王耀衡分别任内、外科主任。[11] 达保罗对中国年轻医生一向悉心培养。张钜彬和达保罗师生感情很深，以后他自己开业，诊所也是在丰宁路（今广州市人民中路）与龙津东路交界拐弯处，正对惠福西路，以便请教疑难兼协助老师工作。达保罗医院业务发展顺利，后来达保罗在官禄路购建西式建筑作医院，前座两层作门诊部、药房及办公室，后座四层作留医部，两座楼间有一花园。1937年抗日战争爆发，1938年广州沦陷，美国人达保罗继续经营医院，但值乱离之际，医院业务明显下滑。年事已高的达保罗在1940年因病去世。

五、后　　话

1941年日军偷袭珍珠港，太平洋战争爆发，达保罗妻被日军押送到关禁外国人的广州河南宝岗集中营，当时，岭南大学的美国教师，包括时任博济医院院长的嘉惠霖等人也关押在那里。后来日本人为了交换太平洋战争被俘的日军军官，与美国人谈判，达保罗妻与嘉惠霖等人得以"交换战俘"身份回到美国。达保罗医院沦为"敌产"，由汪伪政府接收，改为广东省政府卫生处；抗战胜利后又改为广东省政府卫生处。其时达保罗妻已去世，在美国驻广州领事馆的帮助下，达保罗医院由达保罗养女，毕业于香港大学医科的达瑶辉医生收回经营，新中国成立后达瑶辉把医院交给国家，移居美国。

参考文献：

[1] Annual Report (1905). The medical missionary society in China, Canton China report publication society, 1905: 12-13.

[2][9] 政协广东省广州市委员会文史资料研究会. 广州文史资料（第26辑）. 广州：广东人民出版社，1982：139，165-168.

[3] 刘小斌，陈沛坚. 广东近代的西医教育. 中华医史杂志，1986，16（3）：148-151.

[4]-[6] 广东省地方史志办. 广东省志·卫生志. 广州：广东人民出版社，2003：668，488，1062.

[7] 广东大学档案. 广东省档案馆藏.

[8] 政协广东省广州市委员会文史资料委员会. 广州文史资料存稿选编（10）. 北京：中国文史出版社，2008：369-371.

[10] 广东省档案馆档案92/-1/445.

[11] 政协广东省广州市委员会文史资料研究会. 广州文史资料（第28辑）. 广州：广东人民出版社，1982：196-199.

● 史海钩沉

头颅肯乞黄金买　肝胆惟余宝剑知[*]
——徐宗汉与战友们在1911年

刘泽生

徐宗汉（女），原名佩萱，祖籍广东香山（今珠海市）北岭村，清光绪二年（1876）出生于上海一个买办兼茶商家庭。

一、追求革命

徐宗汉从小接受西方文化的熏陶，思想开放。大姐徐慕兰对徐宗汉的世界观产生极大影响。徐慕兰嫁与广州富商、兼通英文的两广总督洋务委员李庆春（广东番禺人）的长子李紫石为妻。徐宗汉18岁时，由父母做主，许配给李庆春的次子李晋一为妻，生有一女一子。李晋一不幸青年病逝。徐慕兰秘密加入同盟会，并把儿子李应生、李沛基，小姑佩书等连仆人在内11人引上了革命道路。[1]1911年10月10日，武昌起义成功。李应生、李沛基兄弟等参与暗杀新任广州将军凤山，以配合武昌起义。10月25日，时年16岁的李沛基，以重磅炸弹炸死了凤山及其随从多人，并从容脱险，名震一时。[2]

另一位对徐宗汉有极大影响的人是闺中密友张竹君。张竹君是广东番禺人，出身高官兼富商家庭，父任三品官。家住广州十八甫怀远驿（现在离广州文化公园不远处。这是一条著名的街巷，因元代设驿馆，招待国外来使而得名）。张竹君七八岁时身患脑病，半身瘫痪，无法行走。其父不惜重金聘请名医，然而群医束手无策。闻说离十八甫不远的仁济路有间外国人办的博济医院，治病屡有奇迹，就把张竹君送去博济医院医治。住院一段时间后，竟然痊愈。[3]张竹君从此立志学习西医，1897年入读博济医院医学班，1900年毕业成了女医生。李张两家都是官宦之家，经常往来。徐宗汉与张竹君私交甚笃，张竹君经常带徐宗汉到

---

[*] 本文原载于《广东史志视窗》2011年第1期第61～62页。本文在该刊发表时作者已去世。

自设的福音堂,参加两广志士胡汉民、马君武等人的每周聚会。他们"或议论时政,鼓吹新学"。徐宗汉卖私己资助张竹君兴办医院,清光绪二十七年在广州荔枝湾畔办起"褆福医院",在广州河南(即珠江南岸区域)办起"南福医院",张竹君任院长;还有两粤最早的女校——育贤女校。张竹君著有《妇女的十一危难事》一书,揭露旧中国妇女在封建枷锁压迫下的卑贱地位,主张妇女解放,被誉为"广东女界的梁启超"。[4]在大姐徐慕兰与好友张竹君引导下,徐宗汉逐步成长为一个追求进步,勇往直前的革命女战士。

二、参加武装起义

1906年,徐宗汉获二姐徐佩瑶邀请,到马来西亚的槟榔屿协助侨校教学。这年8月,孙中山委托新加坡华侨陈楚楠、林义顺等在槟榔屿筹建槟城的同盟会分会,由爱国华侨吴世荣出任会长。已加入同盟会的徐宗汉帮助吴世荣等人扩张党务。槟城之行,徐宗汉扩展了视野,认识到在清朝统治下的中国"遍地腥云,满街狼犬,称心快意,几家能够"。1908年秋,她回国路经香港,拜访了同盟会南方支部的冯自由,接受同盟会组织的委派,与高剑父、潘达微等人在广州组织同盟会分会,以"守真阁裱画店"作掩护,发展党务。1909年秋冬间,同盟会南方支部为筹划广州新军起义,与两位女同志(冯自由妻、胡汉民妻)从香港乘船运送军火到广州,行装中塞满子弹炸药,由于徐宗汉镇静并能"安然入睡",清吏不起疑,未予检查,军火顺利运达。1910年2月11日,同盟会会员、广东炮一营左队三排排长倪映典率领新军起义被捕杀,起义因准备不足,遭清军围攻而失败。当时,徐宗汉与其侄李应生等奉同盟会命令,在广州高第街宜安里设立机关,相约起义时在宜安里纵火,以图扰乱清军,并与大塘乡的李福林相呼应,亦告失败。[5]

三、血染黄花

徐宗汉生命中最重要的人黄兴在1911年与她相遇。黄兴(1874—1916)原名黄轸,字杞园,湖南善化(今长沙)高塘乡人。1904年改名黄兴,字克强。1883年入城南书院,1893年县试中秀才,保送到武昌两湖书院,历时4年,1902年以湖北公费送日本留学,入东京弘文书院攻读教育,因愤清朝腐败,决心革命。1904年成立华兴会,被推为会长。1905年8月同盟会成立,被选为庶务(相当于协理),成为同盟会中仅次于孙中山的重要领袖。此后,他以主要精力从事武装起义，亲自掌握留日陆军学生的入会工作，并从中选拔一些坚定分子组成一个严密的团体"丈夫团"，为武装斗争准备力量。1907—1908年，参与或指挥钦州、防城起义，镇南关（今友谊关）起义，钦州、廉州、上思起义与云南河口之役。1909年秋，受孙中山委派，到香港成立同盟会南方支部，策划广州新军起义。起义失败后，孙中山召集"庇能会议"，决议倾全党人力物力，在广州再举事。1911年初，在香港成立领导起义的总机关统筹部，黄兴任部长。起义前，徐宗汉率一批亲友，其中有侄儿李应生、李沛基和女同盟会会员等，在香港摆花街同盟会机关里制造炸弹，并将起义需用的枪械弹药秘密运到广州河南的溪峡机关，借溪峡一间颜料商行铺面假装娶亲办喜事，将武器弹药运到小东营各起义点。大姐徐慕兰也在组织接应等方面作了周密的布置，出色完成任务。1911年4月27日（辛亥年三月二十九日）广州起义爆发。黄兴率敢死队进攻两广总督府，与清军血战，身负重伤，断两指，脱险后回到溪峡机关，恰逢徐宗汉，徐宗汉急忙为其裹敷伤口。4月29日，徐宗汉为黄兴改装，避过清兵盘查，与张竹君一起护送黄兴乘船到香港，进入雅丽氏医院治疗。医师在为黄兴动手术前，需其家属签字，徐宗汉在张竹君鼓励下，以妻子名义签字，手术后又尽心照顾。[6]徐宗汉原与大多数人一样，是一个随命运而行的人，这回却是她自己对命运进行选择。"莫讶头颅轻一掷，肝胆人前大丈夫"，徐宗汉与黄兴在患难中结为革命夫妻。

四、参加"阳夏保卫战"

黄花岗起义失败后，同盟会策划在长江中游发动起义。武昌起义成功，并及汉口及汉阳，清兵全力反扑。10月17日，黄兴接宋教仁急电，与徐宗汉离港赴沪，前往武昌指挥革命军战斗。这时，沪、宁及沿江口岸尚未光复，清军查验极严，难以通行。他们到上海后，徐宗汉求助于已在上海开设医院的张竹君。张竹君立即出面组成开往武汉战地的红十字救伤队，黄兴扮作医疗人员，徐宗汉扮成护士，随行的还有宋教仁、陈果夫等；并带有一批武器，乘怡和瑞昌轮西行，避过清军，于10月28日到达武汉参加指挥。徐宗汉到武汉后，冒着炮火救护伤兵，并协助张竹君在汉阳设立临时医院。11月27日，汉阳失守，长江被清军封锁。徐宗汉与张竹君借红十字会的渡船，冒险将黄兴从汉阳护送到武昌。[7]

"阳夏保卫战"是辛亥革命的重要组成部分，由于阳夏保卫战之汉阳保卫战战线绵延20余公里，黄兴受命担任总司令，司令部位于汉阳琴台附近，尽管保卫战失败，双方伤亡惨重，但是有力地牵制了清军反扑革命军的主力，为各省脱离清廷独立，赢得宝贵时间。这时，上海已光复，江浙革命联军正进攻南京，催促黄兴前来主持大局。11月28日，黄兴即与徐宗汉等人离开武昌到上海。随着南京的光复和孙中山的回国，12月31日，徐宗汉随黄兴到达南京，参与筹建民国临时政府。

五、后　　话

　　1912年，孙中山宣誓就任临时大总统，黄兴任陆军总长兼参谋长。黄兴把徐宗汉在李家的一子一女接来同住，视如己出，送日本留学。1913年7月，"二次革命"爆发。黄兴因讨伐袁世凯失败，为国事奔走，期望再造共和。1916年6月，袁世凯在全国的讨伐声中暴卒。7月8日，徐宗汉随黄兴回国抵达上海。这时候，黄兴已疾病缠身，加上操劳过度，于10月31日在上海逝世，年仅42岁。黄兴与孙中山一生献身革命，死于忧患。1925年孙中山去世时，黄兴长子黄一欧致送挽联"大英雄百折不回，别有锋棱振华夏；先君于九原相见，能无涕泪话山河"。[8]徐宗汉于民国三十三年（1944）3月8日在重庆病逝。

参考文献：

　　[1][2][5] 政协珠海市委员会. 珠海人物传（上册）. 广州：广东人民出版社，1992：183-194，226，183-194.

　　[3] 张磊. 孙中山辞典. 广州：广东人民出版社，1994：383.

　　[4] 罗明，杨益茂. 清代人物传稿，（下篇，第十卷）. 沈阳：辽宁人民出版社，1994：211-214.

　　[6][7] 冯绍唐. 民国人物小传（第一册）. 台北：传记文学出版社，1975：217-219.

　　[8] 刘泽生. 晚清广州博济医院的杰出学生（1855—1900）. 中华医史杂志，1999，3：162-165.

医学篇

● 文摘

β受体阻滞剂、苄氟噻嗪及哌唑嗪对严重高血压疗效的评价[*]

A. J. Marshall 等著，刘泽生摘

20例严重的原发性高血压病患者，男7例，女13例，年龄24～72岁。治疗前卧位平均血压为211 mmHg/123 mmHg[**]。20例至少用了2个月的心得安或心得平，每日量480 mg或以上，或氨酰心安（atenolol），每日量100 mg或以上，但血压下降不满意，因此改用下列疗法：用苄氟噻嗪（bendroflumethiazide）每天5 mg，然后每天10 mg，或用哌唑嗪（prazosin）每次2 mg，每天3次，可按需要增至每次5 mg，每天3次。苄氟噻嗪是利尿剂，每天用5 mg或10 mg效果无显著差异，加上β受体阻滞剂，立位血压平均下降13%。哌唑嗪是血管扩张剂，与β受体阻滞剂合用，立位血压平均下降16%。哌唑嗪的剂量从每次2 mg，每天3次，增至每次5 mg，每天3次时，血压下降更明显。

10例用上述方法的1种，血压不能令人满意地下降，乃联合使用3种药物。苄氟噻嗪与哌唑嗪先后添加与同时联用的效果无异，说明两种药的作用是单纯相加的。三药联用能使绝大多数病人的血压获得适当的控制。18例坚持完成这个试验后，立位平均血压为139 mmHg/93 mmHg。为了减轻哌唑嗪的副作用（眩晕），开始量不要超过2 mg，并于睡前给药。一般于持续用药后，体位性低血压很少见。在使用β受体阻滞剂的基础上加用本药可使心率更慢些，而一般血管扩张剂常使心率加快。使用苄氟噻嗪的患者，在开始2周内有半数血钾降至3.6毫克分子/升以下，但继续用药而未补钾，亦未见明显的不良反应。

结论是：原发性高血压病患者如单用β受体阻滞剂效果不好时，加上苄氟噻嗪5 mg可使血压进一步下降，严重的原发性高血压病患者再加用哌唑嗪，除极少数外效果是好的。

［原文载于 *Lancet I*，1977（8006）：271（英文），张旭明校。］

---

[*] 本文原载于《国外医学参考资料·内科学分册》1978年第4期第192页。

[**] 1 mmHg = 133.322 4 Pa。

● 文摘

心得安治疗二尖瓣脱垂*

R. A. Winkle 等著，刘泽生摘

二尖瓣脱垂的患者常有不典型的胸痛、呼吸困难、疲乏、心悸、头晕或晕厥。房性及室住心律失常的发病率亦高。本文通过对 16 例二尖瓣脱垂患者的研究，探讨心得安对症状、心律失常及对运动耐量的影响。

3 例（19%）在心得安治疗后，平均 13 天，全部症状恶化。其中 2 例因严重呼吸困难及疲乏等而停用此药；另 1 例虽继续用药，但每增加一次心得安的量，便有胸痛、疲乏加重。7 例（44%）心得安用了 4.2 个月，但无变化。而 6 例（37%）症状得到长期改善，主要是心悸减轻。通过平均 12.5 个月的随诊，凡临床效果初步满意的患者，如持续给予心得安仍见进步。除中途停药的 2 例外，在其余 14 例中，心得安每日最大量为 40 mg 者 1 例，80 mg 者 2 例，160 mg 者 7 例，320 mg 者 4 例。

作者认为心得安可缓解这些患者的胸痛，但在 8 例胸痛中只有 2 例得到缓解，效果不如冠心病患者。心得安不仅不能使疲乏改善，还可引起这一症状。在治疗中 3 例首次出现疲乏症状。患者对活动平板试验的耐受力无改善。9 例中 5 例（56%）室性期前收缩至少减少 75%，4 例中 3 例的阵发性室性心动过速消失。

由此可见，心得安对二尖瓣脱垂患者的效果是不一致的，因此，治疗时要注意个别化。心得安可用于治疗二尖瓣脱垂伴有严重症状和/或心律失常者。

[原文载于 Am Heart J, 1977, 93 (4)：422（英文），李启光校。]

---

* 本文原载于《国外医学参考资料·内科学分册》1978 年第 22 期第 155 页。

● 文摘

治疗高血压病的新方案*

J. H. Laragh 著，刘泽生摘

　　作者提出一项治疗高血压病的新方案，这是基于使用肾素侧面图对肾素—血管紧张素—醛固酮轴的研究和药理的探索，以及血管收缩—血容量的概念而提出的。在缺乏测定条件时，这个新方案不需作肾素—钠的测定或血管收缩—血容量的分析，故可广泛应用。

　　除老年人以及心力衰竭、心动过缓和有哮喘史者外，这个方案首选心得安，此药可使许多高肾素或正常肾素水平的患者血压降低或恢复正常。如不见效，即加利尿药。经一段时间后，可试行停用心得安，观察单用利尿药的效果。凡单用利尿药有效者，即属于低肾素水平患者。这种治疗方案对约85%的高血压患者完全有效，余下的15%则可按传统疗法试用肼苯哒嗪、甲基多巴、可乐宁、利血平或胍乙啶。

　　心得安有抗肾素的作用，用量每次40 mg，每天4次常已足够；亦可每次80 mg，每天2次。很少需要超过每次120 mg，每天4次。事实上一些病人每次20 mg，每天2次，便能控制血压。

　　利尿药可选用。作者用长效制剂氯噻酮（chlorthalidone），每天1次，开始量50 mg，以后加倍；也可用双氢克尿塞从每次25 mg，每天2次，增至每次50 mg，每天2次；也可用螺旋内酯，每天50～100 mg。

　　上述方案作为长期的治疗措施有其优越性。大部分病人只用一种药，最多两种便可控制血压。大多数高肾素或正常肾素的患者单用心得安，低肾素的患者单用利尿药便可，这就具有更简单、更特效的优点。心得安比利尿药更适于长期治疗。长期使用利尿药有一定的副作用，值得注意。

　　[原文载于 *Am J Med*, 1976, 61（5）: 797（英文），刘世强校。]

---

*　本文原载于《国外医学参考资料·内科学分册》1978 第 1 期第 37～38 页。

● 短篇报道

心血管疾病研究进展[*]

张旭明　谷小鸣　刘泽生综述

急性心肌梗死

由于对急性心肌梗死（AMI）病人广泛实施了加强监护，死于心律失常者已显著减少，但如合并心衰、休克则仍有很高的死亡率。现认为治疗应以增加心脏泵功能和减少心肌缺血损伤（MII）为目标[1-3]。梗死范围大小取决于缺血区的能量平衡。临床与实验研究证明，血管扩张剂可降低周围血管阻力、扩张流向缺血区的侧支血管，使局部供氧增加。前负荷减少亦带来氧耗下降。以 ST 段标测和肌酸磷酸激酶等作为 MII 指标的研究表明，血管扩张剂能使泵功能增加和 MII 减少[4]。Chiariello[2] 比较了硝普钠滴注与含服硝酸甘油的效果，两者对血流动力学的影响相似。但硝酸甘油增加缺血区的灌注，减轻 MII；硝普钠则因部分地减少心肌灌注，致使 MII 加重。故 AMI 早期，以应用硝酸甘油为宜。尽管也有人认为硝普钠可减轻 MII[5-7]，但大多数人指出，此药虽能改善血流动力学，却使 MII 加重[3,8]。用 2% 硝酸甘油软膏涂布皮肤，20～30 min 内左室充盈压开始下降，可维持 4～6 h 之久[9-11]。

除上述血管扩张药外，其他作用机理各不相同的药亦被用于减轻 MII。补体系统第二途径激活后可加重 MII，眼镜蛇毒因子则通过黏着 C_s 和阻止补体系统作用，而使 MII 减轻。舒血管素的抑制物——抑胰肽酶（aprotinin），因能降低诱白细胞素的活性，减轻间质水肿，亦可减轻 MII。皮质激素用于 AMI 病人的临床效果的报告互相矛盾，在 AMI 的最初几小时内应用可减轻 MII，但如迟至几天后始用则可抑制愈合，增加室壁瘤出现及心室破裂的危险[3]。

实验证明，高渗甘露醇提高 30～40 渗透毫克分子量能减轻闭塞冠状动脉狗

---

[*] 本文原载于《国外医学参考资料·内科学分册》1978 年第 1 期第 22～26 页。

的心肌与内皮细胞肿胀程度,降低冠脉阻力达40%～50%,改善缺血区血流,从而使MII减轻[3,12,13]。透明质酸酶可减少实验性心肌梗死约50%,作用可能与黏多糖类的解聚,增加心肌营养供给,清除代谢产物和增加灌注有关[3]。异搏停通过抑制钙离子在肌膜上的流动和电兴奋收缩偶联,使氧耗下降而减轻MII[14]。此外,亦可使用肝素和β受体阻滞剂以达到这一目的[3]。但均须在梗死发作后最初2～6 h内应用,始能奏效[3]。近来亦有应用多巴酚丁胺(dobutamine)治疗AMI合并心衰,认为优于多巴胺,但此药是否会加重MII仍有不同的看法[15-18]。

主动脉内气囊反搏术治疗AMI合并休克,可使血流动力学改善,存活率可由20%以下提高到31%,特别是与冠状动脉搭桥术合用,可达33%。如系室间隔穿孔或二尖瓣返流引起者,配合手术治疗,存活率达50%[19,20]。

综观上述,通过减轻MII可有效地降低AMI严重并发症的死亡率。但目前还不能肯定回答哪一种治疗措施最有效。Hillis强调[3],仅用一项疗法很难达到目的,应根据临床及血流动力学改变,迅速作出判断。高血压者可应用减少后负荷的药物;无明显心肌压抑者,β受体阻滞剂为首选;血压正常或降低并有泵衰竭者,宜用辅助循环。不论何种血流动力学改变,均适用抑胰肽酶与透明质酸酶。

高 血 压 病

1. 预防

Stamler[21]认为,高血压未被发现或治疗,或未能被控制者占本病总数的55.1%,以青、中年居多。这是发病率、残废率和死亡率增加以及并发症提早出现的主要原因。有效的预防措施可减少并发症的发生。3个关键性的问题是:①认识高血压是一个必须认真对待的问题;②建立大规模的人群普查制度;③建立随诊制度和进行有效的治疗[22]。对无症状患者应加强教育,使之坚持服药。经验表明,高血压如经10年以上的治疗且控制良好,死亡率及严重并发症均大为减少。但AMI发生率未见显著降低,大概是由于已有严重的动脉硬化,仅用降压药难以奏效[23]。β受体阻滞剂能否降低AMI发生率仍有争论[24]。

2. 治疗

现已有可能根据高血压的病理生理和生化改变,选择降压药作针对性的治疗。

若以肾素水平对高血压病患者进行分类,低肾素、高血容量者应优先选用利尿药。高肾素者首选心得安治疗[25]。周围血管阻力增高者,以用血管扩张药为宜[26]。敏乐啶的作用较肼苯哒嗪强。日本多使用乙肼苯哒嗪（ecarazine）[27],如合用利尿药,效果更佳。重症高血压患者则宜合用 β 受体阻滞剂、利尿药和血管扩张药[28]。

通过血浆儿茶酚胺和多巴胺 β 羟化酶（DBH）活性的测定,可了解交感神经的紧张度。目前由于 DBH 的个体差异很大,其意义尚待确定[25,26]。若今后能在此方面有所突破,针对性地采用 β 羟化酶的阻滞剂,可能会取得更好疗效[25]。

在缺乏肾素测定条件时,Laragh[29]设计了一种简易可行的治疗新方案。无禁忌征的所有病人首先应用心得安治疗,可使有高、正常肾素水平的许多病人血压下降。无效者加用利尿药,以后撤除心得安,这样可剔除低肾素患者。这类患者通常仅对利尿药有反应。此方案可控制 85% 的患者的高血压,余下的少数患者可选用其他降压药治疗。这个新方案的优点是利用种类最少的药物控制较多的高血压患者,而且方法简便,针对性强,有利于长期服用,避免不必要的药物合用带来的不良反应。

心 律 失 常

1. 药物治疗

根据心脏复苏经验,用利多卡因等药物和电击无效的顽固性室颤,静注溴苄胺（5 mg/kg）可取得良好的效果[30]。Greenblatt[31]通过药物动力学研究,认为现行利多卡因静脉给药方式,无论是单次 200 mg 的大剂量注射,或加快维持滴注速度（4 mg/min）以求保持有效浓度,均易引起中毒。作者推荐两种新的投药方式。一是首次静注 100 mg,20～30 min 后再次静注 50～100 mg,然后以 2 mg/min 滴注速度维持。二是先给以负荷量滴注（loading infusion。负荷量及滴注的时间按作者实验所得公式可以推算出来,例如在 15 min 内每分钟滴注 18.3 mg,或在 30 min 内每分钟滴注 9.7 mg）,然后以 2 mg/min 的滴注速度维持。两种方式均能保持恒定有效的浓度,避免因药物浓度下降导致心律失常复发,亦无药物过量之虞。治疗心律失常的新药 tocainide[32] 及脉律定（mexiletine）[33]的结构与利多卡因相似,但具有口服有效、半寿期较长的优点,用于室性早搏疗效满意。醋丁酰心胺（acetutolol）[34]是一种相对选择性心脏 β 受体阻滞药,单次给药亦可在 12 h 内使室性早搏减少一半以上。

2. 人工起搏器

据估计,1958 年至今,世界上埋藏起搏器已超过 12 万例[35],但仍然突出存在起搏器寿限太短等问题。目前改进的途径是[35]，利用小电极和能调整输出量的脉冲发生器，发明低电耗的元件。近来临床广泛应用的外部可控的程序性起搏器是一种较理想的类型。医生可通过外部程序器发出电磁脉冲的密码指令，对输出电流、频率进行调控，其耗电较少。外部可控的射频起搏器亦已应用于反复发作性室上性心动过速，发作时调至预定起搏频率，心动过速即能转复[36]。电路工艺现已采用先进的集成电路（MOS 与 CMOS），使耗电更少，受电源电压下跌的影响较少，抗噪音力强。电能方面，固态锂电池是一种化学能源，不致腐蚀或溢出，体外试验可用 13 年。1975 年春启用，现已用于 4 000 例，尚未见失效者。此外，新型的反复充电式镍镉电池，体积小，仅须用外部充电器每周充电 1 h。其脉冲发生器寿命 10 年，故无须更换[37]。放射性能源采用 ^{238}钚氧化物形式[38]，寿限长达 20 年以上。1974 年至今已累积用于 4 488 例，失效率是每月 0.04%，被认为是最可靠的起搏器。但有潜在放射性危险，目前尚未广泛使用[35]。起搏器治疗指征也在不断扩大，除心动过缓外，亦用于治疗心动过速，增加心排血量[39]。Parsonnet 预言[40]，在 10 年内，起搏器大小有如手表，电能可供终身使用，并备有程序控制钮，能自行核对心脏阈值调整输出，调整逸搏间期，且能发现室颤自动除颤。

3. 预激综合征

预激综合征在组织学、电生理、临床治疗的研究上均已取得引人注目的进展。目前认为房室附加束实系胚胎发育过程中遗留下来未被房室纤维环隔断的肌桥[40]。预激综合征常伴随附加传导束毗邻的房室瓣病变支持了这一说法[41]。手术治疗的发展，要求临床对预激解剖位置作出精确的判断。Gallagher[41] 根据体表 12 导联心电图 δ 波的极性，划分出沿房室沟分布的 8 个不同的预激部位，Ferrer[40] 则按附加束部位将预激分为三类：右侧沿三尖瓣环分布，左侧沿二尖瓣环分布，膜部室间隔。更为准确的定位有赖于心外膜心电图标测、心房及心室起搏和希氏束图等电生理研究[40,41]。对本症心动过速发作的药物治疗，迄今没有取得突破。药物无效时，埋藏按需式起搏器，电极放置右室或冠状窦（尽量贴近附加束），发作时以外部磁铁使之转为固定率，折返回路可被起搏刺激中断[39]。此外，射频起搏器亦同样有效[42]。手术切断附加束以治疗本症已获得成功，其适应证是内科治疗无效或危重的心律失常。Gallagher 用手术治疗了 54 例[41,43−45]，52 例存活，其中 50 例无症状。手术效果以附加束位于游离壁的较室间隔为好，因后者手术时容易损伤传导束。术前应作详细的电生理研究，分析附加束的位置、数目、有无伴发心律失常以及有效不应期等。术后应检查 δ 波是否消失。仍不能消除者，可切断希氏束，并埋藏起搏器，这样可防止折返性室上性心动过速。Gallagher[45-47]晚近还发明了一种特殊冷冻器，对附加束部位冷冻至 -60 ℃，产生永久性传导中断。此法无须体外循环，不会损伤血管，对位于室间隔的附加束同样有效。

4. 扭转型室性心动过速

扭转型室性心动过速心电图表现似室速，但 QRS 轴向每 5～20 次心搏发生变动。其病因、病理改变、治疗方法均与一般室速不同。对此虽在 50 年前已有所认识，但晚近才受到重视[48,49]。Rossi[50]最近研究了本病的组织学改变，包括房室结、希氏束和左右束支的病变，认为发生机理并非因异位兴奋灶活动增强，而是传导障碍和心搏非同步，幸存的传导束产生折返回路，使 QRS 轴向周期性扭转。起搏导管刺激右室内膜，亦能引起扭转型室速发作[51]。治疗上忌用奎尼丁与普鲁卡因胺[49,51]。Ranquim[49]主张立即电击。心率慢者插入右房起搏可防止发作；心率 70 次/分或以上者，使用利多卡因或茚满丙二胺（aprindine）可奏效。

非侵入性诊断技术

1. 超声技术

现已积累了超声技术对各种心脏病诊断的丰富经验。近来不少作者探讨 M 型超声对冠心病的诊断价值[52-56]。Feigenbaum[5]指出，临床有胸痛表现，超声发现左室壁区域性活动异常，应考虑冠心病的诊断。左前降支病变 80% 有室隔活动减弱，后降支病变 52% 有后壁活动减弱[57]。应用左室聚缩扫描（condensed or compressed scanning）能发现左室壁膨隆。左室功能测定的各项指标中，左室舒张末期径/P-R 间期（心电图）-AC 段（超声）≥65，对预测 AMI 死亡率最有价值[52]。超声对二尖瓣脱垂诊断很有价值。多数认为二尖瓣收缩晚期后弯较之吊床征特异性高，因探头过度斜向下或放置过高时，正常人亦可出现此征[58,59]。最近报道，健康青年女性超声检查，二尖瓣脱垂达 5%～6%[58,60]。Markiewicz[61]的 100 例中竟有 21 例，但其真实意义尚待研究[58]。特发性肥厚性主动脉下狭窄患者的二尖瓣收缩期前移征亦可见于低血容量、二尖瓣后叶脱垂、主动脉瓣关闭不全和正常的运动员[50]。

超声在先天心的应用仍占重要地位。对房间隔缺损的诊断价值再次被确认。约 22% 的病例无须再作心导管检查[62]。经周围静脉注射的声学造影，由于操作简便易行，已广泛应用于各种右—左分流的先天心的诊断[63-65]。

目前，超声技术主要朝着三个方面发展[66]：①研制和应用切面超声心动图获得很大的发展。现有 B 型扫描、多晶体探头、机械扇形扫描和电扇形扫描四种显示方法,以机械扇形扫描效果较佳。切面超声能估计瓣口狭窄程度,发现心室局限性收缩异常,甚至显示冠状动脉口[67,68]。Weyman[69]报道 31 例造影证实的室壁膨隆,全部经切面超声确诊;用 M 型超声仅检出 14 例。34 例造影证实的二尖瓣脱垂,切面超声诊断相符;M 型超声在 29 例中仅检出 22 例[70]。②应用多普勒原理测定血流速度。探头放置胸骨上窝,声束射向主动脉弓,可记录到主动脉血流速图[71-73]。本法亦用于诊断二尖瓣返流[74]。③借助不同质组织对超声脉冲强度及频率的不同影响,可区分正常与坏死心肌。目前这方面尚处于探索阶段[66]。

2. 放射性核素应用

(1) 急性心肌梗死:放射性核素诊断 AMI 已经取得令人鼓舞的进展。目前使用的有三种方法[75]:①心肌灌注显像。^{43}钾、^{81}铷、^{129}铯、^{201}铊等单价阳离子的示踪物静脉注入后均匀分布于正常心肌,而梗死心肌则只有极少的放射性积聚,形成"冷斑"。此法可诊断穿壁性或非穿壁性 AMI[76,77]。②心肌梗死显像[58,78]。^{99m}锝标记的焦磷酸亚锡等示踪物仅积聚于梗死或缺血区域,显示为"热斑"。狗的实验证明,当梗死区超过左室重量的 1% 时呈阳性[79]。Olson[80]的 68 例 AMI 均呈阳性,对照组 46 例仅 1 例阳性。至于单纯心肌缺血而无坏死时能否出现阳性,尚无统一看法。有人认为 1/3 不稳定型心绞痛的患者、心内膜下心肌梗死,室壁膨隆,原发性心肌病均可呈阳性[81]。Berman[82]对造影证实有多条冠状动脉病变的心绞痛患者作安静及运动后检查,运动引起的暂时性心肌缺血并无 ^{99m}锝积聚。无 AMI 者出现阳性结果,是否预示亚临床的心肌坏死或缺血仍有待研究。此法与肌酸磷酸激酶测定合用时,有利于识别 ^{99m}锝显像的个别假阳性。人工瓣膜或冠状动脉搭桥术后酶活性的升高,用 ^{99m}锝显像为阴性,有助于鉴别[83]。近来有人用核素显像估计梗死大小,认为与肌酸磷酸激酶测定估计的结果近似[75]。但动物实验未能证实[79]。③门电路心血池扫描。系用血池示踪物,如 ^{99m}锝标记人血清白蛋白或红细胞,单次静脉注入,患者心电图 R 波触发 γ 闪烁照相机,产生心动周期某特定时间高分辨力的显像[75,76,84]。由此法推算的左室喷血分数与 X 线测定的基本相符[67,75]。连续测定可预测左心衰竭和死亡率,亦能发现心壁肌肉活动异常[75]。Betvinick[85]最先报道用此法诊断假性室壁膨隆,有助于及早手术治疗。Pitt 建议[75],对可疑 AMI 患者,先作 ^{201}铊心肌灌注以确定有无心肌梗死、梗死部位和范围,继而作心血池扫描。因 ^{201}铊光子能量低,不至于干扰 ^{99m}锝标记人血清白蛋白的显像。若在心肌显像可疑部位发现活动异常,则可作出诊断,亦能帮助了解左室功能情况。对复发性心肌梗死、心电图或酶变化不明显者,加作 ^{99m}锝磷酸盐梗死显像,可肯定该区域是否新鲜病灶。

(2) 心绞痛:早期应用 ^{43}钾测定心肌灌注,现已为 ^{201}铊所代替[67]。Bailey[80]的 20 例正常人安静及运动后检查均无灌注缺损区。63 例冠心病患者运动后,56 例出现新的灌注缺损区,但仅 38% 病例的心电图发现缺血性 ST 段改变。此法对过去有心肌梗死,心室肥厚,室内传导阻滞,妨碍心电图分析,或运动后不能达到预计心率者特别有用。单支冠状动脉病变者阳性率高于心电图运动试验[86]。

此外,还有人报道,放射性核素用于鉴别缺血性心脏病与心肌病[76],心血池扫描用于显示左房黏液瘤活动[87]、诊断非对称性室间隔肥厚[88],等等。

3. 收缩时间间期(STI)

收缩时间间期是一种根据心电、心音、脉波同步记录进行分析的演绎技术[87]。STI 明显异常的 AMI 病人,预后较差,亦较易发生心衰。其中以喷血前期/左室喷血时限(PEP/LVET)为最敏感[88-91]。若配合亚极量踏车试验测定运动后 4 min 左室喷血时间的增值,可提高冠心病诊断的阳性率和识别心电图的假阳性。此外,PEP/LVET 比值对指导心绞痛的心得安治疗、冠脉搭桥术前作出估计均有帮助[19]。

参考文献:

[1] Am J Cardiol, 1976, 37 (4): 581.
[2] Circulation, 1976, 54 (5): 766.
[3] N Engl J Med, 1977, 298 (19): 1093.
[4] Prog Cardiovasc Dis, 1977, 19 (4): 301.
[5] Circulation, 1976, 54 (4): Ⅱ-76.
[6] Am J Cardiol, 1976, 37 (1): 156.
[7] 同上, 1976, 38 (4): 435.
[8] Am Heart J, 1977, 93 (2): 248.
[9] Angiology, 1977, 28 (3): 217.
[10] Am J Cardiol, 1976, 38 (4): 469.
[11] 同上, 1976, 37 (1): 155.
[12] Circulation, 1976, 54 (4): 603.
[13] Am J Cardiol, 1976, 37 (4): 514.
[14] Circulation, 1977, 55 (4): 581.
[15] Prog Cardiovasc dis, 1977, 19 (4): 327.
[16] Circulation, 1977, 55 (2): 375.
[17] Am J Cardiol, 1977, 39 (4): 588.

［18］同上，1976，38（1）：103.
［19］Am Heart J，1977，93（3）：274.
［20］同上，1977，93（3）：280.
［21］JAMA，1976，235：2299.
［22］同上，1976，235：2327.
［23］最新医学，1976，31：516.
［24］诊断＆治疗，1977，65：18.
［25］内科，1976，37：596.
［26］最新医学，1976，31：509.
［27］内科，1976，37：604.
［28］Lancet，1977，Ⅰ（8006）：271.
［29］Am J Med，1976，61：797.
［30］Circulation，1977，55（3）：541.
［31］JAMA，1976，236：273.
［32］Circulation，1976，54（6）：884.
［33］Am Heart J，1976，91（1）：58.
［34］Circulation，1977，55（5）：785.
［35］Med Clin N Am，1976，60（2）：369.
［36］Am J Cardiol，1977，39（2）：306.
［37］J Electrocardiogram，1976，9（4）：391.
［38］J Thorac Cardiovasc Surg，1976，71（2）：262.
［39］Am J Cardiol，1977，39：251.
［40］Am J Med，1977，62：715.
［41］Med Clin N Am，1976，60（1）：101.
［42］Am J Med，1977，62：252.
［43］J Electrocardiogram，1976，9（4）：293.
［44］JAMA，1976，235（9）：947.
［45］Am J Cardiol，1976，37：693.
［46］Circulation，1977，55（3）：462.
［47］同上，1977，55（3）：470.
［48］Br Heart J，1976，38：117.
［49］Angiology，1977，28（2）：115.
［50］Br Heart J，1976，38：1312.
［51］J Electrocardiogram，1976，9（3）：255.
［52］Am J Cardiol，1976，37（5）：693.
［53］同上，1976，38（1）：1.

[54] Excepta Medica Section 18, 1977, 26 (2): 116.
[55] Br Heart J, 1976, 38 (3): 271.
[56] Am J Cardiol, 1976, 37 (5): 775.
[57] Circulation, 1976, 54 (5): 724.
[58] N Engl J Med, 1977, 296 (17): 368.
[59] Circulation, 1976, 54 (4): 538.
[60] 同上, 1976, 54 (1): 3.
[61] 同上, 1976, 53 (3): 464.
[62] Ann Intern Med, 1976, 84: 246.
[63] Am J Cardiol, 1977, 39: 203.
[64] 同上, 1976, 37 (1): 132.
[65] 同上, 1976, 37 (1): 171.
[66] Am J Med, 1976, 60 (3): 315.
[67] N Engl J Med, 1977, 296 (6): 316.
[68] Circulation, 1976, 54 (2): 169.
[69] 同上, 1976, 54 (6): 936.
[70] 同上, 1976, 54 (5): 716.
[71] Br Heart J, 1976, 38 (5): 443.
[72] 同上, 1976, 38 (5): 451.
[73] 同上, 1976, 38 (5): 433.
[74] Circulation, 1976, 54 (4): 656.
[75] Am J Cardiol, 1976, 37 (5): 797.
[76] Circulation, 1976, 55 (5): 753.
[77] 同上, 1976, 53 (3): 422.
[78] 同上, 1977, 55 (1): 61.
[79] 同上, 1976, 54 (1): 71.
[80] 同上, 1977, 56 (2): 181.
[81] Br Heart J, 1976, 38: 257.
[82] Chest, 1977, 71 (3): 347.
[83] Am J Cardiol, 1976, 37 (5): 732.
[84] Angiology, 1977, 28 (3): 142.
[85] Am J Cardiol, 1976, 37 (7): 1089.
[86] Circulation, 1977, 55 (1): 79.
[87] 同上, 1977, 55 (1): 88.
[88] 同上, 1977, 55 (1): 92.
[89] Am J Cardiol, 1976, 37 (3): 331.

[90] Circulation, 1977, 56 (2): 147.
[91] Am J Cardiol, 1976, 37 (5): 787.

(期刊上原文的参考文献无作者和题名,现无法查补,故按原文刊登。后同——编者注)

预激综合征伴心房扑动[*]

刘泽生　Nicholas J. Stamato M. D.[**]

患者男性，32岁，突发心悸来院急诊。过去无心动过速史。余无异常发现。

图1为患者入院时所作的12导联心电图。QRS时间为0.12 s，心室率150次/分。在Ⅲ导联中，可见锯齿状的F波。F波频率为300次/分，符合心房扑动的诊断。房室传导比率为2:1。

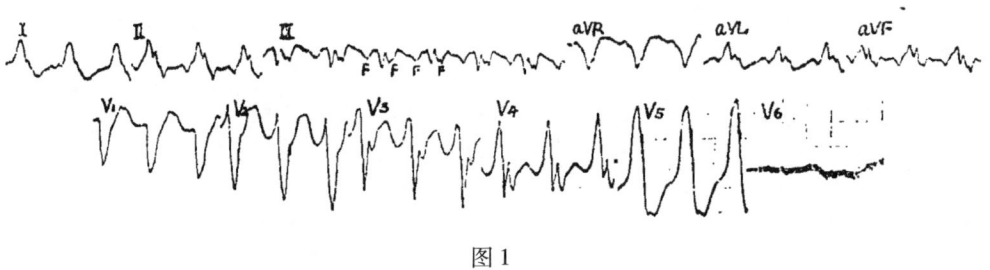

图1

在心房扑动时，QRS时间0.12 s，在宽QRS波的起始处疑有预激波。V_1导联QRS波向下，起始0.04 s向量为负；而V_5导联QRS波向上，起始向量为正，故可考虑为预激综合征（右侧房室旁道）。心动过速发作时的心电图拟诊为预激综合征、心房扑动伴2:1房室旁道下传。

图2为静注利多卡因100 mg，房扑终止后记录的心电图，可见明确的预激波，P-R间期<0.12 s，V_1导联呈rS形，V_5导联呈R形，此时QRS波较房扑发生时的QRS波为窄。诊断为预激综合征（B型）。

心律规则或大致规则的宽QRS波心动过速，一般考虑有室上性心动过速并

---

[*] 本文原载于《心电学杂志》1978年第2期第105页。
[**] 第二作者单位：美国宾夕法尼亚大学医院心血管科。

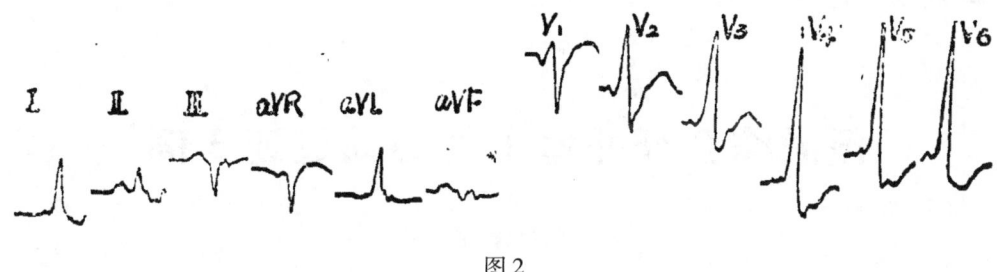

图 2

束支传导障碍（包括束支传导阻滞及时相性室内差异性传导）、预激综合征伴室上性心动过速以及室性心动过速。本例规则性心动过速的宽 QRS 波，是心房扑动波以 2:1 经右侧房室旁道下传所致。而正常房室径路可能因逆行隐匿性传导未能下传。

预激综合征伴心房扑动的心电图少见。在考虑规则性宽 QRS 波心动过速的鉴别诊断时，亦应考虑这种可能性。

（本文心电图为作者赴美进修期间由美国宾夕法尼亚大学医院提供，谨此致谢！）

● 病例报告

预激综合征并室上性心动过速 3 例[*]

刘泽生

关键词 沃-帕-怀氏综合征；心电描记术

预激综合征常合并折返性室上性心动过速，约占室上性心动过速的 30%。预激综合征合并室上性心动过速（以下简称预激并室上速）一部分能从心电图作出初步诊断，但有一部分需要对照室上速发作前或后的心电图和进一步作心电生理学检查。以下 3 例均经心电生理学检查确诊。

例 1 患者 20 岁，男性，因近 1 个月来反复发作心动过速入院。过去 2 年有短阵心悸史。图 1 为患者住院期间的心电图。图 1a 示心率 187 次/分、规则，在导联 AVR，T 波应倒置，但此图 T 波呈正负波，考虑正立的 P 波叠于其上，P-R > R-P 间期。P 波出现于 QRS 波结束后，考虑预激并室上速。激动前传正常房室传导通道，逆传房室副束，故呈窄 QRS 波。图 1b 示心率 214 次/分、规则，AVR 导联 QRS 波前有正立的 P 波，考虑为另一型预激并室上速。激动前传房室副束，逆传正常房室传导通道，因此 QRS 波增宽及畸形，心率更快些。图 1c 为两型室上速发作停止后的心电图，示 B 型预激综合征。

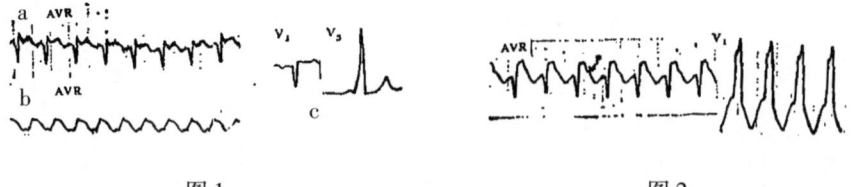

图 1   图 2

例 2 患者 18 岁，男性，一年前入学体检时，心电图示 B 型预激综合征。3

---

[*] 本文原载于《湖南医学院学报》1987 年第 12 卷第 2 期第 199～200 页。

天前有阵发性心悸，突起突止，未用药物。入急诊室前 20 min 又突起心悸（见图 2）。图 2 示心率 162 次/分、规则，P 波出现于增宽的 QRS 波之末端。本例发作前心电图为 B 型预激综合征，考虑存在右侧房室副束。心动过速发作时呈右束支阻滞型，故 P 波可出现于 QRS 波之末端，而不出现于 QRS 波结束之后，P-R 仍大于 R-P 间期。考虑为预激并室上速（伴右束支传导障碍）。

例 3　患者 21 岁，男性，过去体检时发现马汉氏（Mahaim）型预激征心电图。此次心动过速时记录心电图见图 3。

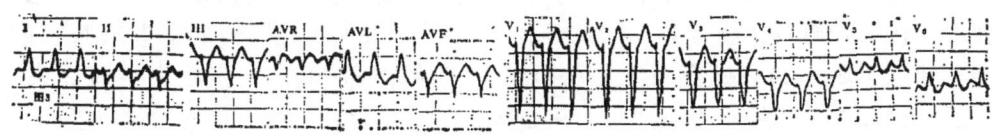

图 3

图 3 示心室率 210 次/分、规则、无 P 波、电轴左偏，QRS 波呈类左束支阻滞图形，为马汉氏型预激征并室上速。此种心电图罕见。

诊断预激并室上速心电图时应注意以下事项：

(1) P 波的位置。特别注意 P-R 及 R-P 间期。P-R > R-P 间期时，可能是心房激动通过正常房室传导通道到达心室，然后逆传房室副束返回心房，从而构成折返环，这是最常见的折返通道。但也可见于房室结折返性心动过速。此时激动前传房室结的慢通道，逆传快通道，构成折返环。两者鉴别的关键在于 P 波所在的位置。预激并室上速时，P 波常出现于 QRS 波结束之后，这点具有特征性。仅在预激综合征合并同侧束支传导障碍时，P 波可落在增宽的 QRS 波之末端。测量 R-P 间期，常大于 110 ms。至于典型的房室结折返性心动过速，应看不到 P 波，P 波隐没在 R 波之中，但 P 波亦可以出现于 QRS 波之末端，R-P 间期常小于 60 ms。如加用食道导联记录，P 波的位置更清楚。P-R < R-P 间期时，在预激并室上速时可有两种情况：①心房激动前传房室副束到达心室，逆传正常房室传导通道返回心房，构成折返环。但这种折返环较为少见。此时 QRS 波宽且呈畸形，注意要与室性心动过速鉴别。②心房激动前传正常房室传导通道达心室，逆传病态的房室副束或称慢房室副束（sick by pass tract 或 slow accessory pathway）返回心房，此时 QRS 波为类似正常波形的窄波。当然，单纯从 P-R < R-P 出发，还要鉴别非典型房室结折返性心动过速（激动下传房室传导通道的快通道，逆传慢通道）、自主性房性心动过速、房内折返性心动过速与窦房结折返性心动过速。

（2）P波的形态。预激伴室上速，其P波往往是逆行的。这样可鉴别在Ⅱ、Ⅲ、AVF导联P波呈正向的窦房结折返性心动过速、房内折返性心动过速以及大部分的自主性房性心动过速（因为10%的P波在Ⅱ、Ⅲ、AVF导联可倒置）。

（3）QRS波的形态。一般前传正常房室传导通道者，QRS波近似正常形态。除非出现与房室副束同侧的束支传导障碍，QRS波则增宽。如心房激动前传房室副束，QRS波可增宽及呈畸形。有时同一人身上可记录到因折返环前传与逆传通道不同，而致形态不同的室上速。

（4）束支传导障碍的影响（包括束支传导阻滞及室内差异性传导）。室上速伴束支传导障碍时，如有R-R间期延长（与不伴束支传导障碍的室上速R-R间期相比大于25 ms），则有力地提示与束支传导障碍同侧的房室副束（肯氏束）折返。例如右束支处于不应期时，从心房、房室结及希氏束下传的激动不能通过右束支，必须通过左束支传导以及心肌之间的缓慢传导而达右室，再通过右侧房室副束逆传返回心房。所经历的时间长，故R-R间期长。如若无右侧束支传导障碍，心房激动可依次下传，从右束支通过右侧心肌，再从右侧房室副束逆传返回心房，此时所经历的时间比前者为短，R-R间期亦较短。这在预激并室上速的诊断中亦具特征性。另外，预激并室上速伴左、右束支图形时，还要注意有无马汉氏束的存在。因结—室副束存在时，马汉氏纤维常与右束支相连，激动先传此处，故常呈左束支阻滞图形。此时常伴电轴左偏，因此束常插入近膈面及心尖方向的室膈处。结—室副束可无P波。

（5）应无房室分离的存在。因为心房及心室均为构成预激并室上速折返环的必要成分，若有房室分离，折返环便中断，室上速便中止。当然马汉氏束的折返可无心房成分，故亦可无P波。

（本文资料来自美国宾夕法尼亚大学医院，并承导师 Mark E. Josephson 教授指导，谨此致谢！）

● 病例报告

高血钾与室性心动过速[*]

刘泽生

患者男，62岁，间有心前区痛2年，1年前因心悸，在外院住院，出院诊断为"冠心病、室性心动过速"。近1周来两下肢浮肿，自服安体舒通 20 mg，bid。半小时前突感心悸，来急诊。查体：BP 12 kPa/8 kPa（90 mmHg/60 mmHg），神志清，能平卧，无发绀或颈静脉充盈。心率 150 次/分，律整齐，未闻杂音。双肺清晰。腹软，肝脾未触及，两下肢无浮肿。12 导联心电图（见图1a）：未见 P 波，心室率 136 次/分，QRS 波时限 0.16 s。胸导联宽 S 波与高 T 波呈直线连接。V_1 导联呈 QS 型，V_5 导联呈 rS 型。拟诊室性心动过速。静注利多卡因 100 mg 无效，又以利多卡因 1 g 置于 5% 葡萄糖液内静滴。滴注过程中患者烦躁不安。会诊重阅心电图，诊断为高血钾伴室性心动过速。血钾报告 7 mmol/L。针对高血钾治疗 4 h 后，血钾降至 4 mmol/L，BUN 5.4 mmol/L。心电图记录（见图1b）：窦性心律、正常心电图。3 天后突发心悸，12 导联心电图（见图1c）：心室率 187 次/分，QRS 波时限 0.18 s，V_1 导联呈单相 R 波，V_5 导联呈 rS 型，r/s 无 P 波，电轴 +256°，诊断为室性心动过速。其形态与高血钾时不同。静注利多卡因 100 mg 后，恢复窦性心律。血钾 4 mmol/L。

讨 论

根据病史、血清钾增高、心电图改变及对高血钾治疗有良好反应，此例高钾血症的诊断当无疑问。

高血钾的初始，心电图表现是对称而尖的帐篷状 T 波，进而出现 QRS 波增宽。当血钾 >7 mmol/L 时，P 波变平，QRS 时限常超过 0.12 s，S 波加深增宽，和 ST 段及高 T 波的升支连成一直线为特征，此与本例相符。至于 ST 段类似损

---

[*] 本文原载于《临床心电学杂志》1993 年第 2 卷第 1 期第 40～41 页。

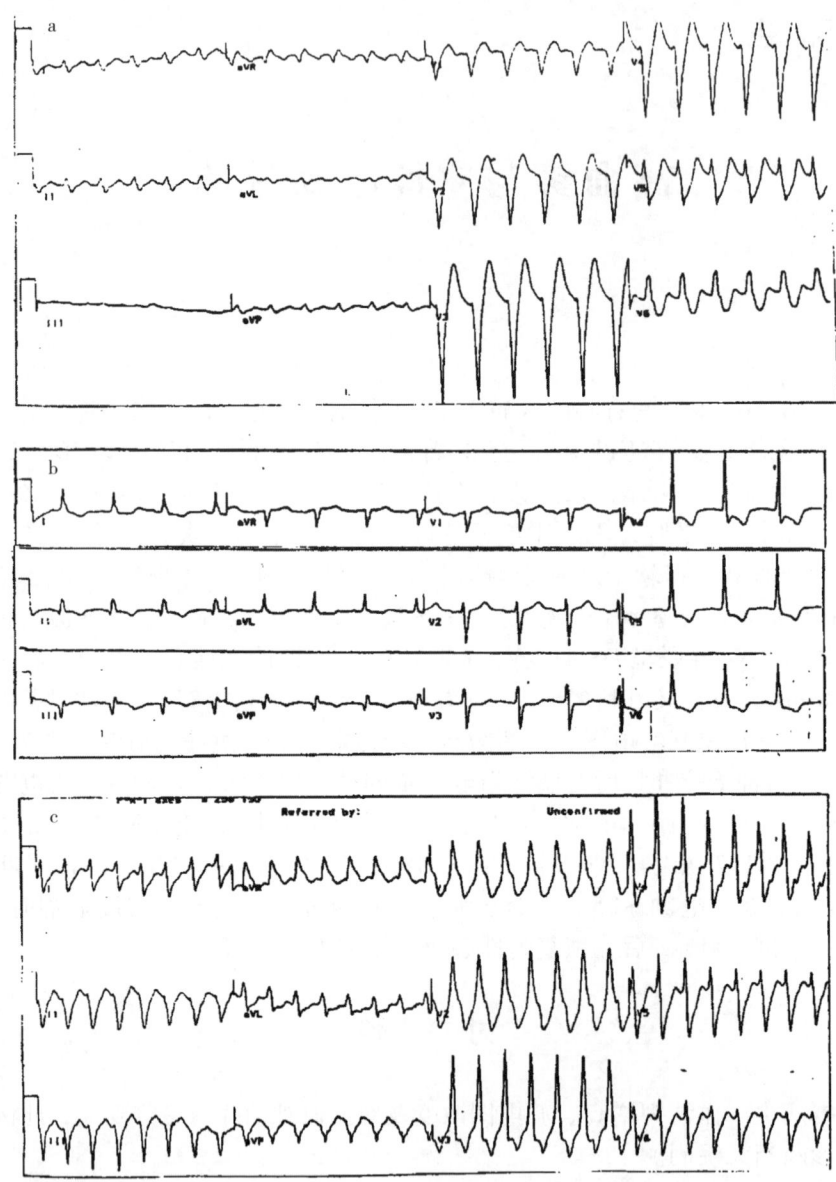

图 1

伤型峻陡上抬的原因,有作者[1]认为与"可透析的损伤电流"(dialyzable current of injury)有关。这类高血钾心电图的诊断,关键在于警惕性。否则,极易误诊,如本例。另外，凡室性心动过速的心室率较为缓慢者（<150次/分），必须寻找上述线索，明确高血钾是否为其原因。

宽QRS波产生的机制，认为与高钾对心脏传导系统的抑制有关。至于出现快速室性心律失常的原因，与高钾能使浦肯野纤维和心室肌的静息电位降低，致与阈电位差距缩小，有可能使心室自律性增高有关。此外，有作者[2]认为，高钾可使心肌复极加速，不应期缩短，加上室内传导减慢，易产生折返激动，也会出现室性心动过速，甚至心室颤动。这类患者如不针对高血钾进行治疗，只单纯给予抗心律失常药物，不会出现疗效，甚至会导致患者死亡。本例经验亦证实如此。

参考文献：

[1] 上海市第一人民医院，等. 心电图、心向量图学. 上海：上海人民出版社，1976：389.

[2] Chou T C. Electrocardiography in clinical practice. 2nd ed. Orlando：Grune & Stratton Inc，1986：567.

● 病例报告

甲亢性心脏病应用心脏起搏 2 例*

刘泽生　廖宪江

例1　患者女，61岁。3年来自觉心悸、急躁、多汗、多食及明显消瘦。入院前 2 h 突发晕厥伴抽搐 3 次。1 年前外院作甲状腺吸 ^{131}I 率检查，24 h 68.1%。未予治疗。查体：体温 36 ℃，脉搏 49 次/分，血压 16 kPa/8 kPa。神清，突眼，消瘦，颈静脉不充盈，甲状腺轻度增大，可闻血流杂音，触及震颤。心略大，心率 49 次/分，整，未闻杂音。双肺清晰。肝脾未触及，无水肿。手抖。实验室检查：TT_3 2.8 nmol/L，TT_4 273.8 nmol/L。胸透示心影略大。心电图示房颤伴Ⅲ度 AVB，结性逸搏心律。入院后服他巴唑 30 mg/d，异丙肾上腺素 1 mg 加入葡萄糖中慢滴。静滴中出现抽搐，监护导联记录：房颤伴Ⅲ度 AVB，R-R 间期长达 2.52 s。入院第 3 天安置临时起搏器，当天起搏及按需功能良好。次日导管短路，起搏失灵而拔除。心电图示窦性心律，Ⅱ度 AVB。口服阿托品 0.3 mg，3 次/天。继续他巴唑治疗。入院第 20 天心电图正常。追踪观察房室传导阻滞完全消失。

例2　患者男，43岁。近 1 年来反复发作晕厥 20 次，曾在外院住院，诊断为病窦综合征伴阿—斯综合征发作。转院安置人工心脏起搏器。查体：体温 36 ℃，脉搏 108 次/分，血压 13 kPa/7 kPa。神清，无突眼，颈静脉不充盈，甲状腺不大。心率 118 次/分，强弱节律不一，无杂音，双肺清晰。肝脾未触及，无水肿。胸片示心脏普遍增大，疑有心肌病。超声心动图正常。入院当日心电图示快速房颤，次日转为窦性心动过缓兼不齐，窦性停搏。房颤转为窦性心律时出现晕厥。监护导联示窦房结恢复时间 2.5 s。初疑病窦综合征与心肌病有关，给予强的松 30 mg/d。入院第 6 天安置永久起搏器（VVI 型），因快速房颤持续，加用地高辛 0.25 mg/d 及异搏定 40 mg，3 次/天，以控制心室率。起搏器的起搏及按需功能良好。住院 1 个月后发现患者多食、多汗、急躁及手抖。甲状腺略

---

*　本文原载于《湖南医学》1993 年第 10 卷第 1 期第 13 页。

大，可闻血流杂音，有震颤。TT_3 2.3 nmol/L，TT_4 344.7 nmol/L。甲状腺吸^{131}I率 2 h 62.3%，24 h 67.4%。考虑甲亢性心脏病与慢—快综合征有关，停强的松，给予他巴唑 30 mg/d，1 个月后房颤消失。起搏器功能良好。

讨 论

本文 2 例符合甲亢心脏病的诊断[1]。本病产生房室传导阻滞的原因，一般认为与心肌发生特异性炎症、水肿及淋巴细胞浸润，累及传导系统有关[2]。病窦综合征目前机理尚未明，可能与心肌代谢障碍有关[3]。寻找慢—快综合征的原因时，需考虑甲亢，避免发生像例 2 的误诊。

当诊断确立后，应即用抗甲状腺药物治疗。一旦出现阿—斯综合征，应及时插入临时起搏器治疗。本文 2 例甲亢出现严重心律失常与未及时治疗有关。若经充分抗甲状腺药物治疗，心律失常可消失[4]。故以安置临时起搏器观察为宜。例 1 的临时起搏器，仅用 1 天便因失灵而拔除。拔除时（仅用他巴唑 4 天）心电图已转为窦性心律，Ⅰ度 AVB。继续口服阿托品及他巴唑转为正常心电图，未再反复。提示抗甲状腺药物的对因治疗，应视为应急治疗的重要组成部分。例 2 因误诊而安置了永久起搏器，及至发现甲亢并治疗 1 个月，心电图示房颤消失，回复窦性心律，因为原有窦性心动过缓及窦性停搏，故仍使用已安置的永久起搏器。最后能否撤离，应观察患者自身心律是否能稳定地全部抑制起搏心律，因为长期应用 VVI 型起搏器有导致心房或右室血栓、栓塞及心衰的可能[5]。

参考文献：

[1] 吴可光. 甲亢性心脏病的诊断与治疗. 实用内科杂志，1989，9（11）：574.

[2] Campus A, et al. Heart block and hyperthyroidism. Arch Intern Med, 1975, 135：1091.

[3] 白焕珍. 甲状腺机能亢进合并病态窦房结综合征 2 例. 实用内科杂志，1987，7（4）：223.

[4] 耿洪业. 少见心脏疾病. 青岛：青岛出版社，1990：74.

[5] Rosenqvist M, et al. Long-term pacing in sinus node disease：Effects of stimulation mode on cardiovascular morbidity and mortality. Am Heart J, 1988, 116：16.

● 病例报告

心室起搏与室性心动过速室房传导3例报告[*]

刘泽生　Bruce Hook[**]

室房传导并非新概念。但是，由于人工心脏起搏器的应用、临床心电生理学的发展及对快速性心律失常的解释，室房传导现象在临床实践上更具有实用价值。本文报道3例显性室房传导。

例1　患者男性，32岁，因反复发作心悸，心电图示室上性心动过速（室上速），而行心内电刺激检查。图1示当心室起搏周期（S_1-S_1）为600 ms，V_1-A_1间期（在HRA处测量）为180 ms，给予室性期前刺激，刺激周期（S_1-S_2）为400 ms。V_2-A_2间期为555 ms。观察A_2的心房波序列，HRA的A_2波是在

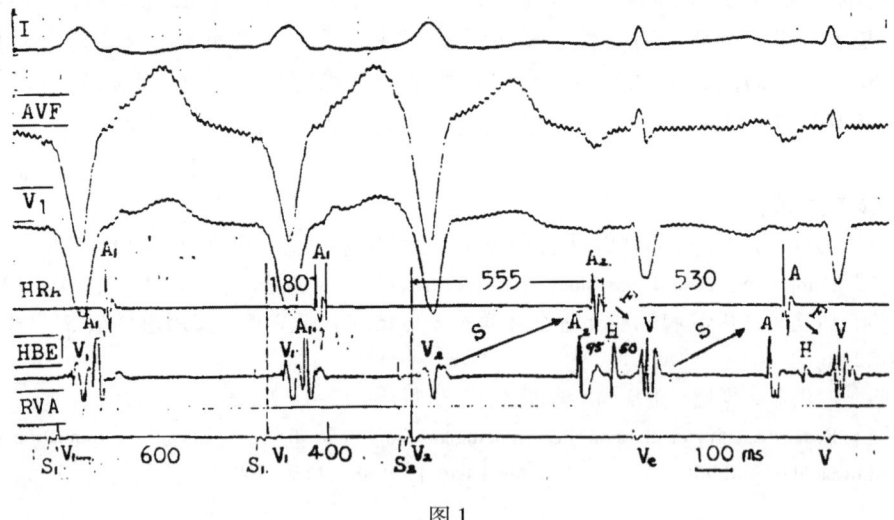

图1

---

[*] 本文原载于《心电学杂志》1993年第12卷第1期第33～35页。
[**] 第二作者单位：美国宾夕法尼亚大学医院心脏科。

HBE 的 A_2 后出现,说明 A_2 为逆传的心房波。提示 S_2 激动逆传房室结快径路受阻,逆传慢径路(图中 S 的箭头),室房传导时间从 180 ms 增至 550 ms。激动逆传心房后,前传房室结的快径路达心室(图中 F 短箭头所示)。HBE 示 A_2-H 为 90 ms,H-V 为 50 ms,心电图示无预激的窄 QRS 波。继而引发逆传慢径路、前传快径路的少见型房室结折返型心动过速,周期为 530 ms。

例2 患者男性,76 岁,冠心病合并病态窦房结综合征。因心率慢、有反复晕厥发作史,安装人工心脏起搏器(VVI 型)。术后 2 天感心悸、胸闷,血压正常。做心电图检查,图 2 为 Ⅱ 导联记录:起搏心律 71 次/分,每个起搏的 QRS 波后均见倒置的逆 P^- 波,提示 1:1 室房逆传。室房逆传的间期恒定,起搏间期 = P^--P^- 间期(825 ms)。本例未作以不同频率起搏,室房传导是否固定的观察。未经特殊处理,术后第 7 天症状及心电图室房传导现象自行消失。

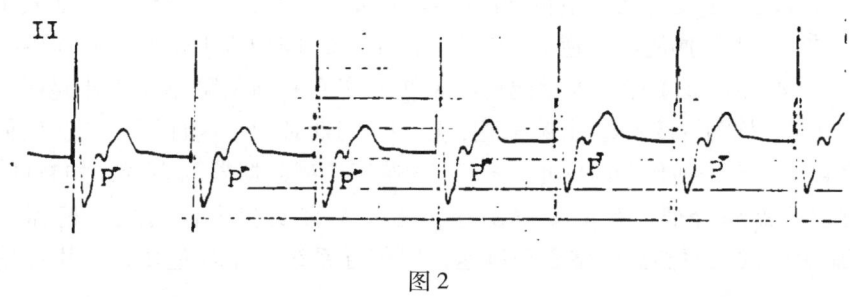

图2

例3 患者女性,34 岁,因心悸急诊。图 3 示心动过速。Ⅱa 为发作时的记录:心室率 187 次/分,QRS 间期 0.08 s,QRS 波后均见逆 P^- 波。Ⅱb 为静注维拉帕米的记录:可见室房逆行文氏阻滞。R_1-P_1^- 为长间距,R_2 后无相应的 P_2^- 波,提示心室激动逆传受阻,但心动过速仍持续。其后系列的 R-P^- 间期又渐次

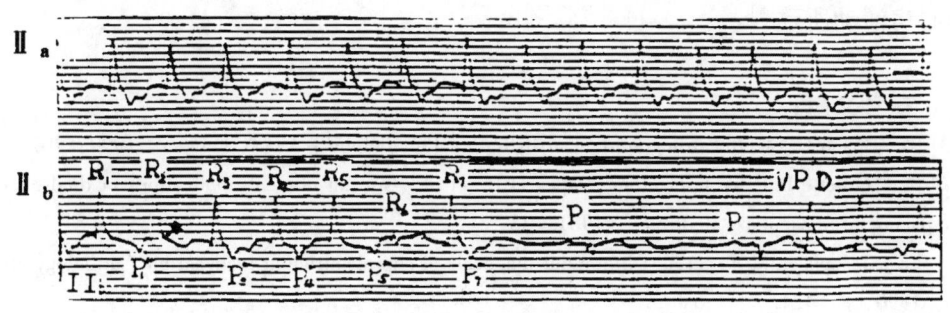

图3

延长，至 R_7 逆传心房 P_7^- 后，心动过速暂止。第 11 个 QRS 波为室性早搏（VPD）再引发心动过速。心动过速的 QRS 波形态与 VPD 相似。而 R_6 心室回搏波则与第 8、第 10 个窦性下传的 QRS 波相似，均无预激波。心电图诊断：室性心动过速。

讨 论

（1）室房传导的径路。自发性 VPD 引起室房逆传的径路，多数经左束支，少数经双束支，最少见经右束支逆传希氏束、经房室结而达心房[1]。在房室结，以逆传快径路最常见，逆传慢径路（如例1）少见。

（2）准备安装人工心脏起搏器或安装术后的患者，要注意 1∶1 室房传导的表现。这种现象多见于无房室传导阻滞者（如病态窦房结综合征）。证实 1∶1 室房传导要求：①起搏周期 = 逆 P^--P^- 间期；P^--P^- 间期短于窦性周期（P-P）。例 2 仅见起搏心律而无窦律，提示起搏心率快于窦率并抑制窦律。另外起搏周期 = P^--P^- 间期，均为 825 ms，由此推理，P^--P^- 间期必短于窦性周期。②任何频率的心室起搏，室房逆传的时间恒定[2]。安装 VVI 型起搏器的患者，如有此现象，要注意起搏器综合征。有 1∶1 室房逆传者，不宜安装全自动式起搏器（DDD 型），避免引发起搏器折返型心动过速，以传导系统作室房逆传，利用起搏系统前传。

（3）室房逆传对室速诊断的影响。心室率 < 180 次/分，未用药的室速患者，其中 1/3 可见室房传导[3]。室速伴 1∶1 室房传导易与室上速混淆，而且作为室速诊断要点的夺获及融合波，此时便不存在[4]，增加了鉴别的困难。而不同程度的室房传导阻滞（尤其 2∶1 阻滞）比 1∶1 传导更利于室速的诊断。有作者强调心动过速在逆传心房后中止，而以 QRS 波诱发，提示心动过速是心室活动引起，非心房活动所致[5]。

参考文献：

[1] Fisch C. Electrocardiography of arrhythmias. Philadelphia：Lea & Febiger, 1990：407.

[2] Gillette P. Patient selection // Zipes D P, et al. Current clinical applications of dual-chamber pacing. Minneapolis：Medtronic, 1981：33.

[3] Josephson M E, et al. Differential diagnosis of supraventricular tachycardia. Cardiology clinics, 1990, 8：424.

[4] Andries E, et al. Cardiac arrhythmias for the clinical cardiologist. Amsterdam：Elserier Sci-

ence Publisher, 1986: 30.

［5］ Gilbert M. Ventricular tachycardias // Waugh R A, Ramo B W, et al. Cardiac arrhythmias. New York: Churchill Livingstone, 1983: 187.

● 病例报告

正常人活动平板运动试验诱发室速[*]

刘泽生　Bruce Hook[**]

患者，男，32 岁，间歇胸闷 1 年，无用药史。体查、心电图、Holter 心电图、超声心动图及 X 线胸片检查均无异常。心电图活动平板运动试验（Bruce 方案）：运动前心电图示窦性心律、正常心电图。运动达 Bruce Ⅱ 级，200 s 时，突然出现宽 QRS 波心动过速，心率 151 次/分，伴房室分离、心室达获及室性融合波，故可确诊为室速。室速前未见早搏或 ST-T 改变。因室速伴血压下降，即予电转复。1 周后冠状动脉及左室造影未发现异常。EPS 检查：程序电刺激及 Burst 未诱发室速。静滴异丙肾上腺素 3 μg/min 诱出与运动试验时形态相同的室速，未能为电刺激终止，停滴药物即止。1 个月后心肌活检无特殊发现。

讨　　论

正常人运动试验诱发室速少见。其发生可能与运动致迷走神经张力降低和交感神经张力增加，儿茶酚胺分泌增多，CAMP 系统活性及穿膜钙电流增加有关，从而影响心室肌及蒲肯野纤维的电生理性质。本例室速的机制应与折返无关，与自律性增高或触发机制有关。

---

[*] 本文原载于《实用心电学杂志》1993 年第 2 期第 605 页。
[**] 第二作者单位：美国宾夕法尼亚大学医院心脏科。

● 病例报告

DDD 起搏的文氏现象*

刘泽生

患者男性，46 岁，因冠心病、Ⅲ度 AVB 晕厥安置 DDD 心脏起搏器。置入后曾见心房、心室顺序起搏，起搏及感知功能良好。2 天后患者诉心悸。心电图Ⅰ导联（见图 1）的特点：①凡有起搏信号处，只见心室起搏而无心房起搏。②每 4 个心室搏动后，可见长间歇，共 4 组。③P 波规则出现，心房率 107 次/分，比起搏器程序中预置的心房上限率（100 次/分）为快。P-R 间期渐次延长，分别为 0.16、0.22、0.24 及 0.32 s，组中第 5 个 P 波后，无起搏的心室波；长间距后 P 波又重新出现，P-R 间期又重新变短、再逐渐延长。④起搏心室波的 R-R 间距分别为 600、560、550 ms，长间距为 960 ms，小于 2 倍心室起搏间期之和。心电图诊断：DDD 起搏器呈心房感知，心室起搏伴文氏现象。

DDD 起搏器为全自动人工心脏起搏器，具心房心室双腔顺序起搏，P 波和 R 波双重感知、触发和抑制双重反应。心电图表现心房无起搏，仅有心室起搏，说明在预置的 V-A 间期中有自主的心房活动，但在预置的 A-V 间期无自发的心室活动，故出现心房感知、心室起搏的 VAT 起搏方式。

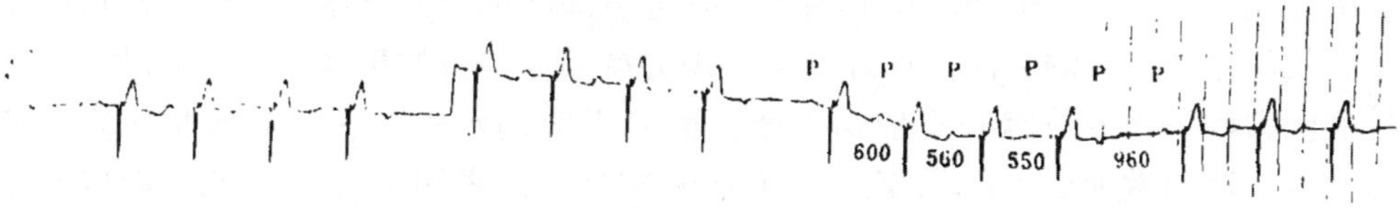

图 1

当心房率超过预置的心房上限率，可出现文氏现象，甚至 2:1 阻滞的现象。本例呈文氏现象，房室间期仍然存在，但逐渐延长，每组中最后的 P 波落入心房不应期，故可视为"无用的感知"。但下一组的心房感知又与心室起搏重新同步。故本图不是起搏器感知不良，而是 DDD 起搏器的正常工作现象。

---

* 本文原载于《心电学杂志》1993 年第 12 卷第 3 期第 177 ～ 178 页。

● 病例报告

运动试验诱发交替预激综合征 1 例[*]

刘泽生

患者，男，40 岁，间有胸闷 3 年。过去多次心电图检查均正常。体查无特殊发现。心电图活动平板运动试验（Bruce 方案）：静息卧位心电图记录示窦性心律，心率 81 次/分，P-R 间期 0.12 s，QRS 波正常。运动达 Bruce Ⅱ 级，心率 131 次/分，心电图出现 P-R 间期 0.12 s，正常 QRS 波与 P-R 间期 0.08 s，有明显预激（Δ）波的 QRS 图形交替出现。达预测心率后 4 s，心率 86 次/分，Δ 波消失，回复静息时的心电图。活动平板运动试验阴性，为交替性预激综合征（简称预激）。

讨 论

本例中年患者屡次静息心电图均正常，为评估胸闷性质，做活动平板运动试验。运动中出现正常与预激相交替的图形，显露潜在性预激。潜在性预激指体表心电图无预激表现，但经心房起搏可诱发旁道前向传导的预激图形。运动试验不是有效的显露预激的方法。即或原来表现为持续性预激的患者，由于运动致交感神经张力增加，少数因心率依赖性旁道前向不应期延长，QRS 波多呈正常。如原为潜在性预激则更不易显露。何况 20% 的预激患者可无任何先兆，而以心室纤颤为首发及唯一的心律失常，故确诊为预激综合征者，运动试验是禁忌的。

本例心率加快，达 131 次/分，出现正常与预激交替的图形，揭示旁道存在二度 Ⅱ 型（2:1）前向传导阻滞。当心率减慢或处于静息状态时，窦性激动可循正常通道下传，却受阻于旁道，推测为旁道频率依赖性四相阻滞。

交替性预激可视为间歇性预激的一种表现，在同一导联描记见间歇性预激者，在房颤或房扑时，不致有过快的、威胁生命的心室率。

---

[*] 本文原载于《临床内科杂志》1993 年第 10 卷第 5 期第 27 页。

● 短篇报道

高血钾症 30 例心电图回顾性分析*

刘泽生　廖宪江　张丽媛

内容提要　本文对中山医科大学孙逸仙纪念医院 1985—1990 年间 30 例高血钾症心电图行回顾性分析，并对不典型的心电图改变、容易漏诊之处及 QTc 间期在鉴别诊断的价值进行讨论。过去这方面报道较少。

关键词　血钾过多；心电描术记

高血钾症虽不像低血钾症那样常见，但可视为内科急症。绝大多数为疾病所致，少数为医源性。不及时识别，可危及性命；如能及时处理，即使严重患者，高血钾亦可纠正。

一、材料和方法

高血钾组：收集中山医科大学孙逸仙纪念医院（现为中山大学孙逸仙纪念医院）自 1985—1990 年间 30 例高血钾患者的心电图资料。高血钾症的诊断根据：①血清钾浓度 >5.5 mmol/L。②心电图改变按黄宛主编的《临床心电图学》标准[1]。③结合病因及临床。本文全部病例均有血清钾升高。对照组：收集本院 1985—1989 年间 77 例急性心肌梗塞（以下简称 AMI）患者的心电图资料，计算 QTc 间期，与高血钾组的 QTc 间期比较。按 Bayett 公式：$QTc = QT/\sqrt{RR}$ 求得 QTc 间期，以 $QTc \geq 0.44$ s 为延长。AMI 的诊断采用世界卫生组织报告的缺血性心脏病命名和诊断标准[2]。统计学方法：采用 χ^2 检验。

---

*　本文原载于《医师进修杂志》1993 年第 16 卷第 7 期第 17～18 页。

二、结　果

（1）性别和年龄。文中30例，男25例（83.33%），女5例（16.67%）。年龄最小者8个月，最大者78岁。

（2）病因。各种原因致肾功能不全者20例（66.67%），其中包括慢性肾炎、多发性肾结石、多囊肾、全身淀粉样变、高血压病Ⅲ期、糖尿病性肾病变、药物中毒及休克等。无肾功能不全者10例（33.33%），包括低血钾患者在治疗过程过量补钾、使用留钾利尿剂（如氨苯蝶啶、安体舒通）及慢性粒细胞白血病等。

（3）心电图资料。30例中，血清钾浓度升高与心电图特异性改变同时出现者28例（93.33%），多次检查血清钾浓度升高，而心电图未见高血钾改变者2例（6.67%）。①T波改变：有特异性改变28例，包括T波高尖且基底窄25例，高尖而基底宽2例，小而尖及倒置而尖1例；无高钾特异T波改变2例。② QRS波间期增宽（>0.12 s）6例（20%），最宽达0.28 s。③P波改变：其中P波消失8例（26.67%）（原有心房纤颤2例），浅平2例（6.66%），正常者20例（66.67%）。④房室传导阻滞（AVB）共5例（16.67%）；Ⅰ度AVB 4例，房性心动过速伴2∶1传导阻滞1例，心房纤颤合并Ⅲ度AVB 1例。⑤早搏4例（13.33%），其中频发性房性早搏2例，频发性室性早搏呈二联律1例，3个室性早搏连发，组成短阵室性心动过速1例。⑥QTc间期≥0.44 s 14例（46.67%），<0.44 s 16例（53.33%）。

三、讨　论

（1）血清钾浓度升高而心电图无高血钾的改变。1例31岁慢性粒细胞白血病急性变的患者（白细胞计数800×10^9/L），在化学治疗过程中出现血清钾明显升高，前后4次检查分别为8.00、9.33、>10.00及8.60 mmol/L，按理应有显著的心电图改变，但每次心电图均示窦性心律、左室劳损。文献报道白血病患者白细胞增多，抽出的血液在试管凝固后，白细胞可释出钾，使血清钾增高，血浆钾则不升高，称假性高血钾症[3]。另1例为甲亢性心脏病，血钾分别为5.8、6.7 mmol/L，心电图示窦性心律、左室劳损。T波在普遍导联低平。文献报道T波高尖与血钾的关系：血钾>5.5 mmol/L，22%～29% T波高尖；若血钾>6.7 mmol/L，T波100%呈高尖。本例未见高尖的T波可能与血钾浓度有关[4]。

(2) T 波改变。一般认为高尖的 T 波是高血钾心电图必备的条件，也是高血钾最早的表现。本文 28 例高血钾心电图均有 T 波改变，绝大多数为典型高尖且基底窄的"帐篷状" T 波，个别见小而尖、倒置而尖或高尖而基底不窄的 T 波。特异 T 波主要见于胸导联，仅见于肢导联或 V_5 导联各 1 例。

(3) 室内传导阻滞。一般认为血钾 > 8 mmol/L，可出现房内及室内传导阻滞。本文 6 例室内传导阻滞者，心电图出现 P 波消失，普遍增宽的 QRS 波，2 例呈正弦波形。注意增宽的 S 波的升支与高大的 T 波升支相连，几乎在一直线上，与一般左右束支阻滞或室内阻滞迥异，常是识别高钾的线索。一般认为是"窦心室传导"的表现。高血钾使心脏传导系统普遍抑制，尤其心房肌，窦房结激动不能通过心房肌而经结间束下传至心室，故能保持窦性节律时的心室率，但无论如何不能排除交界区或心室自主节律[5]。文中 6 例有 2 例的心室率与窦性时相仿，提示窦心室传导。另有 1 例心室率 40 次/分，QRS 波间期 0.24 s，作者认为以室性自主节律解释更妥。其余 3 例 QRS 波间期分别为 0.22、0.23 及 0.24 s，心室率较原窦性时明显减慢，但心室率仍保持 60～68 次/分。故可考虑窦心室传导，亦无法除外加速性室性自主心律。心室内传导的弥漫性抑制，最后会导致患者死亡。

(4) 室性心律失常。一般认为高血钾能使心室肌的静息电位（负值减少）及阈电位降低，使心室自律性增高。此外，由于室内传导被破坏，广泛区域心室复极不均匀，产生折返活动的可能性亦增高[1,5]。文中仅 1 例为室内传导阻滞伴 3 个室性早搏连发，组成短阵室性心动过速。经治疗高钾后，心电图恢复正常。一般认为室速少见，也有作者认为与室内传导阻滞相较，室性心动过速或心室纤颤为更重要的死因[4]。

(5) QTc 间期。高大的 T 波可见于健康者，尤其年轻人。心肌缺血、心室肥大、束支传导阻滞、心包炎、洋地黄中毒或脑血管意外均可掩盖高钾心电图[1,5]。一般认为细胞外钾浓度升高，使复极期细胞膜对钾离子的通透性增加，使动作电位时间缩短并使了相除极时间缩短，坡度陡峻，可见高尖 T 波，QTc 间期缩短。有人认为测量 QTc 间期是鉴别心肌缺血的一个方法[5]；心肌缺血的 QTc 间期长，而高钾的 QTc 间期短。本文将 30 例高血钾症组的 QTc 间期与 77 例 AMI 对照组的 QTc 间期加以比较，AMI 组 QTc 间期 0.44 s 31 例（40.25%），而高血钾症组 QTc 间期≥0.44 s 者 14 例，$P > 0.05$，说明本文 AMI 组的 QTc 间期与高血钾组的 QTc 间期无显著性差异。原因可能是本文并非都是单纯的轻度高血钾者，内有 11 例有致 QT 间期延长的因素，包括室内传导阻滞 6 例，低血钙致 ST 段平直延长 3 例，高尖而基底宽的 T 波 2 例，都会影响 QTc 的结果。提示将心肌缺血的 QTc 间期与高血钾症的 QTc 间期比较时，必须注意高血钾出现的时间、严重程度及是否存在影响心电图 QTc 间期延长的因素。

高血钾症虽可从血钾测定的结果诊断，但对于急诊，尤其伴严重心律失常者，心电图能迅速提供诊断。个别血钾明显增高，>7 mmol/L，心电图无高血钾表现者，要探求原因，注意有"假性高钾症"的可能。对高血钾症，心电图仍不失为有实用价值的诊断工具。

参考文献：

［1］黄宛. 临床心电图学. 4 版. 北京：人民卫生出版社，1990：195.

［2］World Health Organization. Task force on standardization of clinical nomenclature and criteria for diagnosis of ischemic. Heart Disease Circulation，1979，59：667.

［3］Patersdorf R G, et al. Harrison's principles of internal medicine. 9th ed. USA：Macgraw-Hill Inc，1980：443.

［4］赵华月. 钾与心脏//夏志鸿. 内科讲座 3. 北京：人民卫生出版社，1981：602.

［5］Chou T C. Electrocardiography in clinical practice. 2nd ed. Orlando：Grune & Stratton lnc，1986：553.

● 论著

用多种非创伤性方法检测糖尿病患者心脏功能[*]

严 励 陈玉驹 严 棠 李润南 刘泽生

提要 本研究对101例糖尿病患者进行多种非创伤性心功能检查。结果显示：合并高血压及/或冠心病的糖尿病患者79%心功能异常，无合并冠心病、高血压及微血管病变，但合并心脏植物神经病变患者为53%，而无以上合并症的患者为47%，且心功能损害程度与微血管病变程度呈正相关。3组患者均以舒张功能损害为主，但各组患者心功能改变形式无明显不同。

关键词 非创伤性心功能检查；心脏植物神经病变；心肌病；糖尿病

A Study on Cardiac Function in Diabetic Patients by Multiple Non-invasive Methods

Yan Li Chen Yuju Yan Tang Li Runnan Liu Zesheng

Abstract: For the purpose of evaluating changes in cardiac structure and function in patients with diabetes mellitus, several non-invasive methods including systolic time interval, M-echocardiography and pulsed doppler echocardiography were applied in the study of 101 patients with or without complications of coronary heart disease (CHD), hypertention (H), or cardiac autonomic neuropathy (CAN). Cardiac function was considered to be abnormal if two or more parameters were beyond the mean ±2 SD found in a group of healthy volunteers matched for age and excluded the complications of CHD, H, CAN by the same criteria. Results: ①Impaired cardiac function was found in 79% of the patients complicated with CHD and/or H and impaired diastolic function alone was found in 53% of them. Increased interventricular septum thickness was the only finding in changes of cardiac structure. ②Among the patients without complications of CHD, H, nor retinal and renal microangiopathy, those complicated with CAN had a higher incidence of impaired cardiac function than those with-

---

[*] 本文原载于《中山医科大学学报》1993年第14卷第1期第52～57页。

out (56% vs 17%). In 61 patients, not complicated with CHD, H, and CAN, 47% showed impaired cardiac function and the incidence was higher in those complicated with retinal and/or renal microangiopathy than in those without (68% vs 17%). Besides, a positive correlation was also found between the severity of cardiac function impairment and microangiopathy. It was concluded that all these factors-CHD, H, CAN, and microangiopathy either alone or in combination contributed to the impairment of cardiac function in diabetic patients.

Key words: non-invasive method, cardiac autonomic neuropathy, myocardiopathy; diabetes mellitus

糖尿病合并心血管病变是糖尿病主要并发症之一。早发的冠状动脉粥样硬化、高血压、心脏植物神经病变（CAN）、心肌微血管病变及代谢紊乱所致的糖尿病性心肌病均为糖尿病患者心功能异常的原因。本研究采用几种非创伤性的心功能检查方法，对101例糖尿病患者进行综合性检测，探讨这些因素在心脏结构与功能改变中所起的作用及各因素间的相互关系，为防治糖尿病心脏病变提供一定的客观依据。

一、对象及方法

1. 对象

（1）患者组。糖尿病患者101例（男43例、女58例），均为糖尿病专科门诊及住院患者，平均病程（4.7±5.9）年。所有患者均符合世界卫生组织（WHO）糖尿病诊断和分型标准。临床检查及心电图、胸透均未发现其他器质性心脏病，并排除肝、肾、甲状腺功能亢进等疾病，无慢性酒精中毒和大量吸烟史。按有无冠心病、高血压及心脏植物神经病变（CAN）*将患者分为3组（见表1），A组：合并冠心病及/或高血压，均无心肌梗塞、心力衰竭及严重心律失常；B组：无合并冠心病、高血压和心脏植物神经病变，无临床心脏病表现；C组：无合并冠心病、高血压，但合并CAN。

（2）对照组。健康者43例（男26例、女17例）。由于≥45岁及<45岁的健康人心功能检测结果有一定差异，故患者组及对照组分为两个年龄组进行比较（见表1）。

---

* 高血压的诊断标准采用1978年WHO所规定的标准；冠心病诊断按WHO糖尿病多个国家研究方案诊断标准，采用1982年修订的Minnesota心电图编码。

表1 糖尿病患者分组及各组平均年龄（$\bar{x} \pm s$）

组别		总例数/例	平均年龄/岁	
			≥45	<45
糖尿病患者	A组	19	58.9±5.2（19）	
	B组	61	56.2±6.5（44）	31.7±7.1（17）
	C组	21	58.5±7.0（18）	34.5±3.5（3）
对照组		43	54.9±4.0（29）	30.2±3.5（14）

注：（）内为例数。

2. 方法

（1）血液生化检查。隔夜空腹10～12 h抽血验总胆固醇（TC）、甘油三酯（TG）、葡萄糖、高密度脂蛋白胆固醇、糖基化血红蛋白（GHb）。

（2）尿蛋白。磺柳酸法，分为（-）～（++++）。

（3）眼底检查。每例均行常规眼底镜检查，未见视网膜病变者，如无禁忌征，则作视网膜荧光血管造影（49例）。糖尿病视网膜病变的诊断参照1985年中华医学会眼科学会全国统一分期标准。根据尿蛋白及视网膜病变的程度，将微血管病变分为5级：0级，尿蛋白（-），无视网膜病变；Ⅰ级，尿蛋白（±）～（+）或单纯性视网膜病变；Ⅱ级，尿蛋白（±）～（+）及单纯性视网膜病变；Ⅲ级，尿蛋白≥（++）或增殖性视网膜病变；Ⅳ级，尿蛋白≥（++）及增殖性视网膜病变。

（4）心脏植物神经功能检查。指标及异常标准如下：①平卧心率：≥90次/分为异常。②呼吸差：小于50岁者≤15次/分，大于50岁者≤10次/分为异常。③乏氏动作反应指数：≤1.20为异常。④30/15比值：≤1.00为异常。⑤立卧位心率差：小于50岁者≤15次/分，大于50岁者≤10次/分为异常。⑥立卧位血压差：收缩压于站立位比平卧时下降≥4 kPa为异常。具有2项或2项以上指标异常者视为合并心脏植物神经病变。

（5）心功能检查。日本Aloka SSD 720二维脉冲多普勒超声诊断仪，附有心电图、心音图及颈动脉搏动图记录及测量装置。

1）收缩时间间期。心电图、心音图及颈动脉搏动图同步描记。测量：左室射血时间（LVET），电机械收缩时间（QS_2），S_1～S_2。计算：射血前时间（PEP），等容收缩时间（ICT），PEP/LVET。

2）M型超声心动图。患者仰卧或左侧卧位，探头置于胸骨左缘3～4肋间，在二维超声心动图引导下，分别记录主动脉根部、二尖瓣前叶及腱索水平的左室回波图,冻结图像进行测量。测量:二尖瓣前叶 EF 斜率(EFS)、室间隔厚度(IVST)、右室后壁厚度(PWT)、左室舒张末期内径(EDD)、左室收缩末期内径(ESD)、左室快充盈末期内径(RFD)、快充盈时间(RFP)。计算:左室舒张末期容积(EDV)、左室收缩末期容积(ESV)、每搏指数(SI)、左室舒张末期内径指数(EDDI)、左室短轴缩短百分率(ΔD%)、左室射血分数(EF)、左室周径平均向心缩短速率(mVcf)、快充盈期充盈率(RFR)、快充盈期平均充盈速率(RFR/ESV)、快充盈期周径纤维平均伸长速度[mVcf(RF)]。

3)多普勒超声心动图(PDE)。二维超声心动图常规切面,取心尖四腔心切面,将脉冲多普勒取样容器置于左室流入道二尖瓣瓣环下 1 cm 二尖瓣瓣尖处,声束方向与血流方向平行,两者夹角 < 20°,以 100 mm/s 纸速记录二尖瓣舒张期最大血流频谱。测量:左室舒张早期血流速度峰值(PFVE)、左心房收缩期血流速度峰值(PFVA)、等容舒张时间(IRT)。计算:A/E(PFVA 与 PFVE 的比值)。

(6)统计学处理。t 检验、f 检验、χ^2 检验,直线回归相关分析。

二、结　果

1. 糖尿病患者心功能异常率(见表2)

以超过对照组心功能各指标的($\bar{x} \pm 2s$)判断指标异常,每一个患者有 2 项或 2 项以上指标异常为心功能异常。101 例中,有 58 例心功能异常。单项指标异常率分别为:IVST 12 例(12%),PEP/LVET 12 例(12%),ICT/LVET 11 例(11%),EF 2 例(2%),ΔD% 3 例(3%),EFS 29 例(29%),RFR 6 例(6%),RFR/ESV 3 例(3%),mVcf(RF) 10 例(10%),PFVE 33 例(33%),PFVA 29 例(29%),A/E 43 例(43%),IRT 70 例(70%),而 PWT、EDDI、SI、mVcf 无 1 例异常,提示 EFS、PFVE、PFVA、A/E、IRT 等指标较敏感。

表2　糖尿病患者心功能异常率

组别	总例数/例	单纯舒张功能异常/例	舒张及收缩功能异常/例
A 组 ($n=19$)	15 (79)	10 (53)	5 (26)
B 组 ($n=61$)	29 (47)	24 (39)	5 (8)
C 组 ($n=21$)	14 (66)	7 (33)	7 (33)

注:( ) 内为百分数(%)。

2. 糖尿病患者心脏结构与功能的检验结果（见表3）

心室间隔增厚是糖尿病的主要心脏结构改变。心功能损害均以舒张功能异常为主，且A组心功能异常率（79%）较B、C组（分别为47%、66%）高，损害程度也较严重，但3组间心功能损害表现形式无明显不同。

表3 糖尿病组与对照组心脏结构与功能比较（$\bar{x} \pm s$）

指 标	对照组		糖尿病组				
			A组	B组		C组	
	≥45岁 ($n=29$)	<45岁 ($n=14$)	≥45岁 ($n=19$)	≥45岁 ($n=44$)	<45岁 ($n=17$)	≥45岁 ($n=18$)	<45岁 ($n=3$)
PEP/LVET	0.237 ±0.05	0.244 ±0.03	0.277 ±0.05	0.249 ±0.05	0.244 ±0.03	0.281 ±0.08	0.270 ±0.08
ICT/LVET	0.103 ±0.04	0.117 ±0.03	0.148 ±0.06*	0.124 ±0.05*	0.117 ±0.02	0.146 ±0.05*	0.170 ±0.07
EDDI/(mm·m^{-2})	28.6 ±2.5	30.0 ±0.9	29.4 ±3.7	29.6 ±2.6	30.1 ±0.9	28.7 ±3.4	28.0 ±1.41
IVST/mm	8.4 ±0.8	8.1 ±0.8	10.1 ±1.1*	9.1 ±1.7*△	8.1 ±0.8	9.0 ±0.9	9.5 ±0.7
PWT/mm	8.4 ±0.9	7.9 ±0.7	9.6 ±1.2	9.2 ±3.3	7.9 ±0.2	8.9 ±0.9	9.0 ±0.1
EF/%	71.9 ±5.3	68.6 ±5.8	69.2 ±7.2	69.8 ±7.9	69.6 ±5.8	71.4 ±4.8	72.5 ±2.1
SI/(mL·m^{-2})	40.7 ±9.7	43.9 ±4.6	41.4 ±8.8	43.2 ±7.0	42.9 ±4.6	41.6 ±8.07	38.5 ±4.9
mVcf/(cir·s^{-1})	1.42 ±0.21	1.34 ±0.24	1.32 ±0.18	1.36 ±9.22	1.34 ±0.24	1.35 ±0.20	1.30 ±0.14
ΔD%/%	41.5 ±4.4	39.4 ±5.5	39.1 ±4.9	39.6 ±4.9	39.4 ±5.4	38.7 ±4.4	41.0 ±3.2
EFS/(mm·s^{-1})	105.9 ±18.0	126.6 ±23.2	63.9 ±24.2*	89.9 ±28.6△*	126.6 ±23.1	80.0 ±22.0△*	75.5 ±4.9
RFR/(mL·s^{-1})	502.3 ±120.0	604.0 ±177.0	321.6 ±116.4*	467.3 ±158.4△	604.6 ±177.0	437.4 ±154.6△	302.0 ±31.8
RFR/ESV	20.5 ±5.6	22.6 ±9.2	12.8 ±7.0*	17.7 ±8.9△	22.6 ±9.2	18.5 ±6.1△	14.7 ±4.8

续表3

指 标	对照组		糖尿病组				
			A组	B组		C组	
	≥45岁 ($n=29$)	<45岁 ($n=14$)	≥45岁 ($n=19$)	≥45岁 ($n=44$)	<45岁 ($n=17$)	≥45岁 ($n=18$)	<45岁 ($n=3$)
mVcf (RF) /(cir·s^{-1})	4.11 ±0.70	24.62 ±1.20	2.52 ±0.86*	3.52 ±1.03$^\Delta$	4.50 ±1.23	3.79 ±0.91$^\Delta$	3.49 ±0.41
PFVE/(cm·s^{-1})	65.9 ±6.2	69.5 ±7.8	57.7 ±10.5*	58.8 ±13.4*	69.4 ±7.8	53.8 ±12.9*	65.0 ±6.2
PFVA/(cm·s^{-1})	46.6 ±6.9	40.2 ±4.9	62.8 ±15.5*	53.5 ±13.3*	40.2 ±4.9	50.3 ±12.9$^\Delta$	47.3 ±9.4
A/E	0.71 ±0.11	0.58 ±0.08	1.10 ±0.23*	0.95 ±0.29*	0.58 ±0.08	0.96 ±0.19*	0.74 ±0.15
IRT/ms	70 ±9	66 ±11	115 ±15*	101 ±19$^{\Delta*}$	80 ±24	108 ±14*	98 ±17

注：*示与对照组比较 $P<0.05$；Δ 示B、C组与A组比较 $P<0.05$。

3. 糖尿病患者微血管病变程度与心功能异常率的关系（见表4）

3组患者的情况均显示：微血管病变越重，则心功能异常发生率越高。

表4　糖尿病患者微血管病变程度与心功能异常的关系

组别	微血管病变/例				
	0级	I级	II级	III级	IV级
A组	5 (2)	9 (9)	2 (2)	3 (3)	0
B组	24 (4)	26 (16)	9 (7)	1 (1)	1 (1)
C组	16 (9)	3 (3)	2 (2)	0	0

注：()内为心功能异常例数。

4. B组合并与无合并微血管病变者的比较（见表5）

合并微血管病变者心功能异常率为68%，而无合并者为17%，两者差异有显著意义（$P<0.05$）。如以 EFS、PFVE 反映左室舒张功能与微血管病变程度进行直线回归相关分析，它们的相关系数分别为 0.34 及 0.47，P 均 <0.001。

5. 无合并冠心病、高血压及微血管病变与无合并 CAN 者的比较（见表6）

合并 CAN 者心功能异常率为 56%，无合并者为 17%，二者差异有显著意义。

表 5　糖尿病 B 组合并与无合并微血管病变者间心功能比较（$\bar{x} \pm s$）

指标	合并微血管病变		无合并微血管病变	
	≥45 岁（$n=31$）	<45 岁（$n=6$）	≥45 岁（$n=13$）	<45 岁（$n=11$）
EFS/(mm·s^{-1})	75.3±22.7*	105.8±17.9	116.2±17.1	120.4±47.5
PFVE/(cm·s^{-1})	55.3±12.4*	65.2±10.1	65.8±12.3	65.9±23.8
A/E	1.03±0.25*	0.69±0.20	0.79±0.21	0.47±0.20
lRT/ms	109±19*	94±16*	87±7	73±25

注：*为心脏结构与收缩功能及 RFR、RFR/ESV、mVcf（RF）、PFVA 等指标在两组间差异均无显著性意义。

表 6　无合并冠心病、高血压病及微血管病变与无合并 CAN 者间心功能比较（$\bar{x} \pm s$）

指标	合并 CAN		无合并 CAN	
	≥45 岁（$n=13$）	<45 岁（$n=3$）	≥45 岁（$n=13$）	<45 岁（$n=11$）
ICT/LVET	0.142±0.05*	0.170±0.07	0.107±0.05	0.110±0.05
EFS/(mm·s^{-1})	79.6±24.6*	75.5±4.95	116.2±17.1	120.3±47.5
PFVE/(cm·s^{-1})	55.1±11.9*	65.0±6.2	65.7±12.8	65.9±23.8
IRT/ms	104±11*	98±17	86±7	73±25

注：*为 PEP/LVET、SI、EF、ΔD%、mVcf、RFR、RFR/ESV、mVcf（RF）、PFVA、A/E 等指标两组间比较均无显著意义。

6. 无合并冠心病及高血压患者的心功能比较

无合并冠心病及高血压患者心功能异常者血清 TG 及 GHb 水平高于心功能正常者［分别为（171.6±110.7）mg/dL vs.（135.1±94.0）mg/dL；（0.89±0.23）HMF/GHb vs.（0.78±0.18）HMP/GHb；P 均 <0.05］，二者差异有显著意义。

三、讨　　论

收缩时间间期及 M 型超声心动图业已广泛应用于心功能检测。近年不少学者亦应用多普勒超声心动图评价左室舒张功能。本实验联合使用多种非创伤性心功能检测方法，以期较全面而准确地评价糖尿病患者的左室功能。

1. 高血压及冠心病对糖尿病患者左室功能的影响

冠状动脉粥样硬化是糖尿病患者的主要死因之一[1,2]。一般认为糖尿病合并冠心病的病理生理改变与非糖尿病冠心病相似。本实验显示 A 组患者79%有心功能异常，其中53%为单纯舒张功能损害，而26%合并收缩功能降低者舒张功能受损均较严重，无一例为单纯收缩功能降低，与非糖尿病冠心病的报道相似。

糖尿病合并高血压促使和加重了心功能恶化[3]。糖尿病本身可使心肌对儿茶酚胺的敏感性增高，当存在高血压时，可造成心肌的进行性损伤，灶性疤痕形成和心肌间质纤维化。A 组患者心功能损害较严重，除与冠心病的影响有关外，亦与高血压的存在及微血管病变有关。

2. 微血管病变及代谢紊乱对左室功能的影响

B 组患者临床上无心脏病的症状和体征，而47%有心功能异常，提示这些患者存在临床前期心脏病变。与 Rynkiewicz 及 Attali 报道相同[4-6]，心功能受损以舒张功能为主。这些患者无冠心病、高血压、CAN 及其他影响心功能的因素，推测心功能异常可能与糖尿病心肌病变有关。

近年国内外临床及实验研究业已证实"糖尿病心肌病"的存在，但其确切发病机理仍未完全阐明，目前大多数学者认为主要与心肌微血管病变有关。本研究发现，合并视网膜及肾小球微血管病变者左室功能损害程度比无合并者严重，心功能异常率也较高。且心功能损害程度与微血管病变程度呈正相关，提示这些患者的心功能损害可能与心肌微血管病变有关。另外，B 组患者中，17%无微血管病变者亦发现心功能异常，且心功能异常者血清 TG 和 GHb 程度高于心功能正常者，推测代谢紊乱在心功能改变中也起了一定作用。

3. 心脏植物神经病变对左室功能的影响

糖尿病患者常合并 CAN。Benjamin 等学者用无创性方法证实 CAN 对心功能有一定影响[7-9]。本研究发现在合并 CAN，但无冠心病及高血压的糖尿病患者中，36%有心功能异常，以舒张功能明显；另外，合并 CAN 者心功能异常率高于无 CAN 者，受损程度也较重，提示 CAN 与心功能改变有关。

参考文献：

[1] Kessler I I. Mortality experience of diabetic patients: A twenty-six years follow-up study. Am J Med, 1971, 51: 715.

[2] Garcia M J, et al. Mortality and morbidity in diabetes in the Framingham population: sixteen years follow-up study. Diabetes, 1974, 23: 105.

[3] Factor S M, et al. Clinical and morphological features of human hypertentive-diabetic cardiomyopathy. Am Heart J, 1980, 99 (4): 446.

[4] Rynkiewicz A, et al. Systolic and diastolic time intervals in young diabetics. Br Heart J, 1980, 44: 280.

[5] Attali J R, et al. Asymptomatic diabetic cardiomyopathy; A noninvasive study. Dia Res & Clin Proc, 1988, 4: 183.

[6] Stuart W Z, et al. Diastolic abnormalities in young asymptomatic diabetic patients assessed by pulsed Doppler echocardiography. J Am Coll Cardiol, 1988, 12: 114.

[7] Fisher B M, et al. Cardiac function and coronary arteriography in asymptomatic type I diabetic patients: evidence for a specific diabetic heart disease. Diabetologia, 1986, 29: 706.

[8] Benjamin Z, et al. Abnormal cardiac function in diabetic patients with autonomic neuropathy in the absence of ischemic heart disease. J Clin Endocrinol Metab, 1986, 63: 208.

[9] Kahn J K, et al. QT interval prolongation and sudden cardiac death in diabetic autonomic neuropathy. J Clin Endocrinol Metab, 1987, 64: 751.

● 病例报告

VVI 起搏器图形从 LBBB 型转为 RBBB 型[*]

刘泽生

右心室尖部起搏出现 RBBB 图形较为罕见[1]。现报告 1 例如下。

患者女，84 岁，心悸 1 周，2 h 前晕厥入院。有冠心病史，近期未用药。查体：神清、心略大、心率 49 次/分、整、未闻及杂音。双肺（−）。腹软、肝脾未及，下肢不肿。心电图示窦性心律、2 度 Ⅱ 型房室传导阻滞（AVB）。

入院当日安置 VVI 型人工心脏起搏器。置入起搏器后 12 导联心电图示房颤+起搏器心律（71 次/分），电轴 −30°。图 1 为其中 V_1 导联记录：V_1 呈左束支阻滞（LBBB）起搏图形，其中第 1、6、7、8 自主 QRS 波呈 rS 的形。起搏器起搏及感知功能良好。次日 12 导联心电图除 V_1 导联改变外，其余大致同前。V_1 导联（图 2）的起搏图形从 LBBB 型转为 RBBB 型，第 2、3 自主 QRS 波亦呈 RBBB 型，起搏器功能良好，患者未觉不适。X 线胸片检查未见导管移位或心脏穿孔。B 型超声心动图未见心脏穿孔，无心包积液。图 3 为置入起搏器第 3 天 V_1 导联心电图：窦性心律、偶发性房性早搏伴差异性传导，V_1 呈 LBBB 起搏图形，起搏器功能良好。

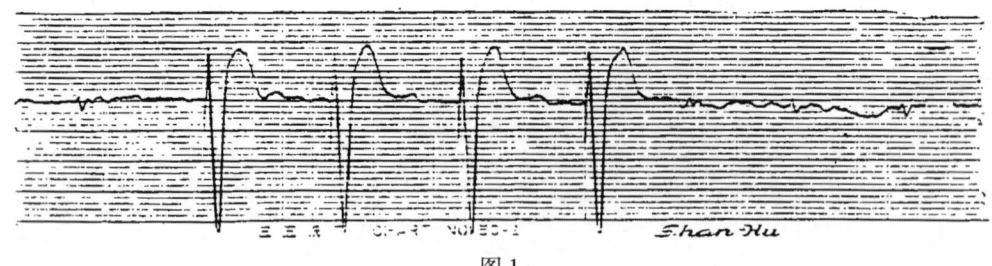

图 1

---

[*] 本文原载于《临床心电学杂志》1994 年第 3 卷第 1 期第 40～41 页。

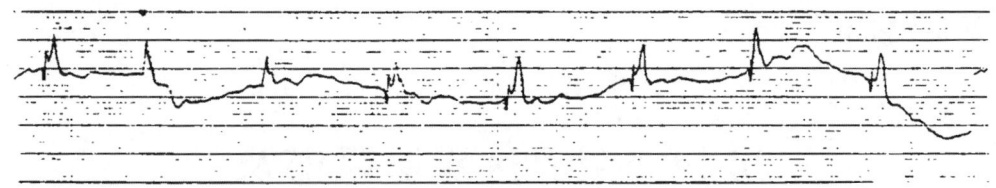

图 2

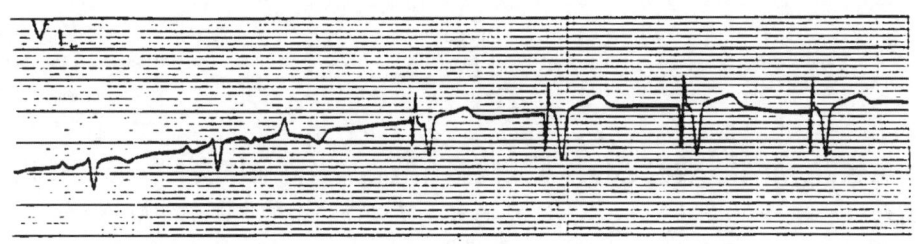

图 3

讨 论

患者原为冠心病，现出现 2 度 Ⅱ 型 AVB 伴晕厥，具起搏器安置指征。

VVI 起搏器行右心室尖部起搏，右心室先激动，故呈 LBBB 型。若起搏图形从 LBBB 型转为 RBBB 型，首先考虑起搏位置的变化：①导管进入冠状静脉窦及心静脉系统；②导管致右室前壁穿孔，进入心包腔，从而接触左室心外膜或穿破室间隔入左室腔。本例临床表现、胸片及 B 型超声心动图检查无导管位移证据。有认为起搏图形由 LBBB 型转为 RBBB 型尚须考虑[2]：①激动通过室间隔到达对侧心室，向心外穿壁除极（epicardial break through）；②与起搏同侧有传导阻滞；③同侧心室传导系统病变；④激动起源于一侧心室间隔较高部位的心内膜处，冲动跨越对侧束支，兴奋对侧心室后再兴奋同侧。本例 V_1 导联呈 RBBB 起搏图形时，自身 QRS 波示 RBBB 型，提示右束支有传导延缓或暂时阻滞，故出现左侧心室先激动的图形。在右束支阻滞消退后，又转为 LBBB 起搏图形。

参考文献：

［1］黄宛. 临床心电图学. 4 版. 北京：人民卫生出版社，1991：475.

［2］龚治平. 临床心脏起搏学. 北京：人民军医出版社，1992：230.

● 病例报告

房扑伴交界区双层阻滞及交替3相左束支阻滞[*]

刘泽生

患者男，79岁，突发心悸1h入院。有冠心病及高血压病史，近期未用洋地黄类药。心电图（图1）示：①P波消失，为F波代替，频率300次/分。心室率116次/分。Ⅰ导F波最清楚，可见连续3个F波未下传（QRS脱落）。梯形图示交界区双层阻滞。F波在上层呈2:1阻滞，下层呈文氏型传导。第4～6、10～12个F波两次连续3个未下传。②6个导联可见宽窄交替的QRS波：宽者呈完全性左束支阻滞（CLBBB）型，出现于0.42 s之短R-R间期后。③ $R_{V5、V6}$ ≥3.0 mV，$ST_{V5、V6}$ 下移0.1 mV，$T_{V5、V6}$ 深倒置。心电图诊断：心房扑动伴交界区双层阻滞（上层2:1，下层文氏阻滞），构成交替性文氏周期A型；交替性3相LBBB、左室肥厚、慢性冠状动脉供血不足。半小时后的心电图仍为房扑，但束支阻滞图形消失，最短的R-R间距0.44 s。

讨 论

本例为房扑，心室长间歇中有连续3个F波未下传，须考虑交界区双层阻滞（上层2:1，下层文氏阻滞）。若长间歇中连续2个F波未下传，则考虑上层文氏阻滞，下层2:1的交界区的双层阻滞，构成交替性文氏周期，前者是A型，后者是B型。

位相型束支阻滞又称心率依赖型束支阻滞，可分为3相及4相阻滞。3相束支阻滞属快心率依赖型，有其临界频率，且因人而异。快于临界频率出现阻滞，反之，则阻滞消失。本例在0.42 s时出现CLBBB型，0.44 s时则CLBBB型消失，故属3相LBBB。3相阻滞可分为功能性及病理性。本例应为病理性：①本

---

[*] 本文原载于《中国实用心电杂志》1994年第2卷第4期第182页。

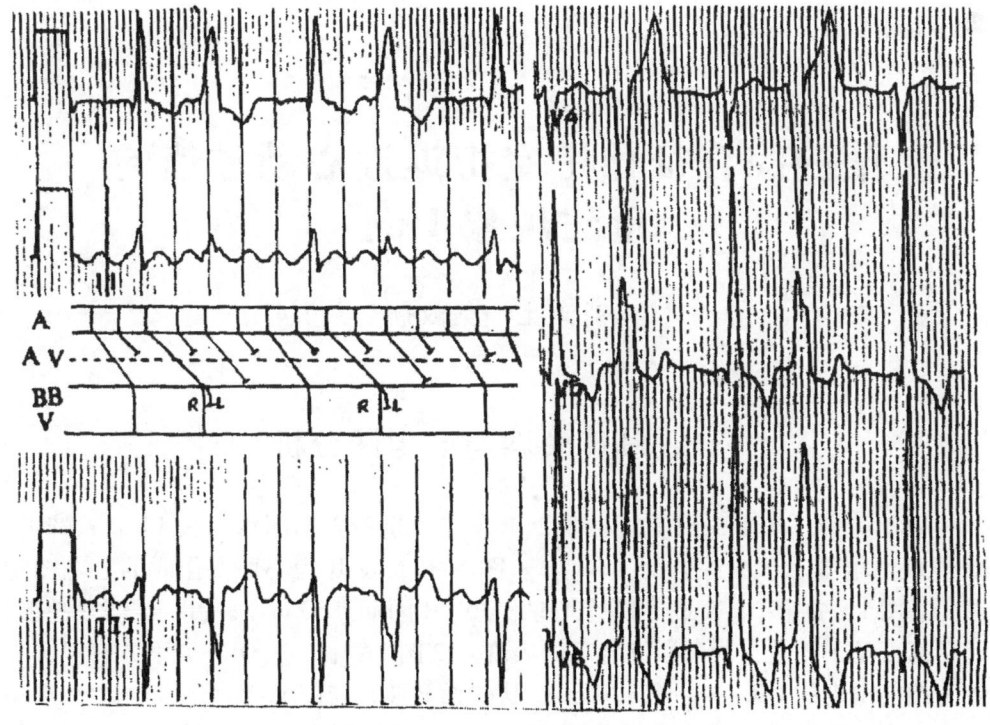

图 1

例为冠心病，心肌缺血可使束支动作电位 3 相期延长，加之房扑频率较快，下一次心房激动到达时，束支尚处于动作电位的 3 相期，未脱离不应期引起传导阻滞。②阻滞出现时，QRS 频率 <150 次/分。3 相束支阻滞并不少见，但呈宽窄交替者则较少。如能注意 R-R 间期长短与 CLBBB 图形消失、出现相关，可避免误诊为偶联间期一致的室早二联律及室内差异性传导。

● 病例报告

预激综合征伴房室折返性心动过速的重建现象1例[*]

刘泽生　梁权新

一、临床资料与心电图分析

患者女性，18岁，因反复心悸2年入院，超声心动图诊断为 Ebstein 畸形，12 导联心电图示预激综合征（B型）。图1中A及B为心悸发作时的心电图记录。①图1A中第1、第8～12个心动示短 PR 间期（80 ms），QRS 波明显畸形，起始部可见预激波，为预激综合征的表现。②图1A中，凡 QRS 波下方有黑圆点者为期前出现的 QRS 波，宽120 ms；其前无 P 波，与图1B 结性逸搏（N）形态不同，为室性早搏（简称室早）。因图1A可见室早诱发窄 QRS 波心动过速（周长360 ms），其后又为室早终止。③图1B 两条为 aVL 导联连续记录，可见与图

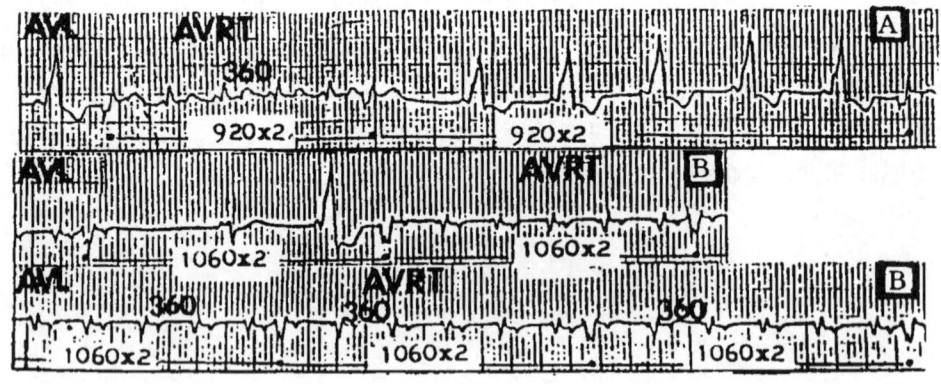

图1

---

[*] 本文原载于《中国心脏起搏与心电生理杂志》1995年第9卷第1期第12页。

1A 形态相同的室早及周长相等的窄 QRS 波心动过速，逆行 P（P′）波清楚，P′R＞RP′，RP′为 120 ms（＞70 ms），故考虑为顺向型房室折返性心动过速（AVRT）。图 1B 后部，室早不终止 AVRT，且室早的代偿间歇较 AVRT 的两个 RR 间期之和少 80 ms。室早后重新出现的 AVRT 的第一个 RR 间期均与室早出现前的 AVRT 的 RR 间期相等（360 ms）。④图 1A 及 B 的室早之间有公约数，分别为 960 ms 及 1 060 ms 的倍数，二者之差为 100 ms。室早与窦性搏动的配对间期为 40～44 ms，而室早与 AVRT 的配对间期为 22 ms，提示配对间期不等，虽未见融合波，仍符合室性并行心律的表现。心电图诊断：窦性心律，预激综合征，AVRT 伴重建现象，室性并行心律。

二、讨　论

本例为预激综合征伴顺向型 AVRT。可见室性并行心律，并行心律不为 AVRT 侵入，而室早可使 AVRT 重建它的周期，于是 AVRT 便与室早配对。按期发出的室早可诱发、终止（室早不能逆传旁道）及重建 AVRT。本例室性并行激动部分能逆传心房，这在并行心律是少见的。自发性室早重建心动过速的心电图特点是：①室早介入，出现不完全性的代偿间歇；②室早后回复原来的心动过速的第一个 QRS 波形态，AVRT 的第一个 RR 间期应与室早介入前该型心动过速的 RR 间期相同。本文 AVRT 为室早重建的解释如图 2 所示：A 示顺向型 AVRT 的折返。激动前传为正常通道（房室结及希浦系），逆传系旁道（AP）。B 之星状标记示心室期前激动，虚线表示传导方向，在逆传经正常通道时，与上一次激动（以实线表示）的前锋相遇，激动互相抵消，而逆传经旁道的激动却能到达心房，再沿正常通道下传，使 AVRT 持续，提示重建。

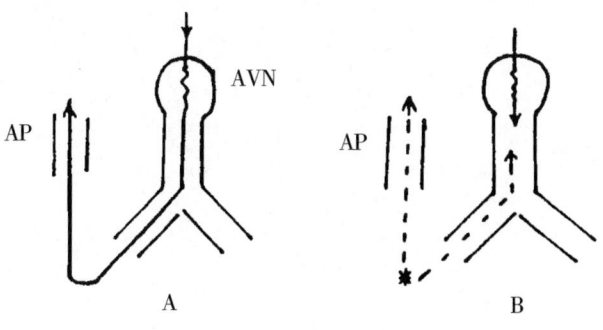

图 2

重建的条件：①异位室性激动要达心动过速的起源位置；②有可兴奋间隙（excitable gap）存在，间隙的位置相当于逆传旁道的室性激动的前锋，至上一次下传到正常通道的激动的不应期后。重建现象可见于折返或触发机制，本例AVRT显然是折返机制引起的。

● 病例报告

主动脉夹层动脉瘤类急性胰腺炎 1 例[*]

林斌元[**] 刘泽生

患者，男，50 岁。2 h 前，在睡眠中突起胸及上腹部刀割样痛致翻滚，经当地门诊注射杜冷丁，疼痛减轻转院。有高血压病史。查体：体温 35 ℃，呼吸 26 次/分，脉搏不能扪及，血压测不到。重病容，面色苍白，肢冷，颈静脉未见充盈。叩诊心界不清，心率 120 次/分，律整，主动脉瓣区可闻 SMⅢ。左肺呼吸音明显减弱，叩诊浊音。上腹部偏左处有轻度肌抵抗感及压痛，肝脾未触及，无移动性浊音。四肢活动正常，下肢不肿。实验室检查：白细胞 16×10^9/L，中性粒细胞 0.80，淋巴细胞 0.20，红细胞 2.95×10^{12}/L，血红蛋白 83 g/L，血清淀粉酶 72 u/L，尿淀粉酶 174 u/L。ECG 示窦性心动过速，左室劳损。拟诊为急性胰腺炎伴休克，未排除腹腔内出血。即予输血，停留胃管抽出淡黄色胃内容物。腹腔穿刺（-）。2 h 后血压回升 14 kPa/8 kPa，复查血清淀粉酶 215 u/L，尿淀粉酶 749 u/L。X 线胸片：左侧胸腔积液，纵膈增宽，主动脉弓影像增宽。腹部 B 超检查：肝脾及胰腺无异常，未见腹水。胸部 CT 检查：主动脉弓部及降部明显扩大，直径 7.4 cm，为动脉瘤。未见明确血管内血栓及夹层征象，纵膈内及左侧胸腔积血为动脉瘤破裂的间接征象；左肺压缩性肺不张。腹部 CT 示夹层动脉瘤范围达髂总动脉分支处（腹主动脉全程扩张，直径 4.2～5.0 cm，增强扫描时可见无强化的附壁血栓及游离于管腔中的撕脱内膜）；胰尾增粗，内有局灶性水肿，增强扫描时无明显强化，CT 值 34；脾脏因左胸腔大量积血左膈下移而向下移位，肝、脾及胆无异常，腹腔无明显积液。左胸腔诊断性穿刺，抽出不凝固的血性胸液 50 mL。诊断为主动脉夹层动脉瘤（ADA）。

---

[*] 本文原载于《湖南医学》1995 年第 4 期第 244 页。
[**] 作者单位：广东省顺德市桂洲医院（现为广东省佛山市顺德区桂洲医院）。

讨 论

本例可确诊为 ADA 急性期（2 周内）。近年按 ADA 内膜撕破部位和血肿分为 A、B 两型[1]。A 型动脉内膜撕裂发生于升主动脉或主动脉弓任何地方，升主动脉受夹层血肿侵犯；B 型内膜撕裂始自左锁骨下动脉远端，夹层血肿不侵犯升主动脉。本例可归入 A 型，撕裂范围从主动脉弓至髂总动脉分支。因病变跨过腹主动脉的较大分支，省内专家会诊认为有手术指征，但目前缺乏手术的经验与设备而只能行内科治疗，包括镇痛、绝对卧床休息、控制血压在 13.3 kPa/9.3 kPa 上下，用心得安降低心室的收缩力。患者现仍存活。

ADA 所致病变程度不同，附近组织受压情况不同，故临床表现复杂。入院误为急性胰腺炎，我们认为可能的原因是：①腹腔动脉是腹主动脉的主要分支，脾动脉又从其中分出，胰腺支（为多数细小分支分布胰腺）为脾动脉分支，ADA 血肿延伸引起分支狭窄或闭塞，可累及胰腺。②胰体后紧贴腹主动脉，胰尾抵于脾门后下方[2]。腹主动脉夹层血肿、脾受压移位，胰腺组织可能受压。可解释血、尿淀粉酶进行性升高及 CT 示胰尾局限性水肿。

参考文献：

[1] 姚震，高尚志．心脏急症．北京：人民卫生出版社，1990：204.
[2] 张朝佑．系统解剖学．北京：人民卫生出版社，1989：105.

● 临床心脏电生理

室性心动过速伴 2 度 I 型传出阻滞[*]

刘泽生

本例心电图及心内电生理检查证实为室性心动过速（室速）伴 2 度 I 型传导阻滞。

患者男，60 岁。突起心悸 1 h 入院。有冠心病史。查体：Bp 12 kPa/7 kPa，神志清，心界不大。心率 150 次/分、律整、未闻及杂音。双肺呼吸音清晰。ECG 示室速。图 1 为利多卡因静注前 V_1 导联的心电图记录，发现如下特点：①未见窦性 P 波，原室速的匀齐节律改变，有漏搏现象。每 2 个 QRS 波为一组，类似二联律。梯形图中 V 代表心室，P 代表浦肯野纤维。图示各短间期 = 320 ms，各长间期 = 440 ms。短间期与长间期之和为 760 ms，此间期中本应包括 3 个室速的 QRS 波间期。基本室速间期约为 253 ms（即 760÷3）。短间期长于推算的基本室速间期，长间期短于 2 倍的基本室速间期。②尽管图中的 QRS 波形态及间期与室速所见相似，但构成短间期的 2 个 QRS 波的形态略有差异，与受长—短间期的影响，长周期后不应期长，致室内差异性传导有关。心电图诊断：室速呈 3:2 文克白型传出阻滞。

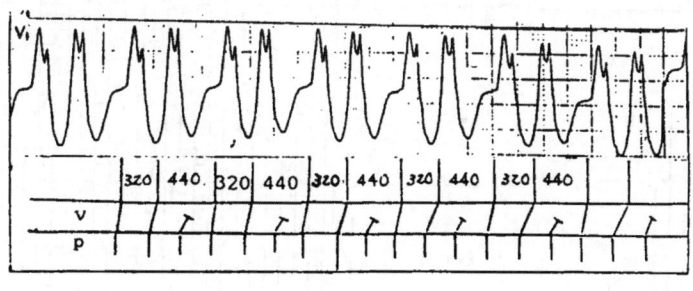

图 1

---

[*] 本文原载于《临床心电学杂志》1995 第 4 卷第 2 期第 24～25 页。

心内电生理检查：在右心室尖部施以程序电刺激 S_1S_2 诱发室速后，又自发出现 3:2 传出阻滞（见图 2）。图 2 记录自上而下依次为心电图 Ⅰ、Ⅱ、Ⅲ、aVF、V_1 及 V_5 导联；心内记录 RVOT（右室流出道）、RVA（右室尖部）。RVA 的激动在 RVOT 前，与 QRS 波起始同步。图中心电图的 QRS 波形态与先前的心电图记录相似，进一步证实室速的诊断。图 3 为复律后心电图记录，示窦性心律，大致正常的心电图。

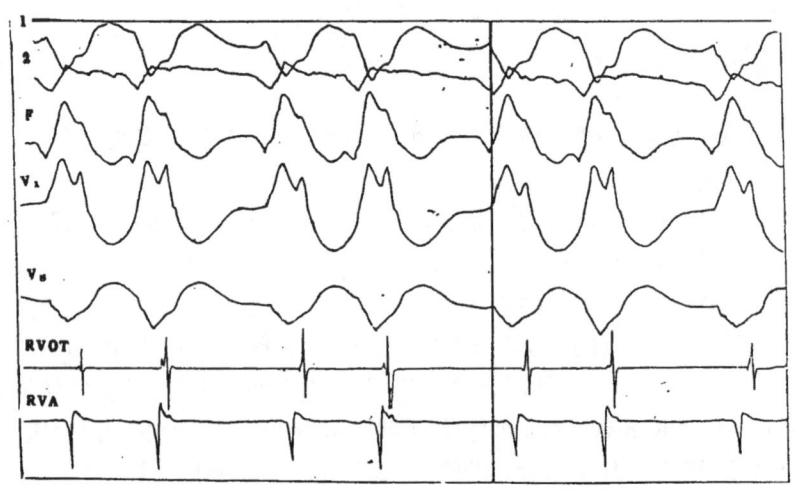

图 2

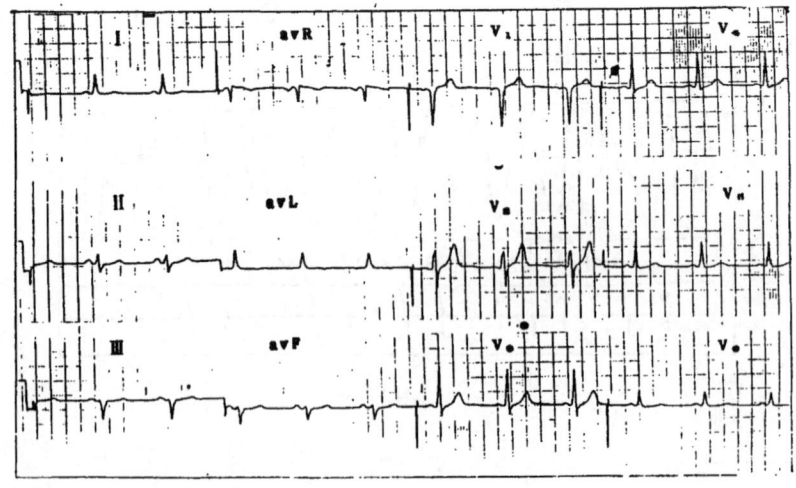

图 3

讨 论

一般认为规则心律突然出现漏搏应考虑传出阻滞。若心电图呈二联律样,更要考虑 3:2 传出阻滞,是周围组织传导功能改变的结果。Fish 认为[1]文克白型传出阻滞可见于折返通道者,激动在折返通道之外出现传导阻滞,而不是折返环内传导异常。本例呈 3:2 漏搏现象乃浦肯野纤维激动不能扩布、激动心室所致,属异—室传出阻滞。室速伴传出阻滞可致心动过缓,有诱发心室颤动和心室停搏的危险[2],应加以警惕。

参考文献:

[1] Fish C. Electrocardiography of arrhythmias. Philadelphia, Lea & Febiger, 1990:288.
[2] 仪忠直,张继伟. 实用心电图. 济南:济南出版社,1992:264.

● 临床心脏电生理

1例易误诊为室上性心动过速伴束支阻滞的室性心动过速*

刘泽生

患者男，52岁，1 h前晕厥一次入院。过去无晕厥史。查体：BP 12 kPa/8 kPa，神清，颈静脉不充盈，心界略大，心率80次/分，律整。胸骨左缘第四肋间可闻及收缩期喷射音，伴震颤。双肺呼吸音清，肝脾不大，双下肢无浮肿。超声心动图示肥厚性梗阻性心肌病（HOCM），室间隔厚度30 mm。左室造影：左室流出道狭窄。ECG示窦性心律（SR），第一度房室传导阻滞（Ⅰ度AVB），完全性右束支传导阻滞（CRBBB），左前分支阻滞（LAFB）及左室肥厚。Holter检查：24 h内出现两次短阵的"室上性心动过速"（SVT），频率分别为180次/分及170次/分，持续时间各为20 s及25 s，患者感心悸。曾出现2:1 AVB一次（心室率40次/分），仅感头晕。

心内电生理（EPS）检查：①窦律时记录12导联ECG（见图1，右方）。希氏束图示AH＝270 ms，HV＝110 ms。②心房快速起搏与程序电刺激未能诱发SVT。心房起搏周期400 ms时，出现2度Ⅱ型AVB，阻滞在希氏束下。③在右室尖部（RVA）及右室流出道（RVOT）行常规程序电刺激未能诱发持续性室性心动过速（VT）。但在RVA处起搏周期S_1S_1＝400 ms，室性期前刺激间期S_1S_2＝230 ms时，诱发8跳非持续性VT。图1左方为VT时12导联记录。图2为EPS记录，自上而下依次为ECG Ⅱ、Ⅲ、V_1及V_6导联，心内电图HRA（高位右房）、HISd（希氏束远端）、RVA及STIM（刺激记录）。该图有以下特点：①RVA心室刺激停止后出现一窦性心动（见SR箭头所示）；AH＝280 ms，HV＝110 ms。②随后的第7～11跳（图中仅录5跳）略不整，平均频率174次/分，心房及心室电图示房室分离，希氏束图的V波前后无H波。诊断为VT。将VT与SR记录的12导联ECG对照，从图1可见两者QRS波的形态和时

---

* 本文原载于《临床心电学杂志》1996年第5卷第1期第23～24页。

间极相似，呈 CRBBB 及 LAFB 型。检查结束后植入 DDDR 起搏器。

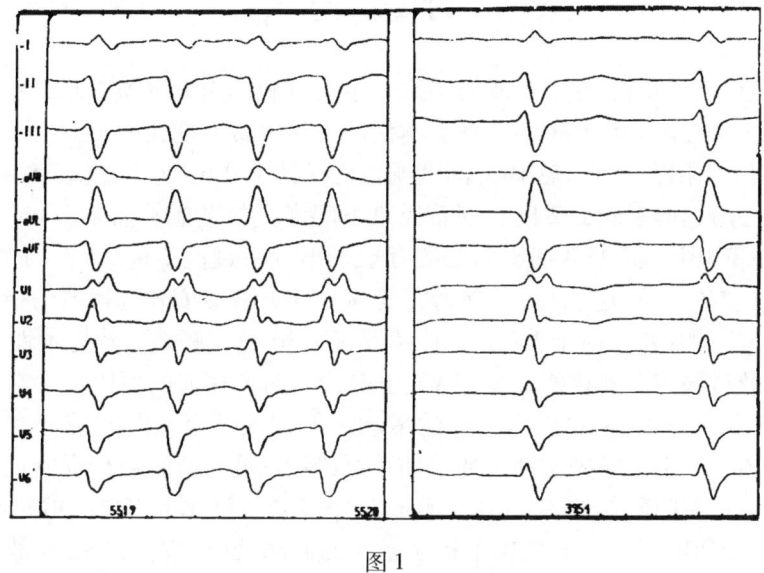

图 1

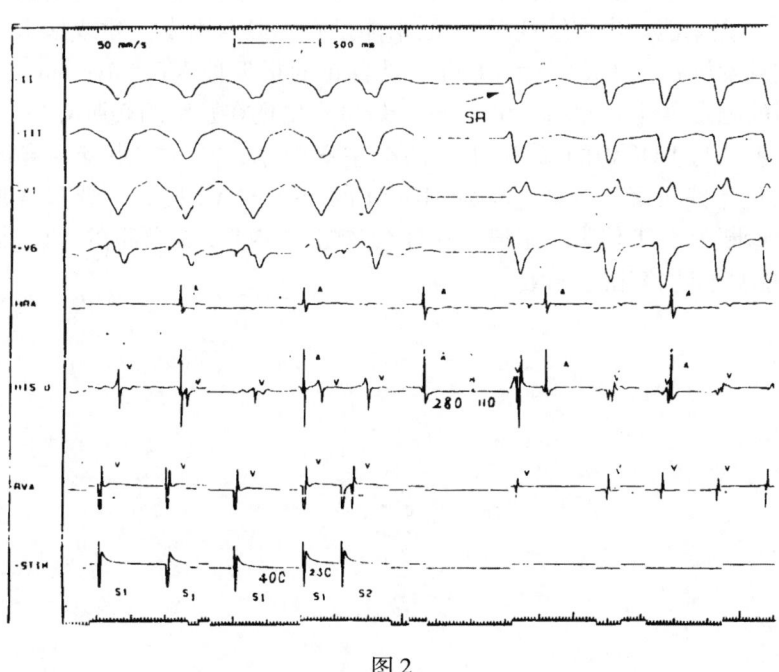

图 2

讨 论

根据超声心动图及左室造影的结果，本例可确诊为 HOCM。此类患者常有晕厥或猝死，与心律失常有密切关系。本例的心律失常表现在两个方面：

（1）传导阻滞。窦律时 H-V 间期明显延长达 110 ms（正常值 35～55 ms）。有自发及心房起搏引起的 2 度 II 型希氏束下阻滞。故考虑希浦系病变。从 Holter 分析，在 CRBBB 及 LAFB 两支病变的背景下出现一过性 2 度 AVB，提示左后分支（LPF）亦有潜在病变，易发展为完全性 AVB，故具安置起搏器的指征。

（2）VT 的存在。由于 VT 为非持续性（<30 s），频率可较持续性 VT 更快。因其形态及时限与窦性相似，本例 VT 曾漏诊。两者相似的原因：①在窦律时因有 CRBBB 及 LAFB，从希氏束下传的激动不能传入右束支及左前分支，仅从左后分支下传。左室下壁先激动，通过浦系纤维网的吻合支逆行传向左前分支分布地区；并通过室间隔传向右心室，形成时限延长、波形错折的 QRS 波。VT 的 ECG 保持 CRBBB 及 LAHB 的图形提示室速的起源处应在左后分支，故激动在心室的传播途径与窦律相似，致 QRS 相似。此处心室激动逆传希氏束受阻，故未见 H 电位。因未能诱出持续性 VT，故未能进行标测、引发重建或拖带现象以证实折返或触发机制。非持续性 VT 可以是自止的折返性 VT，Myerbury 认为也可能与强烈的触发事件（intense triggering event）出现在敏感的心肌有关。

有作者认为 HOCM 的 ECG 几乎都有左室肥厚、左或右束支传导阻滞。若 ECG 正常则本病可疑。为此，鉴别 HOCM 的 SVT 与 VT 时，不要只凭形态与窦性相似便诊断为 SVT 伴束支阻滞。这样会忽略比 SVT 更为严重的 VT，而积极治疗 VT 可能具预防猝死的价值。

● 论著

右房射频消融术治疗心房扑动[*]

刘泽生　Panos Papageorgiou[**]

摘要　对 5 例阵发性心房扑动（简称房扑）患者行右房射频消融术。3 例单型房扑消融成功，2 例复合型房扑/房颤失败。3 例成功者随访 6 个月无复发。房扑与右房内大折返运动有密切关系。射频消融结果与右房结构、房扑的类型及折返运动有关。右房射频消融的远期效果仍有待研究。

关键词　心房扑动；标测；导管消融，射频电流；随访

Radiofrequency Ablation of Atrial Flutter in Right Atrium

Liu Zesheng　Panos Papageorgiou

Abstract：Radiofrequency (RF) catheter ablation was applied in 5 consecutive patients (pts.) with atrial flutter (AFL) and structural heart diease. Target sites were localized using both anatomic approach (the isthmus between the tricuspid vale and inferior vena cava orifice, coronary sinus os) and right atrial endocardiol activation. The leasions were ablated by RF current after mapping. 3 pts. had successful ablation of AFL (Electrophysiologic study documented type Ⅰ in 2, type Ⅱ in 1). No recurrence revealed within 6 months follow-up period. 2 pts. were unsuccessful (Two types of AFL). Anatomic structure and the type of AFL were related to the reentrant circuit and the result of RF ablation. Long-term outcome should be followed up. Recurrence of AFL is still a big problem.

Key words：atrial flutter, localization, catheter ablation, radiofrequency current, following-up

---

* 本文原载于《中国心脏起搏与心电生理杂志》1996 年第 10 卷第 2 期第 70～72 页。

** 第二作者单位：美国波士顿 Harvard-Thorndike 电生理研究所。

射频消融右房治疗心房扑动（简称房扑）的报告不断增多，其远期效果仍待观察。现报道5例如下。

一、对象与方法

1. 病例选择

阵发性房扑5例，男3例、女2例，年龄54～74岁。冠心病3例（含陈旧性膈面及真后壁心肌梗塞1例）、高血压病2例。房扑反复发作病史最长3年、最短3个月。服用3种以上药物无效或不能耐受而作射频消融治疗。心电图示Ⅰ型房扑4例、Ⅱ型房扑1例。

2. 射频消融

在局麻下从右股静脉将7 F 4极导管、6 F 10极导管分别置于右室心尖部及希氏束，7 F可控标测/消融导管亦由此送入。从左股静脉分别将7 F 10极导管置于右心耳部（right atrial appendge，RAA），7 F Halo导管置于房间隔或右房前侧处，8 F 4极导管置于慢通道部位。从左贵要静脉将6 F 10极导管放入冠状窦。有2例将6 F 4极导管从股静脉送入界嵴（crista terminalis）。体表心电图Ⅰ、Ⅱ、Ⅲ（或aVF）及V_1导联与心内电图同步记录。纸速200 mm/s。同时使用含数字放大器、记录系统及光盘储存的计算机。

出现房扑后行右房标测，重点在峡部（下腔静脉口—三尖瓣环，IVC-TV）及冠状窦口（CS_{os}）周围。在高位右房及记录到局部异常电位（双电位、碎裂电位）处作拖带刺激。确定消融靶点的标准：心房内膜的电活动较F波提前>40 ms以上；或碎裂电位时限>80 ms；或于拖带房扑时，刺激—房波间期达40 ms。消融成功的指征：程序电刺激或短阵快速刺激不能诱发房扑，无双电位或碎裂电位。消融成功后作严密观察，每月进行随访。

二、结　果

1. 消融疗效及随访

5例中消融即刻成功3例（Ⅰ型2例，Ⅱ型1例）。未成功的2例中1例在心电生理检查（EPS）时出现Ⅰ型及Ⅱ型房扑、短阵房颤，在右房右侧部至下腔静脉区消融，Ⅰ型房扑终止，而Ⅱ型房扑及阵发性房颤经反复标测，消融均未能成功；另1例Ⅰ型房扑消融成功后，在高位右房给予双刺激诱发出Ⅱ型房扑，多次消融未成功。房扑时在消融位点每次释放的功率为40～50 W、时间30 s。成功的 3 例在房扑终止后，为巩固疗效，释放功率至 50 W，消融时间 60 s。导管尖端与组织接触处温度为 65～70 ℃。X 线曝光时间分别为 15、20 及 30 min。放电次数分别为 4、10 及 12 次。失败的 2 例消融 20 次未能终止房扑，遂停止消融。全部病例无并发症发生。成功者随访 6 个月无复发。

2. 消融靶点的心房电图

①房波、室波比率：成功者分别为 1.2、6.7 及 7.0；不成功者为 0.8、2.7。②电位：成功的 3 例有双电位、碎裂电位；不成功者有双电位及单电位各 1 例。

三、讨　　论

1. 右房结构及房扑消融术

大多数房扑是房内大折返运动。右房可分为前后两部分，外部由界沟、内面由垂直的界嵴分界，界嵴上起上腔静脉口的前上方，向下延伸与下腔静脉瓣相连。房间隔即右房的后内侧壁。RAA 为上腔静脉根部的细小锥状突起，在偏左处遮住升主动脉根部的右侧。从缓慢传导区、界嵴、房间隔及 RAA 等标志的激动运行顺序及其电图的形态，可助判断房内大折返环运行的方向。单向阻滞的缓慢传导区是形成折返的重要条件。有学者认为缓慢传导区是在右房下后侧部至后中部的位置[1]，相当于 IVC-TV 及 CSos 周围，此区乃标测的重点。由于在缓慢传导区域可记录到双电位或（和）碎裂电位，故是消融的靶点[2]。

2. 房内大折返运动

大折返环的上部转折点尚未明确，下部转折处位于缓慢传导区内。折返运动可分为顺时针方向及逆时针方向运动两种。逆时针方向运动线路：激动从缓慢传导区某点出发沿房间隔逆行而上，沿右房侧部从上而下运动，再进入缓慢传导区。顺时针方向运动线路则相反。图 1 示逆时针方向运行的自发性房扑。图中 I、II、III 及 V_1 导联为体表心电图记录。F 波在 II 及 III 导联呈负向，提示为 I 型房扑。图中 III 导联以下为心内电图记录。P 代表近端，D 与 d 代表远端。记录依次为 RAA、ALRA（右房前侧部）、HIS（希氏束区）、CS（冠状窦）及 SP（慢通道）。激动传播的顺序（图中以箭头方向示）依次为：①F 波前最早激动处为 CS_p，CS 区激动由近端传至远端→②当 CS 激动时，靠近 CS_p 的 SP 亦随之激动→③激动上传达 HIS，在该区由近端至远端→④激动达 RAA 区，由近端传向远端。因 RAA_p 邻近窦房结，故先激动→⑤激动在 RAA 传播时，亦传至 ALRA 区，从近端（上部）传向远端（下部）。综上所述，激动呈逆时针方向运行，若从立体角度考虑则是从后向前行。

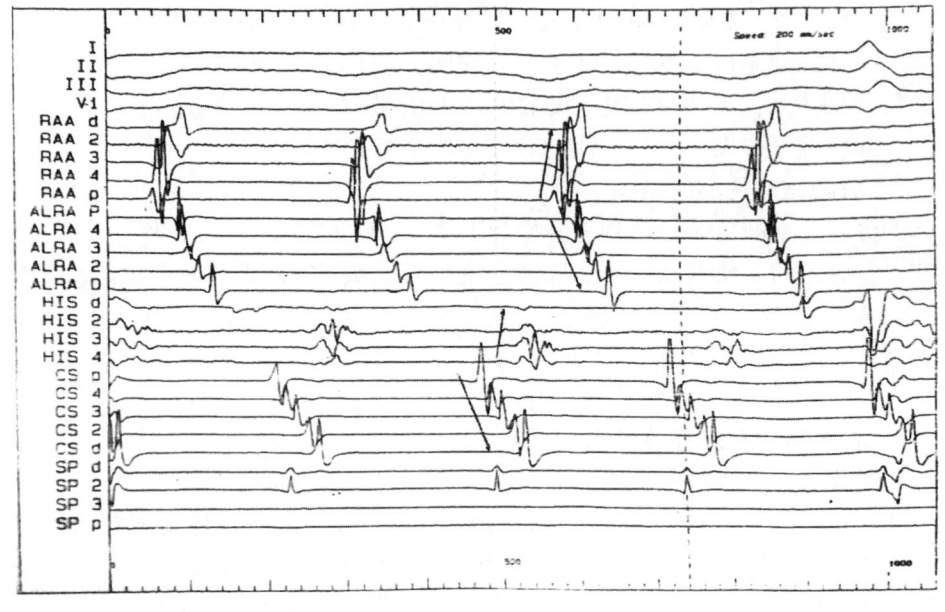

图1

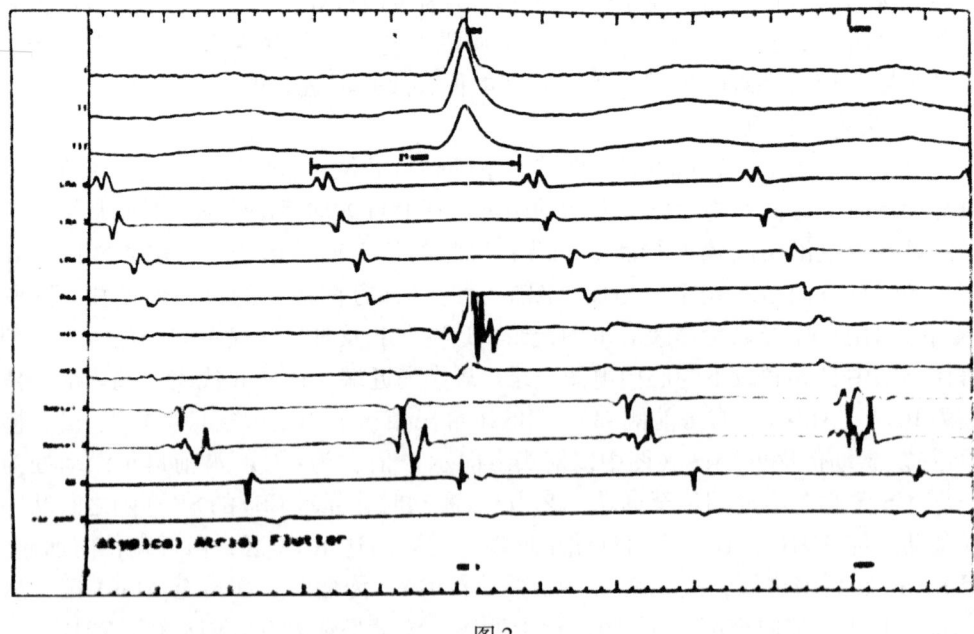

图2

图 2 示另 1 例患者的房扑激动运行图，激动呈顺时针方向运行。图中 I、II 及 III 导联为体表心电图记录，F 波呈正向，提示为 II 型房扑。以下为心内电图简化记录。P、d 分别代表近、远端。数字 2、3 分别代表电极导管第 2、第 3 个电极的位置。记录依次为 LRA（侧位右房）、RAA、HIS、Septal（右房隔部）、CS、SP。激动传播的顺序依次为：①最早激动处在右房侧位，从远端（下部）传至近端（上部）→②激动达 RAA→③HIS_2 及远端→④右房隔部（无近端记录）→⑤CS 近端→⑥SP 近端。激动呈顺时针方向运行。LRAd 处箭头示 F-F 间期为 274 ms。

3. 消融结果与房扑类型的关系

I 型房扑（常见型）心电图的膈面导联（II、III 及 aVF）的 F 波呈负向，与折返环呈逆时针方向运动有关。II 型房扑（少见型）呈正向，与折返环呈顺时针方向运动有关。两型具有不同的特点：①I 型房扑的频率一般在 300 次/分左右，II 型更快些，>300 次/分。②I 型房扑对快速心房起搏有反应（可拖带或终止），有助于寻找靶点，II 型则反应差。③房扑的机制仍未完全明了[3]。I 型可能与右房解剖结构形成缓慢传导区有关。II 型折返环亦经 IVC-TV，但可能还有主导环（leading circle）机制参与，故有时按 I 型房扑方法标测消融不易成功。一般而言，I 型房扑较 II 型房扑的消融效果好。单型房扑消融成功率高。[4] 本文 1 例 I 型房扑有阵发房扑史 3 年，消融成功。另 1 例发现阵发性房扑仅 3 个月，因两型房扑与阵发房颤并存，消融未成功。一般认为右房消融术近期成功率可高达 85%，但复发的问题未能完全解决，故右房射频消融术的远期效果仍在探索中。

参考文献：

[1] Feld G K, Fleck P, Chen P S, et al. Radiofrequency catheter ablation for treatment of human type I atrial flutter: identification of a critical zone in the reentrant circuit by endocardiol mapping techniques. Circulation, 1992, 86: 1233.

[2] Lesh M D, Van Hare G F, Epstein L M, et al. Radiofrequency catheter ablation of atrial arrhythmias, results and mechanisms. Circulation, 1994, 89: 1074.

[3] Walds A L. Mechanisms of atrial fibrillation, atrial flutter and ectopic atrial tachycardia—a brief review. Circulation, 1987, 75 (suppl): III-7.

[4] Sasudi N, Poty H, Anselme F, et al. Observation during termination of double spikes, fragmentation, and critical isthmus in type I atrial flutter (abstract). Circulation, 1993, 88: 3141.

DDI起搏的判断与2:1室房逆传[*]

刘泽生

患者男，46岁，旅游时突感头晕2 h入院。2年前因"房室传导阻滞"，曾在外院安装起搏器，型号不详，此后从无晕厥史。体检：BP 12 kPa/8 kPa（90 mmHg/60 mmHg），律齐，未闻及杂音，两肺无特殊。腹软，肝脾未及，双下肢无浮肿。心电图长Ⅱ导联（见图1）具有以下特点：

（1）全部心室波均为起搏波，其前均有起搏的钉样标记（VP）。心室起搏间期0.96 s（63次/分）。

（2）心室起搏波前有两种不同性质的P波：①第2、4、6、8、10个心室起搏波前可见心房起搏波，其前有起搏的钉样标记（AP）。"起搏房室延迟"（paced AV delay）时间0.2 s。从AP起至VP止称AP-VP间期。②第3、5、7、9个心室起搏波前可见自发的P波（P_1直立，P_{aVR}倒置，考虑为窦性P波）。"感知的房室延迟"（sensed AV delay）时间0.44 s，测量从自发P波始，此处亦可理解为心房感知（AS）的起始，至心室起搏标记（VP）止，亦可称为AS-VP间期。

（3）起搏P波至自发P波的AP-AS间期0.72 s（83次/分），未见AP-AP间期。

（4）起搏的心室波有2:1逆行室房传导。第1、3、5、7、9个心室起搏后可见逆行的P⁻波（图中箭头所示），R-P⁻间期0.24 s。心电图诊断：双腔起搏器（以DDI模式起搏），2:1起搏器室房逆传。

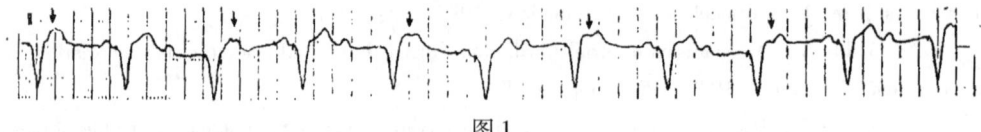

图1

---

[*] 本文原载于《心电学杂志》1996年第15卷第3期第105~106页。

讨 论

1. 起搏模式的判断

（1）图中可见按顺序出现的心房起搏波及心室起搏波，其间保持正常的房室延迟时间，提示为双腔起搏器。具有心房感知功能，不可能是 DVI（双腔起搏，仅有心室感知）模式。

（2）鉴别 DDD 与 DDI 模式：DDI 模式可视为 DDD 模式的变型或 DDD 与 DVI 两种模式的综合。图中心房率 83 次/分（AP-AS 间期 0.72 s）快于规则的心室起搏率 63 次/分。这一频率可视为程控最低起搏频率，即下限频率（lower rate interval）。心房率快于下限频率，心室仍以下限频率起搏。DDI 不同于 DDD 起搏模式，DDI 的上限频率时间（upper rate interval）等于下限频率时间。故 DDI 模式在心房率快时，无须亦无法追踪快的心房率，仍以下限频率起搏，具有追踪下限频率的特点[1]。本例正具有如此特点，可判断为 DDI 模式。DDI 模式可忽略快的心房率，故对有阵发性房性快速心律失常者有利。

2. "感知房室延迟"时间与 2:1 室房逆传

（1）"感知房室延迟"的结束：自发的 P 波脱离起搏器的"心室后心房不应期"（PVARP），故能被感知并能顺传，前传时间延长与 DDI 模式存在"可变周期"（varying period）有关[2]。激动顺传达 DDI 起搏的下限频率时，便按时出现心室起搏，从而使"感知房室延迟"至此结束。

（2）图中"感知房室延迟"与"起搏房室延迟"交替出现。逢有"感知房室延迟"的心室起搏后才见逆行 P⁻波，故呈 2:1 逆传。唯逆行心房激动落在起搏器的"心室后心房不应期"中，不被感知，故未能构成起搏器介导的折返。然而本例有头晕伴 2:1 室房逆传，要考虑起搏器综合征。一些患者下传与逆传的阻滞并不一致。个别完全性房室传导阻滞者，室房逆传径路仍可保持完整，尤其阻滞在希氏束下部者。

其后经给患者安置起搏器的医院资料证实：安置起搏器前心内电生理检查示 Ⅲ度 A-VB（阻滞在希氏束下部），体内植入以 DDI 形式起搏的人工心脏起搏器，设置的下限频率为 60 次/分，原未见室房逆传现象。

参考文献：

[1] Barold S S, Falkaff M D, Ong L S, et al. All dual chamber pacemakers function in the DDD mode. Am Heart J, 1988, 115：1353.

[2] Braunuold E. Heart Disease. 4th ed. Philadelphia：W. B. Saunders, 1992：739-741.

● 临床心脏电生理

腺苷在心律失常中的应用[*]

刘泽生　Panos Papageorgiou[**]

本文报道8例心律失常时使用腺苷静注的经验。

一、对象和方法

对象：男性4例，女性4例。年龄最小者26岁，最大69岁。其中冠心病3例（含陈旧性膈面心肌梗死1例），预激综合征1例，未发现心脏病4例。全部病例曾作心电图（ECG）及心内电生理检查（EPS）。其中房室结折返性心动过速（AVNRT）4例，房室折返性心动过速（AVRT）+房性心动过速（AT）1例，阵发性房扑2例及阵发性房颤1例。

方法：将腺苷溶于生理盐水中配成3 mg/mL，将6～12 mg在2 s内静注完毕。在用药及观察期间记录心电图及连续心电示波监测。

二、结　　果

4例AVNRT皆在腺苷静注后终止（使用6 mg 2例，12 mg 2例）。1例原为AVNRT（EPS证实前传经正常房室通道，逆传经后间隔旁束）行旁束射频消融术成功，但出现自发性AT。腺苷6 mg静注后，AT心律失常使用腺苷静注8例中，仍呈窄QRS波，未见预激波，说明旁束消融已成功，但出现完全性房室传导阻滞（AVB），历时15 s后AVB消失，AT仍存在。

1例阵发性房扑准备行右房消融术。窦性心律时静注腺苷12 mg诱发房扑，

---

[*] 本文原载于《临床心电学杂志》1996年第5卷第3期第165～167页。
[**] 第二作者单位：美国波士顿Harvard-Thorndike电生理研究所。

出现长 R-R 间期，图 1 为部分记录。图中记录排列顺序依次为 ECG 的 Ⅱ 及 V_1 导联；心内电图 d 为远端，P 为近端。依次为标测/消融导管（ABL）的远、近端，希氏束（HIS）的近、远端，Halo 导管（有助右房定位而置入）远端、第 2～9 记录点和近端，冠状窦（CS）的近、远端。本图从开始记录至唯一的 QRS 波距为 1 840 ms，故实际的 R-R 间期肯定大于 1 840 ms。心室记录亦仅见一个与 QRS 波相应的心室电位（V），其余均为心房电位（A），提示心房激动下传受阻（AVB），即用右室电极导管作临时起搏。图 2 为 V_1～V_6 导联 ECG 记录。右室

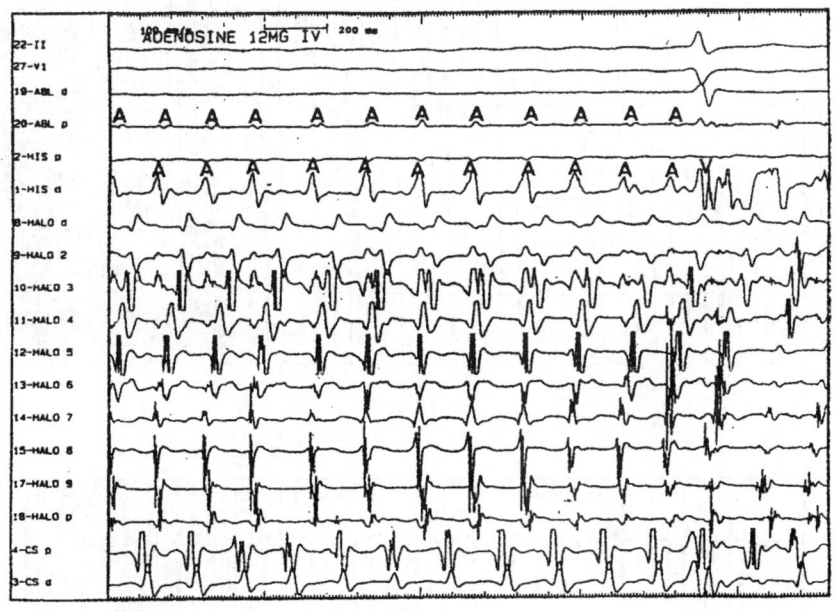

图 1

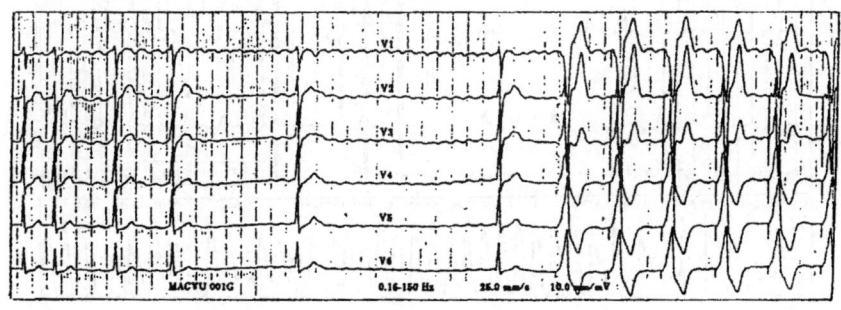

图 2

起搏前最长的 R-R 间期 = 2 680 ms。15 s 后长 R-R 间期消失。另 1 例陈旧性膈面心肌梗死，窦律时 V_5ST 下移 1 mm（见图 3），出现阵发性房扑时静注腺苷 12 mg，房扑的心室率增快达 125 次/分，V_5ST 压低至 5 mm（见图 4），并同时出现频发室性早搏、室速、室扑及室颤。图 4 下部长条为一段室扑以及室颤。400 J 电转复恢复窦性心律。1 例阵发性房颤，窦性心律时 ECG 疑有预激。EPS 未发现旁束。静注腺苷 6 mg 诱发出房颤，无预激波。

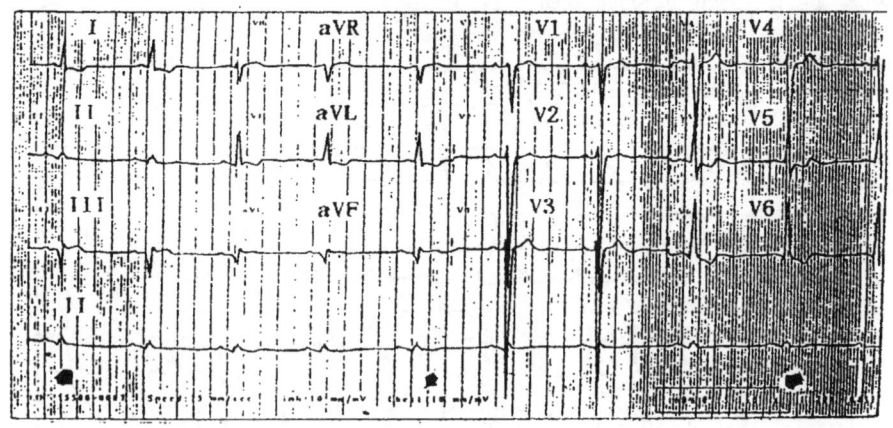

图 3

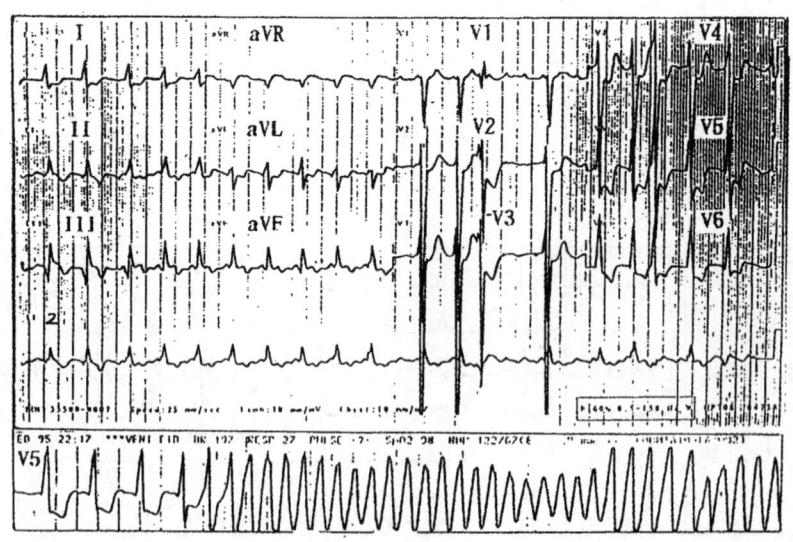

图 4

三、讨 论

腺苷为 ATP 的前质、核酸的组成部分,可用于某些心律失常的治疗和鉴别诊断。因能诱发负荷性心肌缺血,亦用于核素或超声等影像检查。腺苷半衰期仅 2～10 s,静注高峰效应在 10～15 s 内,2 min 后几乎完全消失[1]。本文腺苷引起 AT 伴 AVB 及房扑伴长 R-R 间期各 1 例,持续 15 s 后便自限,故一般认为腺苷较 ATP 安全。

本文 4 例 AVNRT 为腺苷终止,与阻滞房室结传导有关[2]。以腺苷诱发房扑及房颤各 1 例,因腺苷能缩短心房肌单相动作电位时间[2]。1 例旁束消融术后出现 AT,利用腺苷作鉴别[3]。静注腺苷后出现 AT 伴 AVB,AT 仍持续,可排除 AVRT,间接证明射频消融旁束成功。

应用腺苷仍要注意安全。文中 1 例陈旧性心肌梗死伴阵发性房扑,静注腺苷后心室率加快、心肌缺血加重,并诱发了室扑、室颤。考虑腺苷具血管扩张及类潘生丁般的"窃血"作用,导致心肌缺血突然加重,心电不稳。另外,房扑的快速心室率在缺血状态下有类似快速心室起搏的作用,可诱发室扑及室颤[4]。故应掌握剂量,严密监测,准备除颤器,防止意外事件。

参考文献:

[1] 杜传礼,周光荣. 腺苷与腺苷拮抗剂临床应用的研究进展. 心血管病学进展,1991,12(1):1.

[2] Camm A J, Garratt C J. Adenosine and superventricular tachycardia. N Engl J Med, 1991, 325:1621.

[3] Griffith M J, Linker N J, Ward D E, et al. Adenosine in the diagnosis of broad complex tachycardia. Lancet, 1988, 1:672.

[4] Martin D, Mendelsohn M E, John R M, et al. Atrial fibrillation. Boston: Blackwell Sci Inc, 1994:89.

● 病例报告

室上性心动过速伴室上性快速性心律失常 7 例[*]

刘泽生

本文收集室上性心动过速（VT）伴室上性快速性心律失常 7 例的临床资料，并分析如下。

一、临床资料

VT 伴室上性快速性心律失常 7 例中，男性 6 例，女性 1 例。年龄 >60 岁，且有器质性心脏病。7 例均有 VT 的心电图（ECG）记录，内含同导联房扑（AF）或房颤（Af）转为 VT 2 例。除急性心肌梗塞 2 例外，5 例行心内电生理（EPS）检查，均有 VT 及室上性快速性心律失常的记录。结合 ECG 及 EPS 资料将心律失常分为 3 个方面。①≥3 种形态（或多型性）VT + 室上性快速性心律失常，共 3 例。1 例为扩张型心肌病，在右室尖部（RVA）及右室流出道（RVOT）以程序电刺激诱发 5 种不同形态的 VT；检查中有短阵自发、自行终止的 Af。1 例为陈旧性前壁心肌梗塞，左室射血分数（EF）为 25%，在 RVOT 双刺激诱发多型性 VT 即予电转复；该例在高位右房（HRA）及冠状窦以双刺激分别诱发房速（AT），其后为射频消融术（RF）成功消融。1 例为陈旧性膈面 + 广泛前壁心肌梗塞，EF 为 25%。在 RVA 双刺激诱发 3 种不同形态的 VT，其中 1 种衍化为室颤（Vf）予以电转复。该例 HRA 电刺激极易诱发房室结折返性心动过速（AVNRT），在房室结慢通道行 RF 被成功消融。针对 VT，上述 3 例均安置体内自动除颤器（ICD）。②快速 Af、AF 及 AT 分别衍化为 VT。1 例陈旧性心肌梗塞伴 Af 6 年者，ECG 示 Af 的心室率达 185 次/分时，即转化为 VT。心律平使 VT 终止回复 Af，心室率 70 次/分。1 例急性广泛前壁心肌梗塞伴心衰，ECG 监测发现 AF 心室率 >180 次/分，出现 AF→VT→Vf 的转化。静滴利多卡因及多

---

[*] 本文原载于《临床内科杂志》1996 年第 13 卷第 6 期第 14 页。

次电转复仍反复发作，但以西地兰静注减慢 AF 的心室率后，VT 及 Vf 不再出现。1 例肥厚性心肌病（CHM）者，HRA 双刺激诱发 AT 且直接转化为非持续性 VT（<30 s），无 ECG 记录。③VT 电转复后出现自发性 Af。本例急性前壁心肌梗塞，VT 时神志丧失，连续予以 2 次电转复，400 焦耳/次，开始转为 Af，心室率 120 次/分，监测半小时自行转为窦性心律。

二、讨 论

快速型 Af、AF 及 AT 可转化为 VT 是一个重要的问题。诱发转化的关键在于快速的心室率，控制 AF 及 Af 的心室率即终止 VT 及 Vf。Stafford 等曾观察 HCM 1 例，因快速 Af 衍化为 Vf 致心脏骤停。Martin 等认为其机制如像 EPS 检查时施以程序电刺激那样，快速的心室率伴长—短 R-R 间期有诱发 VT 的可能，尤其是有心脏病者。这类患者临床上极易漏诊。

存在≥3 种形态的 VT，无论药物、消融及手术均有困难，以安置 ICD 最为安全。分别存在的阵发性 Af、AVNRT 及 AT（尽管后二者已消融）一般不构成生命威胁。VT 以较大能量转复后可有自发性 Af，此时若心室率过快，可再行电转复以防止衍化为 Vf。否则只需严密 ECG 监测 Af，可自行回复窦律。

● 病例报告

异搏定诱发心室颤动 2 例*

刘泽生

本文报道冠心病伴室性心动过速（室速）及急性心肌梗塞（AMI）静注异搏定后，心动过速转化为心室颤动（室颤）2 例。

一、病 例 介 绍

例 1　患者男性，64 岁。突感心悸半小时入急诊。过去有冠心病心绞痛史。查体：神清，血压 12 kPa/8 kPa。颈静脉不充盈，心界不大，心率 168 次/分，律整，未闻及杂音。双肺（−），肝脾未触及，无浮肿，心电图示宽 QRS 波心动过速，拟诊室上性心动过速（室上速）。在行异搏定 10 mg + GS 20 mL 静注中，患者血压测不到，神志丧失，心电监测示室颤。以 400 J 电转复成功。次日行心内电生理（EPS）检查，在右室心尖部程序电刺激（双刺激）诱发 3 种不同形态的持续性室速（>30 s），其中 2 种转化为室颤须行电转复，另 1 种可为程序电刺激中止。胺碘酮静滴后再行程序电刺激，检查结果同前。建议置入体内自动除颤器。

例 2　患者男性，57 岁。因心前区痛 1 h 入院。心电图示 AMI（膈面 + 广泛前壁 + 真后壁）。第 7 天出现急性左心衰竭，经西地兰、利尿剂治疗后，症状缓解，心率 106 次/分，次日超声心动图检查谓有心包积液及心脏破裂，射血分数（EF）30%。给予异搏定 50 mg/d，静滴至第 2 天，心率增至 180 次/分，继之反复出现神志丧失及抽搐，大动脉搏动消失。心电监测记录依次出现室上速至室速至室颤的转化。前后 6 次电转复均能转为窦性心动过速。停用异搏定。在此期间使用利多卡因静注及静滴均无效，改用西地兰静注，每天 0.4 mg，2 天后未见室上速发作，室速及室颤也随之消失，核磁共振及再次复查超声心动图均无心包积

---

*　本文原载于《实用医学杂志》1996 年第 12 卷第 10 期第 719〜720 页。

液及心脏破裂的证据。

二、讨 论

本文 2 例均为冠心病患者，在异搏定静脉给药过程中分别出现室速、室上速转化为室颤的现象，同时伴血流动力学紊乱（血压下降，神志丧失）。异搏定是治疗室上速重要而有效的药物，对某些类型的室速亦有效，如特发性室速（包括分支型及右室流出道型）和短联律间期室性早搏引起的多型性室速。前者多无器质性心脏病，亦无致心律失常的因素存在，而与折返或触发机制有关，折返途径可能含钙通道途径[1]；后者亦与触发机制有关。

2 例均存在异搏定用药不当的问题。例 1 因心电图误诊为室上速而使用异搏定。例 2 有心衰的临床表现，EF 亦明显降低，却因超声心动图误诊为心脏破裂，故使用此药。诱发室颤的原因：①从疾病本身考虑：例 1 为冠心病患者，EPS 检查诱发 3 种不同形态的室速，其中 2 种转化为室颤，此类室速异搏定是无效的。例 2 为面积广泛的急性心肌梗塞，有心衰，其中证实无心脏破裂，在严重缺血缺氧的条件下，快速的心室率（尽管来自室上性）的作用可与 EPS 检查时快速心室起搏的作用相比拟，有潜在诱发室速、转化为室颤的危险[2]。这种背景的室上速与室速的出现有非常密切的关系。本例异搏定应列为禁忌，而使用洋地黄类药物较为妥当。②从药物本身考虑：异搏定属钙通道阻滞剂，可降低心肌细胞 Ca^{2+} 浓度，从而减弱心肌兴奋—改缩偶联，减低心肌收缩力及耗氧量，有负性肌力作用，又可扩张外周小动脉，故静注时血压下降，还会使心衰加重。

总之，应用异搏定治疗室上速或室速时，均要考虑心脏病的基础、诱因、心功能状况、室上速及室速的类型才可避免危险。

参考文献：

[1] 方卫华，等. 临床内科杂志，1994，11（3）：5.
[2] Martin D, et al. Atrial fibrillation. Boston：Blackwell Sci Inc, 1993：89.

● 病例报告

随心房率变化的希氏束内阻滞[*]

刘泽生　Panos Papageorgiou[**]

患者男，56岁，因头晕、胸闷1 h急诊。既往无晕厥，有冠心病史。体检：神志清，心率100次/分，呈二联律，未闻病理性杂音，双肺无殊。肝脾未触及，双下肢无浮肿。心电图示：平均心房心室率98次/分，QRS形态及时间正常。有2种P-R间期分别为0.15 s及0.28 s，两者交替出现。心电图诊断：间歇性一度房室传导阻滞。心内电生理检查：图1呈交替P-R间期延长；心内电图可见希氏

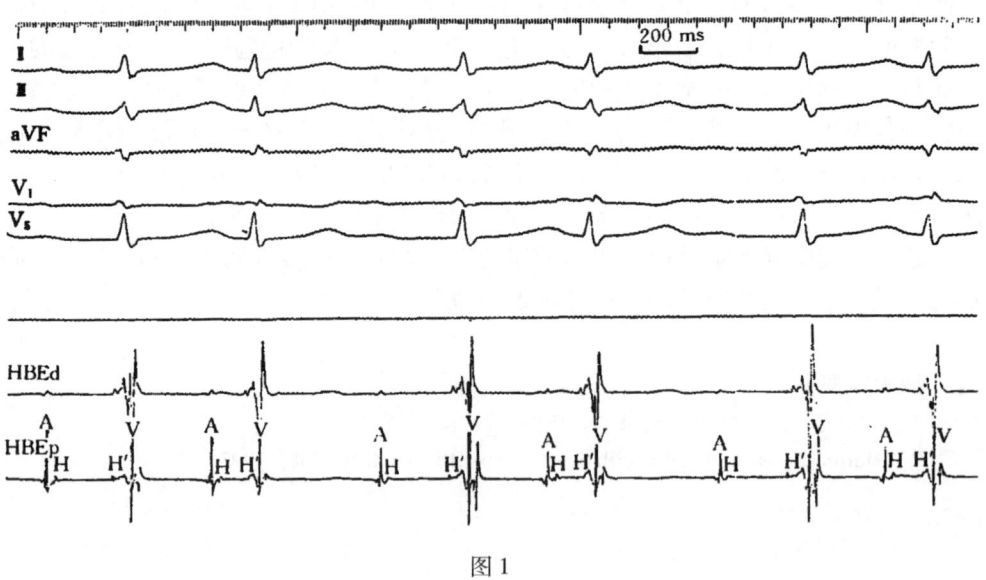

图1

---

[*]　本文原载于《心电学杂志》1997年第16卷第2期第93～94页。
[**]　第二作者单位：美国波士顿Harvard-Thorndike电生理研究所。

束分裂。当 P-R 间期 150 ms，H-H′间期 80 ms，P-R 间期 280 ms，H-H′间期 200 ms 时，每个心房波（A）后均有下传的心室波（V），A-A 间期 580 ms（心房率 103 次/分）。H′在 QRS 波前 30 ms，提示传导阻滞在希氏束内。图 2 示 2:1 阻滞；心内电图 HBEd 示下传的 A、H-H′及 V 电位与图 1 相同。下传受阻的 A 波后仅见 H，而无 H′及 V 电位的记录，提示 2:1 希氏束内阻滞。心内电生理检查结束前的记录（图略），因希氏束记录导管移位，希氏束电位显示不清楚，仅见 A 及 V 波，A-A 间期 888 ms（心房率 68 次/分），心电图可见 1:1 房室传导，P-R 间期 170 ms，原有的阻滞现象消失。患者安置 VVI 型人工心脏起搏器。

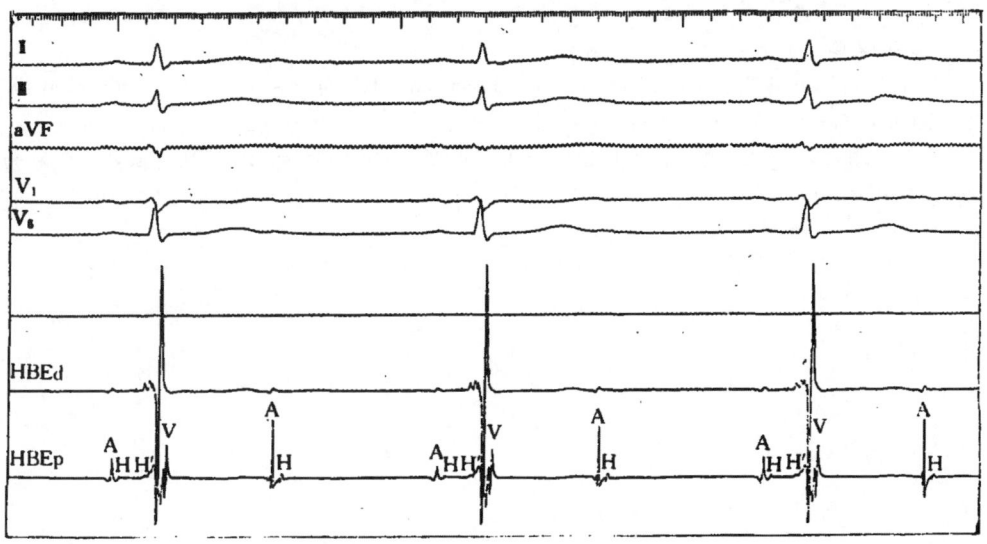

图 2

讨 论

本例首诊时心室率 98 次/分，类二联律，若从临床体检出发，房室传导阻滞容易漏诊。附图可见 H-H′间期进行性延长 80、200 ms（正常 <30 ms），呈周期性出现，但无典型文氏型阻滞的脱落现象，故疑有罕见的希氏束内双径路传导的可能。H-H′间期延长，心电图 P-R 间期可维持正常范围[1]。本例 H-H′间期达 200 ms，心电图表现为 P-R 间期延长而误诊为间歇性房室传导阻滞，应进行动态观察以避免漏诊。

结合心率变化可观察房室传导阻滞变化的意义。本例在心房率慢（68次/分）、心电图P-R间期正常时无房室传导阻滞，心房率快（98次/分）时则出现房室传导阻滞，从心电图改变推测阻滞部位不在房室结，QRS波群窄，阻滞考虑在希氏束内。因为交感神经张力减低，可使心率减慢及房室结传导减慢，但不影响希氏束的传导[2]，Josephson的电生理学研究也证实了这一现象[1]。故心房率慢时，心电图房室传导阻滞消失，QRS波群正常，提示阻滞在希氏束内，具有定位诊断意义。本例希氏束内阻滞经心内电生理检查证实，这种现象亦可视为希氏束3相阻滞。

参考文献：

［1］Josephson M E. Clinical cardiac electrophysiology: Techniques and interpretations. 2nd ed. Philadelphia, Lea & Febiger, 1993: 96-114.

［2］邵耕，吴树燕. 现代心电图诊断手册. 北京：北京医科大学中国协和医科大学联合出版社，1995：183.

● 临床心脏电生理

起源于希氏束的交接区性早搏*

刘泽生　Kevin Monahan**

　　心电图交接区性早搏常见，而能从心内电图证实早搏来自希氏束则少见，现报道1例如下。
　　患者男性，52岁。心悸2个月，无心前区疼痛。3年前曾患急性前侧壁心肌梗死，无高血压病史。体检：神清，心界不扩大，心率60次/分，肝脾未触及，双下肢无浮肿。心电图（ECG）检查：图1示窦性心动过缓（57次/分）、电轴左偏-58°，频发交接区性早搏、完全性右束支传导阻滞（CRBBB）、左前分支

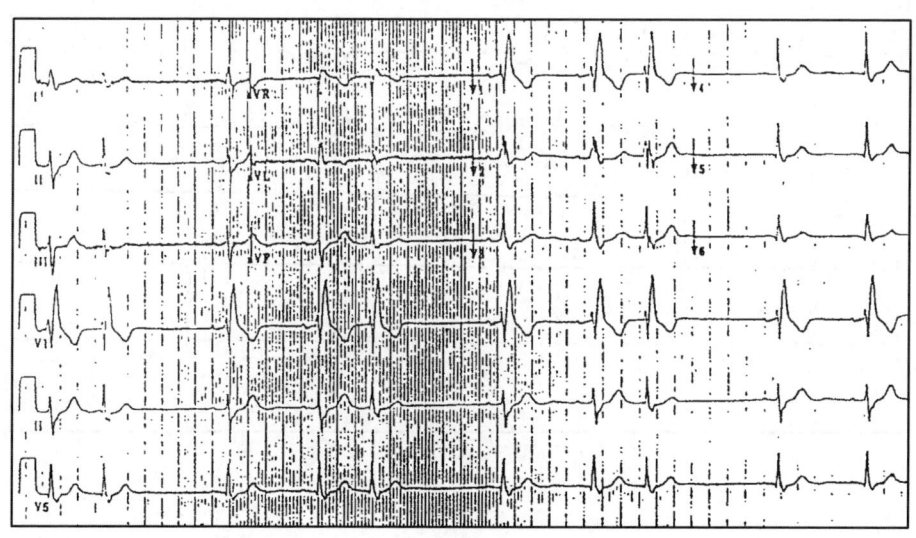

图1

---

* 本文原载于《临床心电学杂志》1997年第6卷第3期第122～123页。
** 第二作者单位：美国波士顿Harvard-Thorndike电生理研究所。

阻滞（LAFB）、陈旧性高侧壁心肌梗死。心内电生理（EPS）检查（见图2，记录纸速50 mm/s）：图中自上而下依次为ECG的Ⅰ、Ⅱ、Ⅲ、V_1及V_5导联；心内电图为HRA（高位右房）、HBE（希氏束）、RVA（右心室尖部）。图中第1、2、4、5个心动为窦性，QRS波呈CRBBB型及LAFB型。HBE图的AHV电位依次出现，AH间期=80 ms，HV间期=40 ms。HV间期的V测量点见图中倒数第1、第2行的垂线，起自ECG的QRS波起点。第3及第6个心动为早搏，希氏束图可见提前出现的H电位，下传心室出现V波，HV间期=40 ms，与窦性时相同，图中V波后在HRA可见A′波，为逆行心房波。但早搏的ECG的QRS波形仅呈CRBBB型，无LAFB型。在EPS检查过程中，常规的心内电生理检查未见室性早搏，未能诱发室上性或室性心动过速。

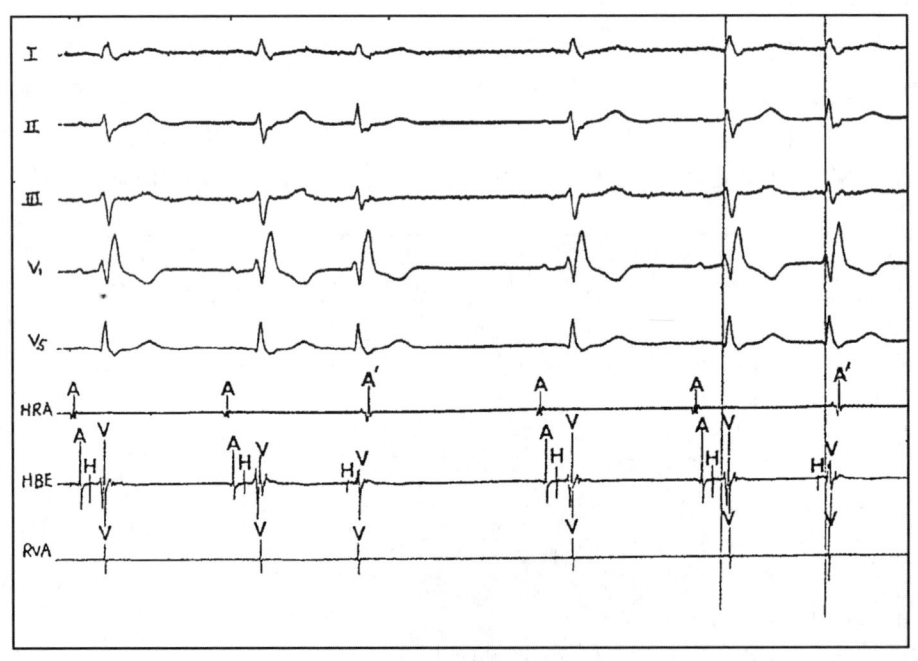

图2

讨 论

本例ECG示窦性心动过缓，窦性时QRS波呈CRBBB及LAFB型。早搏形态与窦性的CRBBB型相似，无LAFB型，无期前出现的P波，应考虑交接区早搏。

房室交接区是激动从心房传至心室的重要通道。目前根据解剖和功能一致的原则，把结间传导束进入房室结部分、房室结和希氏束未分叉部位称为房室交接区。[1] 本例心内电图可见早搏源于希氏束，先下传心室，再逆传心房，可进入窦房结，故早搏的代偿间歇不完全。本例早搏时仅见 CRBBB 型，HV 间期在正常范围。有作者认为即或存在 CRBBB，只要尚存未阻滞的分支，HV 间期仍可在正常范围[2]，<60 ms。源于希氏束的早搏使 LAFB 消失，可能是左前分支超常传导的结果。交接区性早搏多为功能性。本例患者有陈旧性心肌梗死史，早搏源于房室交接区的希氏束，可能与器质性病变有关。

参考文献：

[1] 黄峻. 心脏传导系统疾病. 南京：东南大学出版社，1993：5.

[2] Josephson M E. Clinical cardiac electrophysiolosy: Techniques and interpretations. 2nd ed. Philadelphia: Lea & Febiger, 1993: 137.

● 论著

射频消融治疗房性心动过速（附6例分析）*

刘泽生　Panos Papageorgiou**

摘要　报道6例房性心动过速（AT）心电生理（EPS）检查和射频消融（RFCA）治疗的结果。6例均有反复AT发作且有心电图（ECG）记录证实。男、女各3例，4例合并器质性心脏病。AT的诊断以EPS的标准为依据。EPS检查之始，AT发作时，分别行颈动脉窦按压（CSM）及腺苷6 mg静脉推注观察AT变化情况。结合激动标测与起搏标测寻找RFCA的心房靶点。6例RFCA治疗5例成功、1例失败。随访半年1例复发。结果表明：AT机制的区分不能依赖腺苷。RFCA失败及复发的原因可能与输出功率、消融的位置和基础疾病有关。

关键词　心动过速，房性；导管消融，射频电流；标测

Radiofrequency Catheter Ablation for Treatment of Atrial Tachycardia（Report of 6 Cases）

Liu Zesheng　Panos Papageorgiou

Abstract：Electrophysiology study（EPS）and radiofrequency current ablation（RFCA）were attempted in 6 patients who had clinical episodes of atrial tachycardia（AT）with multiple ECG recordings. The diagnosis was established by EPS criteria for AT. Carotid sinus massage（CSM）and introvenous adenosine were used during AT separately. A combination of activation mapping and pace-mapping was performed. RFCA initially success was achieved in 5 of 6 patients. One was unsuccessful. Follow up in 6 months, only one had recurrence. The probable causes of immediate unsuccessful RFCA and recurrent AT may include delivered power of radiofrequency energy location of ablation, or presence of disease.

Key words：tacycardia atrial, catheter ablation radiofrequency current, mapping

---

* 本文原载于《中国心脏起搏与心电生理杂志》1997年第11卷第3期第147～149页。
** 第二作者单位：美国波士顿Harvard-Thorndike电生理研究所。

对于房性心动过速（AT）反复发作、抗心律失常药物治疗无效或不能耐受者，导管射频消融（RFCA）不失为一种可供选择的治疗方法。本文报道 6 例 AT 的心内电生理检查（EPS）及 RFCA 治疗结果。

一、资料与方法

1. 临床资料

6 例 AT 中男、女各 3 例，年龄 29～73 岁。4 例有器质性心脏病，其中冠心病 2 例（含陈旧性前壁及膈面心肌梗死 1 例、扩张性心肌病及甲状腺功能减退致心脏改变 1 例）；未发现器质性心脏病 2 例。6 例经心电图（ECG）及 Holter 诊断为 AT。ECG 示 $P_{I, aVL}$ 倒置、P_{v_1} 直立者初步判为 AT 起源于左房；$P_{I, aVL}$ 直立、P_{v_1} 倒置者判为起源于右房。6 例患者有频繁发作（每次发作时间 >24 h）或有 2～7 年持续发作史，曾用多种药物治疗无效或药物不能耐受，具有 RFCA 治疗的指征。术前停用抗心律失常药物≥5 个半衰期。

2. EPS 和 RFCA 方法

按常规将多极导管分别放置在高位右房（HRA）、希氏束（HIS）、冠状静脉窦（CS）、右室心尖部（RVA）或右室流出道（RVOT）。同时置入 7 F 大头导管。2 例还在右房放置 7 F 20 极的 Halo 导管。1 例将多极导管置入右房界嵴（crista terminal, CT），导管的远端（CTd）靠近窦房结，近端（CTp）靠近下腔静脉。3 例左房 AT，多极导管置入左房，其中通过未闭的卵圆孔 1 例，穿刺房间隔 2 例。同步记录体表 ECG 与心内电图，纸速 50～200 mm/s。同时使用含数字放大器/记录系统及光盘储存的计算机。

AT 确诊以 EPS 标准为依据，为除外心房扑动，AT 周长应 >290 ms。在 EPS 检查出现 AT 时，依次行：①颈动脉窦按压（CSM），每次每侧 5～10 s；从股静脉推注腺苷（adenosine）6 mg，分别观察 AT 的变化。②试以单个或双心房刺激重建（reset）AT。③以心房起搏试对 AT 行隐匿性拖带。

采用激动顺序标测和起搏标测相结合的方法寻找 RFCA 的靶点。两种方法均以 AT 时心房最早激动处为初步确定的靶点。激动顺序标测以 AT 时心房激动的 A 波较体表 ECG 的 P 波提前 26～60 ms 为靶点。起搏标测时，若心房起搏的心房激动顺序及 12 导联 ECG 的 P 波形态均与 AT 发作时一致，该起搏点即为靶点。初次放电 30 W（1 例 10 W）、时间 30 s。如 AT 终止，在该点巩固放电 50～70 s；如 AT 未终止，重新标测及放电。消融成功的标准：应用心房程序刺激及短阵快速起搏、异丙肾上腺素激发均不能诱发任何心动过速。

手术当日、次日、1 周以及 1 个月，观察 AT 复发情况，包括采用 ECG、Holter 检查，必要时行 EPS 检查，此后每月门诊随访。

二、结　　果

1．AT 的诱发和最早心房激动位置

① 6 例中 4 例表现为临床持续性（incessant）AT，EPS 检查 2 例自发；2 例经异丙肾上腺素静脉滴注激发，但 AT 均未能为电刺激诱发或终止。另 2 例在 HRA 以单个期前刺激便可诱发及终止 AT，其中 1 例 AT 可重建。6 例均未引发隐匿性拖带现象。② 6 例心内膜标测示 3 例 AT 起源于右房，最早的心房激动分别出现于右房后壁、高侧位右房（相当于右房侧壁与界嵴交界处）、卵圆孔与 Todaro 腱之间。3 例 AT 源于左房，最早激动部位分别在 CS 远端（CSd）、左心耳部及房间隔下部的左房侧。图 1 及图 2 为同一患者在左房行 RFCA 时的记录。图 1 为 RFCA 前心房激动顺序标测。心房最早激动处在 MAPd（左房电极导管的远端），即标测导管电极在房间隔下部的左房侧，MAPd 处心房的 A 波较 ECG 的 P 波提前 26 ms，为 RFCA 的靶点。图 2 为 RFCA 中的记录，箭头所指序列由 AT

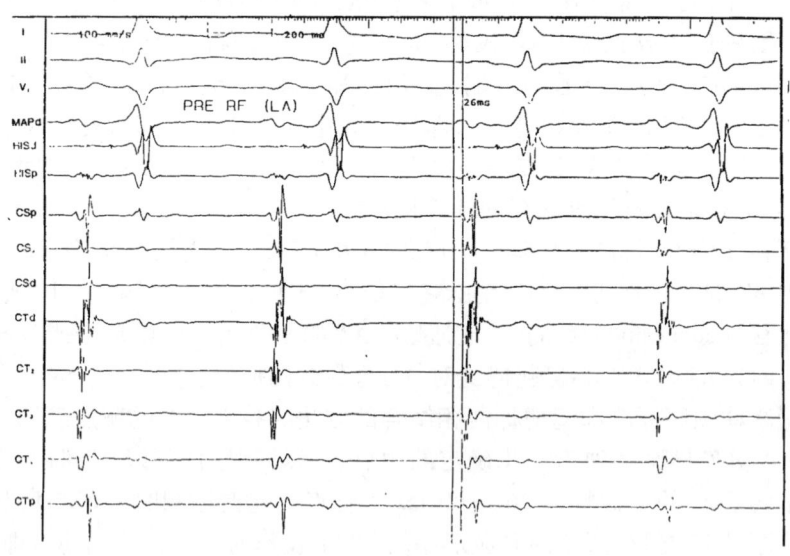

图 1　RFCA 前心房激动顺序

MAPd 为靶点，AP 间期为 26 ms，MAP 为左房电极导管记录，HIS 为希氏束，CT 为右房的电极导管记录，P 为近端，d 为远端

恢复窦性心律。ECG 的 P_I 由倒置变为直立，因图 2 内缺 HRA 记录，而 CTd 最靠近窦房结，故 CTd 的激动移至 CS 激动之前，成为图中的心房最早激动处。本文 6 例放电次数最少 3 次，最多 16 次。

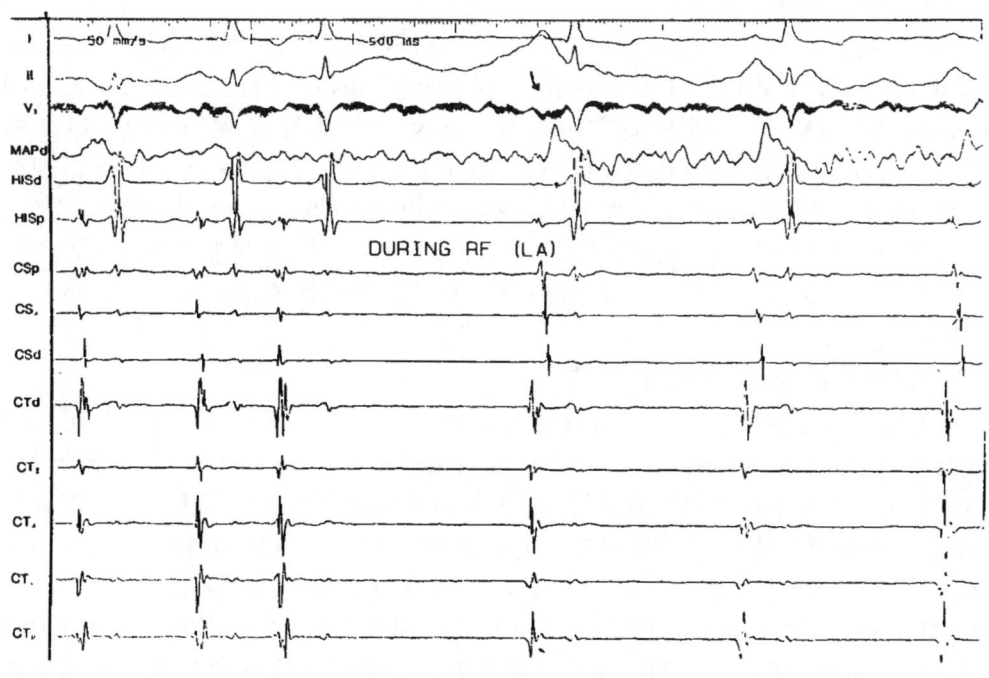

图 2 在 RFCA 时 AT 终止

从箭头所指序列起恢复窦性心律，心率变慢（61 次/分）。ECG 的 P_I 由倒置转为直立，P_{II} 从低平→直立。CS 激动在 CTd 后

2. 腺苷与 CSM 对 AT 的影响

6 例 AT 行腺苷静脉推注，其中 1 例 AT 终止（由异丙肾上腺素激发者）；4 例出现房室阻滞（AVB）而 AT 持续；1 例无反应（该例由心房刺激诱发）。6 例 AT 行 CSM，其中 4 例 ECG 无变化；1 例 AT 终止，伴心脏停搏 2.5 s 后自行恢复窦性心律；另 1 例出现 AT 伴 II 度 AVB，停止 CSM 后仍为 AT，以 1:1 下传。

3. RFCA 结果及随访

RFCA 5 例成功、1 例失败，均无并发症发生。1 例在术后 3 个月时复发，AT 的 P 波方向同前且出现室性心动过速（VT），4 例随访半年未复发。

三、讨 论

1. AT 的机制与 RFCA

AT 约占室上性心动过速的 15%。AT 的机制主要是自律性增高（automatic atrial tachycardia，AAT；或称 ectopic atrial tachycardia）和折返（reentrant atrial tachycardia，RAT）。触发机制亦可参与。本文 6 例均符合 AT 的 EPS 诊断标准[1]。由程序电刺激诱发及终止的 AT，其机制可能为折返或触发。因拖带现象仅见于折返，如能引起拖带现象，则有利于折返机制的确立。不被程序电刺激诱发及终止的 4 例 AT，临床为持续性 AT 应考虑 AAT[2]。AT 机制不同不影响 RFCA 的成功。RAT 所致 AT 药物疗效较好，AAT 长期药物治疗效果欠佳，更宜于 RFCA。

2. 腺苷及 CSM 对 AT 的影响

有作者认为 RAT 所致 AT 对腺苷常无反应[3]；AAT 所致 AT 则易出现 AVB 使心室率减慢；能为腺苷终止的 AT 可能系通过环腺苷酸（cAMP）介导的触发机制所致。本文中仅 1 例为腺苷终止，1 例能重建的 AT 出现 AVB。关于腺苷对 AT 的影响各家意见不一，AT 机制不能依赖腺苷鉴别。不过，静脉推注腺苷出现 AVB 而 AT 持续，有助于与房室折返心动过速（AVRT）的鉴别[4]。但 AT 与 AVRT 共存时则鉴别困难。理论上 CSM 可使个别 RAT 所致的 AT 终止，本文中 1 例通过 CSM 使 AT 终止，却引起心脏停搏 2.5 s，提示临床行 CSM 时要准备急救措施。

3. 心房激动起源与消融失败的探讨

AT 源于右房者多。AT 时 $P_{I, aVL}$ 倒置提示来源于左房，但 P 波若隐于前一个 T 波或 ST 段中，即使心房起搏亦不易辨识。本文采用激动顺序标测与起搏标测结合寻找靶点。Walsh 等[5]报道成功消融靶点在 P 波前 20～60 ms，本文结果与之相近。RFCA 及时失败的 1 例为起源左房的 AT。该例曾在外院于 CSd 处行消融不成功，其后 CS 造影示 CSd 憩室。此次标测确立的消融靶点较 P 波提前 40 ms。患者不同意经房间隔穿刺进入左房标测或消融，为避免穿破憩室，输出功率采用 10 W 共放电 3 次，仍未成功。随访中有 1 例复发，且出现 VT。此例原诊断为陈旧性前壁及膈面心肌梗死，曾作冠状动脉旁路移植术。RFCA 前 3 个月左室造影示前侧壁活动低下，心尖部无活动，射血分数为 0.35。分析其 AT 复发及出现 VT 的重要原因可能与基础疾病有关。

AT 的药物及手术治疗常不尽如人意。RFCA 的成功率可达 70%～90%，仍然存在不成功及复发问题,尤其是原有器质性心脏病者。消融灶还可能成为产生新的 AT 的原因,故 RFCA 治疗 AT 仍待探索。

参考文献:

[1] Josephson M E. Clinical cardiac electrophysiology: Techniques and interpretations. 2nd ed. Philadelphia: Lea & Febiger, 1993, 181 – 274.

[2] Mehta A V, Sanchez G R, Sacks E J, et al. Ectopic automatic atrial tachycardias in children clinical characteristics, management and follow-up. J Am Coll Cardiol, 1988, 11: 379

[3] Engelstein E D, Lippman N, Stenin K M, et al. Mechanism-specific effects of adenosine on atrial tachycardia. Circulation, 1994, 89: 2645.

[4] Dimarco J P, Prystowsky E N. Atrial arrhythmias state and art. Armonk NY: Future Publishing Co Inc, 1995: 333 – 336.

[5] Walsh E P, Saul J P, Hulse J E. et al. Transcatheter ablation of ectopic atrial tachycardia in young using radiofrequency current. Circulation, 1992, 86: 1138.

●呼吸系统疾病诊治

聚合酶链反应诊断结核性胸腔积液的价值[*]

姚和瑞　李锦梅　刘泽生

结核性胸膜炎发病率较高，常规的辅助诊断方法涂片镜检因敏感性、特异性低而结核菌培养的周期长，限制了其临床的应用。聚合酶链反应（PCR）技术因其敏感、特异和快速等优点已广泛应用于临床，对胸水结核菌DNA的检测亦显示了一定的优越性[1-3]。作者应用PCR技术检测胸水结核菌并与某些传统方法比较，现报道如下。

一、临床资料

1. 对象

结核性胸腔积液31例，均由有下面两点之一而诊断：①痰、胸水、支气管冲洗液等标本找到细菌学证据或组织病理学检查发现典型结核病变；②渗出性胸腔积液、影像学检查发现肺部结核病变、排除其他原因所致的胸腔积液、抗痨治疗后胸水完全吸收、临床症状缓解等。非结核性胸腔积液25例，其中恶性胸腔积液19例，脓胸3例，扩张型心肌病、糖尿病肾病、狼疮性肾炎所致的漏出液各1例。

2. 方法

①胸水涂片及培养：胸水离心取沉淀，常规方法涂片行萋—尼抗酸染色镜检；培养采用改良酸性罗氏培养基，培养周期8周。②结核菌素试验：采用北京华怡生物技术有限公司的结核菌素纯蛋白衍化物（PPD）50 IU/mL，取5倍稀释液0.1 mL（1 U），采用通用的皮内注射法（Mantoux，1908），72 h后观察结果，硬结平均直径≥5 mm者为阳性。③结核杆菌DNA-PCR检测：PCR扩增仪型号FR-800，采用上海复星生物工程中心研制的结核杆菌PCR检测试剂盒，按说明

---

[*] 本文原载于《湖南医学》1998年第15卷第5期第273～274页。

书的操作方法：90 ℃ 45 s→55 ℃ 45 s→72 ℃ 1 min 共 35 个循环，扩增产物经 2% 琼脂上电泳后于紫外检测仪上观察，若于 227 bp 处出现橙黄色条带（与阳性对照处于同一位置）则为阳性。PCR 和 PPD 联合检测两者同时为阳性者，即为阳性；同时阴性，则判为阴性。

3. 统计学处理

率的比较用 χ^2 检验或精确概率法，并计算不同检查方法的敏感度、特异度、阳性预计值、阴性预计值、预计的准确率。

二、结　果

56 例胸水各项检查结果见表 1、表 2。由表 1 知，结核组胸水涂片、培养的阳性率分别为 0 和 3.2%。PCR 阳性率达 51.6%，显著高于涂片及培养（P 均 < 0.05）。PPD 1 U 皮试，结核组阳性率为 48.4%，亦显著高于涂片及培养法（P 均 < 0.05），与 PCR 相近（P > 0.05），结核组皮试阳性率显著高于非结核组（P < 0.05）。由表 2 可知，联合 PCR 与 PPD 皮试时可使特异度、阳性预计值、阴性预计值、准确率分别提高至 94.7%、88.9%、69.2%、74.3%。

表 1　结核性、非结核性胸腔积液的各项检测指标　　　　　　　　　　［例（%）］

组别	n	涂片		培养		皮试		PCR	
		阳性	阴性	阳性	阴性	阳性	阴性	阳性	阴性
结核组	31	0（0）	31	1（3.2）	30	15（48.4）	16	16（51.6）	15
非结核组	25	0（0）	25	0（0）	25	5（20.0）	20	3（12.0）	22

表 2　PCR、PPD 皮试以及联合时的各项指标比较　　　　　　　　　　（%）

方法	敏感度	特异度	预计值		准确率
			阳性	阴性	
PCR	51.6	88.0	84.2	59.5	67.9
PPD 皮试	48.4	80.0	75.0	55.6	62.5
PCR + PPD	50.0	94.7	88.9	69.2	74.3

三、讨 论

本文结果表明，结核性胸水中结核杆菌含量极微，常规的细菌学检查方法检出率极低，临床应用有一定的局限性；而 PCR 阳性率达 51.6%，略低于国外报道的 60.0%～81.0%[1,2]，与国内报道的 38.1%～57.0% 相近[3-5]。提示 PCR 技术在目前传统病原学检查阳性率极低的情况下不失为一较敏感有用的辅助方法，且 PCR 检测一般只需 2～3 d，具有快速方便的优点。

PCR 技术在某种程度上仍存在一定的缺点，如假阳性等[3,5,6]。本组在 25 例诊断明确的非结核性胸水中涂片、培养均为阴性，但 PCR 有 3 例出现阳性。PCR 出现假阳性的原因可能是由于其强大的扩增能力及高度的敏感性，极微量的污染所致[7]；此外，循环次数过多、退火温度过低也可导致非特异性扩增而造成假阳性。为获得可靠的结果，在 PCR 实验时必须严格技术操作步骤，寻找最佳实验条件[6]。因此，在临床工作中应明确 PCR 是一种辅助诊断方法而不是确诊手段，其结果的意义尚需结合临床判断。

本文 PPD 1 U 皮试阳性率与某些作者的报道相近[8,9]，由于其方便、易于开展，在目前仍是一种有效的辅助鉴别诊断方法，而联合 PCR 与 PPD 皮试时可使特异度、阳性预计值、阴性预计值、准确率提高。

参考文献：

[1] Wit D, Maartens G, Steyn L. A comparative study of the polymerase chain reaction and conventional procedures for the diagnosis of tuberculous pleural effusion. Tubercul and Lung Disease, 1992, 73 (5): 262-267.

[2] Lassence A, Lecossier D, Pierre C, et al. Detection of mycobacterial DNA in pleural fluid from patients with tuberculous pleurisy by means of two protocols. Thorax, 1992, 47 (4): 265-269.

[3] 施焕中，李超乾，龙学明，等. 聚合酶链反应在诊断结核性胸腔积液中的应用. 中华结核和呼吸杂志，1994，17 (5): 286-287.

[4] 姜智，张捷，林树青，等. 基因扩增技术在胸液鉴别诊断中的应用. 中华结核和呼吸杂志，1995，18 (2): 109.

[5] 赵瑞贞，袁淑平，李冀文. 聚合酶链反应快速诊断结核性胸腔积液的研究. 中华结核和呼吸杂志，1995，18 (2): 107.

[6] Gosset J, Mouton Y. Is PCR a useful tool for the diagnosis of tuberculosis in 1995? Tubercul and Lung Disease, 1995, 76 (3): 183-184.

[7] 唐神结. 聚合酶链反应在结核病诊断中的应用. 中华结核和呼吸杂志, 1992, 15 (6): 355–358.

[8] 徐杏娟, 陈泳莲, 叶曜芩, 等. 66例结核性胸膜炎临床和病理分析. 中华结核和呼吸杂志, 1987, 10 (6): 316.

[9] Murtagh K. Unreliablity of the Mantoux test using 1 U PPD in excluding childhood tuberculosis in Papua New Guinea. Archives of Disease in Childhood, 1980, 55 (10): 795–799.

● 病例报告

关于 DDD 起搏器的几个特殊心电图与临床问题[*]

刘泽生

本文通过实际病例对 DDD 起搏器的安全期起搏、自主心动的心房及心室波感知不良、起搏器介入性心动过速、房室旁道与 DDD 起搏器等问题进行探讨。

一、DDD 起搏器的安全期起搏和间歇性的感知不良

患者男，46 岁。因病态窦房结综合征安置 DDD 起搏器（设置 A-V 间期 200 ms，V-A 间期 800 ms）。次日感胸闷不适。监护导联心电图（见图 1）具有下述特点：

（1）第 1、2、4、6 个心搏为自主的 P-QRS-T 波群，QRS 波群形态正常，P-R 间期 180 ms，在预置的 A-V 间期内出现。第 3、5 个亦为自主心搏，却见心房起搏讯号（AP）及心室起搏讯号（VP）落入。心房起搏讯号不在 P 波起始处，却分别落入自主的 QRS 波群之中及其起始处，形成 AP 与 QRS 波群的假性融合，提示心房电路对自主 P 波感知不良。

（2）第 3 个心搏除见 AP 在 QRS 波群中，VP 落在 QRS 波群之末，AP-VP 间期 = 100 ms。DDD 起搏器在 AP 后设置心室空白期（ventricular blanking）30 ms，任何刺激不能引起反应，防止交叉感知（cross talking）。在 AP 后 100 ms，设置心室安全起搏期（ventricular safety pacing period）[1,2]。本例恰在此期，在心电图 QRS 波群之末出现安全期起搏的 VP，从而提示 VP 讯号对 AP 讯号有感知。

（3）第 5 个心搏 AP 恰在 QRS 波群之始，而 VP 出现在 T 波升支处，AP-VP 间期 = 240 ms，这间期不仅越过空白期、安全起搏期，也超过预设的间期（A-V 间期 200 ms）。提示 VP 讯号未能感知 AP 讯号，DDD 起搏的参数需重新程控。

---

[*] 本文原载于《心电学杂志》1998 年第 17 卷第 1 期第 28～29 页。

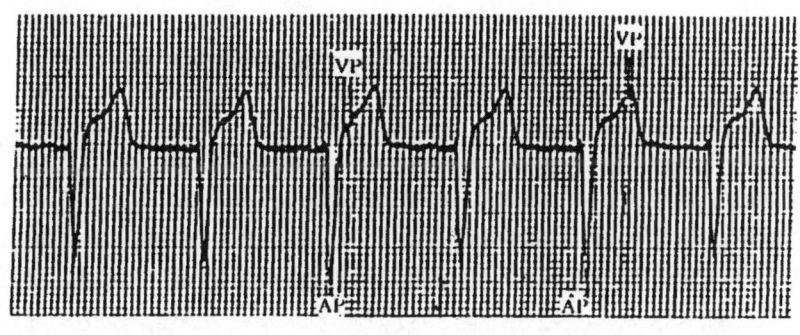

图 1

二、起搏器介入性心动过速

患者男，52 岁。因晕厥在外院诊断为病态窦房结综合征并植入 DDD 起搏器。后因心悸行心内电生理检查。程序电刺激诱发房室结折返性心动过速。射频手术消融顺传支慢径路成功。未发现房室旁道。当晚又感心悸，24 h 动态监护心电图监护导联（见图 2）有如下特点：

（1）第 9、第 10 个心搏 VP-VP 1 200 ms，为起搏器的下限频率 50 次/分。AP-VP 间期 120 ms，此间期是起搏器的 A-V 间期，亦称为房室延迟（AV delay）。心室后心房不应期（PVARP）程控为 242 ms。

（2）前 8 个心搏的频率明显加快，VP-VP 间期 480 ms（125 次/分），T 波顶端切迹为逆行 P⁻波，形成起搏器介入性心动过速。逆行心房激动下传，被起搏器感知、触发心室起搏，再逆传心房形成折返。第 8 个心动的逆行 P 波下传受阻、中止起搏器介入性心动过速。DDD 起搏器的总心房不应期可分为房室延迟及心室后心房不应期两部分[1]。后者的设置为使逆行心房激动落入不应期中，防止起搏器介入性心动过速发生。本例程控心室后心房不应期置 325 ms（>242 ms 的预置），以防止起搏器介入性心动过速的发作。

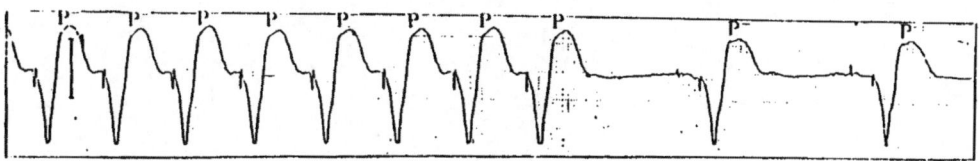

图 2

三、旁道患者与 DDD 起搏器植入

患者男，78 岁。冠心病。因病态窦房结综合征在外院植入 DDD 起搏器，后因心房颤动改用 VVI 起搏。心内电生理检查发现左后隔旁道，未能诱发心动过速。一般而言，旁道患者安置起搏器前，宜先消除旁道。本例行旁道射频手术消融不成功。旁道不应期 270 ms。考虑患者原已植入起搏器，以 VVI 起搏，起搏器的心房不应期 383 ms（>270 ms）。故射频手术消融房室结形成三度房室传导阻滞。心内电图示阻滞部位在希氏束下部。观察未见起搏器介入性心动过速，故未作起搏器心房不应期的重新程控。

参考文献：

[1] Barold S S, Falkoff M D, Ong L S. All dual-chamber pacemakers function in the DDD mode. Am Heart J, 1988, 115: 1354.

[2] Dinicola D. Medtronic's guide to ECG interpretation. Minneapolis: Medtronic Inc, 1987: 14–17.

● 病例报告

心电图 QRS 记分法对 AMI 近期预后的估计[*]

刘泽生

一、资料和方法

本文收集中山医科大学孙逸仙纪念医院（现为中山大学孙逸仙纪念医院）1986 年 7 月至 1997 年 7 月 92 例急性心肌梗死（AMI）住院患者的系列心电图（ECG）资料（包括发病头 24 h 入院的 ECG，4 周出院前或死亡前的 ECG 记录）及病历记录。AMI 符合 WHO 1979 年的诊断标准。心肌梗死的定位按黄宛主编的《临床心电图学》第四版的标准。严重心脏事件包括心力衰竭、心源性休克、恶性室性心律失常和死亡 4 项中 1 项及以上。研究时间：出现 AMI 4 周内。QRS 记分法采用 Nancy 的常规 12 导联 54 项 32 分制记分系统[1]。测量 92 例 AMI 发病 24 h 内的 ECG，取最大的分值。确诊为 AMI 的无 Q 波心肌梗死及正后壁心肌梗死者未包括在内。除外陈旧性心肌梗死（OMI）、束支阻滞、室内阻滞或心室肥厚者。按 QRS 记分值的大小将 92 例 AMI 分为 2 组：QRS 记分 >3 组以及 QRS 记分 ≤3 组。QRS 记分 >3 组共 45 例，平均年龄（65.5±7.0）岁。其中男 31 例，女 14 例。QRS 记分 ≤3 组共 47 例，平均年龄（64.6±6.0）岁。其中男 35 例，女 12 例。

二、统计学方法

计数资料以百分率表示，计量资料以（$\bar{x}±s$）表示。显著性检验用 X^2 检验及 X 检验。显著性水平为 0.05。

---

[*] 本文原载于《临床心电学杂志》1998 年第 7 卷第 2 期第 73 页。

三、结　　果

①比较两组年龄及性别的构成：QRS 记分 >3 组及 QRS≤3 组的年龄、性别构成无显著差异（$P>0.1$）。②比较两组严重心脏事件的发生率：92 例 AMI 患者死亡 10 例，存活 82 例。QRS 记分 >3 组 40 例（89%）出现严重心脏事件，QRS 记分≤3 组 24 例（51%）出现严重心脏事件。QRS 记分 >3 组严重心脏事件发生率远高于 QRS 记分≤3 组，两组间有极其显著的差异（$P<0.001$）。③QRS 记分 >3 组在 AMI 出现头 24 h 与 4 周出院前人数的比较：发病 24 h 入院 AMI 患者，QRS 记分 >3 组 40 例，出院前（包括死亡前）QRS 记分 >3 组 20 例，两组患者数有极其显著的差异（$P<0.01$）。死亡 10 例均属 QRS 记分 >3 组。出院前 QRS 记分 >3 组者非常明显地减少。

四、讨　　论

1982 年 Wagner 提出 QRS 记分法估计 AMI 的梗死面积（myocardial infarction size，MIS）。一般作者认为这种估计法较准确，因为与心肌酶值及尸检检测的 MIS 有良好的相关性[2]。1985 年 Nancy 对 Wagner 的 QRS 记分系统进行修改，使其更加简易实用。评估 AMI 的 MIS 方法有多种，此法不仅为无创性，还可在床旁进行，更适合 AMI 患者。

文中 92 例在 AMI 发生的头 24 h 用 Nancy QRS 记分法测量和分组。严重心脏事件的发生率 QRS 记分 >3 组非常明显地高于 QRS 记分≤3 组。死亡 10 例 QRS 记分均属 >3 组。根据本法，QRS 记分的每分代表左室梗死面积 MIS 3%。以此计算，QRS 记分 >3 时，代表左室梗死面积 MIS≥10%，提示预后较差。从文中结果来看，QRS 记分越高，MIS 越大，严重心脏事件发生率越高，预后越差[3]。通过测定 MIS 有助于简单预测急性期严重心脏事件，采取积极的对策，以挽救濒死的心肌。出院前 QRS 记分 >3 组患者数非常明显地减少可能与近 5 年来应用静脉溶栓治疗有关，但溶栓药物不一，故未再分类比较。

Nancy 记分法本身尚存在一些缺点。本记分法未包括无 Q 波的 AMI 或正后壁 AMI。若在 OMI 基础上再出现其他位置 AMI 或 AMI 伴束支、室内阻滞和心室肌肥厚者，均不适用本记分法。

参考文献：

[1] Nancy B, et al. Am J Cardiol, 1985, 55: 1483.

[2] Wagner G S, et al. Circulation, 1982, 65: 342.

[3] 黄体钢, 等. 中华心血管病杂志, 1991, 19 (4): 231.

● 临床心脏电生理

改善希蒲系传导的室性早搏[*]

刘泽生　Panos Papageorgiou[**]

患者女性，64岁，反复发作心悸20年。近半年心悸发作时出现心绞痛。冠脉造影示右旋支远端80%狭窄。3天前心悸发作伴心绞痛入院。查体：BP 12 kPa/8 kPa（90 mmHg/60 mmHg），神清，心界不大，心率170次/分，律齐，未闻特征性杂音。双肺清。心电图（ECG）示阵发性室上性心动过速、完全性左束支传导阻滞（CLBBB）。腺苷12 mg静注后心动过速终止。临床诊断：冠心病、心绞痛、阵发性室上性心动过速。行心内电生理（EPS）检查。确定心动过速的类型后，拟行射频消融术治疗。

按常规将电极导管送至高位右房（HRA）、希氏束（HBE或HIS）、冠状窦（CS）、右室尖部（RVA）及慢通道。窦性心律的RR间期=1 210 ms，AH间期=92 ms，HV间期=53 ms。心室起搏700 ms（86次/分）出现室房文克白现象，心房起搏600 ms（100次/分）出现房室文克白现象。在HRA施以双刺激诱发房室结折返性心动过速（AVNRT）。A-A间期=344 ms（176次/分），经常出现2:1房室传导阻滞。阻滞部位在希氏束下部（见图1）。图1自上而下依次排列为ECG的Ⅰ、Ⅱ、Ⅲ、V_1及V_6导联；心内电图HRA、HBE（或示HIS，d=远端，2、3为第2、第3电极）及RVA的记录。图示AVNRT前传慢通道（S）、逆传快通道（F）。AH间期=280 ms，HV间期=145 ms。2:1房室传导阻滞出现在希氏束下。ECG的QRS间期=0.13 s，呈CLBBB型。在自发性室性早搏（VPD）出现后，希氏束下阻滞消失，AVNRT以1:1下传（见图2）。图2自上而下排列为心内电图HRA、HIS、CS及RVA记录（P=近端，数字代表相应电极的位置）。图左记录之始仍为AVNRT伴2:1希氏束下阻滞。VA间期=80 ms。RVA处箭头所指为自发的VPD，激动逆传慢及快通道。逆传激动在慢通道与第5个心

---

[*] 本文原载于《临床心电学杂志》1998年第4期第170～171页。

[**] 第二作者单位：美国波士顿 Harvard-Thorndike 电生理研究所。

房下传激动相遇而抵消。但逆传快通道的激动能除极心房（见箭头方向）。在 VPD 后，AVNRT 不仅没有终止，反而以 1:1 下传。VA 间期 = 70 ms。

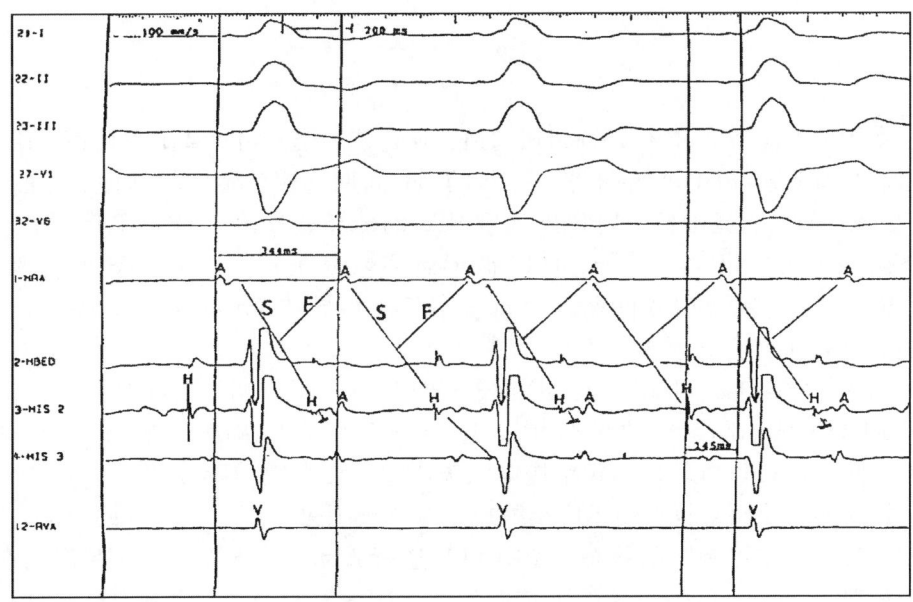

图 1

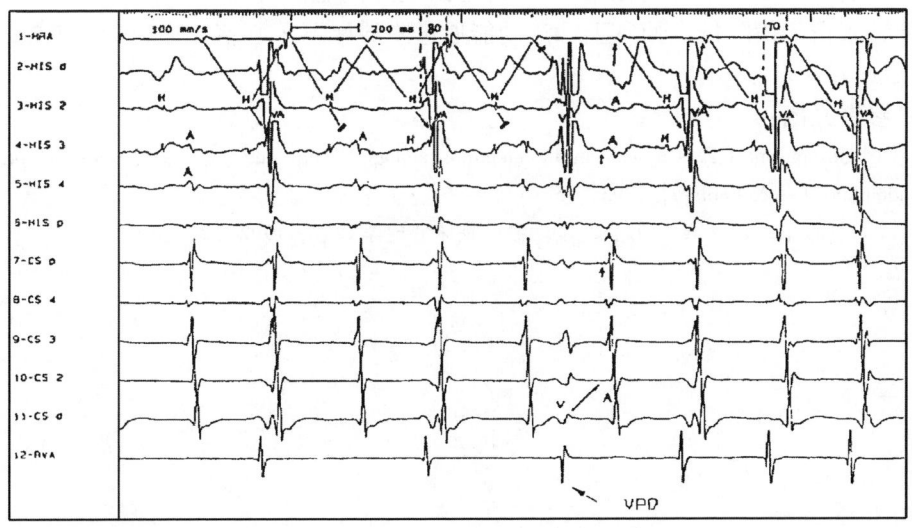

图 2

EPS 检查未发现旁道。在旁室结的慢通道行射频消融治疗成功。异丙肾上腺素静滴加电刺激未能诱发 AVNRT。

讨 论

本例可确诊为 AVNRT，前传慢通道，逆传快通道。可见 2∶1 希氏束下阻滞，即阻滞在希蒲系（HPS）的水平。前传的 HV 间期（145 ms）较窦性心律的 HV 间期（53 ms）明显延长。VPD 出现后 HPS 的传导获改善。AVNRT 伴 2∶1 希氏束下阻滞消失，以 1∶1 传导，QRS 波形态亦恢复正常，提示 HPS 前传改善；AVNRT 以 1∶1 传导的 VA 间期（70 ms）较 2∶1 传导的 VA 间期（80 ms）略短，可能 HPS 的逆传亦获改善。

HPS 传导改善的可能原因：①自发 VPD 形成"不应期无皮可剥"（the peeling back of refratoriness）的状态[1,2]，这种现象可发生在房室结，但更常见于 HPS。图 2 中 VPD 以较快的频率提前除极心室，亦即提前除极 HPS，使 HPS 的不应期改变，使原来较长的不应期缩短，像"被削去了皮"（peeling）样，使不应期成为"无皮可剥"的状态。图中 VPD 逆行激动与第 5 个心房下传激动在慢通道相遇，干扰该心房激动的下传。如此，HPS 有足够的时间恢复，使图右，即前方 AVNRT 心房激动得以 1∶1 下传心室，2∶1 阻滞消失。②魏登斯基现象。VPD 作为强刺激，在原有阻滞的 HPS 区出现逆向隐匿性传导，使该区的应激性改变，兴奋阈值降低，使室上性激动能通过阻滞区下传心室，形成 1∶1 传导。

参考文献：

[1] Josephson M E. Clinical cardiac electrophysiology: Techniques and interpretations. 2nd ed. Philadelphia: Lea & Febiger, 1993: 153.

[2] 任在镐. Peeling 与韦登斯基现象. 临床心电学杂志, 1992（2）: 49.

● 误诊误治与原因分析

肥厚型心肌病 26 例误诊分析*

刘泽生

关键词 心脏病/诊断；心肌病，肥大性/诊断；误诊；冠状动脉疾病/诊断；心律失常/诊断

Key words：heart diseases/diagnosis, cardiomyopathy, hypertrophic/diagnosis, diagno-stic errors, coronary artery disease/diagnosis, arrhythmia/diagnosis

由于肥厚型心肌病（HCM）症状表现不一，体征欠典型，易致漏诊、误诊。1990 年 1 月至 1998 年 1 月，笔者共遇 26 例 HCM 误诊病例，现将误诊原因分析如下。

一、临床资料

1. 一般资料

男 10 例，女 16 例；年龄 14～67 岁，平均 45 岁。其中 20 例为中山医科大学孙逸仙纪念医院（现为中山大学孙逸仙纪念医院）门诊病人，6 例为外院转诊病人；首次就诊至确诊时间为 1 个月至 2 年，平均 3 个月。

2. 误诊疾病

误诊为神经性晕厥 4 例，占 15.5%；冠心病 16 例（心绞痛 11 例，陈旧性下壁心肌梗死 3 例，心力衰竭 2 例），占 61.5%；单纯性心律失常 6 例，其中病窦综合征、持续性室性心动过速（室速）各 1 例，频发室性早搏（室早）2 例，房颤合并脑梗死 2 例。

3. 确诊方法

本组 26 例均经超声心动图检查，按《实用内科学》"肥厚型心肌病"的诊

---

* 本文原载于《临床误诊误治》1999 年第 12 卷第 1 期第 34 页。

断标准确诊[1]。误诊为陈旧性下壁心肌梗死的 2 例加做左心室造影，根据左室腔变成"香蕉形"而确诊。

二、讨　　论

1. HCM 病变特点

HCM 以心肌非对称性肥厚、心室腔变小、心脏舒张功能受损、肥大的心肌细胞排列紊乱为特征。其发病机理未完全清楚，50% 的病人显示常染色体显性遗传。本病临床表现多样，从无症状至晕厥、心律失常、心力衰竭（心衰）乃至猝死。有作者认为这种表现上的差异可能与等位基因或非等位基因的异质性有关[2]。HCM 可通过超声心动图、心室腔造影、心肌活检确诊。

2. 误诊原因

（1）因 HCM 病人常出现晕厥，首次就诊时易误诊为神经性晕厥，而不予进一步检查，直至再次或多次出现晕厥才详细检查。出现晕厥的原因：①心肌肥厚位于室间隔上部，可致左室流出道梗阻，特别是伴有舒张功能减退者，病人在站立及运动时，由于不能相应地增加心排出量，而出现晕厥。②快速性或缓慢性心律失常，因室速及心室颤动可致猝死。③运动致剧烈的心脏收缩，刺激心室壁压力感受器，引起外周血管急剧扩张[3]。

（2）本文中误诊为冠心病心绞痛 11 例，皆因年龄大于 40 岁，有胸闷，呼吸困难，心尖区闻及 II 级收缩期杂音而误诊。心电图检查时 2 例 $T_{V_4\sim V_6}$ 倒置，深达 10 mm，其后证实为心尖肥厚型心肌病（APH），9 例多数导联有深而窄的 Q 波（$Q<0.04$ s），其中 2 例在做活动平板运动试验过程中，发现 Q 波加深，且出现胸闷，故怀疑 HCM 的可能；有 3 例因 Q 波固定于 II、III 及 aVF 导联，故误诊为陈旧性下壁心肌梗死。误诊为冠心病心衰的 2 例，用地高辛后病情恶化，始重新探讨病因得以确诊。

3. 减少误诊的措施

①HCM 的晕厥、气促、胸闷及心律失常等表现，均属心血管疾病常见的表现，只要把本病列入思考的范围内，便可减少漏诊、误诊。家族中有猝死史者尤应警惕，有条件的单位可行基因筛选[2]，至少应做超声心动图检查。②查体时除注意心尖区杂音外，应注意胸骨左缘的收缩中期喷射音。该部位杂音不管对何种心脏病均可启发医生及时行超声心动图检查。③尽管 Al-Mahdawi 等认为心电图是非常敏感的指标，甚至较超声心动图为优[2]，但一般意见认为心电图无病理特征性，只具提示性，如 P 波宽大、有切迹，V_1 导联的 P 波终末电势增大

(ptf<0.03 mm/s),胸导联常有左室肥厚及劳损。以上表现虽非特征性,但能间接反映左房扩大及左室顺应性差的问题。深而窄的Q波应考虑有左室流出道梗阻,胸导联巨大而倒置的T波应注意APH。有左室流出道梗阻者应避免做活动平板运动试验,以防晕厥或猝死。④中青年病人出现室速,应首先考虑心肌病。HCM的心房收缩力对于维持心室充盈特别重要,房颤使心排出量下降,病情恶化,而且容易形成心房血栓栓塞,故房颤病人要注意HCM。⑤治疗HCM的药物为β受体拮抗剂及钙离子通道阻滞剂,避免使用增加心室压差的药物,如正性肌力药物、血管扩张药、利尿药等。本组2例心衰使用地高辛后病情恶化与上述原因有关。故凡使用增加心室压差的药物后心衰恶化,应考虑HCM的可能。

参考文献:

[1] 诸骏仁. 心肌病//陈灏珠. 实用内科学. 10版. 北京:人民卫生出版社,1998:1335.

[2] 吴晓霞,吴加金. 肥厚型心肌病的致病机理研究进展. 中华心血管病杂志,1998,26(1):74.

[3] 张宁仔,杜日映. 心血管科医师进修必读. 北京:人民军医出版社,1996:257.

● 病例报告

冠心病室性心动过速射频消融1例*

刘泽生　Kevin Monahan**

一、临床资料

患者男性、64岁。反复发作心悸2个月，心悸半小时急诊。4年前曾患急性下壁心肌梗死。入院检查：血压90 mmHg/60 mmHg。神志清楚，心率125次/分，律齐。未闻及特征性杂音。心电图（ECG）有如下特点（见图1）：①心动过速的QRS波群宽度128 ms，频率125次/分。QRS波群后均可见逆行P（P'）波（Ⅱ导联倒置、aVR导联直立），呈1:1室房逆传。在Ⅰ及V_1导联连续记录中，

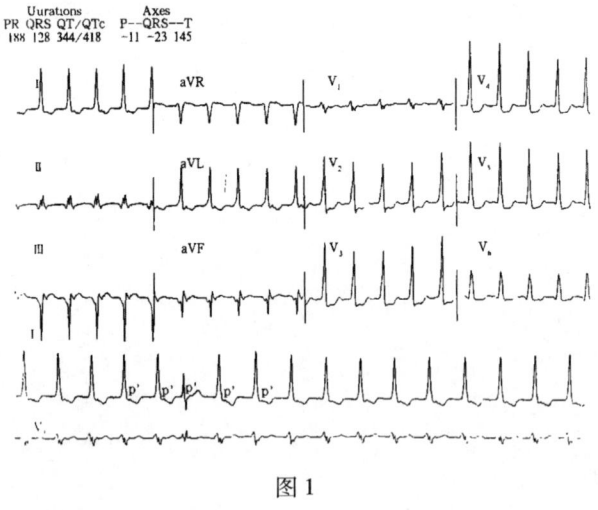

图1

---

* 本文原载于《中国心脏起搏与心电生理杂志》1999年第13卷第2期第124～125页。

** 第二作者单位：美国波士顿Harvard-Thorndike电生理研究所。

第 6 个 QRS 波群是 P'波下传的心室回波，该波较窄亦有激动逆传心房，但未再下传，心动过速持续。V_1 导联室上性下传的 QRS 波群，其 r 波间期 < 心动过速的 r 波间期（>0.04 s）。考虑为室性心动过速（VT）。②$Q_{II、III、aVF} > R/4$。ECG 诊断：一是 VT 伴 1:1 室房逆传；二是陈旧性下壁心肌梗死。用药前 VT 自动转为窦性心律。为了进一步确诊和治疗，行心内电生理（EPS）检查。

在常规消毒和局麻下，从静脉将电极导管送至高位右房（HRA）、His 束（HIS）、冠状静脉窦（CS）、右室流出道（RVOT）及右室尖部（RVA）。经股动脉将标测/消融导管送入左室。经常规 EPS 检查证实为 VT 后，行起搏标测及心内膜激动标测（按 Josephson 方案），确定靶点位置，拟行射频消融术（RFCA）。EPS 检查结果如下：①窦性心律时，RR 间期 700 ms、AH 间期 140 ms、HV 间期 57 ms。②心房起搏周期 450 ms 出现房室结文氏现象。起搏周期 400 ms 又见 1:1 房室传导。③未发现旁道及房室结双通道。④心房或心室刺激容易诱发与临床发作相似的 VT。VT 周期 550 ms，V_1 导联呈右束支阻滞型（RBBB），电轴左偏（LAD），可见 1:1 室房逆传。VT 时血流动力学稳定，能被心室起搏终止。⑤在上述 VT 发作中，心房起搏达 500 ms 时能拖带 VT 并保持室上性的 QRS 波群形态（见图 2）。图 2 之始可见 3 个 HRA 起搏刺激均带出室上性的 QRS 波群，起搏间期 500 ms 时在 MAPd（标测导管远端）处测量起搏停止后的第一个非起搏间期

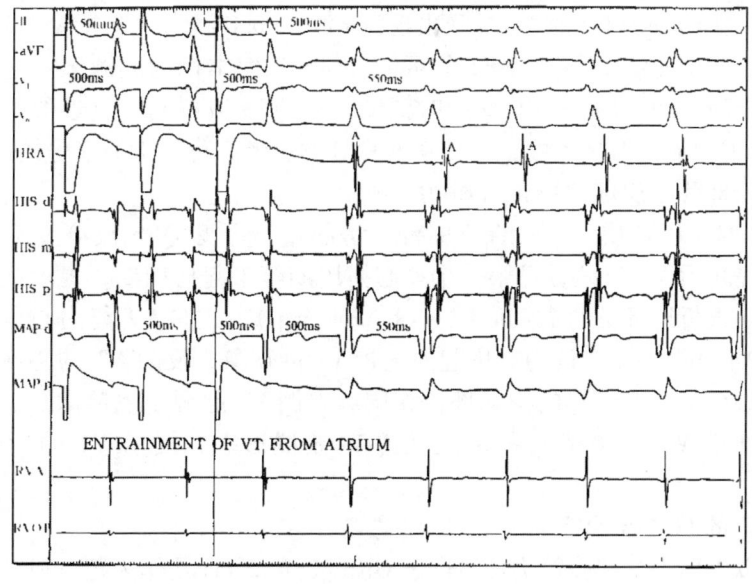

图 2

（即室上性 QRS 波群与 VT 的第一个 QRS 波组成的间期）为 500 ms，等于起搏间期，显示拖带现象。VT 回转后，其 QRS 波群均与临床发作的 VT 形态相似。心内电图示 VT 的心室激动均在心房激动之前。除第一个 A 波落在 QRS 波群中，显示房室分离外，其余 A 波均出现在 QRS 波群后，符合逆行心房激动序列，为逆行 A 波。VA 间期（在 HRA 测量 QRS 波群起始至 A 波起始的间期）为 120 ms，显示有规律的 1:1 逆传。⑥VT 时心内膜激动顺序标测与窦性心律时起搏标测证实 VT 起源于左室基底隔部，相当于 Josephson 左室心内膜标测点"4"的位置[1]。该处 VT 时心内膜激动时间早于 QRS 波群 85 ms，以该处作为消融靶点。在 VT 时行 RFCA，释放电能 30 W 共 120 s。VT 终止。再行刺激未能诱出心动过速，VT 消融成功。

二、讨 论

1. 有关 VT 的 ECG 诊断

本例 RBBB/LAD VT 的 QRS 波群宽 128 ms，频率偏慢，伴 1:1 室房逆传，易与室上性心动过速混淆。图中偶见 P'波下传的窄 QRS 波群。与心动过速的 QRS 波群形态不同，可除外房室结折返性心动过速（AVNRT）及前传正常房室旁道的预激伴房室折返性心动过速（AVRT）。P'R 间期 > RP'间期亦可除外前传旁道的 AVRT。结合心动过速时 V_1 导联出现宽 r 波，>0.04 s[1]，支持 VT 的诊断。陈旧性下壁心肌梗死病史亦提示 VT 的可能。EPS 证实本例为起源于左室基底隔部的 VT。隔部起源的 VT 使两心室同时活动，故 QRS 波群间期可近似窦性或略增宽（如本例）。在 VT 频率慢、逆传功能良好的患者亦可见 1:1 室房逆传。

2. VT 能为心房起搏拖带（entrainment）

在 VT 时，以较快于 VT 的频率行心房起搏，可见 QRS 波群变窄，呈室上性。起搏停止后 VT 持续，且第一个非起搏周期等于起搏周期，提示最后一次的心房起搏穿透折返环的可激动间隙（excitable gap），这是 VT 能为心房起搏拖带的表现。Almendral 等[2]认为心房起搏拖带 VT 的现象，反映 VT 的心室激动起源处与窦性心律时心室最早的激动部位相同。本例 VT 起源于隔部即是。另外，心房起搏能拖带 VT 并保持一种室上性 QRS 波群形态，提示 VT 的折返环必然很小。

3. VT 的 RFCA 治疗

本例以 VT 时心内膜激动时间早于 QRS 波群 85 ms 处作为靶点成功消融 VT。冠心病陈旧性心肌梗死等器质性心脏病 VT，可因结构或心电改变所致，RFCA

损伤范围有限致使其治疗成功率未能令人满意。本例为单型性、心室率偏慢的持续性 VT，血流动力学稳定保证心内膜各点的标测，而且折返通路不复杂，折返环小，故与一般心肌梗死后 VT 病例相比，较易为 RFCA 终止。

参考文献：

[1] Josephson M E. Clinical cardiac electrophysiology：Techniques and interpretations. 2nd ed. Philadelphia：Lea & Febiger, 1993：418-428.

[2] Almendral J M, Gottlied C, Marchlinski F E, et al. Entrainment of ventricular tachycardia by atrial depolarization. Am J Cardiol, 1985, 56：298.

● 临床心脏电生理

束支传导障碍的特殊表现*

刘泽生　Kevin Monahan**

本文报道 2 例束支传导障碍（阻滞或差异性传导）的特殊心电图及心内电图表现。

例 1　患者女性，68 岁，反复发作心悸 4 年。心电图（ECG）诊断为阵发性室上性心动过速。药物治疗效果欠佳，故行心内电生理（EPS）检查及射频消融治疗。在常规消毒及局麻下，经左贵要静脉将多头电极导管送入冠状窦（CS）。经股静脉将电极导管置入高位右房（HRA）、希氏束（HBE）、右室尖部（RVA）及慢通道，并置入标测/消融导管（ABL）。EPS 检查证实为房室结折返性心动过速（AVNRT）。行慢通道射频消融（RFCA）后，未诱出任何心动过速。

图 1 示 AVNRT，因双束支传导障碍致 QRS 波形态改变。图 1 按顺序排列为 ECG 的 I、II、III 及 V_1 导联；心内电图依次为 HRA、RVA、HBE、CS 及 ABL（2、3、4 为电极的位置。P = 近端，d = 远端）。图 1 的表现有如下的特点：①AVNRT 发作，前传慢通道，逆传快通道。逆传心房最早处在 PCS（相当于冠状窦开口处）。②图 1 开始即呈 HV 间期文克白阻滞。HV 间期分别为 60 ms→120 ms→H 电位后无 V 波（无 V 见于 RVA 记录）。ECG 无相应的 QRS 波，提示希氏束下阻滞。其后房、室（A、V）均以 1:1 传导。HV 间期 = 60 ms。图中全部 HA 间期 = 160 ms（测量自 HBE 的 H 电位至 HRA 的 A 波之始）。③QRS 波形态与心动周期：ECG 的第 1 个 QRS 波（1 QRS）呈正常形（NL），2 QRS 呈右束支阻滞型（RBBB），3 QRS 再呈正常形态，4 ~ 7 QRS 呈左束支阻滞型（LBBB）。R_1-R_2 间期（1 QRS ~ 2 QRS 间期）= 360 ms，R_2-R_3 间期 = 540 ms，R_3-R_4 间期 = 320 ms，其后的 R_4-R_5、R_5-R_6 及 R_6-R_7 间期 = 300 ms。

例 2　男性，34 岁，反复发作心悸 10 年。ECG 及 EPS 证实为 AVNRT。图 2

---

*　本文原载于《临床心电学杂志》1999 年第 8 卷第 2 期第 111 ~ 112 页。
**　第二作者单位：美国波士顿 Harvard-Thorndike 电生理研究所。

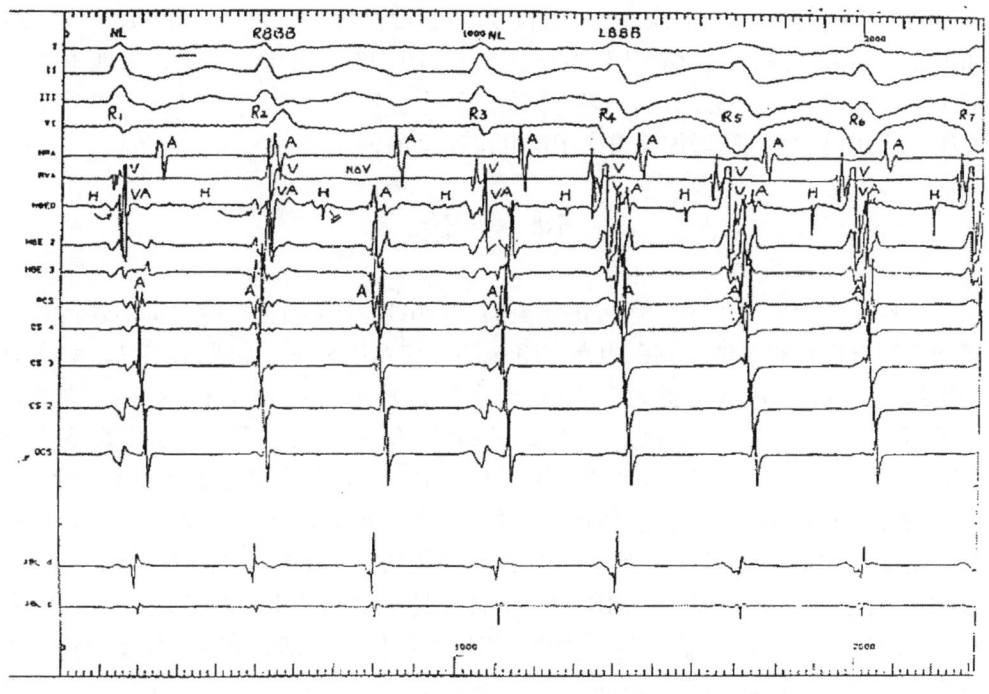

图 1

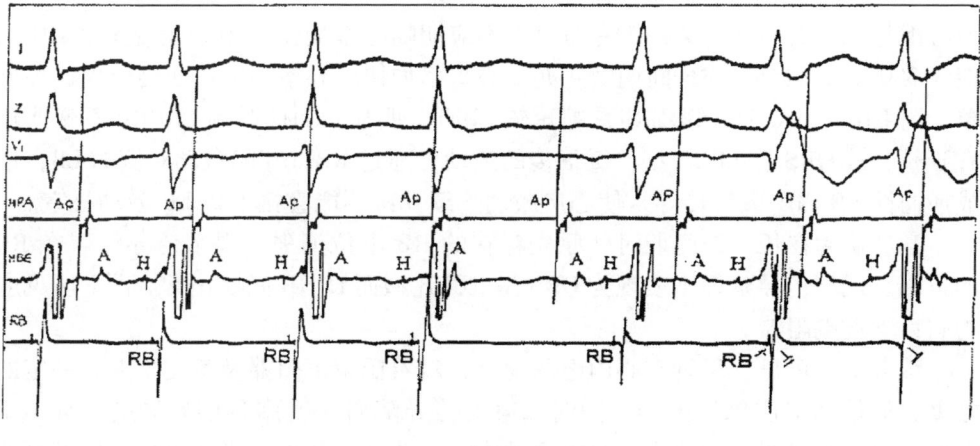

图 2

示心房起搏右束支阻滞时右束支电位消失。图中依次排列为 ECG 的 I、II 及 V_1 导联；心内电图 HRA、HBE 及 RB（右束支电位记录）。HRA 起搏，A_PA_P 间期

=330 ms，HV 间期 = 40 ms。RB 电位在 V 波前。H-RB 间期 = 40 ms（测量从 HBE 的 H 电位之始至 RB 的 RB 电位之始）。图中第 4 个 A_P 受阻，未能下传心室，形成 R-R 的长—短间期，致图中最后 2 跳呈 RBBB 型。RB 电位先移至 V 波之始，H-RB 间期明显增加，继之 RB 电位完全消失。

讨　　论

①例 1 为前传慢通道、逆传快通道的 AVNRT。HA 间期一致，提示逆传通道相同。当 HV 间期出现文克白阻滞，阻滞部位在希氏束下，无心室波时，AVNRT 仍持续，说明心室不是折返环的必要成分，并可排除房室折返性心动过速（AVRT）。②随心率的变化，右束支（RB）及左束支（LB）的有效不应期（ERP）有不同的变化规律。正常 RB 与 LB 的传导本有差别。激动经 LB 到达心室肌较经 RB 早 10～20 ms。任何原因使 RB 与 LB 的传导差别增大，ECG 便呈束支阻滞（BBB）的图形。ECG 的 1 QRS 呈正常型（HV 间期 = 60 ms，>60 ms 考虑传导阻碍），提示激动沿 RB、LB 下传保持正常的差别。2 QRS 呈 RBBB 型，且 HV 间期 = 120 ms，提示心房激动在 RB 出现传导阻滞，在 LB 缓慢下传，为双束支阻滞。继因希氏束下阻滞无 QRS 波，R_2R_3 间期因此延长，希蒲系有足够的时间脱离不应期，故心房激动沿 RB 及 LB 下传呈正常 QRS 型。长 R_2R_3 间期后有短 R_3R_4 间期，出现 Ashman 现象，R_4 呈 LBBB 型。R_5、R_6 及 R_7 均呈 LBBB 型考虑与以下的因素有关：①左右束支不应期随心率变化。图中最后 3 个 RR 间期为 300 ms，较其他 RR 间期短，亦即心室率加快。心室率加快便会出现这种现象。因 RB 的不应期（RBERP）缩短较 LBERP 明显，而此时的 LBERP 不变或略有延长，故 QRS 呈 LBBB 型。②下传的激动先通过 RB，穿隔激动对侧的 LB，形成逆向性 LB 内隐匿性传导，使心房激动连续几次不能直接下传 LB 激动心室。

学者认为在长—短间期时，原先存在的 RB 电位消失，提示传导障碍在 RB 的近端、远端传导延缓则表现为 QRS 呈 RBBB 型而 H-RB 间期正常。图 2 所见应为右束支近端阻滞。

综合上述可见，尽管有心内电图记录，对希氏束下阻滞及束支阻滞有一定的帮助，但精确定位仍然困难。同时，束支传导障碍是受多种因素影响，如 R-R 间期、自主神经张力的改变、电解质及内环境改变；还包括尚未清楚，但能影响传导的因素。任何因素只要影响 RB 及 LB 的不同步传导，便出现 BBB 的图形，在分析 ECG 及心内电图时应加以注意。

●短篇报道

RR间期不等的阵发性室上性心动过速30例分析[*]

刘泽生

本文对30例RR间期不等的阵发性室上性心动过速（SVT）行回顾性分析。

一、对象和方法

本文收集了1995—1997年有完整的临床及心电图资料的SVT 60例。根据RR间期规整与否，将SVT的心电图资料分为2组：

（1）RR间期不等组，共30例。其中男性20例，女性10例。平均年龄（45±21）岁（18～80岁）。未发现心脏病变6例（20%）；存在心脏病变24例（80%），其中包括冠心病2例，肺心病10例，伴洋地黄过量的风心病5例，预激综合征7例。

（2）RR间期规整组，共30例。其中男性18例，女性12例。平均年龄（25±5）岁（18～40岁）。未发现心脏器质性病变25例（83%）；存在心脏病变5例（17%），其中包括预激综合征4例（有发作前后典型预激心电图对照），二尖瓣脱垂1例。

RR间期不等的12例SVT曾行心内电生理（EPS）检查，施予常规的程序电刺激。统计学处理：显著性检验用t或χ检验，显著水平为0.05。

二、结　果

（1）RR间期不等组的年龄非常显著地大于RR间期规整组的年龄（$P<0.001$）。

---

[*] 本文原载于《临床心电学杂志》1999年第8卷第4期第230页。

（2）有心脏病变者在 RR 间期不等组非常明显地多于 RR 间期规整的 SVT 组（$P<0.001$）。

（3）RR 间期规整组的心室率（172.80±9.34）次/分，RR 间期不等组的心室率（151.40±10.72）次/分。前组非常明显快于后组（$P<0.001$）。

（4）ECG 示 RR 间期不等组中，以阵发性房性心动过速（PAT）伴房室阻滞（AVB）最多见，共 18 例，其中 PAT 伴典型文氏型 AVB 10 例，伴 2:1 AVB 8 例。非 PAT 12 例，除 ECG 记录外，加做 EPS 检查。此 12 例 SVT 均能为程序电刺激诱发及终止。ECG 及 EPS 的表现可归纳如下：①ECG 的 RR 间期呈长短规律性交替 6 例。其中 3 例逆行 P′波后接连出现 2 个 QRS 波构成的短—长间期。EPS 示房室结折返性心动过速（AVNRT）伴 1:2 前传，先经快通道，后经慢通道，先后 2 次激动心室。另 3 例 ECG 组成短—长间期的每一个 QRS 波后可见逆行 P′波，每例各有相同的 RP′间期。EPS 检查示逆行支为左侧房室旁道，引起逆行 P′波；前传支分别为房室结的快通道及慢通道，出现规律性交替下传。②ECG 的 RR 间期呈不规则变化 4 例。其中 3 例 EPS 示逆传支仍为单条旁道，前传支仍为房室结快或慢通道，但无规律地交替下传。另 1 例除前传 Mahaim 纤维，逆传正常房室传导通道形成折返环外，尚有 AVNRT 存在。③ECG 示 RR 间期突然呈倍数增长或缩短 2 例。为 AVNRT 伴 2:1 AV 阻滞，分别阻滞于房室结或希氏束下。

三、结　论

（1）与 RR 间期规整的 SVT 相比，RR 间期不等的 SVT 有心脏器质性病变的病例多、年龄大、心室率慢。

（2）折返性 SVT 的 RR 间期以规整为特点。否则，可能存在折返通道的改变。

（3）SVT 存在短—长 RR 间期规律的交替，应注意逆 P′的位置及 P′波与 QRS 波的数目。1 个逆 P′波后连续 2 个 QRS 波，提示 1:2 下传。逆 P′波出现于每个 QRS 波完全结束后，且 RP′间期相等，提示旁道为逆传支，规则交替前传快、慢通道。

（4）SVT 的 RR 间期呈倍数地增减，应注意 AV 阻滞突然出现和改善。

●心电研究

多型性室性心动过速 16 例[*]

刘泽生

摘要 本文对 16 例多型性室性心动过速（PVT）行回顾性研究。观察了窦律时 T 波交替、QT 间期延长、由室性期前收缩构成的联律间期的长短、房颤的心室率、抗心律失常药物与 PVT 的关系。可见 PVT 重整后的危险性仍然存在。

关键词 室性心动过速；多型性

多型性室性心动过速（PVT）包括尖端扭转型室速（TDP）在内，是威胁生命的恶性室性心律失常，须紧急处理。现报告 16 例如下。

一、资料与方法

1. 对象和诊断标准

本文 16 例 PVT 平均年龄 48 岁，男 10 例，女 6 例；有心脏疾病 10 例，未发现基本心脏病变 6 例。诊断标准：在任何心电图（ECG）记录导联显示室性心动过速（室速）伴连续变化的 QRS 形态。节律不规则，频率 >200 次/分并持续 10 个以上的心搏者[1]。QT 间期可正常或延长。

2. 与 PVT 发作有关的因素

（1）窦律时 T 波交替。文中 2 例 28 岁及 30 岁患者，未发现明显心脏病变。有多次晕厥史，无 QT 间期延长，PVT 经电转复为窦律后，心率 88 次/分，在 V_5 及 V_6 导联出现 T 波电压交替 +0.4 mV/ −0.7 mV 之间，T 波形态交替改变。2 例有 ICD 安置指征，1 例失访，1 例移居国外后，因多次晕厥安置了 ICD。

（2）长 QT 综合征。具家族史、TDP 发作伴晕厥 1 例。QT 及 QTc 间期明显延长。

---

[*] 本文原载于《实用心电学杂志》2000 年第 9 卷第 2 期第 83～84 页。

（3）频发性室性期前收缩（PVS）组成特殊 R-R 间距。2 例冠心病伴高度房室传导阻滞，因频发性 PVS 组成短—长—短 R-R 间距诱发 PVT。1 例扩张型心肌病因 PVS 组成极短的 R-R 间距（300 ms）诱发 PVT。24 h 内电转复 110 次，反复使用多种抗心律失常药物无效。停药后用心房起搏终止 PVT 发作。

（4）心肌再灌注引起的 PVT 自动整合。1 例急性下壁心肌梗死（AMI）尿激酶静滴溶栓治疗 2 h 出现 PVT，自动整合为单型性室速，患者神志丧失，以电转复成功转回窦律。

（5）异搏定使用不当致快速性房颤引发 PVT。1 例广泛前壁 AMI 伴房颤及心衰者，因超声检查谓有心脏破裂，口服异搏定 40 mg 2 次后出现快速型房颤。心室率 >180 次/分时 PVT 反复发作，虽停用异搏定，24 h 电转复 102 次无效。静注西地兰，心室率控制在 110 次/分以下，PVT 消失，心脏 MRI 检查证实心脏无破裂。

（6）胺碘酮与奎尼丁。1 例下壁 AMI 将房颤伴右束支阻滞误为室速。胺碘酮 150 mg 静滴出现 PVT。12 h 内电转复 58 次，停用胺碘酮后 PVT 发作停止，改用心律平静滴后转为窦律。QT 间期正常，另风心病房颤，二尖瓣换瓣术后拟行房颤电转复 2 例，分别口服奎尼丁 0.1 g 及 0.2 g 后出现 TDP，电转复后恢复窦律，QT 间期延长。

（7）低血钾。5 例血钾 <2.3 mmol/L，QT 及 QTc 间期均明显延长伴 TDP。纠正低钾后 PVT 始终止。

二、讨 论

1. 窦律时 T 波交替（T wave alternans，TWA）

TWA 极少为静息 ECG 捕捉。近年学者认为心率变异性检查的检出率较 ECG 为高。Kavesh 等报道在心房起搏及运动试验比静息状态更易发现。当心率在 95~110 次/分检出 TWA 是室速及室颤的预测指标，应引起重视[2]。

2. 再灌注的 PVT 及整合

本例为 AMI 静脉溶栓后再灌注心律失常引起的 PVT，本文 15 例的 PVT 有自动终止及反复发作的倾向，且曾转化为室颤。仅本例 PVT 自动整合为单型性室速。一般在心电生理检查，刺激心室诱发室速时偶见整合现象（organize），Prystowsky 认为这种可整合的室速归类有困难，既不是单纯的 PVT，也不是单纯的单型性室速。作者认为这种经整合室速的临床特点，与单型性室速更近似[3]。本例神志丧失，须行电转复，故对这种室速切不可掉以轻心。

3. 快速型房颤与 PVT

AMI 伴房颤本来不属致命性的心律失常，但如心室率过快，则类似在缺血的心室肌行快速心室起搏。文中 1 例 PVT 随房颤心室率的快慢而出现及停止。这种消长关系提示减慢 AMI 房颤心室率的重要性。

4. 抗心律失常药物致 PVT

文中 1 例虽是 AMI，但 PVT 的出现和终止与胺碘酮应用和停用有同步关系，提示胺碘酮致 PVT，像本例 QT 间期不延长，胺碘酮使用的剂量不大，时间不长，临床上易归咎为 AMI 致 PVT。故应提高警惕及时停药。文中奎尼丁致 TDP 及 QT 间期延长亦属此类。文中 1 例极短联律间距诱发的 PVT，由于反复使用多种抗心律失常药物致 PVT 持续，QT 间期及 QTc 间期由正常变为明显延长，考虑为抗心律失常药物致 PVT 持续的可能，PVT 停药后消失。

5. 有关长 QT 综合征

这是引起 TDP 的重要原因。长 QT 综合征（LQT）是常染色体显性遗传疾病，50% 患者有家族史，近年认为与编码心肌细胞离子通道蛋白基因的突变有关。3 个 LQT 基因被证实，第 4 个的位点可能在 4 号染色体上。在电生理方面这种室速属触发机制，与早期后除极使前一激动复极中断及延迟致 TDP 有关。在 TDP 尚未发作前，长 QT 综合征时会被忽略。

参考文献：

[1] 杨菊贤，王福军. 实用心律失常. 成都：成都科技大学出版社，1995：254.

[2] Kavesh N G, Shorofsky S R, Sarang S E, et al. Effect of heart rate on T wave alternans. J Cardiovesc Electrophysiol, 1998, 9 (7)：703.

[3] Prystowsky E N, Klein G J. Cardiac arrhythmias. An integrated approach for the clinicisn. New York：McGraw-Hill Inc, 1994：168.

● 论著

阵发性心房颤动 P 波离散度的研究*

刘泽生　李　健

摘要　目的　探讨 P 波离散度（P wave dispersion，PD）指标对伴器质性心脏病的阵发性房颤（器质性 PAF）的预测。方法　80 例自发转复的阵发性房颤（PAF）分为如下 3 组。Ⅰ. 无器质性心脏病的阵发性房颤（孤立性 PAF）组：年龄≤60 岁共 32 例。Ⅱ. 伴器质性心脏病的阵发性房颤（器质性 PAF）组 48 例，按年龄分为 2 组，Ⅱa 组：年龄≤60 岁共 12 例，Ⅱb 组：年龄>60 岁共 36 例。无器质性心脏病，无阵发性房颤的正常对照组 70 例，按年龄分为 2 组，对照Ⅰ组：年龄≤60 岁共 35 例，对照Ⅱ组：年龄>60 岁共 35 例。在 SR-1000A 型心电综合分析仪（广东省中山博爱医用电子厂），以同步 12 导联心电图测量 P 波的最大宽度（P_{max}）与最小的宽度（P_{min}）。分别记录最大与最小的 P 波参数。$PD = P_{max} - P_{min}$。统计学：用 SPSS 8.0 软件行单因素方差分析。结果　单因素方差分析示：①PAF 的孤立性。PAF 组与器质性 PAF（Ⅱa、Ⅱb）组，在组内比较 P_{max} 与 PD 2 项，均无差别。对照组 2 组（对照Ⅰ组、对照Ⅱ组）组内比较，P_{max} 与 PD 2 项分别无差别。②PAF 组（含Ⅰ、Ⅱa、Ⅱb 组）与对照组（含对照Ⅰ、对照Ⅱ组）组间比较，P_{max} 与 PD 2 项分别有显著性差别。结论　P 波离散度既可以预测孤立性房颤，也可以预测器质性阵发性房颤的发生（包括年龄≤60 岁和>60 岁组）。

关键词　P 波离散度；阵发性房颤；预测

Prediction of P Wave Dispersion for Paroxysmal Atrial Fibrillation

Liu Zesheng　Li Jian

Abstract：*Objectives*　Prediction of P wave dispersion for paroxysmal atrial fibrillation (PAF) with structural heart diseases was evaluated. *Methods*　Three groups in 80 PAF patients were divied. Group Ⅰ (idiopathic PAF group): 32 patients (age≤60 y) without structural heart diseases. Group Ⅱ (structural PAF group): Two groups were divied in 48 patients with structural heart diseases.

---

* 本文原载于《临床心电学杂志》2000 年第 9 卷第 4 期第 206～208 页。

Group Ⅱa (12 patients, age≤60 y) and group Ⅱb (36 patients, age>60 y) were included. Two normal controls in 70 subjects were divied. Control Ⅰ (35 patients, age≤60 y) and control Ⅱ (35 patients, age>60 y) were included. During the sinus rhythm, in 12-lead ECGs of above subjects, the maximum P wave duration (P_{max}), the minimum P wave duration (P_{min}), P wave dispersion ($PD = P_{max} - P_{min}$) were calculated with SR-1000A automatic analysis electrocardiography (Zhongshan BoAi). Statistics: One way ANOVA (SPSS 8.0 for windows) was used. *Results* ①Within the PAF groups (idiopathic PAF group, structural PAF group), P_{max} and *PD* had no differences, respectively. Within the controls (≤60 y group and >60 y group) P_{max} and *PD* had no differences, respectively. ②Between PAF groups (Ⅰ, Ⅱa, Ⅱb) and controls (Ⅰ, Ⅱ), P_{max} and *PD* had significant differences, respectively. *Conclusions* P wave dispersion was a preditor either idiopathic PAF or structural PAF (≤60 y group and >60 y group were included).

Key words: P wave dispersion, paroxysmal atrial fibrillation, prediction

近年认为P波离散度是预测阵发性心房颤动（简称房颤，PAF）的心电图新指标。本文对80例PAF，包括孤立性房颤和器质性房颤行回顾性研究，以期了解P波离散度与器质性心脏病的阵发性房颤的关系。

一、对象与方法

1. 诊断标准

①房颤的诊断见黄宛主编的《临床心电图学》第5版的标准。②阵发性房颤：房颤持续时间≤7天，能自行消失、转为窦性心律[1,2]。③无明显器质性心脏病：无心脏病史，查体、胸部X线、心电图及超声心动图检查正常者。无明显器质性心脏病伴房颤者称为孤立性房颤。器质性心脏病的诊断按陈灏珠主编的《内科学》（第3版）的标准。

2. 对象

本文收集1996年1月至1999年12月4年间PAF 100例。除外曾用抗心律失常药物或电转复的20例，PAF共80例，均在≤24 h内自发转为窦性心律。本文对80例PAF行回顾性研究。80例PAF中，男48例，女32例。年龄18～78岁。其中无明显器质性心脏病32例；有器质性心脏病48例，均为非瓣膜性心脏病，包括冠心病18例（37.5%）、高血压病16例（33.3%）、甲亢性心脏病12例（25.0%）及肺心病2例（4.2%）。

3. 分组

PAF 80例分成3组：Ⅰ. 孤立性房颤（无明显器质性心脏病）组：年龄≤60

岁，32例，其中，男20例，女12例。平均年龄（42.8±12.5）岁。Ⅱ．器质性PAF（有器质性心脏病）组共48例。按年龄大小再分成2组。Ⅱa组：年龄≤60岁共12例，其中男5例，女7例。平均年龄（49±7.4）岁。Ⅱb组：年龄>60岁共36例，其中男23例，女13例。平均年龄（70.8±6.4）岁。无明显器质性心脏病的正常对照组共70例。按年龄大小分成2组。对照Ⅰ组：年龄≤60岁共35例，其中男15例，女20例。平均年龄（48±8.8）岁。对照Ⅱ组：年龄>60岁共35例，其中男16例，女19例。平均年龄（69.4±5.5）岁。

4．方法

心房颤动患者均在转复为窦性心律24～48 h内记录。采用广东省中山市博爱医用电子厂SR-1000A型心电综合自动分析仪［由计算机主机、监视器（屏幕）和惠普激光打印机Laser Jet 5 L组成］。使用Ver 1.1版本软件系统。按常规记录12导联心电图后，初始心电图屏幕自动显示"1.0×1.0"12导联心电图同步记录的图像。"1.0×1.0"代表水平放大倍数为1，相当于标准走纸速度25 mm/s，垂直放大倍数为1，相当于标准灵敏度10 mm（1 mV）。应用鼠标的箭头，在屏幕侧的"选项"中，选择下列项：①在"导联"项，选取12导联心电图，以纵行排列。②选择"波形定位"项，屏幕中出现P波、QRS波及T波起点和终点6条紫色定位线。③利用P波起始定位线确定P波最大（P maximum，P_{max}）时限及P波最小（P minimum，P_{min}）时限。先确定P波起始线，称 A 线。移动P波终点定位线至P波最大时限点，称 B 线。AB 间距 = P波最大宽度。选择"参数显示"项，显示及记录其值。再移动P波终点定位线至P波最小时限点，称 C 线。AC 间距 = P波最小宽度。选择"参数显示"项，显示及记录其值。根据公式：P波离散度（P wave dispersion，PD）$PD = P_{max} - P_{min}$，得出PD值[3]。④选择"打印"项，按心电图常规走纸速度（25 mm/s）及灵敏度（10 mm），以A4纸打印心电图记录。

5．统计学处理

计量资料以（$\bar{x} \pm s$）表示，应用单因素方差分析。检验水平为0.05，应用SPSS 8.0软件。

二、结　　果

1．性别

RAF 3组（Ⅰ、Ⅱa、Ⅱb）及对照2组（Ⅰ、Ⅱ）的性别无差别。

2. 年龄

≤60 岁组（Ⅰ、Ⅱa、对照Ⅰ组），组内年龄无差别。>60 岁组（Ⅱb、对照Ⅱ组），组内年龄无差别。而≤60 岁组与 >60 岁组，年龄有显著性差别。

3. P_{max}

PAF 3 组的Ⅰ、Ⅱa 及Ⅱb 组的 P_{max} 分别是（122.81±13.26）ms，（123.33±15.57）ms 及（124.17±17.63）ms，3 组之间无差别。对照组 2 组的Ⅰ及Ⅱ组的 P_{max} 分别是（100.57±14.34）ms 及（104.57±15.21）ms，2 组之间无差别。但 PAF 组各组与对照各组相较，有显著性差别。

4. PD

PAF 3 组的Ⅰ、Ⅱa 及Ⅱb 组的 PD 分别是（44.00±11.31）ms，（49.17±14.43）ms 及（45.56±2.06）ms，3 组之间无差别。对照 2 组的Ⅰ、Ⅱ组，PD 分别是（25.43±8.32）ms 及（26.00±9.46）ms，2 组之间无差别。但 PAF 各组与对照组各组之间有显著性差别。

三、讨　　论

（1）心房内前传及逆传时间约为 50 ms。PAF 患者在窦性心律时具有房内及房间传导延迟及非匀质传导的电生理特性。1998 年，Dilaveris 研究 60 例孤立性房颤的病人，提出 P 波离散度是预测 PAF 的良好体表心电图指标。以 P_{max}≥110 ms，PD≥40 ms 为增大[4]。本文孤立性房颤的 P_{max} 及 PD 均较对照组明显较大，提示 PD 可预测 PAF 的发生，与国内外的研究结果相似。

（2）文中单因素方差分析表明，PAF 组不论有无器质性心脏病，年龄≤60 岁或 >60 岁，其 P_{max} 及 PD 均较对照组增大；但在 PAF 组内 P_{max} 和 PD 均无显著性差别。提示 P 波离散度不仅可预测孤立性房颤的发生，亦可预测器质性房颤的发生，并且与年龄因素无关。1999 年，Dilaveris 分析 50 例高血压病 PAF 的患者，其结果表明 P 波离散度亦可预测该组 PAF 的发生[5]。本文的结果与其相似。不过有关 P 波离散度的问题，尚需继续增加研究的例数，选择不同病因的 PAF 患者，进行更深入的研究。

参考文献：

[1] Gallagher M M, Camm A J. Classification of atrial fibrillation. PACE, 1997, 20：1603-1605.

[2] 胡大一，许玉韵. 心房颤动的"3P"分类及药物治疗. 医师进修杂志, 1998, 21：

505 – 506.

［3］Dilaveris P E, Gialafos E J, Sideris S K, et al. Simple electrocardiographic markers for the prediction of paroxysmal idiopathic atrial fibrillation. Am Heart J, 1998, 135: 733 – 738.

［4］郭继鸿. P波离散度. 临床心电学杂志, 1999, 8: 189.

［5］Dilaveris P E, Gialafos E J, Chrissos D, et al. Detetion of Hypertensive patients at risk for paroxysmal atrial fibrillation during sinus rhythm by computer-assisted P wave analysis. J Hypertension, 1999, 17 (10): 1463.

● 短篇报道

DDD 起搏器心电图 60 例分析[*]

刘泽生

摘要 通过正常运作的 DDD 起搏器 60 例心电图的分析，探讨患者自身病变与心律失常变化对起搏器心电图的影响与重新程控的原因。

关键词 起搏器；DDD；心电图

一、资料与方法

1. 分组

本文从 1995 年 5 月至 2000 年 5 月中山医科大学孙逸仙纪念医院（现为中山大学孙逸仙纪念医院）心电图室的记录中收集 DDD（包括 DDDR）起搏器心电图 60 例及 VVI 起搏器心电图 60 例，分成 DDD 起搏器与随机收集 VVI 起搏器两组。在起搏器正常运行（起搏器的起搏及感知功能正常，导线与电极无故障）的条件下观察：① 60 例 DDD 起搏器组心电图的表现。②比较两种起搏器反映病窦综合征的程度与两种起搏器的安置人数。③探讨因心律变化重新程控 DDD 起搏器的原因。观察时间：DDD（DDDR）起搏器安置或经重新程控后 24 h 内。

2. 一般资料

在 60 例安置 DDD 起搏器患者中，男 40 例，女 20 例。平均年龄 20～68（56±12）岁。基本疾病：冠心病 50 例，病毒性心肌炎后遗症 4 例，原因不明 6 例（除心肌活检外，体检、胸部 X 线、心电图、超声心动图、冠脉造影及左室造影均正常）。疾病的诊断按陈灏珠的《内科学》（第 3 版）的标准。

3. 基本心律失常

心律失常的诊断按黄宛的《临床心电图学》（第 5 版）的标准。①DDD 起搏器组。病窦综合征 50 例，其中 2 例为窦性心律伴文氏房室传导阻滞，有频发

---

[*] 本文原载于《实用心电杂志》2001 年第 10 卷第 1 期第 15～16 页。

房早、短阵房早型心动过速（房速）发作。高度与Ⅲ度房室传导阻滞（Ⅲ度AVB）10例。②VVI起搏器组。病窦综合征30例，高度与Ⅲ度AVB 30例。全部患者均有明显反复发作头晕、失神或晕厥史，具起搏器安置指征。

4．统计学

计数资料以百分数表示；显著性检查：t检验。检验水平0.05。

二、结　果

（1）①在运行良好的60例VVI起搏器中，心室起搏信号落在窦性P波上共20例。在运行良好的DDD起搏器中未见此现象。②高度及Ⅲ度AVB患者应用VVI起搏器30/60例；应用DDD起搏器10/60例。AVB病例两种起搏器应用人数相比（$P<0.01$），提示安置VVI起搏器的患者明显增多。

（2）在同一心电图记录中，含DDD起搏器的常见几种起搏形式同时出现[1]共6例（10%）。包括：①以窦律形式出现；②AAI形式（心房起搏—心房感知）；③VAT形式（心房感知—心室起搏）；④DDD形式（房室顺序起搏）；⑤6例中内含安全期起搏2例。心电图仅以DDD房室顺序起搏出现共20例（33.3%）。以VAT起搏22例（36.7%），其中20例为病窦综合征；还有2例为窦性心律伴文氏型AVB，房速反复短阵发作，患者不适DDD起搏，故程控为VVI形式。心电图为窦律与心室起搏信号形成假性融合波12例（20%）均重新程控。为尽量让自身的窦律出现，将其中6例DDD起搏器的AV间期从与窦律P-R间期相同的120 ms程控为160 ms；将其中4例窦律的P-R间期为200 ms的，程控为VVI起搏（3例）或程控为AAI起搏（1例）。

（3）在60例患者中出现：①DDD起搏器介入性心动过速1例。本例原有间歇性室房逆传，安置起搏器后，由室早诱发逆传心房，下传起搏心室形成起搏器介入的心动过速。其后将心室后心房不应期从300 ms延长至350 ms，终止起搏器介入性心动过速。②"DDD起搏器综合征"1例。窦律时有房内阻滞，患者感心悸、气促。

三、讨　论

（1）病窦综合征与AVB患者均适合用VVI起搏器及DDD起搏器，只是价格差别问题，文中AVB患者安置VVI起搏器的人多。但VVI起搏器从右心室开始起搏是非生理性的。从20/60例VVI起搏器心电图中，可见心室起搏信号落在窦性P波上，提示心房收缩尚未结束就开始心室起搏，即从心电图上也可见非生理性的房室收缩的不协调问题。尽管VVI起搏器以窦律为主提示病窦患者病情轻，以起搏为主则病变重，而DDD起搏器心电图比VVI起搏器心电图更容易判断病窦患者的病变程度[1]。病变从轻到重起搏图依次为：窦律→AAI起搏→VAT起搏→DDD房室顺序起搏。而VVI起搏器缺乏如此直观的判断。

（2）因心律的变化而重新程控的问题。

1）文中文氏型AVB 2例因原有频发性室早，反复短阵早搏房速发作。而DDDR起搏器是跟踪心房频率的，2例VAT是以上限频率起搏，故使起搏心室率加速，心律不整齐。在没作心房射频消融治疗，而药物治疗效果不良时，便引起病人心悸不适及头晕，故把DDD起搏重新程控为VVI起搏。尽管这类病人有安置DDD起搏器的指征[2]，而重新程控为VVI起搏，在经济上是有所损失的，所以在选择安置起搏器种类时就要全面考虑。

2）窦律与心室起搏信号形成假性融合波12例。6例使AV间期设置比窦律的P-R间期长，心电图表现窦律。4例因窦律的P-R间期已达200 ms，不宜在此基础上将AV间期设置进一步延长，以防心室波发生不久就连接窦性的或起搏的心房波，引起类VVI起搏器综合征。与此不同的是VVI起搏器综合征是心室波后出现逆行P波。因为窦律符合生理状况，而且消除心室假性融合波的不必要的心室起搏信号，可减少电能的消耗。因DDD起搏器电能的消耗比较大，寿命仅3～8年。

3）DDD起搏器综合征。VVI起搏器综合征与室房逆传有关。DDD起搏器综合征则与起搏器安置前窦律时房内延迟（心电图的P波增宽）有关。房内延迟时，左房可与心室同时收缩，甚至可在左室收缩开始后收缩。此时二尖瓣已关闭，在血流动力学方面失去了左房收缩对左室的贡献作用，导致左房扩张和肺静脉淤血，从而引起类似VVI起搏器综合征的头晕、心悸及胸闷等不适情况。故现在有学者推荐包括双房（右心耳与代表左房的冠状窦同步起搏）及右心室的三腔起搏，使房内延迟除极消失来防止DDD起搏器综合征的发生。

参考文献：

[1] Rediker D E, Eagle K A, Homma S, et al. Clinical and hemodynamic comodynamic comparison of VVI versus DDD pacing in patients with DDD pacemakers. Am J Cardiol, 1988, 61: 323-329.

[2] Alexander R W, Schlant R C, Fuster V, et al. Hursts the heart. 9版（影印版）. 天津：天津科学技术出版社，2000：1033.

●论著摘要

20年间慢性心力衰竭药物治疗的变迁*

钟桃娟** 伍卫 刘泽生 周淑娴

一、资料与方法

对象和方法：选择中山大学孙逸仙纪念医院1981年、1991年、2001年231例由心血管内科临床诊断为慢性心力衰竭（CHF）连续住院病例，采用回顾性分析方法，按年度进行对比分析。入选病例必须同时具备以下条件：①有基础心脏病；②有症状，入院时心功能（NYHA）Ⅱ～Ⅳ级；③至少具有一项或一项以上心血管异常的客观指标；④排除1个月内曾有急性心肌梗死及急性心肌炎、单纯右心衰竭。

统计学分析：数据采用t检验、方差分析及χ^2检验。

二、结　果

一般临床资料：231例CHF住院病例，平均年龄为（60.0±18.3）岁，20年间CHF住院病例的平均年龄逐渐增高（$P<0.0001$）。男女比例为0.79∶1。入院时心功能Ⅱ级占33.3%（77/231），Ⅲ级占39.4%（91/231），Ⅳ级占27.3%（63/231）。

基础心脏病因：风湿性心脏瓣膜病从1981年的72%降低至2001年的16%，有极显著性差异（$P<0.01$）。冠心病和高血压性心脏病所占比例逐渐升高，其中冠心病从1981年的16%递升至2001年的47%，有极显著性差异（$P<0.01$），

---

* 本文原载于《中国循环杂志》2003年第18卷第5期第372页。

** 作者简介：钟桃娟，硕士。主要从事内科临床工作。现在澳门镜湖医院。通信作者：伍卫（wuwei@medmail.com.cn）。

高血压性心脏病从 1981 年的 5% 上升至 2001 年的 22%，有极显著性差异（$P<0.01$）。

药物治疗：20 年来，治疗 CHF 的药物仍以利尿剂、硝酸酯类及洋地黄类使用最多，3 个年度的使用率分别为 81.4%、84.0% 和 63.2%。利尿剂及地高辛的平均日剂量逐渐减少（$P<0.01$），低钾血症及洋地黄中毒的发生也逐渐减少。血管紧张素转换酶抑制剂（ACEI）使用率由 1991 年的 36% 迅速增长至 2001 年的 71%，有极显著性差异（$P<0.01$）。β 受体阻滞剂于 2001 年的应用明显增多，使用率为 32%。以 2001 年入院时心功能分级进行统计，β 受体阻滞剂用于心功能 Ⅱ 级占 36.6%（15/41），Ⅲ 级占 38.8%（19/49），Ⅳ 级占 15.4%（6/39）。血管紧张素 Ⅱ 受体拮抗剂于 2001 年使用率达 22%。

三、讨 论

本研究显示风湿性心脏瓣膜病发病率逐渐降低，冠心病与高血压性心脏病逐渐升高，这些变化与 2001 年上海市及全国对 CHF 住院患者进行的流行病学调查结果类似。以上病因变化与生活及医疗条件改善、抗生素合理使用、生活节奏改变等多种因素密切相关。目前，国际上已有 30 多项大型临床试验证实 ACEI 平均降低 CHF 患者死亡率 24%（13%~33%）。ACEI 已成为当今 CHF 治疗的基石，适用于所有左心室收缩功能不全的各级心功能稳定 CHF 患者。本研究资料显示，ACEI 在 CHF 的应用 20 年内迅速增长至 71%。迄今为止，已有 20 多个随机双盲安慰剂对照试验，近 10 000 例 CHF 患者接受 β 受体阻滞剂治疗。荟萃分析结果显示，β 受体阻滞剂使 CHF 死亡危险性下降 36%。目前认为，凡因左心室收缩功能不全的慢性稳定心功能 Ⅱ、Ⅲ 级 CHF 患者，均应尽早接受 β 受体阻滞剂治疗，除非有此类药物的禁忌证或不能耐受。本研究显示 β 受体阻滞剂在 2001 年的应用明显增多。

"新的常规治疗或标准治疗——神经内分泌拮抗剂（ACEI 和 β 受体阻滞剂）加利尿剂联合应用，并用或不用地高辛"，已取代了传统的常规治疗"强心、利尿、扩血管"。新的理论带来新的疗法，本研究 2001 年药物治疗方案即体现了该新概念。近年美国、欧洲各国及我国均先后公布了 CHF 治疗指南。进一步认识 CHF 药物治疗的变迁，积极地将新的治疗指南应用于临床实践，尤其重视 ACEI 和 β 受体阻滞剂在临床上的应用，预计可更进一步改善我国 CHF 患者的生活质量和预后。

● 英文论著

Clinical Analysis of 42 Patients with Hypertrophic Cardiomyopathy[*]

Kebbati Abdelhafid, Wu Wei[**], Liu Zesheng

Abstract: *Objectives* To investigate the clinical manifestations of hypertrophic cardiomyopathy (HCM), and to find out the clinical clues to avoid misdiagnosis and provide reference for future clinical diagnosis and treatment. *Methods* A retrospective analysis of 42 consecutive patients with HCM hospitalized in our hospital between January 1995 and December 2002 was explored. Based on the family history of HCM, clinical manifestations, electrocardiogram, echocardiogram, coronary angiography and left ventriculography, the clinical characteristics between HCM patients with left ventricular outflow tract obstruction (HOCM) and HCM patients without obstruction (HNOCM) were compared. The causes of misdiagnosis and losing diagnosis were analysis. *Results* 13 patients were in HOCM group and 29 patients were in HNOCM group. More patients with syncope were in HOCM group than in HNOCM group (6/13 vs 2/29, $P < 0.05$). Patients with ejective murmur were in HOCM group only ($P < 0.01$). Left ventricular outflow tract pressure gradient (LVOTPG) only observed in HOCM group ($P < 0.01$). Ventricular tachycardia was seen in both groups. 28 out of 42 patients (66.67%) had misdiagnosis, and 4 out of 42 patients (9.53%) had losing diagnosis. Thus, coronary heart disease (CHD) had the highest rate of misdiagnosis. There were 20 CHD patients (71.43%) among 28 patients with misdiagnosis. Hypertension was in 3, congenital heart in 2, cerebro-embolism in 2, and myocarditis in 1. *Conclusions* For a patient with family history or sudden death history of HCM, unexplained syncope episodes, chest pain (angina), especially in young, an ejection murmur along the left sternum border, the presence of narrow and deep Q waves, or inversion of giant T waves in V3-V6, atrial fibrillation and/or cerebra-embolism echocardiogram should be given. CAG and LVG are necessary only if the result of echo is negative, and the patients with suspected HCM or CHD.

---

[*] 本文原载于 *South China Journal of Cardiology*（岭南心血管病杂志英文版）2007 年第 8 卷第 1 期第 17～26 页。

[**] 通信作者：Wu Wei, E-mail: wu.wei@medmail.com.cn。

Key words: cardiomyopathy hypertrophic, analysis retrospective, clinical

INTRODUCTION

HCM has been described in the whole world. The first unequivocal description of HCM was the detailed pathologic report of Tears in 1958[1]. Several recent epidemiological studies of the prevalence of HCM have suggested that it is not as rare as one thought. It is found about 1.5/100 000 of the general population, and 0.5% in primary medical practice based on identification of the disease phenotype with 2 D-echo[2,3]. Over the past 100 years, numerous studies have lead to a dramatic evolution of the concepts concerning the clinical and pathologic spectrum of HCM. The underlying cause and pathogenesis of this disease are largely unknown. Approximately 50% of cases with HCM are transmitted as an autosomal dominant trait. Sex-linked and recessive disorders have not been identified yet. Recent genetic studies have shown that in most HCM is due to one of approximately 200 mutations of 10 genes that encode proteins of the cardiac sarcomere. HCM accounts for 50% of all sudden cardiac deaths in individuals aged below 30 years, particularly teenagers or young adults. Sudden death often occurs during or just after vigorous physical activity, may even occur in those patients with mild or even no obstruction at rest. Data from referral institutions reveals a mortality of approximately 2.5% per annum, reaching a maximum of 6% during childhood and adolescence. More recent data from regional and tertiary adult populations suggests a lower figure of approximately 1% per annum [4]. Because of the variable clinical presentations, less typical cases, HCM present a greater challenge and have the difficulty in establishing a correct diagnosis.

SUBJECTS

1. Subjects

A retrospective analysis of 42 consecutive patients with HCM hospitalized in the Second Affiliated Hospital of Sun Yat-sen University between January 1995 and December 2002 was explored.

2. Groups

There were two groups in the study.

(1) HCM group. Criteria of diagnosis: HCM was defined by the WHO/ISFC in 1995 as ventricular hypertrophy in the absence of any disease. Among 42 patients, there were 27 males and 15 females, with a mean age of (54 ± 18) years. 37 out of 42 patients with HCM fulfilled the criteria on 2-dimension echocardiography (2D-Echo) and 5 of 42 patients met the criteria of ventriculography without a systemic or cardiac cause. None of them was athlete. ① In order to compare the clinical characteristics, according to the presence of LVOTPG (left ventricular outflow tract pressure gradient) or not, a total of 42 patients with HCM were further subdivided into those with and those without left ventricular outflow tract obstruction. ② HCM with abnormal Q waves group: 17 patients with Q waves were elected in HCM group; there were 10 males and 7 females, with a mean age of (56 ± 10) years.

(2) AMI (acute myocardial infarction) group. In order to compare 3 ECG parameters between AMI and HCM groups, this group was designed as controls. The criteria of diagnosis: AMI (with infarction of inferior, anterior and/or lateral wall) was defined by the WHO/ISFC in 1979. A total of 30 patients with AMI met the criteria. There were 20 males and 10 females, with a mean age of (62 ± 10) years. A comparison of 3 ECG parameters between AMI group and HCM with abnormal Q waves group was listed as follow: ① The duration of Q waves; ② The voltage of R waves after Q waves; ③ Dynamic changes of ST-T (ST-segment and T-wave).

METHODS

1. Review and collection of cases

(1) General data. The number of in-patient HCM patients (pts.) in the Second Affiliated Hospital of Sun Yat-sen University per year, the death cases of HCM, age, sex, familial history and sudden death history of HCM within the family, admission diagnosis, the catalog of misdiagnosis, major complications (sudden death, heart failure, malignant arrhythmias and embolism), death cases and the causes of death were included.

(2) Data of symptoms and signs. Patients with or without symptoms and signs were recorded. Symptoms were: palpitation, dyspnea, chest pain (angina), cardiac function (NYHA Class IV), dizziness and syncope. Signs were: heart sound, murmurs, signs of right heart failure and hypertension.

(3) Laboratory findings. Chest radiograph, routine 12-lead eletrocardiography (ECG), 24-hour ECG monitoring, echocardiography (Echo), magnetic resonance imaging (MRI), radionuclide studied, coronary angiography (CAG) and left ventriculography (LVG), electrophysiology (EPS), and biochemical marker of acute myocardial necrosis (the results of CTn-I, CK-MB) were included.

(4) Treatment. Includes therapy before or after establishing correct diagnosis of HCM.

2. Statistical Analysis

Numeration data were expressed as ratio, and rates. The Pearson χ^2 test, the Fisher exact test was undertaken for its data. Measurement data were expressed as mean ± SD (standard deviation). The student's independent samples' t test was undertaken. Logistic regression analysis was used for multivariate analysis. The importance of ECG parameters of HCM was determined with a logistic regression analysis. A P value < 0.05 was considered significant, statistical procedures were done by using SPSS 10.0 software. Databases were established by the chart of Excel 2000.

RESULTS

1. Mobidity

The average morbidity of admission HCM patients per year in the Second Affiliated Hospital, Sun Yet-sen University from Jan. 1995 to Dec. 2003 was 0.03% (range, 0.016% ~ 0.043%), see table 1.

Table 1 Admitted HCM patients in our hospital from 1995—2003

year	1995	1996	1997	1998	1999	2000	2001	2002	2003	Total
inpatients (n)	11 604	12 068	12 755	14 173	15 066	16 166	18 282	20 184	18 600	138 898
HCM inpatients (n)	4	4	5	4	5	7	4	6	3	42
prevalence/%	0.034	0.033	0.040	0.029	0.033	0.043	0.022	0.030	0.016	0.030

2. Family history

42 HCM patients came from 42 families. 3 patients had HCM family history (sudden death history in 1 patient). 39 HCM patients denied family history. Echo was

taken in 4 families (a part of the first-relatives received echo examination). In family A, B and C, the admission patients with HCM had one of affected parents (father or mother) and affected brother or sister, respectively. In family D, a seven-year-old admission patient had HCM, but his parents (the age of his parents was under 34 years) had negative results on Echo.

3. Age and sex

Age: The mean age of 42 HCM patients was (54 ± 18) years, ranging from 7 months to 81 years, there were one 7-year-old boy and 7-month-old girl (2/42, 5%) among 42 patients. 38 patients were more than or equal to the age of 35 (90.48%). According to the age, 42 HCM patients were divided into two groups: ①18 (43%) HCM patients were in < 50 years group; ② 24 (57%) HCM patients were in ≥ 50 years group. 15 HNOCM patients were in this group. 9 out of 13 HOCM patients were in ≥ 50 years group (4 of 9 were in ≥ 65 years). Patients with hypertension, angina, heart failure, severe arrhythmias (atrial fibrillation AF; ventricular tachycardia/ventricular fibrillation, VT/VF), cerebro-embolism, and the deaths mainly appeared in ≥50 years group. Sex: 27 males and 15 females were among 42 HCM patients. The ratio of males to females was 1.8:1.

4. Symptoms and signs

In 42 HCM patients, 37 (88.0%) patients were with signs and symptoms and 5 (12.0%) patients without signs and symptoms. Symptoms were: palpitation (23 pts., 16.0%), dyspnea (19 pts., 51.4%), angina (16 pts., 43.2%), dizziness (5 pts., 13.5%) and syncope (8 pts., 21.6%). In 2 out of 8 patients, syncope was the initial symptom, 6 had had multiple attacks. Syncope was seen in two groups, 6 were in HOCM group; 2 were in HNOCM group. 2 HNCOM patients during or just after syncope had ECG records (one with ventricular tachycardia, another with atrial fibrillation with rapid ventricular heart rate). Signs were: The third heart sound S_3 (1 patient, 2.7%), the fourth heart sound S_4 (1 patient, 2.7%), P_2 spitted heart second (2 pts., 5.4%), systolic murmur (ejection) along left sternum border (10 pts., 27.0%), systolic murmurs (Ⅲ/Ⅵ) at the apex (10 pts., 27.0%), signs of right heart failure (4 pts., 10.8%). 3 HCM patients had hypertension.

5. Echocardiography

Echocardiography was undertaken in 40 HCM patients. 37 patients showed HCM. 3 (7.5%) patients had negative results of HCM. One patient with ApHCM, two patients with generalized left ventricular hypertrophy had been confirmed by LVG.

(1) Distribution of massive hypertrophy. 13 out of 40 (32.5%) patients had HOCM; 27 out of 40 (67.5%) patients had HNOCM. IVS hypertrophy was major hypertrophy in HCM patients (30 pts., 75.0%). There were 13 HOCM patients and 4 patients with pure IVS hypertrophy without obstruction; 13 patients had "mix" IVS hypertrophy (IVS hypertrophy associated with other areas hypertrophy). 7 (17.5%) patients had pure apical hypertrophy on echo (8 ApHCM patients received Echo, one of 8 patients was confirmed by LVG). 4 HCM patients (2 patients received Echo) with generalized hypertrophy of left ventricular without obstruction were confirmed by LVG only.

(2) A comparison of Echo parameters between septum hypertrophy group and apical hypertrophy group. 40 HCM patients confirmed by Echo were divided into two groups: ①30 patients were in IVS hypertrophy (HOCM, pure IVS hypertrophy without obstruction and mix IVS hypertrophy) group. ②10 patients were in non-IVS hypertrophy group: 8 had pure apical hypertrophy and 2 had generalized hypertrophy of left ventricle. The echo parameters between two groups were compared as follows: ① The thickness of IVS in IVS hypertrophy group was thicker than that in non-IVS hypertrophy group [(17.8 ± 3.4) mm vs (12.1 ± 2.3) mm, $P < 0.01$]; ② There were no significant difference between two groups in the thickness of left ventricular posterior wall (LVPW): [(11.5 ± 3.1) mm vs (11.2 ± 3.4) mm], the ratio of IVS/LVPW: [(1.69 ± 0.5) mm vs (1.1 ± 0.3) mm], left ventricle diastolic dimension (LVDd): [(42.4 ± 7.0) mm vs (47.0 ± 5.6) mm], the size of left atrium (LAd): [(33.5 ± 9.1) mm vs (32.0 ± 3.5) mm] and left ventricular ejective fraction (LVEF): [(63.3 ± 11.7)% vs (72.6 ± 9.3)%] (All $P > 0.05$). The average of thickness of the apex was (18.5 ± 4.2) mm. There were 11 HOCM patients with systolic anterior movement (SAM) and 16 HCM patients with mitral regurgitation. All data are shown in table 2.

(3) The size of left atrium and left ventricle. There were 9 (22.5%) HCM patients with large left atrium (>38 mm) and 5 HCM patients with large LVDd (>52 mm). There were 8 HOCM patients with SAM and 16 HCM patients had mitral regurgitation.

(4) Echo data of obstruction of LVOT. LVOTPG and narrow size of LVOT were observed in HOCM group. ① Left ventricular outflow tract pressure gradient

(LVOTPG): Continuous-wave Doppler measured LVOTPG at rest in 13 HOCM patients, the mean LVOTPG was (80 ± 30) mmHg, ranging, 50 ~ 150 mmHg. ② The mean size of left ventricular outflow tract (LVOT) was (16 ± 1.7) mm (14 ~ 18 mm) in 13 HOCM patients. ③ Multiple color flow was observed in LVOT by color Doppler flow image in 13 HOCM patients.

Table 2 A comparison of echo parameters between IVS and non-IVS hypertrophy groups

	septum hypertrophy ($n=30$)	non-hypertrophy ($n=10$)	P value
LVS thickness/mm	17.8 ± 3.4	12.1 ± 2.3	
LVPW thickness/mm	11.5 ± 3.1	11.2 ± 3.4	*0.001
LVS / LVPW	1.7 ± 0.5	1.1 ± 0.3	0.800
LVDd/mm	42.4 ± 7.0	47.0 ± 5.6	0.060
LAD/mm	33.5 ± 9.1	32.0 ± 3.5	0.420
LVEF/%	63.3 ± 11.7	72.6 ± 9.3	0.640
apex thickness/mm		18.5 ± 4.2	0.920
MR (n)	13	3	
SAM (n)	11	0	

SAM = systolic anterior movement of anterior mitral leaflet. MR = mitral regurgitation. *$P < 0.001$.

6. Electrocardiography

12-lead ECG recording was undertaken in 42 patients. 42 patients (100%) had abnormal findings of ECG.

(1) The morphology findings. Normal morphology was not found in 42 HCM patients. Abnormal changes of morphology were: ① Narrow and deep Q waves, the width of Q waves < 40 ms in 17 (40.5%) patients; ② High R-voltage ($\geqslant 1$ mV) in the leads of V_1-V_2 in 9 (21.4%); ③ High R and /or S-voltage in the leads of V_3-V_4 in 7 (16.7%); ④ High voltage of left ventricle in 14 (33.3%); ⑤ The changes of ST-segment depression of ST-segment with 13 (30.9%). ST-segment elevated > 1 mm in 1 of 13; ST-segment depression in 12 of 13; ⑥ Inversion of T waves in the leads of V_3-V_6 in 15 (35.7%), the height of inversion T waves $\geqslant$ 7 mm in 8 of 15 (inversion T waves $\geqslant$ 10 mm in 4 of 8 ApHCM patients), and inverted T waves < 7

mm (1 ~ 2 mm) in 7; ⑦ Flat T waves in 4 (9.5%). Refer to table 3.

Table 3 Morphology changes of ECG in 42 HCM cases

morphology changes	patients (n)	percent/%
narrow Q waves (<40 ms)	17	40.5
R $_{V_1-V_2}$ >10 mm	9	21.4
high R and/or S in V_3-V_4	7	16.7
LVH	14	33.3
ST-segment changes	13	30.9
ST in V_4-V_6 ↑	1	2.4
ST in V_4-V_6 ↓	12	28.6
inversion of T waves	15	35.7
↑ T wave <7 mm (1 ~ 2 mm)	7	16.7
↓ T wave ≥7 mm (7 ~ 14 mm)	8	19.0
flat T waves	4	9.5

(2) None of the ECG factors had contributions to the diagnosis of HCM. 6 ECG factors were: ① Narrow Q wave; ② High R wave in leads V_1-V_2; ③ High R wave or S wave in leads V_3-V_4; ④ High voltage of left ventricle; ⑤ ST-segment depression in leads V_3-V_6; ⑥ Inversion T wave in V_3-V_6. None of ECG contribution factors was elected. Another logistic regression analysis was taken. 3 combined ECG factors were: ① Narrow Q wave and high R wave in leads V_1-V_2; ② High R wave and S wave in leads V_3-V_6; ③ The changes of ST-T. None of contribution ECG factors was elected. No statistically significant difference was found for the diagnosis of HCM.

(3) A comparison of 3 ECG parameters between HCM and AMI groups. ① The width of Q waves was significantly narrower in patients with HCM. [(20.8 ± 1.8) ms vs (40.8 ± 1.0) ms, $P < 0.01$]; ② The amplitude of R waves after Q waves was significantly greater in patients with HCM [(9.9 ± 5.0) mm vs (0.9 ± 1.4) mm, $P < 0.01$].

(4) Arrhythmias. 42 HCM patients received ECG examination, 7 patients received Holter monitoring. The Arrhythmias of ECG and Holter ECG monitoring were seen in 23 patients. No Wolff-Parkinson-White syndrome was discovered. Arrhythmias were: atrial premature contractions (APCs) in 2 (8.7%), ventricular premature

contractions (VPCs) in 6 (26.0%), first degree atrialventricular block (I°AVB) in 1 (4.4%) left anterior hemiblock (LAH), complete right bundle branch block (CRBBB) in 3 (13.2%), atrial tachycardia short-run (AT) in 2 (8.7%), atrial fibrillation (AF) in 6 (26.0%), ventricular tachycardia/ventricular fibrillation (VT /VF) in 2 (8.7%).

(5) A comparison of ECG findings between apical hypertrophy and septum hypertrophy. There were 8 patients in pure ApHCM group and 30 patients in septum (mix septum) hypertrophy group. ① The patients with change of Q waves were seen in septum hypertrophy group only ($P < 0.05$); ② T waves inversion in V_3-V_6 in apical hypertrophy was more than that in septum/mix septum hypertrophy group (20% vs 100%, $P < 0.05$). Patients with inversion T waves $\geqslant$ 7 mm (and $\geqslant$ 10 mm) appeared only in ApHCM group; ③AF and VT/VF presented in both groups.

7. Chest X-ray findings and MRI

Chest X-ray: Left ventricle enlargement in 20 cases (41.66%), pulmonary congestion in 4 pts. MRI was observed in 4 HCM patients. HCM was detected in two patients (two patients with apical hypertrophy), and was not detected in two patients (one patient with general hypertrophy of left ventricle, the other with HOCM).

8. Coronary angiography and left ventriculography

13 patients were examined by CAG and LVG. CAG was negative in 13 patients. 13 patients was demonstrated HCM by LVG. ① HOCM was seen in 2 pts.; ② ApHCM was seen in 6 patients, 4 out of 6 patients showed the cavity assuming a "spade shaped" in diastolic period. 1 out of 6 ApHCM patients had negative results on echo; ③ One patient had apical hypertrophy plus IVS hypertrophy; ④ General hypertrophy of left ventricle was found in four patients (no echo examination in 2 of 4 patients; without discovering on echo in 2 patients). The presence of a resting LVOTPG was in 2 HOCM patients (60 mmHg; 160 mmHg).

9. Radionuclide studies

Myocardial perfusion imaging (MPI on 99mTc-MIBI and 201TL) was taken in 15 patients with HCM. HCM was shown in 6 patients, myocardial ischemia in 5, and normal in 4.

10. The total results of cardiac function of left ventricle

① Systolic function of left ventricle: LVEF was assessed in 42 patients (40 patients by echo, 2 patients by LVG). A total results showed that LVEF was <50% in

4 (9.5%), LVEF was > 50% (60% ~ 80%) in 38 (90.5%); ② Diastolic function of left ventricle: 24 of 42 HCM patients received the examination of diastolic function. Decreased diastolic function was seen in 14 of 42 HCM patients with 3 methods; Echo showed A peak > E peak in 6 patients, Equilibrium-gated-cardial blood-pool methods (99mTC-RBCs) showed abnormal PFR (peak left ventricular diastolic filling rate) in 3 patients, LVG showed decreasing diastolic function of left ventricle in 5 patients.

11. A comparison of clinical findings between HOCM and HNOCM groups

13 patients were in HOCM group and 29 patients were in HNOCM group (table 4). ① More patients with syncope were in HOCM group than in HNOCM group (6/13 vs 2/29, $P < 0.05$); ② Patients with ejective murmur were in HOCM group only ($P < 0.01$); ③ LVOTPG only observed in HOCM group ($P < 0.01$).

Table 4 Comparison of clinical findings between HOCM and HNOCM groups

	HOCM ($n = 13$)	HNOCM ($n = 29$)	P value
age (yrs)	56.0 ± 15.5	52.3 ± 19.0	0.559
symptoms			
palpitation	9 (69.2%)	14 (48.3%)	0.173
dyspnea	7 (53.9%)	12 (41.4%)	0.453
syncope	6 (46.2%)	2 (6.7%)	0.006*
angina	7 (53.9%)	9 (31.0%)	0.227
heart failure (NYHA class IV)	3 (23.7%)	1 (3.5%)	0.086
murmurs (ejective)	10 (76.9%)	0	0.001*
LVOTPG	13 (100%)	0	0.001*
arrhythmias			
AF	4 (30.77%)	2 (7%)	0.172
VT	1	1	
systolic and diastolic dysfunction	3	1	0.086

* $P < 0.01$.

12. Electrophysiology test was received in 2 patients

Programmed electrical stimulation of the right ventricle apex induced ventricular tachycardia. SA-node (Sinus-atrial node) functions were normal in 2 patients.

13. Biochemical marker of AMI

CTn-I, serum enzymes (CK, MB fraction of CK) were at normal levels in 20 suspicions of CHD.

14. Severe complications

(1) Death cases: There were two deaths in our study. One female HOCM patient died of cerebro-embolism with bleeding, due to AF and heart failure. The other female with HOCM died of heart failure (NYHA class IV), AF-induced VT/VF.

(2) Severe arrhythmias: There were 3 patients with severe arrhythmias. One was the death case (VT/VF) listed above. The second VT patient was ApHCM. Cardioversion was successful. 6 patients had atrial fibrillation.

15. Diagnosis and misdiagnosis of HCM

Admission diagnosis was HCM in 10 out of 42 patients (10/42, 23.8%). There were 32 HCM patients (76.2%) with incorrect diagnosis, 28 out of 42 patients (66.7%) had misdiagnosis, and 4 out of 42 patients (9.5%) had losing diagnosis. Thus, CHD had the highest rate of misdiagnosis. There were 20 CHD patients (71.4%) among 28 patients with misdiagnosis. Hypertension was in 3, congenital heart in 2 pts., cerebro-embolism in 2 pts., and myocarditis in 1 pt. Losing diagnosis occurred in 4 pts. 4 patients hospitalized in department of surgery (for car accident and bone fractures), department of Chinese traditional medicine (for dizziness) and department of endocrine (for secondly hypothyroidism after surgery of thyroids).

16. Treatment

4 suspicions of CHD received nitrates and vasodilators therapy for one month, the general condition became worse. 4 HOCM patients with heart failure (class III) got timely treatment with digoxin, diuretics and ACE-inhibitors. The treatment of VT/VF and AF was given at the same time in 8 patients. Three chambers (left and right atrium and right ventricle) pacemaker was set up in one patient.

DISCUSSION

HCM has been established in diverse geographical areas, which suggest that is not limited to any particular locality[5,6]. The admitted prevalence of HCM in our hospital was approximately 0.03% (ranging 0.016% ~ 0.043%) per annum from 1995 to 2003 comparing to a study done from 1990 to 1994 year in Nanjing (China), where 168 subjects of HCM were new patients [7], Bijamason et al. reported that prevalence rate of HCM was 1.5/100 000 in 1982[8]. A large study conducted by Hada et al in Japan involving 12 000 adult workers revealed a prevalence of 0.3%[9]. In 1995 Maron et al published data from echocardiography studies on 4 111 individuals aged between 25 ~ 35 years and demonstrated a prevalence of 0.2%. HCM is one of the most common causes of sudden death in young athletes, annual mortality is approximately 1%[10,11]. Mortality of severe complication with HCM is listed in order as follows: ① Sudden death (0.7% mortality); ② Heart failure (0.5% mortality); ③ Embolic stroke (0.2%) mortality[12].

HCM is commonly transmitted genetically, but sporadic cases are also recognized. More recent studies have linked familial HCM to four important genes: the cardiac myosin heavy chain genes on chromosome 14, Cardiac TnT on chromosome 1, Alpha-tropomyosin on chromosome 15 and myosinbinding protein C on chromosome 11, in some but not all families, indicating genetic heterogeneity[13-16]. The presence of different diseases genes or mutations within a given gene may account for difference in the clinical expression of familial HCM. Various presentations often occur in different families or within the same family. We observed the following presentation in our study, in family A, 2 affected persons had ApHCM, but one had apical and septum hypertrophy of HCM. In family B, 3 affected persons had HOCM. In family C, the admission patient had right ventricle, IVS and apical hypertrophy, 2 affected persons had IVS hypertrophy. The reason is due to mutations in genes. HCM can be present at any age. Cases have been described in stillborn baby as well as in patients in their eighth decade of life. In our study there were more elderly HCM patients and few young HCM patients. The reasons of more elderly patients were considered as follows: ① Old patients (specially, the patients over 60 years of age) with morphologic and clinical features consistent with HCM have been reported [17]. In some of these patients, HCM may be well tolerated to particularly advanced ages (80 to 90 years and above) and therefore must be regarded as a condition compatible with normal longevity. ② The factor of genes: the causes of genes with normal longevity were showed above. ③ Clinical spectrum in the old: it is uncertain whether HCM in such old patients has the same genetic etiology as in other patients within the clinical spectrum. Moron showed that old patients had mild, uniform, LV wall thickening confined mainly to the septum, left ventricular wall thickness was usually ≤ 20 mm[18,19].

Syncope, chest pain (angina) and dyspnea were three prominent symptoms in HCM. Syncope is a very important symptom and the main point for the HCM diagnosis. Experts believe that syncope is also common and is typically post-exertion, when diastolic filling diminishes and outflow obstruction increases[20]. VT was a major cause of syncope, but other brady or tachy-arrhythmias may lead to syncope. If patients have episodes of syncope, HCM should be considered and echocardiography must be taken.

Experts have also believed that although ECG abnormalities occur in the majority of patients with HCM, no changes are specific to the disease. The ECG of HCM does not signify a pathological change as AMI does on ECG. Thus, ECG of HCM could not determine the diagnosis of HCM. Q wave looks a bit like a leaf of willow in HCM, which was quite different from that in AMI patients[21]. The prominent Q waves are easily distinguished from those of myocardial infarction because they rarely exceed 0.04 s (40 ms). The exact cause of the Q waves is not well understood. It is not entirely due to the distribution of ventricular hypertrophy as one thought but myocardial ischemia, abnormal septal activation (the septum within myocyte disarray) or an imbalance of forces resulting from septal hypertrophy relative to right anterior direction may account for the Q waves[22,23]. In our study there were 30 pts. with IVS hypertrophy or mix IVS hypertrophy, only 17 pts. had abnormal Q waves, so above explanations might be reasonable. With abnormal Q waves further tracking by echocardiography is of importance to discover the presence of HCM. Giant inverted T waves (>10 mm) are usually present with hypertrophy confined to the apex. In this study 8 pts. had apex hypertrophy, in 6 out of 8 pts. with inversion T waves ≥ 7 mm, giant inverted T waves (≥ 10 mm) was in 4 out of 6 pts., which was similar to reports of Yamaguchi[24]. Some studies showed giant inverted T waves presented in the leads of V_3-V_6, the deepest giant inverted T waves often occurred in the lead of V_4 ($T_{V_4} > T_{V_5} > T_{V_3}$)[25]. This presentation was seen in 4 ApHCM patients in this study. The mechanisms of giant inverted T waves responsible for ischemia in ApHCM are still unclear, although there is some evidence of a limitation in coronary flow reserve; some studies believed that might be related to diastolic dysfunction[26].

Clinical diagnosis of HCM relies on the demonstration of echocardiographic abnormalities, revealing left ventricular hypertrophy (asymmetric or symmetric), a small left ventricular cavity, high ejection fractions and impaired diastolic function.

When the interventricular septal (IVS) wall/posterior wall thickness ratio exceeds 1.5:1 or the myocardial thickness ≥ 15 mm, HCM with IVS hypertrophy can be diagnosed confidently. Majority of asymmetric hypertrophy are septal hypertrophy, the same results were seen in our study. The measurement of local hypertrophy is also very important for the diagnosis of HCM patients with non-IVS hypertrophy. Abnormal peak flow velocity (dagger shaped velocity waveform) on continuous wave Doppler across LVOT indicates the presence of LVOTPG. Color flow Doppler showed high velocities and turbulent flow in LVOT. Turbulent flow showed by multiple color flow results from the phenomenon "ejection-obstruction-regurgitation".

There is an entity of HCM that we have to pay attention to, which is ApHCM. It was reported by Yamaguchi in 1976[27]. A variant with predominant involvement of the apex is common in Japan and is estimated to present a quarter of Japanese HCM patients. 51% of ApHCM patients have been reported in Asia. There were no large-scale studies in China. Some studies showed that 2% ~ 5% of ApHCM patients among HCM patients in China[28]. TnI mutations might relate to the population of ApHCM[29]. Typical features include a characteristic spade-like configuration of the left ventricle during angiographic study (some of them do not demonstrate this abnormality). Life expectancy of this type, according to other lasting studies, is similar to normal people. But some studies showed that one third of ApHCM patients experience serious cardiovascular complication, such as myocardial infarction and arrhythmias.

HCM is called "great masquerader" of the disease, which indicated that the diagnosis of HCM is not easy. Because of mutations of genes, clinical findings with HCM may be mild, moderate or severe in different families, or in the same family. Coronary heart disease, essential hypertension, acute myocarditis and congenital heart disease may mimic HCM. Coronary heart disease (CHD) was the most common disease of misdiagnosis in our study. The following reasons should be considered. ① The age was >50 years in 24 patients; ② The chief complain in those HCM patients was chest pain (angina); ③ Q waves, depressed ST segment, deep and inverted T waves on ECG, which lead to the diagnosis as acute myocardial infarction (with Q waves or non-Q waves) or acute myocardial ischemia; ④ Myocardial perfusion imaging or MRI showed myocardial ischemia. Of course, myocardial ischemia maybe caused by HCM, causes are: ① Impaired vasodilator reserve; ② Abnormal intramural coronary arteries; ③ Increased oxygen demand (increased muscle mass); ④ Systolic compression of coronary arteries; ⑤ Elevated diastolic filling pressures.

In conclusions, to detect diagnostic clues of this genetic disease, history taking and physical examination should be carried out carefully with the aim at excluding other diseases and confirming HCM. Family history and sudden death history with HCM should be covered, which is a strong indication of HCM. Syncope episodes or unexplained exertion dyspnea, chest pain (angina) particularly in young patients. if there is narrow and deep Q waves likes leaves of willow, high voltage of either R wave or S wave in leads V_3-V_4 and inversion of giant T waves, echocardiography should be given. Echocardiography can confirm the diagnosis of HCM. CAG and LVG are necessary only if the result of echocardiography is negative, and the patient with suspected HCM. In general, it is unnecessary to use biopsy for patients with HCM. Samples of septal myocardium only demonstrate whorls of myocardial cells instead of the normal linear cellular array. In patient with atrial fibrillation and/or cerebro-embolism, echocardiography should be used routinely to assess the construction inside the heart, so that HCM or HCM with infective endocarditis may be detected. The goals of management of HCM are directed towards relief of symptoms, reduction the pressure gradient of LVOT at rest or with provocation, and prevention of endocarditis, arrhythmias, and the identification and treatment of individuals at risk of sudden death. High risk patients should be considered [30] and treatment in asymptomatic individuals is controversial, no conclusive evidence has been found that medical therapy is beneficial. All HCM's patients should avoid strenuous physical activity, including most competitive sports. It is suggested that the athletes with unequivocal HCM should be advice not to take part in most competitive events, regardless of symptoms or the presence of LVOT obstruction.

STUDY LIMITATION

More patients should continue to enter our study, and following-up study should be given. Anyway, this was a retrospective study. We believe that a prospective study will be better for further investigation. In this retrospective study, family history taking in HCM patients was incomplete and diastolic function of LV was observed incompletely on echocardiography.

REFERENCES:

[1] Bbaunwald E, Lambrew C T, Rockoff S D, et al. Idiopathic hypertrophic subaortic stensis. A description of the disease based upon the analysis of 64 patients. Circulation, 1963, 30 (4): 113 – 119.

[2][10] Maron B J, Gardin J M, Flack J M, et al. Prevalence of hypertrophic cardiomyopathy in a general population of young adults: Echocardiographic analysis of 4111 subjects in the cardia study. Circulation, 1995, 92: 785 – 789.

[3][5] Maron B J, Peterson E E, Maron M S, et al. Prevalence of hypertrophic cardiomyopathy in an outpatient population referred for echocardiographic study. Am J Cardiol, 1994, 73: 577 – 580.

[4][16] Maron B J, Tajik A J, Ruttenberg H D, et al. Hypertrophic cardiomyopathy in infants: clinical features and natural history. Circulation, 1982, 65: 7 – 17.

[6] Bagger J P, Baandrup U, Rasmussen K, et al. Cardiomyopathy in western Denmark. Br Heart J, 1984, 52: 327.

[7] Cardiomyopathy epidemiologic study cooperation group in Nanjing: The dynamic state of idiopathic cardiomyopathy in Nanking people. Nanjing: 1997: 108.

[8] Bijamason I, Jonsson S, Hardarson T. Mode of inheritance of hypertrophic cardiomyopathy in Iceland. Echocardiographic study. Br Heart J, 1982, 47: 122.

[9] Hada Y, Amano K, Yamaguchi T, et al. Prevalence of hypertrophic cardiomyopathy in a population of adult Japanese workers as detected by echocardiographic screen. Am J Cardiol, 1987, 59: 183.

[11][29] Maron B J. Hypertrophic cardiomyopathy: An up-to-date reviews. Lancet, 1997, 350: 127 – 133.

[12] Hu Dayi, Ma Changsheng. Cardiology practice-2001. Beijing: People's Medical Publishing House, 2001: 735.

[13] Fananapazir L, Epstein N D. Genotype-phenotype correlations in hypertrophic cardiomyopathy. Circulation, 1994, 89: 22.

[14] Watkins H, Mckenna W J, Thierfelder L, et al. The role of cardiac troponin T anda-tropomyosin mutations. N Engl J Med, 1995, 332: 1056.

[15] Marian A J, Roberts R. Molecular pathophsiology of cardiopathies. In: Sperelakis N (ed): Cardiac Physiology. San Diego, CA: Academic Press, 1999: 455.

[17] Ho C Y, Sweitzer N K, Donough M C, et al. Assessment of diastolic function with Doppler tissue imaging to predict genotype in preclinical hypertrophy myocardiopathy. Circulation,

2002, 105: 2997.

[18] Maron B J, Bonow R O, cannon R O, et al. Hypertrophic cardiomyopathy: Interation of clinical manifestations, pathophysiology, and therapy. N Engl J Med, 1987, 316: 789.

[19] Chikamori T, Doi Y L, Yonezawa Y, et al. Comparison of clinical features in patients ≥ 60 years of age to those ≤ 40 years of age with hypertrophic cardiomyopathy. Am J Cardiol, 1990, 66: 875 – 877.

[20] Mccully R B, Nishimura R A, Tajik A J, et al. Extent of clinical improvement after surgical treatment of hypertrophic obstructive cardiomyopathy. Circulation, 1996, 94: 467 – 471.

[21] Zhang Zhishou. Diagnosis and treatment of cardiomyopathy. Renmin military surgeon publishing company. Beijing: 2001: 71.

[22] Lemery R, Kleinebenne A, Nihoyannopoulos P, et al. Q-waves in hypertrophic cardiomyopathy in relation to the distribution and severity of right and left ventricular hypertrophy. J Am Coll Cardiol, 1990, 16: 368 – 374.

[23] Cosio F G, Moro C, Alonso M, et al. The Q-waves of hypertrophic cardiomyopathy. N Engl J Med, 1980, 302: 96 – 99.

[24] Yamaguchi H, Ishimura T, Nishiyama S, et al. Hypertrophic obstructive cardiomyopathy with giant negative T waves (apical hypertrophy): Ventriculographic and echocardiographic features in 30 patients. Am J Cardiol, 1979, 44: 401 – 412.

[25] Webb J G, Sasson Z, Rakowski H, et al. Apicalhypertrophic cardiomyopathy: Clincal follow-up and dianostic correlates. J Am Coll Cardiol, 1990, 15: 83 – 90.

[26] Ma Wenzhu, Zhang Jinan. Myocardial Diseases. Nanjing: Jiangsu Science and Technology Publishing Company, 2000: 97.

[27] Xu Yan, Fang Weihua. The clinical diagnosis of apical hypertrophic cardiomyopathy: A report with 13 cases. South China Journal of Cardiology, 2002, 8 (5): 321.

[28] Woo A, Rakowski H, Liew J, et al. Hypertrophy cardiomyopathy: Genotypic and phenotypic heterogeneity. Circulation, 2000, 102: 663 – 9.

[30] Elliott P M, Gimeno B, Mahon N G, et al. Sudden death in hypertrophic cardiomyopathy: Indentification of high risk patients. J Am Coll Cardiol, 2000, 36: 2212.

● 论著

非 ST 段抬高心肌梗死 216 例临床回顾性分析[*]

马尼什　周淑娴[**]　雷　娟　刘泽生

摘要　目的　分析 216 例非 ST 段抬高心肌梗死（NSTEMI）的临床特点。方法　采用回顾性分析方法，将 786 例急性心肌梗死连续病例分为 NSTEMI 组（216 例）及 ST 段抬高心肌梗死（STEMI）组（570 例），比较两组间的临床特点。结果　两组比较：①STEMI 患者数明显多于 NSTEMI 患者（$P<0.01$），比率是 2.6:1。②老年患者（≥65 岁）、无胸痛、原发性高血压、2 型糖尿病、脂质代谢紊乱、左主干冠脉病变患者以及漏诊在 NSTEMI 组显著高于 STEMI 组（$P<0.05$，$P<0.01$）。③CTnT≥3.0 ng/mL、接受冠脉造影检查、行经皮冠脉介入治疗或冠脉旁路移植治疗、LVEF≤55%、室壁瘤（30 d）患者在 STEMI 组显著高于 NSTEMI 组（$P<0.05$，$P<0.01$）。④吸烟、冠脉无明显病变、单支至三支病变、急性左心衰竭、心源性休克、室速/室颤、Ⅱ～Ⅲ度 AVB 及死亡两组间无统计学差异（P 均 >0.05）。⑤多元逐步回归分析显示恶性心律失常及年龄≥70 岁分别是影响 NSTEMI 死亡的重要因素。结论　NSTEMI 患者年龄大、危险因素多、左主干冠脉病变多、接受规范治疗少，并发症及死亡率与 STEMI 患者相似，因此 NSTEMI 是不可忽视的预后不良的严重疾病。不典型的胸痛及心电图改变容易漏诊、误诊。

关键词　心肌梗塞；心电描记术；回顾性研究

A Retrospective Clinical Analysis of 216 Patients with Non-ST Segment Elevation Myocardial Infarction

Pradhan Manish, Zhou Shuxian, Lei Juan, Liu Zesheng

Abstract: *Objectives*　To analyse the clinical characteristics of 216 patients with non-ST segment elevation myocardial infarction (NSTEMI). *Methods*　A retrospective analysis was performed.

---

[*]　本文原载于《中华临床医师杂志（电子版）》2008 年第 2 卷第 8 期第 892～899 页。

[**]　通讯作者：周淑娴，E-mail：zhoushuxian@yahoo.com.cn。

786 AMI patients during the same period grouped into STEMI group (570 patients) and NSTEMI group (216 patients). Clinical characteriatics in two groups were compared. *Results*　STEMI and NSTEMI patients compared in same time frame revealed：①Less admitted number of NSTEMI patients. ②More number of elderly patients, with no cheat pain, type 2 DM, hypertension, dyslipidemia, LMCA disease and loss diagnosis in NSTEMI patients. ③The number of CTnT ≥3.0 ng/mL, patients undergone CAG, PCI and CABG treatment, LVEF ≤ 55% and the number of aneurysm (30 days) were less significantly in NSTEMI patients. ④There exist no significant differences in smokers, less than 50% stenosis in any vessel, 1~3 vessel disease, acute left ventricle heart failure, cardiogenic shock, serious arrhythmia (ventricular tachycardia, ventricular fibrillation, Ⅱ~Ⅲ° AV block), deaths. ⑤The mulltivariate logistic regression analysis showed that death in NSTEMI was directly influenced by malignant arrhythmias and age≥70 years. *Conclusions*　Patients with NSTEMI were older, had more risk factors and presence more serious vessel disease, less number of patients could receive standard treatment. Complications and mortality were similar to STEMI. Thus, NSTEMI is a serious disease with poor prognosis. NSTEMI patients may present with atypical cheat pain, atypical ECG changes, so are easily loss diagnosed.

Key words：myocardial infarction, electrocardiography, retrospective studies

2000年，欧洲心脏病学会（European Society of Cardiology，ESC）与美国心脏病学院（The American College of Cardiology，ACC）继美国心脏病学院与美国心脏病学会（American Heart Association，AHA）后，提出急性冠状动脉综合征（acute coronary syndrome，ACS）的概念，引进心肌肌钙蛋白对急性心肌梗死（acute myocardial infarction，AMI）重新定义[1-2]。2000年ESC/ACC对ACS概念的提出是一个重要的里程碑，影响AMI的诊断、治疗与预后。ACS包括不稳定型心绞痛（UA）、非ST段抬高心肌梗死（non-ST segment elevation myocardial infarction，NSTEMI）、ST段抬高心肌梗死（ST segment elevation myocardial infarction，STEMI）。冠状动脉不稳定斑块破裂伴血栓形成是引起ACS最重要的原因。临床结果取决于斑块破裂及血栓形成的程度和速度。AMI是冠状动脉粥样硬化斑块破裂伴血栓形成引起血管阻塞，引起急性不可逆性心肌损害，AMI（STEMI/NSTEMI）是内科急症。

由于NSTEMI的诊断标准最近几年才提出来（NSTEMI白色血栓形成及冠脉不完全性阻塞；多见于老年人，表现为不典型的胸痛及心电图，容易漏诊；实际预后并不很理想），对NSTEMI系统深入的研究资料尚少，故对中山大学孙逸仙纪念医院住院的216例NSTEMI病例进行回顾性分析，其目的在于：①加强对NSTEMI深入认识与了解，减少本病的漏诊，指导今后NSTEMI的及时正确的诊断；②指导正确的治疗与减少 NSTEMI 的死亡率和致残率，改善预后。

一、对象和方法

1. 研究对象

对 2000 年 1 月至 2007 年 12 月在中山大学附属第二医院心内科住院的 786 例 AMI 连续病例进行回顾性研究。观察时间在 AMI 发生 30 d 内。

2. 研究方法

（1）分组：把 786 例 AMI 分为 NSTEMI 组（216 例）及 STEMI 组（570 例）。

（2）复习与收集资料：①一般资料。NSTEMI 及 STEMI 组均记录以下项目，患者姓名、年龄、性别，过去史包括心绞痛、心肌梗死、经皮冠状动脉介入治疗（PCI）或冠脉旁路移植术（CABG）史，原发性高血压、糖尿病、脂质代谢紊乱、吸烟史等，入院诊断、漏诊的疾病名称及住院的科别，主要的合并症（包括恶性心律失常、心力衰竭、心源性休克等），患者存活/死亡，死亡的主要原因。②症状与体征。症状包括胸痛、气促或晕厥等；体征包括进院时血压、呼吸、心率的首测值，心脏杂音、左心衰竭、右心衰竭及心源性休克及栓塞。③实验室及辅助检查。心肌损伤标志物，肌钙蛋白 T（CTnT）和肌钙蛋白 I（CTnI）的数值（记录首次及第 2 次检查的具体时间）及 CK-MB 测定结果；血生化；器械检查，记录 18 导联心电图、24 h 心电图（Holter）及心电监测、胸片、超声心动图（UCG）、冠状动脉造影（CAG）与左心室造影（LVG）的检查结果。④治疗。一是再灌注治疗，STEMI 患者记录静脉溶栓治疗人数、成功与不成功人数。分别记录 NSTEMI 与 STEMI 患者行 PCI 的人数、植入支架的种类与数量、PCI 时间与结果。二是药物治疗，分别记录常规应用药物，包括抗缺血治疗、抗血小板聚集、抗凝药物，β 受体阻滞剂，血管紧张素转化酶抑制剂，血管紧张素受体拮抗剂，调脂药物及抗心律失常药。三是非药物治疗，CABG、主动脉内球囊反搏术、临时或永久人工起搏器等。

3. 统计学处理

计数资料以率表示，使用 χ^2 检验，Fisher 精确检验。计量资料以均数±标准差（$\bar{x} \pm s$）表示，使用 t 检验。多变量分析使用 Logistic 回归分析，找出影响 30 d NSTEMI 死亡的重要参数，因变量（Y）为死亡；自变量：X_1 为年龄≥70 岁，X_2 为≥3 个危险因素，X_3 为 $V_1 \sim V_6$ 导联 ST 段压低≥2 mm，X_4 为急性左心衰竭，X_5 为心源性休克，X_6 为恶性心律失常，X_7 为 sCr 178 μmol/L，X_8 为

OMI 史。使用 Excel 作资料库，应用 SPSS 13.0 软件包行统计学分析，$P<0.05$ 表示差异有统计学意义。

二、结　果

1. 年龄和性别

216 例 NSTEMI 患者平均年龄（69±11）岁（36～95 岁），年龄≥65 岁 153 例（70.8%）；其中男 132 例（61.1%），女 84 例（38.9%），男∶女 = 1∶0.64；男性平均年龄（70±12）岁（36～95 岁），女性平均年龄（69±11）岁（40～86 岁）。

570 例 STEMI 平均年龄（60±14）岁（29～90 岁），年龄≥65 岁 295 例（51.8%）；其中男 393 例（68.9%），女 177 例（31.1%），男∶女 = 1∶0.45；男性平均年龄（57±10）岁（29～90 岁），女性平均年龄（61±11）岁（45～83 岁）。

2. 冠心病的危险因素

4 个传统危险因素包括 2 型糖尿病、原发性高血压、脂质代谢紊乱及吸烟史。216 例 NSTEMI 患者中 15 例（6.9%）无危险因素，58 例（26.9%）仅有 1 个危险因素，143 例（66.2%）有多于 1 个危险因素，其中 2 个危险因素 90 例（41.7%），3 个危险因素 45 例（20.8%），4 个危险因素 8 例（3.7%）。见表 1。

570 例 STEMI 患者中 45 例（7.9%）无危险因素，188 例（33.0%）仅有 1 个危险因素，337 例（59.1%）有多于 1 个危险因素，其中 2 个危险因素 199 例（34.9%），3 个危险因素 102 例（17.9%），4 个危险因素 36 例（6.3%）。见表 1。

3. 既往史

48 例（22.2%）NSTEMI 患者有陈旧性心肌梗死（OMI），22 例（10.2%）有稳定性心绞痛或不稳定性心绞痛，9 例（4.2%）曾行 PCI 术，无病例行 CABG 术。

69 例（12.1%）STEMI 患者有 OMI，89 例（15.6%）有稳定性心绞痛或不稳定性心绞痛，50 例（8.8%）曾行 PCI 术，8 例（1.4%）曾行 CABG 术。

4. 漏诊

216 例 NSTEMI 漏诊共 30 例（13.9%），其中 9 例仅诊断为慢性阻塞性肺疾病急性发作，4 例仅诊断为糖尿病（包括 1 例伴低血糖症），6 例仅诊断为脑卒中，1 例因胸痛诊断为带状疱疹，8 例因腹部不适诊断为胃肠道功能紊乱，均收入其他科。2 例手术后（疝术后 1 例，肾结石术后 1 例）腹部不适误为手术后腹痛。

570 例 STEMI 漏诊共 25 例（4.4%），其中 10 例诊断为胃肠道疾病，5 例诊断为脑卒中，5 例诊断为主动脉夹层，3 例诊断为支气管哮喘，2 例诊断为心脏神经症。

5．AMI 的诊断

（1）胸痛。216 例 NSTEMI 中 194 例（89.8%）有胸痛，22 例（10.2%）无胸痛。570 例 STEMI 中 547 例（96.0%）有胸痛，23 例（4.0%）无胸痛。

（2）心电图（ECG）的改变。216 例 NSTEMI 中 209 例（96.8%）有 ST-T 段改变，其中 205 例（94.9%）ECG 示 ST 段下移，4 例（1.9%）示 aVR 导联 ST 段上抬，其他导联 ST 段明显下移，209 例（96.8%）ECG 均示 T 波倒置，7 例（3.2%）ECG 示正常。570 例 STEMI 均示典型 ST 段抬高、病理 Q 波。

（3）血清心肌生化标志物。①CK-MB：216 例 NSTEMI 中 149 例（69.0%）CK-MB 水平≥2 倍增高，67 例（31.0%）CK-MB＜2 倍增高。570 例 STEMI 患者 CK-MB 水平均≥2 倍增高。②CTnI：205 例 NSTEMI 及 532 例 STEMI 行 CTnI 检查，均为阳性。③CTnT：184 例 NSTEMI 及 486 例 STEMI 患者行 CTnT 检查，全部患者 CTnT 均增高，26 例 NSTEMI（14.1%）CTnT≥3.0 ng/mL，362 例 STEMI（74.5%）CTnT≥3.0 ng/mL。

6．胸部 X 线检查

216 例 NSTEMI 中，肺水肿 11 例（5.1%），左心室增大 164 例（75.9%）。570 例 STEMI 中，肺水肿 54 例（9.5%），左心室增大 445 例（78.1%）。

7．UCG 检查

216 例 NSTEMI 中，82 例（38.0%）LVEF≤55%（25%～55%），134 例（62.0%）LVEF＞55%（56%～78%），136 例 30 d 复查，未发现室壁瘤形成病例。570 例 STEMI 中，257 例（45.1%）LVEF≤55%（22%～55%），313 例（54.9%）LVEF＞55%（56%～75%），299 例 30 d 复查，56 例室壁瘤形成。

8．CAG 及 LVG 检查

216 例 NSTEMI 患者中，160 例行 CAG 检查，153 例（95.6%）有单支或多支病变，多支病变患者（105 例）显著多于单支病变患者（48 例）（68.6% vs. 31.4%，$P<0.01$）。冠脉 100% 闭塞 43 例（26.9%），其中 30 例患者单支血管闭塞，13 例患者两支血管闭塞。LVG 结果：①LVEF：90 例（56.2%）正常（LVEF＞55%），70 例（43.8%）降低（LVEF≤55%）。②室壁瘤：32 例有 OMI 史的患者有室壁瘤。见表 1。

570 例 NSTEMI 患者中，513 例行 CAG 检查，502 例（97.9%）有单支或多支病变，多支病变患者（329 例）显著多于单支病变患者（173 例）（64.1% vs 33.7%，$P<0.01$）。CAG 发现病变冠脉 100% 闭塞 367 例（71.5%），其中 313 例患者单支血管闭塞，54 例患者两支血管闭塞。LVG 结果：①LVEF：170 例（33.1%）正常（LVEF>55%），343 例（66.9%）降低（LVEF≤55%）。②室壁瘤：92 例有室壁瘤。见表1。

表1 NSTEMI 与 STEMI 患者之间临床资料的比较　　　　　　　　　［例（%）］

组别	例数	≥65 岁	无胸痛	危险因素				CTnT ≥3.0 ng/mL	左心室造影 LVEF ≤55%
				高血压	2 型糖尿病	血脂异常	吸烟		
NSTEMI 组	216	153 (70.8)	22 (10.2)	158 (73.1)	65 (30.1)	153 (70.8)	110 (50.9)	26 (14.1)	70 (43.8)
STEMI 组	570	295 (51.8)	23 (4.0)	331 (58.1)	93 (16.3)	87 (15.3)	315 (55.3)	362 (74.5)	343 (66.9)
P 值		0.032	0.012	0.015	0.028	0.028	0.671	0.000	0.003

组别	冠脉造影					接受冠脉介入治疗	冠脉搭桥治疗	溶栓治疗
	无明显狭窄（<50%）	1 支血管病变	2 支血管病变	左主干病变	3 支血管病变			
NSTEMI 组	7 (4.4)	48 (30.0)	58 (36.3)	15 (9.4)	32 (20.0)	82 (51.3)	18 (8.3)	0
STEMI 组	11 (2.1)	173 (33.7)	210 (40.9)	18 (3.5)	95 (18.5)	396 (77.2)	91 (16.0)	96
P 值	0.208	0.980	0.164	0.010	0.985	0.001	0.018	

组别	并发症					漏诊	死亡
	急性左心衰	心源性休克	室速/室颤	Ⅱ～Ⅲ度房室传导阻滞	室壁瘤（30 d）		
NSTEMI 组	54 (25.0)	17 (7.9)	30 (13.9)	3 (1.4)	0	30 (13.9)	38 (17.6)
STEMI 组	186 (32.6)	41 (7.2)	68 (11.9)	18 (3.2)	56 (18.7)	25 (4.4)	74 (13.0)
P 值	0.275	1.000	1.000	0.057	0.000*	0.004	0.253

注：*Fisher 精确检验；NSTEMI 组和 STEMI 组接受 CTnT、左心室造影/冠脉造影/冠脉介入治疗、30 d 后超声检查室壁瘤的例数分别为 184 例和 486 例、160 例和 513 例、136 例和 299 例。

9. 合并症

216 例 NSTEMI 患者中，急性左心衰竭 54 例（25.0%），心源性休克 17 例（7.9%），恶性心律失常 30 例（13.9%），死亡 38 例（17.6%），30 d 内再发性心肌梗死 0 例。

570 例 STEMI 患者中，急性左心衰竭 186 例（32.6%），心源性休克 41 例（7.2%），恶性室性心律失常 68 例（11.9%），死亡 74 例（13.0%），30 d 内再发性心肌梗死 25 例。

10. 治疗

（1）药物治疗。除溶栓治疗外，两组的药物治疗包括低分子肝素、抗血小板药物、调脂药物、β受体阻滞剂、硝酸酯类药物、血管紧张素转化酶抑制剂或血管紧张素Ⅱ受体拮抗剂、抗心律失常药物均无明显差异。

（2）介入治疗。160 例行 CAG 检查的 NSTEMI 患者中，82 例行 PCI 治疗，未有患者行早期 PCI（48 h 内），共置支架 109 枚，其中金属裸支架 38 枚，药物支架 71 枚。3 例患者因心源性休克行主动脉内球囊反搏术，2 例患者使用临时人工心脏起搏器。513 例行 CAG 检查的 STEMI 患者中，396 例行 PCI 治疗，56 例患者行急诊 PCI，共置支架 589 枚，其中置入金属裸支架 118 枚，药物支架 471 枚。39 例患者因心源性休克行主动脉内球囊反搏术，26 例患者使用临时人工心脏起搏器，12 例安置永久人工心脏起搏器。

（3）CABG。18 例 NSTEMI 患者行 CABG 术，1 例患者术后死于心力衰竭。91 例 STEMI 患者行 CABG 术，3 例患者术后死于心力衰竭。

11. NSTEMI 与 STEMI 组的临床特点比较

（1）STEMI 患者数明显多于 NSTEMI 患者（$P<0.01$），比率是 2.6∶1。

（2）老年患者（≥65 岁）、无胸痛、原发性高血压、2 型糖尿病、脂质代谢紊乱、左主干冠脉病变患者，漏诊在 NSTEMI 组显著高于 STEMI 组（$P<0.05$，$P<0.01$）。

（3）CTnT≥3.0 ng/mL、接受 CAG 检查、行 PCI 及 CABG 治疗、LVEF≤55%、室壁瘤（30 d）患者在 STEMI 组显著高于 NSTEMI 组（$P<0.05$，$P<0.01$）。

（4）吸烟、冠脉无明显病变、单支至三支病变、急性左心衰竭、心源性休克、室速/室颤、Ⅱ～Ⅲ度 AVB 及死亡两组间无统计学意义（均 $P>0.05$）。见表 1。

12. 预后

住院 30 d 内死亡的 NSTEMI 患者共 38 例，其中 12 例≥65 岁；STEMI 患者死亡共 74 例，其中 48 例≥65 岁。

13. 多元逐步回归分析（multivariate logistic regression analysis）

多元逐步回归分析显示恶性心律失常（OR = 12.905 8，95% CI：0.843 0 ~ 0.969 1，$P = 0.007$）及年龄 ≥ 70 岁（OR = 0.913 1，95% CI：0.843 0 ~ 0.989 1，$P = 0.025 8$）分别是影响死亡的重要因素。

三、讨　论

自 2000 年至 2007 年，中山大学孙逸仙纪念医院共有 786 例 AMI 患者入院，NSTEMI 患者数少于 STEMI 患者，与其他研究相似。在美国健康保险公司的一项调查中，在 31 339 例入院 AMI 患者中，19 278 例（61.4%）为 STEMI，9 204 例（29.6%）为 NSTEMI[3]。CADILLAC 试验的 1 964 例患者，AMI 为 1 725 例（87.8%），NSTEMI 为 239 例（12.2%）[4]。

与 STEMI 组比较，NSTEMI 组老年患者较多，更多的患者伴有高血压、2 型糖尿病、脂质代谢紊乱以及左主干病变，单支、两支及三支病变与 STEMI 组比较无差异，然而，更多的有血管病变的患者拒绝或不宜行 CAG 检查、PCI 或 CABG 治疗，因此，这些患者没有得到指南中建议的规范治疗，可能是该组患者预后不良的原因之一。急性左心衰竭、心源性休克、恶性心律失常和 30 d 的死亡率两组间无明显差异，提示 NSTEMI 患者预后不良。许多研究发现，NSTEMI 患者 30 d 的死亡率并不低，30 d 至 1 年的死亡率甚至高于 STEMI[5,6]。Terkelsen 等[7]报道，UA/NSTEMI 30 d 的死亡或再梗死率为 15%。本研究结果与其他研究相似。

在本研究中，≥65 岁 NSTEMI 患者明显增多，多元回归分析显示恶性心律失常及年龄≥70 岁是影响死亡的两个重要原因。老年 NSTEMI 患者可能带来以下问题：

（1）容易漏诊：老年患者无胸痛者多，本研究也证实这一点。容易漏诊，延误治疗。

（2）复杂的疾病背景：冠心病往往不是单一疾病，常伴随其他疾病。在本研究中，老年患者常有糖尿病及其并发症、高血压、潜在的心力衰竭、慢性阻塞性肺疾病急性发作、脑血管意外（脑出血或脑梗死）及肾功能不全等。

（3）多支血管病变：多项研究显示，在 ≥70 岁患者中，两支病变、三支病变及左主干病变较多发。

（4）死亡率：由于以上的原因，年龄 ≥65 岁组的死亡人数较多，尤其是 ≥70 岁 的患者。老年患者是高危的人群。

本研究中有 30 例 NSTEMI 漏诊，较 STEMI 高，其原因为：①患者无胸痛；②过分重视其他伴发疾病；③非典型的心电图改变；④严重并发症掩盖；⑤发生在术后。

参考文献：

［1］ Myocardial infarction redefined-a consensus document of The Joint European Society of Cardiology/American College of Cardiology Committee for the redefinition of myocardial infarction. Eur Heart J, 2000, 21 (18): 1502 – 1513.

［2］ Ryan T J, Antnan E M, Brooks N H, et al. 1999 update: ACC/AHA Guidelines for the management of patients with acute myocardial infarction//Executive summary and recommendations: A report of the American College of Cardiology/American Heart Association task force on practice guidelines (Committee on Management of Acute Myocardial Infarction). Circulation, 1999, 100 (9): 1016 – 1030.

［3］ 陈绍良. 急性冠状动脉综合征：理论与实践最前沿. 沈阳：辽宁科学技术出版社，2005.

［4］ Cox D A, Stone G W, Grines C L, et al. Comparative early and late outcomes after primary percutaneous coronary intervention in ST-segment elevation and non-ST-segment elevation acute myocardial infarction (from the CADILLAC trial). Am J Cardial, 2006, 98 (3): 331 – 337.

［5］ Lindahl B, Diderhalm E, Lagerqvist B, et al. Mechanisms behind the prognostic value of troponin T in unstable coronary artery disease: a FRISC II substudy. J Am Coll Cardiol, 2001, 38 (4): 979 – 986.

［6］ Grian G W, Cannon C P, Blomkalns A L, et al. Practical implementation of the guidelines for unstable angina/non-ST-segment elevation myocardial infarction in the emergency department. Circulation, 2005, 111 (20): 2699 – 2710.

［7］ Terkelsen C J, Lassen J F, Norgaard B L, et al. Mortality rates in patients with ST-elevation vs non-ST-elevation acute myocardial infarction: observations from an unselected cohort. Eur Heart J, 2005, 26 (1): 18 – 26.

给我的泽生

黄宠瑶口述　朱素颖整理

泽生，你离开我已经4年了，这4年里，我一闭上眼，就看见你的样子，看见你在书架前翻书，看见你在电脑前敲字，看见你给我掖好被子，熄好灯，看见你走出房门还要回头对我笑，你的眼睛真大，真亮，真美，我一闭上眼就能看见。

泽生，你怎么能够这样狠心抛下我。也是，是我对不起你，我不该逼你去读医。还记得你17岁的那一天，一张餐台，你坐这头，我坐那头，我们都在哭。你的眼泪跟断了线的珠子一样，滚得我心疼，可我还是狠心不去看你。我多么希望你能去学医，继承你爸爸的事业啊，但你的理想是去北京攻读理科。我当时想，你还小，不懂选择人生道路，不懂父母的苦心，到底要怎么说你才会听呢？不知僵持了多久，你终于先站起来，一下掀翻了桌子，你用这样的方式来表达被迫服从的愤怒，但我当时并不理解。你说一定要你读医的话，就要离开广州，离开家。我也不够冷静，负气说："你觉得家庭不够温暖，那你就走。"结果你一走就是15年，湖南医学院毕业后还留在郴州当医生。这15年里，你可知道我有多后悔！你从小性情内向，光知道认真学习，从没离开过家，在外面能习惯吗？你去了湖南医学院后，来信里都是抱怨。"入学时同学们人人都在哭，只有我一滴眼泪都没有流过。"你爸爸当时在北京，来信怪我逼你，梁毅文教授也过来劝我，说是"女大女世界"，我应由着你选择。我终于也想通了，做父母的怎能强迫孩子去实现父母的理想，行行出状元，不做医生也可以有大出息。于是，我给你去了一封信，"知错难返悔莫及，伤心惨痛恨如何"，我是给你道歉了，真希望你能原谅我。

你在郴州当了10年医生后，总算回来了。我自觉无颜对你，但你一句"算了，就当我考不上中山医"，就将往事轻轻揭过。谢谢你的大度，泽生，从此我们母女再无心结。回到中山二院后，我发觉你真是爱上了这一行，对病人掏心掏肺，一心扑在事业上。你对你爸爸和我极为孝顺，可我总觉得，你对病人好，才能说明你有多好。每次有药商打电话来家里，你都摆摆手，告诉我不要听。有药商说要每个月给你3 000元，让你开药，你都说我绝对不会这样做，病人有病已经很困难了，不该开的药我绝对不会开。但逢有病人给你封红包，你都退回去，你说你如果要了死都不会安心。泽生，我的孩子，你知道我听到你这样说有多安慰，有多骄傲吗？这一点，你真像你的爸爸，难怪这么多孩子里，你爸爸最爱你。

　　我还记得你从小就很爱打扮成男孩子，别人见到我带着你和弟弟，还以为我有两个儿子。但是，有哪个父母不操心儿女的婚姻大事呢，你已到了谈婚论嫁的年龄，每天却不是顾着读书做学问，就是回医院看病人，三更半夜都要回去，我怎可能不着急。但是你既然回答我说"无心讲这些事"，我也就不再逼迫你。婚姻自由，既然你喜欢独身，那独身也是好的，天高海阔任鸟飞，只要你快乐我就快乐。

　　泽生，你走了已经4年了，在4年里，我每天起床，都恍惚看见你出门去"东方之珠"买早餐给我吃的样子。4年前，不知你是否感觉到自己时日无多，很频繁地去惠爱西路买豉油鸡，去太平馆买西餐回来给我吃，还带我去了很多次"白天鹅"吃自助餐。你一向节俭，对我和你爸爸却非常大方。你要我怎么念着你好呢，我的泽生，我现在一闭上眼就看见你的样子。

　　泽生，我今年已经100岁了，来见你的日子应该很快了，你走慢一点，等等我，来世我还要和你做母女！

　　黄宠瑶简介：刘世强教授的夫人，刘泽生教授的母亲。

我所认识的刘泽生教授

伍 卫

论辈分,刘泽生教授是我的师长;在工作,刘泽生教授是我的同事。无论是师长还是同事,刘泽生教授都给予了我非常大的帮助。她给我最深的印象是认真、细致、负责、严格、严谨。

刘泽生教授曾赴美国进修学习,基础理论知识扎实,英文也很好。回国后她主要在心电图室工作,同时也带研究生。由于她的严格与严谨,学生们都怕她,但又佩服她。她能从学生的角度出发,将临床与基础教学结合起来,而且学识渊博,因此,学生们都非常爱戴她。

我在2001—2004年曾经指导过一位外国留学生(临床医学硕士),他的非母语语言是法语,英语基础一般,不懂中文,在中山大学孙逸仙纪念医院(以下简称"中山二院")工作与学习时遇到很大困难。当时刘泽生教授主动提出帮我带学生。她手把手地教他如何分析病例、如何诊断与治疗,教他如何做临床研究、如何书写论文。有时候,我看到她在心电图办公室和学生一起讨论,很认真、很执着,特别感动。有了她的帮助,我减轻了负担,可以将更多精力放在心血管内科以及大内科的工作上。在她的严格要求和谆谆教导下,这位留学生不但顺利毕业,还考上了博士生,继续留在中国学习。当然,之后这位留学生也能说一口流利的汉语,让所有人都惊叹。这位学生对她也非常怀念,离开医院后还一直与她保持联系。

刘泽生教授个性倔强,眼里揉不得半点沙子,她觉得不恰当的事,总会毫不客气地指出。但是,对晚辈极为宽宏,很友善。退休后,刘泽生教授被科室返聘为教学督导。她对工作认真负责的风格仍历历在目。

当年学校考虑让我去中山大学附属第五医院(以下简称"中山五院")担任院长,但我舍不得离开中山二院,很多人也认为我不应该选择去中山五院。想不到的是,当我向刘泽生教授辞行时,她非常理解,并鼓励我说,在一个地方时间长了,人容易停滞不前,你应该跳出这个圈子去看世界,这样,你才会找到属于自己的世界。她在那一关键时刻发自内心的鼓励使我终生难忘。今天回过头去看，她的话无疑是正确的。

不熟悉刘教授的人，会觉得她性情太耿直，脾气太刚直。但熟悉她的人，会知道她是一个多么真性情的人。她的爱好广泛，品味高雅，无论文学、音乐还是艺术，都有自己的独到见解，经常在各类报纸杂志上发表散文作品。碰到对脾气的人可以滔滔不绝说上大半天，和她在一起聊天，就像遇见一部百科全书，问什么都能回答。我永远都忘不了刘泽生教授对我的帮助和鼓励。她对知识的追求，对真理的坚持，永远都值得我去学习。

伍卫简介：中山大学附属第五医院院长、教授、主任医师、博士生导师，目前担任中华医学会内科学分会委员，广东省医学会内科学分会主任委员，广东省医学会心血管病学分会副主任委员，广东省医学会心脏起搏与电生理学分会常委。

洗尽铅华始见真
——回忆刘泽生教授

刘品明

2013年7月,刘泽生教授生前藏书捐赠仪式刚刚完毕,大家就有一个共同的心愿,希望能够将收集到的刘泽生教授生前发表的各类文章集结成册,辅以各类回忆怀念的文字,以表达对逝者的感怀和敬重之情。

许多时候,我觉得我们这一辈人是幸运的。在怀揣梦想和信念初涉医学殿堂的时刻,我们得到了许多大师级前辈的言传身教和悉心指点。像梅伯英、张旭明、朱纯石、谷小鸣、刘泽生等诸位老师,他们毕业于不同的医学院校,有着不同的学术风格和精神气质,因而人人个性鲜明,魅力十足,春风化雨,润物无声。使得我们这些莘莘学子能有机会采众家之所长。

其中,如梅伯英教授,缅甸华侨的背景,20世纪50年代初岭南大学医学院的学生,毕业时步入新中国成立后第一次院系调整后的中山医学院。梅教授聪明睿智,临床悟性让人折服,查起房来总是言简意赅、直奔主题。那时候,我们的大内科学术氛围十分浓厚,仍活跃于临床工作的内科学精神领袖当属内分泌科的严棠教授,每周一次的大内科病例讨论是我们这些年轻医生不可或缺的节目。记得有一次又到了我们心内科出的病例,严棠教授恰好在场,潇洒的梅教授一般不出席这种场合,严教授独独问我们梅教授对这个病例持什么意见,可见严教授对梅教授的心血管临床功底的倚重和信任。张旭明教授是中山医学院的毕业生,也是我硕博连读的研究生导师,在我整个研究生就读的5年间,张教授一直担任着中山医科大学孙逸仙纪念医院(现为中山大学孙逸仙纪念医院)院长职务,我至今还能感受到张旭明老师当年为了医院发展,事必躬亲、任劳任怨的步伐;但在我们这些学生的心目中,他就是一位让人肃然起敬的学者,学术上一丝不苟、造诣很高。那时我们心内科的当家人是朱纯石教授,朱教授毕业于上海第二医学院,他在20世纪80年初期主编的由广东科技出版社出版的《人工心脏起搏和电复律》一书,是那个年代心血管领域的畅销书,也是全国各地许多心血管医生的案头书,很有学术影响。和朱教授同时步入医院,毕业于南京医学院的谷小鸣教授,是很典型的学院派教授。听他查房讲授非常受用,条理清楚、层次分明,对我们的考试加分往往有直接的帮助。

我刚进入临床研究生轮科阶段时，就已听说了心内科还有一位刘泽生教授，毕业于湖南医学院，是我们内科老前辈、著名的消化内科专家刘世强教授的女儿，彼时正在美国留学。我当时心里还很好奇，父女俩都是我们内科的教授，挺出彩的。

刘泽生教授从美国研修归来后就一直在中山大学孙逸仙纪念医院心电图室工作，我也是一年后在心电图室轮科时第一次接触到刘泽生教授并立刻领略到了她的真知灼见。记得我当时给一位中年男性住院患者做完心电图，见心电图申请单上只填写了慢性肾功能衰竭、长期接受血液透析治疗，此次因气促入院。我的印象是心电图显示窦性心律，其余看不出什么端倪。我将图送给审核报告的刘泽生教授，刘教授一边拿着分规测量着心电图，一边指导我如何来分析判断一份心电图。对于这份心电图，刘教授解释说，QT间期轻微延长，主要为ST段平直延长所致，左胸导联T波高耸状，升降两肢对称底部收窄，结合病史描述，符合低血钙伴高血钾的表现。刘教授很负责地让我第一时间向病房报告了我们的心电图判断，随后病房的急诊化验检查结果印证了刘教授的判断。

在一般人的眼里，刘泽生教授有些异样，永远是一副男式平头的装扮，总是习惯性地穿着一双军用胶鞋。刘泽生老师就是这样一个特立独行的人，她的外表也许是孤独的，在人群中话语不多，但她一旦和你熟络，话匣子一打开，言语谈吐之间，就很有几分豪爽和热情。我不止一次地体会到她对后辈的关心和扶掖。许多年前，我们科里收了一位来自北非的留学生，由于没有中文基础，这位留学生在学习和生活上倍感吃力，也陷入了深深的不安和焦虑当中。这时，刘泽生教授伸出了援手，耐心细致地开导他，在专业上辅导他。刘泽生教授知道我粗通法语，还特意交代我务必要去帮助辅导这位留学生。我当时想，刘泽生老师古道热肠，主动去帮助这位留学生，源于她十分了解一个年轻人为了事业前程来到一个完全陌生的国度所面临的困难，而这种困难或多或少也是我们在国外进修期间所经历的。

我对刘泽生教授的关注和熟悉还缘于和她父亲刘世强教授的结识。刘世强教授早年毕业于上海圣约翰大学，获医学博士学位，听许多内科前辈说他英文极好，临床功底非常扎实，是个真正的大家。记得20世纪80年代初出版的卫生部全国高等医学院校统编教材《内科学》和上海科学技术出版社出版的《中国医学百科全书·消化疾病分卷》等多部有广泛影响力的书籍中，消化系统疾病领域多处章节或词条的撰写，都有刘世强教授的署名。20世纪90年代，刘世强教授年事已高，患有慢性阻塞性肺病，时常住院治疗。刘世强教授出现在我们面前时虽是一位老年患者,但是腰板挺直,衣着得体,举手投足之间气度非凡,既威严又不失和蔼,一看就是受过旧式礼仪教育、修养极高的长者。那时,我是内科住院总医师,隔天值班24小时的工作让我和在监护病房住院的刘世强教授有了更多的接触。刘世强教授的病房就在我们中央监护台旁,他的病情时好时坏,状况好些时他会出来走走,倚着中央监护台注视着我们工作。一日傍晚,刚入院一位心律失常患者,该患者发作室上性心动过速,在急诊室静脉注射了10 mg异搏定,转复成窦性心律后收入了监护室。患者当时自我感觉还好,但中央监护仪上显示显著的窦性心动过缓、窦性停搏,持续了几十分钟。刘世强教授此时一直站在中央监护台的外围看着我们忙碌并注视着监护仪上该患者的心电变化,他突然问起我们的药物处理经过,当得知用了10 mg的异搏定时,刘世强教授表示剂量大了点,一般首次应用以5 mg为宜。我顿时就对刘世强教授的博学产生敬意。

还有一次我们在一起聊起了刘泽生教授。那是仲夏时节的一个夜晚,当时刘泽生老师第二次在美国进修,刘世强教授病房的空调有些不够力,高温难忍,但是老人家精神尚好,他和他夫人黄老师来到我们中央监护台旁,问候我们这些一线当班的医生护士。我那天恰好在一本心电生理专业杂志上读到刘泽生老师的学术文章,我将这个消息告诉了两位长者。黄老师听了很是兴奋,不停地讲述着刘泽生老师专业上如何努力,耕耘不懈,善于总结。谁知这时刘世强教授叹了一口气,说刘泽生不懂得与人相处。话音落下,好一会的寂静,我一时有些惶恐,不知所措,半天才晃过神来。后来我回想,这不就是听起来带有几分责怨却又充满父爱的话吗!天下父母都希望自己的儿女能够沿着自己期望的轨迹幸福成长,纵然是80岁的父亲和50岁女儿,心底里也会一直守望着这份期许。也许是刘世强教授觉得刘泽生老师的生活或工作在某些方面并不如他所愿,也许是刘世强教授已经预感到这是他生命的最后时光,女儿此刻还远在他乡,不仅让他心生牵挂,还为有可能见不到最后一面而心中泛起了一丝淡淡的忧伤。此后不久,刘世强教授驾鹤西去,以当时的通讯交通条件和经济水准,刘泽生老师没能够赶回来见她父亲最后一面。多年以后,刘泽生老师还对我当时的工作表示了感谢,并说她母亲一直记得我。

刘泽生教授是乐观的、热爱生活的。外表的孤独丝毫掩饰不住她丰富多彩的内心世界,这些总能体现在刘泽生教授的字里行间。刘泽生教授喜欢写作是出了名的。我经常在《广州日报》、《羊城晚报》的副刊园地读到刘泽生教授的杂文或随笔,包括叙述她在美国的见闻,如何在异国他乡度过圣诞。其中有一篇《何必算命》的杂文充满着人生哲理,令人印象深刻。文章大意是姑且不论算命是否科学,人生对于未来、对于命运就应该留点悬念和未知,这样才会拥有去努力、去拼搏、去奋斗的动力,何必算命。另外还指出,算命本身可能就有很强的暗示作用。比如,被算出60岁有个很大的坎,笃信者在60岁来临之际,往往日思夜寐,殚精竭虑,结果是惊魂失魄,一病不起,终于一头栽进"坎"里。刘泽生教授的这篇杂文透射出智者熠熠的思想光辉,世上本无事,庸人自扰之;也道出了"平生不做亏心事,半夜不怕鬼敲门"的朴素真谛。家财万贯,日食不过三餐;广厦千间,夜宿仅需六尺。读刘泽生教授的文章,总有一种力量和共鸣直抵人心。

对于我们来说,刘泽生老师最难能可贵的是对中山大学孙逸仙纪念医院岁月流逝积淀下来的史料与记录的梳理与考证,其中有多篇发表在《中华医史杂志》上,这是她贡献给我们医院的宝贵精神财富。我院是中国最早的西医院,创建于1835年,长期名为"博济医院",对外称作Canton Hospital。当时的晚清政府仍然实行海禁,广州作为全国对外贸易的唯一口岸,拥有"一口通商"的特殊地位,通过这一口岸,中国出产的茶叶、丝绸、瓷器等奢侈品在欧洲市场十分受欢迎,也使中国一直处于贸易顺差地位。英国政府为了扭转对华贸易逆差,开始向中国疯狂走私毒品鸦片,牟取暴利,也成为日后鸦片战争的导火索。另一方面,随着基督教的进一步传播和医学传教士的涌入,西学东渐,西医这棵树种就这样首先选择了广州扎根在中国的大地上。刘泽生教授在浩瀚庞杂的医学史料中不断寻觅,整理了晚清及民国初期博济医院的那些人与事,包括几度担任博济医院院长、曾是孙中山先生学医时的老师——美国人嘉约翰(John Glasgow Kerr);第一位从事西医临床实践与教学活动的中国人关韬;晚清时期"留美幼童之父"容闳的同窗同乡、苏格兰爱丁堡大学医学博士、博济医院(中山大学孙逸仙纪念医院的前身)第一任华人院长黄宽;19世纪末以优异成绩毕业于我院附设的南华医学堂后留院行医的中国西医界第一位女医生、广州西关小姐张竹君;民国期间长期担任我院院长的美国人、岭南大学医学院内科教授嘉惠霖(William Warder Cadbury);等等。这些旧年往事和故人,在刘泽生教授的笔下栩栩如生,跃然纸上。每一篇文稿都展现出内容翔实、形象丰富、耐人寻味的趣闻逸事,揭开了那段尘封已久的医学史话,极具文献价值,似陈年老酒,历久弥新。不仅如此,刘泽生教授对于广州的地方史志的研究也耗费了不少精力,如发表在《广东史志》上的《一本旧书 两代学人》就对我们身边的十三行有不少考证,从一个角度折射出了明末清初至民国时期广州的市井风情和文化变迁。刘泽生老师就是这样一位有着自由思想、人文情怀、史学观点和独立思考精神的医学教授。我在撰写这篇回忆短文的当下,眼前总是浮现出刘泽生教授在纪念碑下、在潮音街头、在医院斑驳的院墙旁行走思考的身影。她对这座穿越了3个世纪的院落倾注了两代学人的情怀,所以能够写出那些生动感人的真善美的文字。

又一次在睡梦中被来自医院的电话铃声唤醒,赶赴医院导管室时,同事林医生已经在手术台上工作了。一个大面积心肌梗死患者,心室颤动了好几回,均被我们电击除颤转复为窦性心律,闭塞的血管终于成功地开通了,患者转危为安。林医生还要护送患者回监护病房,跟进后续治疗。我们心内科人就是这样,一代又一代,像我们的前辈一样,脚踏实地,不断前行,掀开了新的一页。职业已经成为一种习惯,工作俨然是生命的一部分;病房、诊室和手术室是我们的主战场,做个战士在战斗,而敌人就是疾患与病魔。这就是我们的职业,这个职业也成就了我们的职业精神。虽然颈痛腰痛等职业伤病也渐渐缠上着我们这一代人,但我们无怨无悔;不管周遭的环境如何变幻,我们早已从容淡定,宠辱不惊。我驱车回家行驶在沿江路上,珠江夜色依然,微风拂过,猛然间惊觉已是第二天黎明了。我想起已向女儿承诺今年暑期全家人一定要外出旅游一趟。是的,趁着盛夏伏天,暂时逃离热浪滚滚的广州,找个世外桃源,度假疗伤。

(2014年6月)

(本文发表在《羊城晚报》2014年10月2日B2版,略有删改。)

刘品明简介:中山大学孙逸仙纪念医院心血管内科教授、主任医师、博士生导师、冠心病专科主任。

缅怀农工党优秀党员刘泽生教授

周力学

刘泽生教授是农工党中山大学基层委员会第三总支孙逸仙纪念医院支部成员，出生于医学世家，其父亲刘世强教授是中山大学孙逸仙纪念医院（以下简称"中山二院"）著名的消化内科专家，母亲黄宠瑶老师是中山二院药房退休技术员。在良好的家庭氛围的熏陶下，刘泽生教授将自己的一生全部贡献给了医疗卫生教育事业。她于1963年参加工作，1973年来中山二院工作，1992年晋升为内科主任医师，1996年加入中国农工民主党，2000年退休，2009年3月起任中山二院院史馆建设筹备小组顾问，2010年8月29日因病去世，享年70岁。

刘泽生教授严谨治学、热情待人。作为一名心血管内科医生，刘泽生教授医术精湛，医德高尚，善待病人；作为一名知识渊博的高级知识分子，她博览群书，学贯中西，精通古今；她还对中山二院的历史有着深厚的感情，研究并公开发表了大量的作品。在中山二院院史馆筹建期间，她不但提供了大量院史材料，还在考证、翻译等方面作出了巨大贡献。她生前酷爱读书，也收藏了大量的图书，涉及内科学、诊断学、文史、哲学、经济等领域，语种以中文、英文为主，此外还有日文等，其中有不少珍贵藏书。2013年7月29日，刘教授的母亲黄宠瑶老师按照女儿的遗愿，向医院捐赠了一批图书珍品共计600余册。在捐赠仪式上，与会代表纷纷高度评价了刘泽生教授在医学、史学方面的渊博知识和严谨的治学态度，追忆了她悉心指导学生等方面的点滴往事，并表达了对刘泽生教授深深的思念之情，相信这些藏书进入图书馆以后，将极大地丰富中山二院图书馆的书籍藏品，发挥其更大的作用。

在农工党中山大学基层委员会孙逸仙纪念医院支部的36名党员中，刘泽生教授是一位德高望重的老党员，深受支部成员爱戴。刘教授为人低调，无私奉献，默默耕耘，淡泊名利。她在政治思想上时刻与中国共产党保持一致，积极参加农工党的各项组织活动，按时交纳党费，遵守党纪，处处维护党的荣誉，成为农工党年轻党员的表率。刘教授甘当人梯，积极扶持年轻党员干部的成长，识大体、顾大局，为支部的组织建设作出了重要贡献。

刘泽生教授爱院如家、以中山二院的悠久历史传承为荣，并为此无私奉献了自己的毕生精力。她多年来一直细心搜集关于院史的各种资料，并发现了不少有意思的往事。也正因为如此，刘泽生教授被医院的同事们尊敬地誉为我院的"活史书"。

1. 关于我院最早原址的探究

1835年正是鸦片战争发生前夕，美国人伯驾为达到宣传宗教的目的，在广州十三行总商伍敦元的赞助下，于当年11月4日在广州新豆栏街丰泰行第七号（即今十八甫一带，原址已被毁）以每年500元的价格租了一间房子，开创了一所眼科医局，想以医疗手段来接近中国人，这是中国第一家西医院。在随后的几年里，这所眼科医局施行了中国首例西医手术——膀胱取石术，此后又施行了乙醚麻醉术、氯仿麻醉术、病理解剖术，每一个手术都开创了当时中国医学史的先河。由于当时还没有相机，于是伯驾请十三行商业画家啉呱帮忙制作教学挂图，这些挂图和很多当时的手术器械，到现在还保存着。第二次鸦片战争爆发后，医院迁至谷埠（今仁济路）并更名为博济医院，这是晚清最著名的西医院，也成了中国最早的医学学堂。

2. 关于博济医院3位名人的历史记载与解析

（1）留下病历但从未与医生见过面的林则徐。这张由该院创始人伯驾为当时的钦差大臣、前湖广总督林则徐亲笔记录的病历卡编号为"6565"，上面记载着当时林则徐身患疝病。伯驾认为，"从医学上看，这个病案没有值得可以引起兴趣的地方，事实上，这位病人我也从来没有见到过……"。林则徐通过当时的南海知事和高级行商向伯驾索取"治疗疝病的药品"，并要求送他一副"疝带"。不过"疝带"的第一次使用必须由外科医生亲自为病人托绑，林则徐最终找到一位用"疝带"治愈的老同僚，由其到伯驾处替自己带一副并指导使用……。病历卡上记录，疝带送给林则徐后，他的健康状况良好，只有当其咳嗽时，肚子上的东西才比较容易滑落。这段关于林则徐治病的逸事，无疑极为生动地反映了他的个性。刘泽生说，按照史料追踪，林则徐在看病之外，其实更大的目的是想通过自己的幕僚和行商去打探医局以及十三行一带的虚实，摸清这些外国人来华的目的。这位著名历史人物在这家医院发生的故事，被打上了鲜明的时代印记。

（2）英语流利获准免费入院求学的孙中山。刘泽生曾告诉采访她的记者，1883年，孙中山从檀香山求学归来后回到家乡香山翠亨村，靠亲戚资助生活。后来和陆皓东在乡下打碎神佛，在乡下呆不下去了，亲戚也不再提供资助，就来到了广州。他在沿江路上逛街时遇到了当时博济医院的院长嘉约翰，由于他的英语流利，加上在香港认识的喜嘉理牧师引荐，嘉约翰对其印象很好，邀请他进入博济医学堂求学,并为其减免了学费,让他在医院兼职做翻译工作。刘泽生说,当时在博济医学堂求学的孙中山,还留下不少故事,至今仍在流传——年轻时中文不太好的他在宿舍里放置了全套"二十四史",同学们都以为他只是作为摆设而已,故意考问他其中的内容,谁知他竟然对答如流,让同学们惊叹不已。

(3)博济医学堂第一位女学生张竹君。在博济医学堂的学生中,"西关小姐"张竹君是首位在此求学的女生。院方至今还保留着张竹君的求学记录,记录显示她于1897年入学,1900年以优等生的成绩毕业。刘泽生曾经查阅过张竹君的生平资料,1879年张竹君出生于西关的一个显宦之家,约在七八岁时患严重的脑病、半身瘫痪,当时的中医名医均束手无策。最后是西医治好了她的病。以后,这位巾帼在武昌起义爆发后,迅速组织中国赤十字会救护队,并让黄兴夫妇乔装成救护队员,避过清兵追捕到达武昌。她自己随即也投入枪林弹雨的战场救护伤员,因而被誉为"中国第一个南丁格尔"。

…………

尊敬的刘泽生教授离开我们已经整整4年了,但我们对她记忆犹新,往事历历在目,就像发生在昨日。我们长久地、深深地沉浸在对良师益友的缅怀中,并送去浓浓的、绵绵的对自己同党故人的真诚告慰。

周力学简介:中山大学孙逸仙纪念医院妇产科教授、超声专科主任、农工党中山大学第三总支副主委。

怀念刘泽生教授

刘尚礼

其实我认识刘泽生教授是从认识刘世强教授开始的。

刘世强教授是我国著名的消化内科专家,与我国消化病学的创始人陈国桢教授是好搭档,他们同为我国第一批博士生导师。刘世强教授为人亲切,低调谦和,没有任何大医学家的架子,我受他影响颇多。一个偶然的机会下,我认识了他的女儿刘泽生教授。她与她的爸爸相貌极为相似,风格却完全不同,刘世强教授外表斯文儒雅,刘泽生教授却一直梳着20世纪50年代流行的"卓娅"头,穿着打扮非常男性化,像个"女汉子"。

真正接触后,刘泽生教授留给了我非常良好的印象。她热情有礼貌,学识极为渊博。除了对她的专业心血管内科特别是心电起搏方面有深入的研究之外,她还关注人文、历史、地理等各方面的信息。她对中山大学孙逸仙纪念医院(以下简称"中山二院")的院史颇有研究,发表过很多关于中山二院院史的重要文章,如《晚清博济医院的杰出学生》、《中国近代第一位西医生——关韬》等,将我们医院的历史娓娓道来,文风亦如其人,质朴而高贵,热情而淡雅。她对中山二院的这份情怀正好填补了我们对自己医院宝贵历史财富认识不足的缺陷。

某天,我突然从其妹刘泽恩处得知了她身患重病已离世的消息,感到非常难过。她的形象至今仍不时浮现在我的脑海里。我十分怀念中山二院这样一位杰出的老专家、老前辈!

刘尚礼简介:我国著名骨外科专家,原中山医学院第一位外科博士生,国家教育委员会"科技进步一等奖"获得者,曾任中山大学孙逸仙纪念医院党委书记。

怀念我的导师刘泽生教授

阳跃宗

　　从中山医科大学硕士研究生毕业，一晃 25 周年了，回忆读书的日子，昔时老师的亲切教导，同学间的真挚友谊，仍历历在目，勾起了我无尽的回忆……

　　我是 1986 年秋季入学的，据说当时我们这届硕士研究生是"文革"后中山医科大学孙逸仙纪念医院（以下简称"中山二院"）内科学心血管病学专业招收的第一批学生，领导和导师都非常重视。与我同届的有伍卫同学、吕斐同学，现在他们都是在本专业上卓有建树的优秀专家了。入学的第一年我们住在学校本部，上一些基础理论课，诸如英语、医学统计学、临床药理学、马列主义理论之类的学科。第二学年转入临床，我来到中山二院，住在医院临江的大楼。每晚珠江上来往航船机器的轰鸣声及汽笛声，伴我在中山二院度过了大约两年的时光。

　　我读的是内科学临床硕士研究生，主要有两大任务：一是临床方面，在内科各临床学科学习、轮转、值班。当时我们每到一个科室都要值一线班，不像现在的研究生，毕业了没有执照都不能值班。我们是和科室的在职医师共同轮转值班的，中山二院内科各系统我基本上都轮转过，由此我也学到了很多很好的临床技能，心包穿刺术就是朱纯石教授、许香广老师亲自带我做的。在轮转过程中认识了中山二院一些著名的教授，如消化内科的袁仕珍教授、刘世强教授，内分泌科的付祖植教授等。我属于心血管内科专业组，我们的导师有梅伯英教授、朱纯石教授、张旭明教授、谷小鸣教授。他们对我学习上的进步，给予了很大的帮助。

　　研究生的第二大任务就是学习撰写论文，记得导师组曾专门开会讨论，安排具体的指导老师辅导我们如何撰写论文。由此，我认识了我的指导老师刘泽生教授，她当时好像刚从国外进修回来，在心电图室工作。记得我第一次到心电图室找她，她当时四五十岁，给我的第一印象是严肃认真，极富学者风范。在她的指导下，我初步定下了毕业论文的大纲，并着手收集资料，撰写论文。

　　刘教授的治学风格是非常认真严谨的，就像我所认识的大多数中山二院的教授一样，对待学术问题，从来都是认认真真、一丝不苟、实事求是的，这也是著名大学的传承风范。我的研究生论文课题是"急性心肌梗塞（当时'心梗'还叫'梗塞',现在称'梗死')后 Q-Tc 间期意义的评价"。专业内人士都知道,Q-Tc 间期的临床研究,近一二十年来一直是心血管内科、心电生理学方面的研究热点,而当时对 Q-Tc 的研究国内外还处于初级阶段。在刘教授的指导下,我翻阅了中山二院心电图室十多年来数百份急性心梗的心电图资料,并做了详细的记录,在此基础上撰写论文。在对资料进行统计学处理的过程中,刘教授还要我专程到学校统计学教研室,请教统计学教研室的老师以确定所用统计学方法、资料是否正确,由此可见其治学态度之严谨。在撰写论文过程中,老师和我对文章逐字逐句进行修改,且数易其稿,力求精益求精,最后终于完成了该论文课题的撰写,我也顺利通过毕业论文答辩。该论文刊登在 1989 年 6 月出版的《第四届广东省心血管病学术会议论文摘要汇编》一书中。

在刘教授及各位心内科专家教授的教导下,我得以顺利完成学业。3 年的研究生学习生活,对我今后无论临床工作还是生活都产生了深刻的影响,是我毕生的精神财富和物质财富。

刘泽生教授虽然已离我们而去,但我们会在心中永远地怀念她……

阳跃宗简介:中山医科大学 1986 级硕士研究生,桂林医学院附属医院心血管内科科主任、副教授、副主任医师、硕士生导师。

忆刘泽生教授

李 健

近日,中山大学孙逸仙纪念医院说写些东西纪念刘泽生教授,经这一提醒,我心头一震,感觉刘教授确实是离开了我们。静下来想想,除了在心里依然存在着对她的感激之情外,几乎没有什么方式可表露自己的心声。因此,欣然接受了这样的召集,也感谢医院领导为我们提供了这样的机会。借此机会,回忆和刘泽生教授相处的点点滴滴。刘教授个头不高,人很精神利落,说话语速快,总是面带笑容,给人亲切感。虽然刘教授已离开我们,但她的音容笑貌仍然经常浮现在我的脑海中。以下摘取几件最难忘的事情,再次好好品味刘教授教我如何做人和做事。

刘教授强烈的求知欲望,教会我如何吸取知识,提高临床水平。在我刚进入中山医科大学读医学临床研究生时,刘教授叫我到她的办公室,从抽屉里拿出一张纸,上面写着十几本经典的和最新的中、英文专业书名,告诉我这是根据我们专业特点精心挑选的书,希望我利用休息时间读完这些书;还提出哪几本需要精读,要随时写出阅读体会的要求,使我加深了对专业知识的理解和掌握。每当有新的临床指南发布,刘教授总是第一时间和我讨论新指南的变化与要求,强调临床诊断需以指南为依据。她培养了我大量阅读专业书和及时跟进医学发展信息的习惯。持续的专业理论的学习为我提高临床水平打下了坚实的基础。

刘教授教会了我做医生的态度。记得在我准备进入中山大学孙逸仙纪念医院临床实习的前一天,刘老师找我认真地谈了一次话,告诉我要踏实地当医生,凡事不能弄虚作假。刘老师一直教导我,做医生首先是要医德好,实事求是地做事,弄虚作假不但会害了病人,还会害了自己。

刘教授教会我虚心做人。她经常告诫我,到每一个科室轮科,作为一个年轻医生都要虚心向每位老师请教学习。不同科室的医生都有他们的专长,谦虚地向他们学习,不仅可以更好地学到各个专科的临床知识,还有利于突破自己作为心血管专科医生的临床诊断局限性。在我毕业之后多年的临床工作中,刘教授关于虚心做人的教导一直铭刻我心,令我受益匪浅。

刘教授教会我认真做事的态度。她常说："做每一件事都要认真，力争做好。"我在撰写学位论文阶段，她认真地和我讨论课题选题，教我如何进行实验设计、撰写研究综述和论文。我深刻地记得她逐字逐句地修改毕业论文的场景：几十页的论文稿子被老师用红笔修改了许多，对用词的准确恰当、文献引用的精准，都有相当高的要求，甚至对标点符号都一再推敲修改，并在空白的地方字迹工整地补充了很多内容。修改后还给我讲解为什么要这样表达，为什么要这样修改，直到与我讨论达成共识后才算完成。之后又反复修改了4次才最终定稿。这么多年过去了，我搬了几次家，扔掉了不少书籍，但这5次毕业论文修改稿都存放在我的书柜里，不舍得扔掉。这是刘教授一丝不苟、精益求精做学问的精神和耐心育人的见证。

刘教授也教会了我豁达的生活态度。记得临近毕业分配时，每个学生都在忙着毕业答辩和找工作，心态上也容易焦躁不安。刘教授关切地和我分析面试医院的现状和我将来发展的可能。为了帮助我解压，她告诉我一句话："人的一生有很多机会，得——不用太高兴，失——也无需太失落。"这些豁达朴素的言语都对我影响深远。

感谢刘教授的精心培养和言传身教，教会了我那么多做人、做事、做学问的道理。我现在继续从事医生的职业，同时也在教书育人。我会继续铭记恩师的教诲，发扬"中山医"的精神，用心做事，用心做人。

李健简介：广东省中医院ICU主任、教授、主任医师、硕士生导师，广东省医师协会中西医结合医师分会委员兼秘书，广东省中西医结合学会危重病医学专业委员会委员。

忆刘泽生教授

钟桃娟

那年,我轮转到中山大学孙逸仙纪念医院心电图室学习,每当看到刘泽生教授表情严肃、不苟言笑的样子,我就会有些"胆怯"。想起有一次,大家围着刘教授,眼睛盯着那份有争议的心电图,竖起耳朵认真听刘教授讲解,刘教授讲了很久,仍不厌其烦,直至我们完全明白。那一刻,我被刘教授的渊博学识及分析问题时的从容与游刃有余所折服;而刘教授教育后辈的热情,令我倍感温暖,更令我肃然起敬。

在我准备论文答辩期间,刘教授向我伸出援助之手,教我如何制作和讲解每一张幻灯片。刘教授一遍又一遍耐心的教导,启发了我的思路,使我满怀信心,顺利通过了论文答辩。刘教授在我读书期间对我殷切的关怀、不倦的教诲和无私的帮助,我将永铭于心。刘教授医德高尚、严谨治学、无私奉献,为我树立了良好的榜样,使我终身受益。

钟桃娟简介:中山大学中山医学院2002届临床心血管内科硕士生、澳门镜湖医院心内科医生。

忆刘教授

哈 飞

刘教授已去了另外的一个世界好多年了,但刘教授的音容笑貌就像昨天一样清晰。每当想起刘教授,眼泪就会模糊我的视线,我的思绪又回到了十几年前的时光。

记得那时我刚刚来到中国,语言不通,遇到很多困难和问题,又很思念家人,还有不同的生活习惯,不同的社会文化环境的问题,等等。幸好有中山大学孙逸仙纪念医院的老师、同学们,给了我很多帮助。我的导师伍卫教授除了在学习上指导我以外,在生活上也给了我很多帮助,还特意介绍刘教授来带我一段时间。因为刘教授年轻时在美国留过学,所以刘教授很能体会到我在异国的困难处境和遇到的问题。在学习方面,刘教授除了用英语来辅导我,还在适应社会、生活等方面给予我很大的帮助。刘教授不仅是一个学习上的老师,更像是一个朋友、家人。有刘教授在我身边,我就很有安全感,感觉有了依靠。因为我知道刘教授希望我在学习方面取得更大进步,也希望我开心快乐地生活。

刘教授去世以后,我感觉生活好像失去了一部分。我很怀念她。刘教授,不管您在哪里,我都希望您开心,我知道的,您会在那边一直看护着我们。刘教授,您就像天使一样,无论我在哪里仰望天空,都会看到您在对着我微笑。

哈飞简介:阿尔及利亚留学生。

怀念我的同学刘泽生

齐涤光口述　朱素颖整理

　　刘泽生是我的本科同学，她非常聪明，又爱看书，学习极其认真，是我们当中的"学霸"。尽管我们离开学校已经50多年了，但她刻苦的精神、渊博的知识、善良的心地还在我的脑海里熠熠发光。

　　1957年，大学招生开始紧缩，全国当年只招考10.7万人，考上的应届高中生都是尖子生。刘泽生更是我们那一届的佼佼者。她在学习上很是认真用功，我至今仍然记忆犹新。

　　解剖学是一门难啃的学科，难学、难懂、难记，各种组织、器官、骨骼、肌肉、血管、神经非常繁杂，同学们的学习劲头普遍不足。刘泽生却学得非常细致，连每一条肌肉的起止点都弄懂记熟。有同学劝她说："老师也只是抽查某些重点，你不用学得这么细的。"但刘泽生说："不知道就是不知道，就算考试侥幸过了，有一点我没记住，还是说明我不合格。"

　　她的医学笔记更是让我们叹为观止。她的笔记里不仅仅是老师讲课内容的简单记录，每一个知识点，她都到图书馆里查找相关书籍，再结合教材，做出自己的理解记录。医学教材极厚，动辄八九百页，很多同学看一遍都耗时漫长，更不用说烂熟于心了。但经过刘泽生的重新阐释，很多课本上晦涩难懂的东西，都变得清晰明了，于是，刘泽生的医学笔记就成了同学们的抢手货，绝大部分同学都借过她的笔记，当作范本来学习。她也从不藏私，非常乐意与同学们分享。

　　我们那时学的第一外语都是俄语，刘泽生也一样，英语基础几乎为零。但上了大学后，她发现学医要研读外国书籍，而那些书多数由英文书写，医学里的药物、仪器等很多缩写、用法也是英文的，所以，尽管学校没有要求，刘泽生还是开始了艰苦的英语学习历程。到毕业时，她的英语读写都已经没有大问题，而据我所知，这在我们的同学里，是寥寥无几的。

　　刘泽生这样地勤于学习、善于学习，所以知识面极广，天空飞的小鸟和飞机、水里游的鱼虾和舰艇，天文、地理、军事、生物、人文、历史……似乎没有她不知道的，聊起天来她什么都懂，更不用说人人都喜爱的文学作品了，国内作家的、国外作家的、古典主义的、现代主义的、浪漫主义的、现实主义的，她都如数家珍，见解还非常有深度，常常让我们大开眼界，我们都喜欢与她一起聊天。

刘泽生家境优越，生活却非常朴素，为人也非常低调，她的父亲是那么有名气的大教授，我们却从来没有听她提起过。据见过她兄弟的同学回忆，她的兄弟总是阔少爷打扮，可她就一直是简单的衬衣和裤子，短短的男孩子样的头发，在同学当中毫不起眼。我们读书时年代特殊，1957年正是"反右"运动的开始，可是刘泽生从来没有当面或背后说过任何同学的不是，也因此和同学们的关系非常好，这在今天看来是多么宝贵的正直善良的品质！

50多年过去了，我们当初的青丝全变成了白发，但刘泽生的形象一直都被我们深深地保留在心底。突然听见她去世的消息，我们非常难过。想必她还有许多对知识的追求没有实现。但她还是给这个世界留下了自己的印记，她的努力、她的作为、她的理想、她的感情都已不可磨灭，我们深深地为这样一名同学感到骄傲！

齐涤光简介：教授、主任医师，湖南医学院医疗系本科1957级12班班长，历任湖南省益阳市中心医院院长，湖南省儿童医院院长，湖南省人民医院院长、党委书记。

我的好同事刘泽生

曾道明

刘泽生教授曾是我的同事，与我一起在湖南省郴州地区人民医院内科并肩作战整整 10 个年头。如今回想起与她一起工作生活的点点滴滴，我总是思绪万千。

她是 1963 年来到郴州地区人民医院的，我那时已开始留意这个内向的女孩。她不爱表现自己，衣着简单朴素，总是一副与世无争的样子，什么都不争不抢，安静地做好自己的分内事。而且为人非常正直，绝对不会耍阴谋诡计，不会去搞三搞四，作为科室负责人，我非常喜欢这样的搭档。

名利她不争，学习却是极其努力，那时大家英语水平都很一般，但是刘泽生的英语很好，阅读英文材料没有障碍。有一天闲聊时，我赞扬她英文水平高，她才对我说，她是把别人搞运动的时间用来学英文的。她的字也写得非常漂亮，看得出是花了大功夫练过的。她把认真执着也带到工作中来，遇到患有疑难杂症的病人，她总是一丝不苟地翻查文献，仔细琢磨，绝不轻率地下结论，对病人特别负责，所以那时她的病人非常多。

刘泽生喜欢打扮成男孩子，我有一次忍不住问她，为什么总是不爱红装爱男装，她回答说是不愿意恋爱，觉得感情婚姻难成功。我看她平时粗线条，想不到也有如此多愁善感的一面。不过，她这个男孩子打扮，也为她带来不少麻烦。20 世纪六七十年代出差时，住宿是不需付钱的，凭介绍信就可以入住，同一间房也可以有好几个不相识的人一起住。有一次刘泽生出差时，服务员看她是男人发型，没细看她的身份登记上的性别，便自作主张把一位男同志安排到她的房间。后来趁那位男同志出去，刘泽生便把他的行李都扔出房外。这时，服务员才发现她原来是女儿身，向她道歉。相处久了，她那年轻人的可爱可亲总是让我忍俊不禁。

我非常怀念我的好同事、好搭档刘泽生。她的耿直、热诚与善良，她对病人的责任与爱心，对学问对工作的不懈追求，我今生都难以忘怀。

曾道明简介：中山医学院 1955 届学生，曾任湖南省郴州地区人民医院心血管科主任，广东省江门市人民医院心血管科主任。

附：刘泽生教授给友人曾道明教授的一封信

曾医生：您好！

我现在在北京友人家中给您写这封信。因为我考上了 1985 年世界卫生组织出国进修生，准备赴美学习。8 号我就离开北京，乘飞机取道美国旧金山去费城。在去国前夕，我想我很应该给您写这封信。

记得 1963 年的秋天，我诚惶诚恐地到了湖南省郴州专区人民医院，虽说在学校我的学习成绩优秀，但到实际临床中依然很困难。记得第一次值夜班就遇上一个金黄色葡萄球菌败血症中毒性休克的患者，你一直陪着我处理完毕后才回宿舍，其时已是深夜。这一印象，历历难忘。现在我虽然也叫做主治医师了，我对待下级医生的医嘱及处理也决不放松。当然有时我也想偷懒，但我总想到您的榜样，那时我常捧着心电图机随你跑，但那时的条件实在太差了，地线不好接，常常干扰，费九牛二虎之力才作出一幅心电图，不过，我还是满怀喜悦的。今天我去进修的题目是心律失常，我想我有这样的兴趣也与当年一起与您工作有关。

在生活中，也常蒙您照顾。我和常广华医生常在您家像鲁智深那样大吃大喝，可是您来我家吃一次饭也那么客气，只吃一碗，真让我过意不去。您踏雪扛枪打麻雀，脖子上围着红围巾的英姿，现在我还记忆犹新。现在我也已工作 20 年了，可谓"阅人多矣"，我从内心感到您是一位非常负责、可敬可亲的医生，遥祝您在未来的岁月中，为人们的健康作出更大的贡献。

冯中桂刚调回海口时，曾给我一信，我也回过信，因地址未最后确定，所以现在没法写信给她，请您写信给她时，代我向她致意。这是一位老实的同志，在她未调去贵州之前，她也给我很大帮助。

北京天气较冷，但我认为比上海强。因为上海无室内暖气设备。只是冬天蔬菜供应差，只有大白菜和萝卜。长安街的壮丽，在于街道宽敞。至于高楼大厦，富丽堂皇的酒店，广州也绝不逊色。现在的郴州专区医院恐怕新人多，旧人少，尤其是医生。1963 年那阵，恐怕是人才鼎盛的时期。钟迪鑑医生前一段时期曾在我院进修，以后跑广州—海口的船作医生。现在不知是否已调到新的岗位。我认为一个医生是要进修的。但我常认为踏踏实实工作的医生比连续进修的医生更能干。因为工作的医生常常要靠自己思考，处理问题。

听说王彬已有女朋友了是吗？人们实在不知道自己是怎样老的呢！王鸿小朋友也要上大学了吧（也许已在读大学了）。问候王超群医生。

此致
敬礼！

学生刘泽生敬上
1985．2．6

追忆刘泽生同学

陈文秀

泽生同学，你我同学 5 年，在一个大班听课，住在相邻的宿舍，但你我并不很熟悉，充其量不过是"点头"之交而已。

毕业后，我和其他 4 人被分配到湖南郴州地区人民医院工作，数月后我们看到了你那熟悉的身影来到了我们医院。一样的"西装头"、一样的中山装、一样的来去匆匆。我们虽不在一个科室，但每天早上就看见你按时去食堂，去科室（包括图书馆），下班后又是去食堂，而后返回宿舍，人们戏称你的生活就是"三点一线"，从不越轨。你很爱读书，不只读医学书，也读历史、地理等跨科的书。很多时候你都是边走路边看书的。

20 世纪 70 年代初，你艰难地调回了广州的家乡，我们都为你高兴，直到那时，我们才知道你父亲是留学海外的医学博士，是我们的老前辈。你为人低调，从不显摆传奇的家世，为人谦和，对病人很关心，很负责，就像对自己的家人一样，耐心仔细地为他们诊治，对他们是有求必应。难怪你调走后很久，还会有病人专程来找那个富有爱心的"男装"女医生。

调走后不久，你又返回郴州来看望我们，你谈到了回家的喜悦、医学进展、广州的见闻，还是一如既往地坦诚低调。

20 世纪 90 年代我也调回了广州，一次和原郴州的同事上街，走到了孙逸仙纪念医院附近，我们决定去会会你。当你突然看到我们时，高兴地大叫我们的名字，并哈哈笑出声来。我们久别重逢，谈笑了十来分钟就告辞了。出来后，那位同事说，不知道你这么健谈，还会开怀大笑……我告诉她，你博览群书、思维严谨、敬业乐业，平时虽不苟言笑，但与朋友交谈时都会古今中外、天文地理、海阔天空地畅所欲言，让人听得津津有味，大长见识，与你聊天还真是一个享受。

泽生同学，你就这样匆匆地走了，你的一生，付出的多，享受的少，你从不去打扮自己，只顾去照亮他人，你是最棒的！你安心地走吧，到了那边，为自己再多添点色彩，再多点那无邪的开怀大笑吧！你留在我们心中的绝不是一个灰暗的身影，而是那金灿灿的爱心！

陈文秀简介：湖南医学院医疗系本科1957级（11）班学生，广州医学院（现为广州医科大学）副教授。

读《刘泽生教授纪念文集》

朱素颖

很遗憾，我从来没有见过刘泽生教授，我甚至没有听说过她，直到这次，我受命整理她的文章。

刘泽生教授生于1940年，彼时抗日烽火正盛。她曾在文章中多次引用唐朝曹松的两句诗："泽国江山入战图，生民何以乐樵苏。"也许是家中长女出世时，刘世强教授眼见狼烟四起，生灵涂炭，感触之下便用了这首绝句头两句的首字做了女儿的名字。但这一声叹息，便贯穿了刘泽生教授的一生。

如果按照世俗的标准，即使那些困顿的日子，刘泽生教授也没吃过物质上的苦，所以她的笔下看不到饥饿和寒冷。但世俗似乎也不认为她是幸福的，她终生未婚，无儿无女，唯一的伴侣便是书。不相熟的人谈起，归根结底都只有委婉的一句："听说她脾气古怪……"，那些自然都不是知己。

刘泽生教授成年后，都作男儿打扮，再加上满身"棱角"，不善于圆转周旋，在世人眼里，自然是古怪的。她不屑于与那些误会、偏见、苛刻争辩，也难以自寻解放，便选择安身在书斋里寻求真趣。可世人的冷眼，终是让父亲叹息了一声一声又一声。但父亲的叹息，也没能让刘泽生作出妥协。她是如此的纯洁、正直、真诚，在是非颠倒的岁月里也未曾说过半句谎言，又怎肯为世俗违背初心？

看着刘泽生教授17岁时的照片，我很是惊讶于她的美貌。一条大辫子盘在头上，眉毛粗浓，眼睛明亮，面容恬静又倔强，仿佛是即将跳上台去扮演《红色娘子军》里的琼花或是《青春之歌》里的林道静。但她剪掉了长发，穿上了男装，直到后来，修炼成女儿身男儿相。只有那一双眼睛，到老依旧黑白分明、秋水盈盈。一个真实而自由的人，才能有一双这样的眼睛。一个没有枷锁的人，又何须珠钗绮裙取悦他人。

刘泽生教授为人傲骨铮铮，作文却不带半点兵刃风霜，读来鼻尖上都跳跃着谦谦君子的精神香气。文章里面没有金戈铁马、老树昏鸦，也没有海阔水清、鸟艳花媚，有的只是大洋彼岸的些微琐事和少人留心的医史考据。生活琐事都是信手拈来，医史考据都是兴之所至，但琐事有浓郁的人味，考据有严谨的趣味，是结结实实从时间里、从学问里长出来的思想的果实。她的智慧在于她总能在一些常见的事物中看出深刻来，在一些平淡的事物中看出奇特来，然后又把这些貌似深刻和奇特的事物看破。文字是如此的简洁朴素，初看仿佛不过一棵树在生长、一条河在流淌那么平常，但认真读下去，却发现树是旁逸斜出的，河是春意盎然的，没有锣鼓喧天的热闹，却有自然鲜活的意趣。那些娓娓道来的冲淡口吻，温远坦荡，别有自在逍遥意，好好听着不说话，便十分美好。

感谢王景峰书记给予我机会，让我得以贪婪地享受她思想的汁液，那些丰盈和甘美，让我在感慨之余，还能信笔涂鸦。请原谅我拙劣的素描，我的能力描画不了她的博大精深，只愿能在字里行间留下她模糊的背影。

朱素颖简介：中山大学孙逸仙纪念医院职工，本书编委之一。

后　　记

在这骄阳似火、蝉鸣如歌的季节，《刘泽生教授纪念文集》终于编辑完成了。此时，恰逢刘泽生教授逝世 4 周年纪念日，文集的付梓刊行更显得意义深远。

自 2014 年 6 月开始接到文集的编辑工作以来，短短一个月的时间里，我们就收到了 12 篇关于刘泽生教授的纪念文章。他们有的是相交多年的挚友，有的是共同拼搏的同袍，有的是资历深厚的上司，有的是受业尚浅的弟子，还有她年过百岁尚耳聪目明的高堂老母。正是有了他们的支持，才有了我们今天这本内容丰富的纪念文集。

在编辑过程中，为了方便读者阅读，我们将刘泽生教授的文章大致归类为"散文篇"、"历史篇"、"医学篇"及"缅怀篇"等，每篇的文章大致按照发表时间排序，"缅怀篇"以亲人、同事、学生、友人排序，并附有作者简介。

文章的完成除了刘泽生教授生前故旧、学生的鼎力支持外，还离不开中南大学湘雅医学院、湖南省郴州市人民医院、中山大学孙逸仙纪念医院等有关单位、部门和领导的关心、支持和帮助。特别是中南大学档案馆校史研究室的黄珊琦主任和阳麟瑞老师，提供了许多刘泽生教授读书时的资料，使得文集得以顺利完成。还需特别提到的是阿尔及利亚留学生哈飞，他其实并不是刘泽生教授的正式"门徒"，只是在完成论文时得益于刘泽生教授的指点。但此次他仍不远万里寄来了纪念文章，还特地用中文书写。在此一并表示最诚挚的谢意。

刘泽生教授学贯中西，一生创获甚丰，文集编辑时间仓促，挂一漏万在所难免，不足之处恳请广大读者批评指正。

刘泽生教授是前辈学者，满腹经纶、博闻强识、学富五车，我辈仰慕已久，虽无福获教，但能编撰文集，亦算幸事。故编辑过程始终执弟子礼，也为一份诚挚的纪念。

《刘泽生教授纪念文集》编委会
2014 年 7 月